On the Origin of Societies
by Natural Selection

自然選択による
人間社会の起源

【著】
ジョナサン・H・ターナー
Jonathan H. Turner

アレキサンドラ・マリアンスキー
Alexandra Maryanski

【訳】
正岡 寛司
Kanji Masaoka

学 文 社

ON THE ORIGIN OF SOCIETIES BY NATURAL SELECTION
by Jonathan H. Turner & Alexandra Maryanski
Copyright ©2008 by Taylor & Francis Group LLC
All Rights reserved.

Japanese translation rights arranged with
Taylor & Francis Group LLC in Florida
through The Asano Agency, Inc. in Tokyo.

目　次

はじめに ……………………………………………………………… vi

第1章　霊長目［類］時代の概説史 ―――――――――――――― 1
1.1　霊長目の進化 …………………………………………………… 4
　1.1.1　樹上の生息域　4
　1.1.2　真性霊長目の誕生　6

1.2　霊長目の歴史 …………………………………………………… 11
　1.2.1　霊長目の分化　20

1.3　むすび …………………………………………………………… 26

第2章　弱い紐帯の脆弱性 ―――――――――――――――――― 33
2.1　なぜ猿は類人猿よりも適合できたのか …………………… 34
　2.1.1　気候と環境の変化　35
　2.1.2　食性の有利　37
　2.1.3　生活史理論――不利と有利　39

2.2　類人猿社会の構造と最後の共通祖先の探索 ……………… 43
　2.2.1　ネットワークとしての社会構造　44
　2.2.2　霊長目にとってのネットワークの意味　44
　2.2.3　分岐分析　45
　2.2.4　類人猿社会の組織化　47
　2.2.5　類人猿の社会的ネットワーク　51
　2.2.6　最後の共通祖先の社会構造を再構築すること　53
　2.2.7　猿の社会構造を統計集団として用いること　55
　2.2.8　同系性と規則性の仮説　58

2.3　樹上生息域末端の餌場への適応 …………………………… 60
　2.3.1　弱い紐帯の強さと弱さ　62

2.4　集団構造の統合を図るための方法 …………………………………… 63
　2.5　むすび …………………………………………………………………… 66

第3章　全体社会の原形質──原初ホルドの探索── 69
　3.1　ヒト科とヒト属の系統樹 ………………………………………………… 69
　3.2　ホルド …………………………………………………………………… 77
　　3.2.1　チンパンジー社会の主要な要素　78
　　3.2.2　原初ホルドの構造　82
　3.3　狩猟・採集バンドを創始するための最後の難題 ……………………… 83
　　3.3.1　最小の文化によって，あるいは文化をもたないで組織化すること　84
　　3.3.2　核家族の出現にともなう問題　85
　　3.3.3　メゾ水準とマクロ水準の構造的統合　92
　3.4　むすび …………………………………………………………………… 94

第4章　強い紐帯の強さ──霊長目の連帯にとっての新たな基礎── 99
　4.1　社会連帯の条件 ………………………………………………………… 100
　　4.1.1　肯定的感情の強化　101
　　4.1.2　対人的な同調　101
　　4.1.3　リズミカルな共時化　102
　　4.1.4　有価資源の交換　103
　　4.1.5　肯定的裁可　104
　　4.1.6　儀　礼　105
　　4.1.7　社会関係の象徴化とトーテム化　105
　4.2　感情と強い紐帯の神経学的構造 ………………………………………… 107
　4.3　最初の言語 ……………………………………………………………… 115
　　4.3.1　感情の皮質制御力を獲得すること　115
　　4.3.2　感情パレットの拡張　117
　4.4　進化した類人猿をもっと感情的にすることの危険 …………………… 123
　4.5　最初の言語と原型文化の出現 …………………………………………… 125

4.6　むすび……………………………………………………………………128

第5章　文化の発生 —————————————————————133
　　5.1　ヒト科文化の発生にとっての障害…………………………………134
　　5.2　サヴァンナでの騒音制御……………………………………………137
　　5.3　発話と社会性…………………………………………………………139
　　5.4　発話，コミュニケーションと手段的行為…………………………141
　　5.5　二足歩行，道具の使用，コミュニケーション……………………142
　　5.6　文化と集団のトーテム化……………………………………………144
　　5.7　文化と自己の出現……………………………………………………145
　　5.8　文化の進化と新しい形態の自然選択………………………………146
　　5.9　むすび…………………………………………………………………151

第6章　人間社会の発生——狩猟・採集社会—————————157
　　6.1　狩猟・採集社会の構造的要素………………………………………157
　　　　6.1.1　狩猟・採集バンドの生態的ならびに人口誌的特徴　157
　　　　6.1.2　狩猟・採集社会で発展した制度体系　159
　　6.2　バンドの進化…………………………………………………………162
　　6.3　家族の進化……………………………………………………………165
　　　　6.3.1　愛情と家族の神経学的な基礎　167
　　　　6.3.2　家族の文化的な側面　169
　　　　6.3.3　家族にとっての大きな障害：インセストの可能性　169
　　6.4　経済の進化……………………………………………………………174
　　6.5　宗教の進化……………………………………………………………176
　　6.6　平等性の進化…………………………………………………………180
　　6.7　人間社会の要素………………………………………………………184
　　　　6.7.1　人間社会の諸次元の組織化　184
　　　　6.7.2　最初の社会に対する選択圧力　187

6.7.3　狩猟・採集社会の構造的輪郭　189

6.8　むすび……………………………………………………………195
　　6.8.1　原初人間社会の構造的中核　195
　　6.8.2　エデンの園からの離脱：狩猟・採集民の定住　197

第7章　園芸農耕の台頭─────────────203

7.1　園芸農耕を突き動かす選択力………………………………207
7.2　園芸農耕社会の人口誌学と生態学…………………………209
7.3　園芸農耕社会の新たな構造形態……………………………212
　　7.3.1　親族関係の精密化　212
　　7.3.2　政治の出現と，その後における国家の台頭　219
　　7.3.3　法律の台頭　228
　　7.3.4　宗教の拡張　232
　　7.3.5　新しい経済　234
　　7.3.6　不平等と階層化　238

7.5　むすび……………………………………………………………241

第8章　農業社会─────────────────245

8.1　農業社会を突き動かす選択圧力……………………………248
8.2　農業社会の人口誌的ならびに生態的特徴…………………251
8.3　農業社会における新たな構造形成…………………………255
　　8.3.1　経済組織体　255
　　8.3.2　国家形成，帝国建設，そして国家の崩壊　257
　　8.3.3　親族関係の再度の核単位化　263
　　8.3.4　世界宗教の出現　265
　　8.3.5　法体系の成長　267
　　8.3.6　独立した制度領域としての教育の出現　271
　　8.3.7　その他の新しい制度領域　272

8.4　不平等と階層の強化…………………………………………274
8.5　むすび……………………………………………………………277

第9章　産業社会とポスト産業社会の台頭 ─────────── 287
9.1　産業社会とポスト産業社会の生態的・人口誌的特徴 ……… 289
9.2　産業社会とポスト産業社会における新しい構造形成 ……… 293
　　9.2.1　産業社会とポスト産業社会の経済　293
　　9.2.2　ポストモダン社会は創発しつつあるのか　315
　　9.2.3　政治の民主化　319
　　9.2.4　統合的機構としての法律の影響力強化　323
　　9.2.5　核家族に回帰する長い冒険旅行　327
　　9.2.6　優位する制度領域としての教育の出現　329
　　9.2.7　人間社会における宗教の重要性の継続　332
　　9.2.8　不平等の低下と階層化の新たな形態　334
9.3　むすび …………………………………………………………… 339

第10章　異様な大地に押しだされた新参者
──社会文化という檻内で生活する進化した類人猿── ───── 341
10.1　複合化と制約の進化 ………………………………………… 342
　　10.1.1　ダーウィン流の選択からスペンサー流の選択への推移　342
　　10.1.2　選択圧力としての人間性　344
10.2　人間（類人猿）性 …………………………………………… 345
　　10.2.1　個体（個人）主義　346
　　10.2.2　自己と個人主義　347
　　10.2.3　移動性　349
　　10.2.4　共同態感覚　350
　　10.2.5　階　統　351
10.3　マクロ社会と人間性のあいだで増幅する対立 …………… 353
10.4　社会学的分析にとってのいくつかの含意 ………………… 358

参考文献　365
訳者あとがき　409

はじめに

　本書の執筆計画は，スイスのリースタール州立病院内のカフェテリアではじまった。ジョナサンは，人工膝関節置換手術を受けた後，この病院で静養していた。われわれ夫婦は，病院内のゲストハウスに滞在した数週間のあいだ，本院内にあるカフェテリアに「自分たちのテーブル」を自分勝手に決めていた。そこで，わたしたちは，本書の最初の3つの章を脱稿した。われわれ2人は，一日の大半をこの「自分たちのテーブル」で過ごした。当然にも，カフェテリアの従業員たちはわたしたちを見知ることになり，わたしたち2人のお喋りを止めに入ることもあった。本当に，コーヒーを何杯もお代わりした後に（何人もの医師や看護師が席の開くのを待っていた）立ち去ろうとすると，レジの担当者は車いすに乗っているジョナサンに，帰りの急勾配な通路に気をつけるよう声をかけてくれた。特別な気遣いをしてくれたカフェテリアの従業員に深謝したい。

　また，本書とこの数年間にわたる調査研究を助成してくれたリバーサイド校の学術評議会に感謝する。さらに，カリフォルニア大学図書館の職員，とくに図書館の相互貸し出し部のジャネット・ムーレスに深謝したい。彼女は，所在を確認することがむずかしい雑誌や文献を丹念に探し，用意してくれた。また，畏友のリチャード・ローゼンバーグに感謝する。彼は，本書の表紙カバーに彼の木版画を使用することを許可してくれた。そして，いつものことながら，クララ・ディーンに特別に感謝する。彼女は，出版用の最終原稿を用意することにつねに惜しみない支援を与えてくれた。

ジョナサン・H・ターナー
アレキサンドラ・マリアンスキー

本書を，われわれの子どもたち

Danielle Turner
Andy Mueller
Philip Ihinger

を幸せにしてくれている人たちに捧ぐ

第1章

霊長目［類］時代の概説史

> 人間が類人猿の子孫だなんて！ 親愛なる友よ，まさかそんなことが本当でないと願いましょう。それが広く知られることのないよう祈りましょう。
> （ダーウィンの進化論について学習した後のウォチェスター主教の妻，1860年頃）

　現在から6500万年以上も前，小さな体形をした哺乳類が這い上がるか，よじ登るか，いずれにせよ自己流のやり方で樹上の生息域に向かって移動しはじめた（Hartwing, 2007；Gebo, 2004；Bloch and Boyer, 2002）。このどちらかといえば見栄えのしない哺乳動物の一種が霊長目の系統の開祖であり，この霊長目は現在では，原猿，猿，類人猿，そして人間によって構成されている。もちろん，現生しているすべての霊長目は自然選択による進化の所産である。自然選択は，数百万年をかけてその哺乳類の基礎解剖的構造に働きかけ，いっそう樹木に適応した霊長目を誕生させた。その後地球が冷え込み，熱帯雨林が後退すると，ごく一部の霊長目だけが広く開けたサヴァンナに適応できた。人間進化と人間社会の起源を理解しようとすれば，選択圧力が特有の解剖学的・神経解剖的形質をつくりだした霊長目の進化についてもっと精確に理解しなければならない。われわれはとりわけ類人猿の，どちらかといえば独特な行動性向と社会構造のパターンについて十分に理解する必要がある。

　社会科学者の多くは進化を軽視し，これに代わって，レダ・コスミデスとジョン・トビー（Cosmides and Tobby, 1992）が「スタンフォード社会科学モデル」（SSSM）と名づけたモデルに執着している。このモデルの社会学的変種はおおむね次のようなものである。人間は他の動物と同じように進化したが，しかしひとたび人間の脳が文化——たとえば言語と言語能力を可能にする他の象徴体系——の生産と使用を実行できるほど十分な大きさに成長すると，人間行動と

社会構造の説明は生物学によらない条件によって理解する必要があると主張する。確かに人間生物学に刻み込まれるいくつかの基礎的欲求——メンバー所属，連帯，権力などの行動性向——があるとしても，こうした欲求は社会構造によって高度に条件づけられ，また制約される。このモデルは，人間行動と社会組織化の生物的基盤よりも，むしろ社会文化的基盤を強調する。ある文化もしくは複数の文化への社会化によって個人はいかに行動すべきかについて学習し，また彼らの行為は社会構造によって強く制約される。この種の「社会的構築論者」のモデルが社会学に浸透し，人間行動の生物学に関する理論や研究のすべてを完全に拒絶しないまでも，これらと対立する防御装置の一部になった。実をいうと，このモデルは確かに予想の範囲内にあるものの，しかしあまりに極端である。人間は他のすべての動物と同様に進化した動物である。また，われわれのもつ大きな脳がつくりだした文化体系と社会構造の壮観さ——物騒とまではいわないが——にもかかわらず，これらが現在あるいははるか昔に人間行動や社会組織にとっての生物学の影響を一掃したとはとても考えにくい。

　しかしわれわれはその真逆の考え——文化と社会構造は生物学に由来する直接的な方法——によって説明できると論じる必要はない。この立場は初期の社会生物学者（たとえば，Wilson, 1975, 1978）が陥った過誤である。しかしわれわれは，人間生物学は人間文化と社会構造を可能にしているだけでなく（「スタンフォード社会科学モデル」が論じているような形で），長期にわたる文化と社会構造の持続可能性を進化させた霊長目としての人間生物学による影響を受けている事実に関心をもちつづける必要がある。この結論は決して過激な議論でも極論でもない。というのも，聖典ともみなされている草創期の社会学を代表する人たちの文献のほとんどが，社会文化的形成体のいくつかの型は何よりも人間生物学と親和性をもつとみなすことができるとする似通った主張をしていたからである。たとえばカール・マルクスの疎外の概念，デュルケムのアノミーと利己主義の概念，ヴィルフレド・パレートの感情と逸脱の分析，あるいはジョージ・ハーバート・ミードの自己についての見解，これらすべてが人間生物学によって発動される基本欲求の存在を意味している。つまり文化と社会

構造はその欲求を実現することも，また実現し損ねることもある。もっと最近になると，ポストモダニズムのような反科学的視点でさえも，創発しつつある「ポストモダン状況」は，安定した集団や文化に自己を繋なごうとする人間欲求に違反していると断罪する。文化と社会組織の生物学をすすんで考量してきた他の多数の人たちと共に，われわれが提案しているのは以下のことである。生物学，社会構造，また文化が交互作用を行う状態を明確に考察することによって，人間生物学と社会文化的構成の関係をいっそう体系的に，また組織的に解き明かせるというのが，われわれの提案である（Machalek, 1992；Machalek and Martin, 2006；Sanderson, 2001）。

　本書の目標は，人間社会がどのように，またなぜ創始し，そして進化したかを理解することである。人間社会は，かつて社会契約論を提唱した哲学者たち（たとえば，ホッブズ，ロック，ルソー）によって定式化された形で構築されたのでも，まして現在しばしば仮定されているように合理的選択の結果（Coleman, 1990；Hechter, 1987）として構築されたのでもない。むしろ人間社会は，太古の類人猿に固有であった社会構造の早期の形態から進化したのである。というのも人間は進化した類人猿であるからだ。われわれは，社会文化的な創造物の壮大さのうちに類人猿の基礎的な解剖的特徴と，われわれがヒト上科，ヒト科，そしてヒト属の祖先たちから引き継いできた一組の行動性向をつねに保持している[1]。もっとも早期の人間社会――狩猟・採集を営む遊牧民のバンド――が突然に出現したのではない。この単純な社会形態は，地球規模の長期にわたる寒冷化のため，われわれヒト属の祖先が新しい挑戦課題に対処した結果である。彼らは樹上の生息域を離れて，アフリカの草原の生息地に適応するか，さもなければ死滅するかの二者択一を迫られた。こうしたサヴァンナ環境への転出は早期のヒト科に深刻な問題を突きつけた。彼らは安定した資源供給と捕食者のほとんどいない森林の生態構造のなかで進化したのである。彼らは不安定な資源，しかも大型の肉食動物の群がる広大な生息地への移動を強いられたのだ。こうした生息地と関係する要因が，解剖学的・神経生物的構造，そして社会の組織的構成への適応的変化のための生物進化と社会進化双方を引き起こ

したにちがいない。

　すぐ後で考察するように，人間社会の最初期の制度体系——親族関係，宗教，経済——は，安穏な森林生活の様式を強く好んで進化した類人猿にとって，もとより「自然」状態ではなかった。事実，原初の人間社会は，その発端から類人猿を祖先にもつ人間としばしば対立する容易ならざる緊急事態を意味した。社会が単純な狩猟・採集の形成体から，さらにもっと複雑な社会文化体系へと発展を遂げると，われわれヒト上科の祖先と，人間が存在することを強いられた構造との緊張は継続し，さらに加増した。われわれの見解によれば，われわれの内なる類人猿が消滅しなかったこと，しかも文化によって除去されなかったことを最初に評価しておかないと，ヒト科である人間が構築した人間行動と膨大な社会文化的創造物を完全に理解することはできない。もちろん，われわれの祖先は個人と社会による文化的創造物に圧力をかけつづけてきた。この圧力の性質を理解するため，われわれは原点に回帰し，われわれの起源をみきわめる必要がある。このアプローチは最終的な歴史の単なる演習にとどまらない。そのアプローチはまた，進化論的分析が人間社会についての現代社会学的分析に，何を提供できるかを発見するための営為でもある。

1.1　霊長目の進化

1.1.1　樹上の生息域

　樹上生活には利点がある。おそらく，もっとも重要なことは，樹上生活は広く開けた大地の生息地と比べて捕食動物のほとんどを回避できるという利点をもつ。それでも鷹，豹，忍びよる蛇の餌食になることはある。確かに多くの霊長目の種は，同種（また別種）に報知するために別々の警戒音を発達させている。これは特定の捕食者が近くに潜んでいることを仲間に知らせる（Gursky and Nekaris, 2007 をみよ）。もう1つの利点は，樹上生息者が昆虫，果実，植物を食べ，消化できさえすれば熱帯雨林は豊かであり，しかも年間を通じて豊穣である。しかしこうした利点は，いくつかの別の障害をかかえている。

　樹上生息のもっとも重大な不利は，その3次元特性である。ほとんどの地上

生活者の世界には越えなければならない丘や渓谷があるとしても，それらは平面である。断崖から墜落してしまうほど愚かでなければ，地上生息者が重力に引きつけられて生命を落とすことは稀である。ところが，樹上生息者の世界は不安定だ。その世界では重力による死がいつ発生してもおかしくない状況である。もう1つの障害は樹上を動き回ることは地上と比べて脅威の難題に遭遇しやすい。樹上のニッチで陸生の種が生存し，繁殖しようとすれば手強い難題に直面することは必定である。

すべての霊長目の開祖になった祖先の種は，確かにいくつかの有利な特徴を備えていた。自然選択は樹木上という難題を切り抜け，長く生きつづけさせるため子孫の既成の特性に働きかけた。この根幹種の認定にいまだ合意はない（ただしいくつかの有力な候補者はいる）。それは霊長目の特性をもたないが，しかし汎化した体形をもつ小型の哺乳類（初期の哺乳類はすべて小さい）であった。両手肢には鉤状の指先を備えた4本の短足（たぶん後肢優位の歩行運動をしていた）をもち，その前後肢で枝や樹幹の表面を摑み，あるいは爪で引っかけて移動したのだろう。樹枝の向こう側に移るため，その小動物はたぶん尻尾をもち（細い支えの上でバランスをとるため），しかも樹木の枝周りの行き先を見ることのできる高感度の鋭い視力を発達させていた。ところがこの開拓者ともいうべき哺乳類の優位な感覚様相は，（ほとんどの哺乳類の場合と同じく）鋭い嗅覚であった。樹上で自分の進む聖路を臭いで知る方法は3次元の世界でとくに有用な方法ではなかった。だから霊長目が徐々に進化を遂げていくなかで劇的な移行が感覚様相の階層に出現したのだろう。ところで，どうして嗅覚優位の陸生哺乳類が樹上を目指したのだろうか。もちろん，誰も確かな理由を知ることはできないが，しかし樹上の生活様式は捕食動物からの大きな保護と，無数の昆虫，甘い果実，またとくに被子植物（花物）で満ちあふれる新しい食料ニッチの豊かさにありつけた。こうした霊長目が進化した地質年代の時期は豊富な食料に満ち溢れていた（この議論については，Bloch, et al., 2007；Martin, 1990；Hartwig, 2007；Gebo, 2004 をみよ）[2]。

霊長目が出自した哺乳類はさほど知的でなかったが，それでも哺乳動物であ

った。この哺乳動物は体形の小さな割には知的であり、さらにいっそう知的になるための選択を受けることのできた、すべての哺乳類に共通な半球状の大脳をもっていた。この大脳が感情反応のために再配線されたのである。その一部は哺乳類に特有である。皮質下の水準にある恐れと防衛的な怒りのための古い中枢は、すべての哺乳類と同じく、きわめて活発であった。等しく重要であるが、前帯状回──遊戯、母子結合、幼い哺乳類に特有な分離による泣き叫びを生成する半新皮質の層──が活発であったし、また選択のために利用できた。要するに、感情の単純なパレットをつくることのできる脳の連続していない領野の存在は、感情性を強化することが適応強化という結果をもたらしたとすれば、さらにその選択を受けることができたはずである。それでも樹上で生活するかぎり、新皮質による感情制御はさほど必要でなかった。というのもほとんどの捕食動物は地上で生活しているからである。そのため捕食動物を引き寄せることなく、おおらかで無制御な感情発散ができた。

1.1.2　真性霊長目の誕生

　自然選択は、樹上生活をはじめた哺乳類の系統の基礎解剖的・神経解剖的な構造を変更し、ついに霊長目をうみだした。原初の霊長目はおよそ5500万年前の始新世時代の化石中に出土する[3]。人間社会の本性は霊長目の顕著な形質によって形成され、またそれにより制約されたので、われわれは何が霊長目をきわめて特別で、しかも独自な存在にさせたかについて、ある程度の知見を得ることから開始しよう。

　(1) **視覚優位への移行**　哺乳類の神経解剖的構造上のもっとも重要な変化は、嗅覚優位から視覚優位への感覚様相の劇的な移行であった（以下で議論する脳の領野については図4.1をみよ。また、Forbes and King, 1982；Ross and Kirk, 2007；Rodieck, 1988をもみよ）。先に述べたように、ほとんどの哺乳類は対象を認知するための優勢な感覚として嗅覚に頼っている（しばしば彼らは縄張りの境界に臭いづけの標識を残す）。触覚（あるいは感触）と視覚は嗅覚に従属している。

蝙蝠，イルカ，鯨のような少数の哺乳類は，空間上の対象物を位置づける際におもに聴覚に頼り，また生息域周辺を動き回る際や意思伝達をする場合に反響定位法を用いる。視覚優位は哺乳類では稀である。それでも多くの哺乳類はどちらかといえば良好な視力をもっている。フリスビーを投げて犬に捕らせる遊びをした経験をもつ人なら誰でも知っていることだ（しかしそれでも犬は環境からの合図を入手するために嗅覚球に頼る習性をもち，自動車の窓から頭を外に出し，そこに何があるかを嗅ぎ分けることにこだわっている様子をあなたは見知っているはずだ）。それとは対照的に，ロスとカーク（Ross and Kirk, 2007：294）によれば，自然選択は霊長目の視覚系を優位にするため両眼を顔の正面に並列するため眼窩を回転させる必要があった。そのおかげでそれぞれの目が別々に見た，少しずれた画像を重ね合わせ，それを結合する。そうすることで立体性あるいは深度知覚の「立体効果」がうみだせる。目を保護するため，選択は完全に収納できる眼窩筋（骨ばった環）を選択した。自然選択は網膜眼窩（もっと近づいて細部を見るため）と色覚を用いて霊長目の鋭敏さを強化した。これらが3次元で食物や対象物を識別する能力を大幅に強化した。事実，高等霊長目（猿，類人猿，人間）はきわめてよく調整された色彩の識別能力の点で胎盤哺乳類のなかで抜きんでている（Dominy, Svenning, and Li, 2003：25）。

　しかし視覚が優勢な感覚様相になるためには，視覚，触覚（感触），聴覚，また少ない程度で，嗅覚とのあいだで対立を生じさせないため，ふたたび脳の再配線が必要であった。頭頂葉（触覚），前頭葉（視覚），側頭葉（聴覚）が出会うところにひとつながりの連合皮質がある。こうした連合皮質が感触と音声を視覚に従わせるための作用を果たしている。嗅覚球は脳の皮質下にあり，前頭皮質の下側の前面に位置している。また嗅覚は新皮質によって直接に制御されないが，霊長目では嗅覚は劇的に縮小し，したがって視覚と対立する可能性は低い。さらに，関心を引きつける何かの臭いを嗅ぐと，霊長目はその対象を目視するため身体の向きを変える。それは霊長目が聴いたり感じたりした場合に，その方向に身体の向きを変えるのとまったく同じである。

　視覚への他のすべての感覚の従属は，霊長目の神経解剖的構造をいちじるし

く複雑に変更することを必要とした。こうした変化が起こりうるためには，視覚優位に向かう強い選択圧力が働いたはずである。視覚の鋭敏さは樹上生活をするうえで明白な利点をもつ。なぜなら動物は葉が茂り，折れ曲った枝を進む場合と同じく，手足の重量を支えることのできる枝をすばやく見つけ近づくことができる。さらに，枝から枝へと跳び移らねばならない場合，立体視力と色彩視力は明らかに適応度を強化する。すべての高等霊長目が，なぜ視覚優位になったかを評定するために，狭く，しかも揺れている枝をつたって移動するために嗅覚を用いる嗅覚優位の霊長目を思い浮かべるだけで，われわれは十分合点できるはずである。

　第4章でくわしく考察するけれども，感覚様相を視覚に統合する連合皮質の形成は，ヒト科と人間の進化にとってさらにもっと長期にわたる効果，すなわち言語能力の発達に効果をもった (Geschwind, 1965a, 1965b, 1965c, 1985；Savage-Rumbaugh, et al., 1988, 1993, 1994；Maryanski, 1996；Maryanski, et al., 1997；Geschwind and Damasio, 1984)。現在では十分に立証されているように，チンパンジーのような大型類人猿（ゴリラとオランウータン）は，聴覚によらず言語を用いて意思疎通を行う方法（記号言語あるいはコンピュータに接続された絵文字の使用による方法）を使用できる。類人猿の声道（口唇と声帯の距離）は形態的に人間に近似しており，同じように使用できるが，しかし口唇，舌，喉頭，これらの領野を調整する筋肉が「発話」用に整備できていない。それでもチンパンジーの神経装置はきわめて精巧にできているため，若い類人猿が人間の発話環境で社会化されると，類人猿は人間の健常な3歳児に匹敵する程度の単語と完全な文章双方を理解できる (Benson and Greaves, 2005；Rumbaugh and Washburn, 2003)。なぜチンパンジーはそうできるのか。1つの答えは，視覚優位に向けて脳を配線しなおした際に，新皮質が十分な大きさに成長していたし（猿には生じなかったが，類人猿には生じた），さらに別の能力も発達を遂げていた。この能力は人間の言語をつくるためではなかったが，しかし別の理由で，進化した前適応と呼びうる状態をしめしている。ひとたび準備が整うと，この特性は別の適応度の強化（人間の場合には言語）を生成するため，次の選択を

受けることができた。脳が視覚優位に向けて再配線されると，何か別の能力が条件つきで，この新しい配線に便乗して出現したのである。これが言語に向けた基礎的な脳神経の能力である。この能力の選択によって文化と人間社会の可能性が確保できたのである。

　視覚に方位した霊長目は，別の哺乳類と比べていちじるしく異質な世界を経験している。視覚によらない感覚様相が環境からの刺激によって活性化されると，霊長目は注意を引いた対象あるいは出来事を見るために即時に身体の向きを変える。次に，結合された感覚入力が，その対象の印象を形成するために統合される。この統合は，触覚，聴覚，嗅覚が視覚処理によって制御された情報を，視覚によって調整される情報につけ足す[4]。解剖的・神経解剖的構造がいったん視覚優位に再配線されると，霊長目は対象認知とコミュニケーション回路の双方を感覚様相に頼ることになる。ほとんどのコミュニケーション作業を聴覚系に頼っている人間も，対面的な出会いではボディ・ジェスチャーを解釈するため，主として視覚系を頼りにする。たとえば，対立し，しかも同時的な音声と視覚のコミュニケーションに由来する「矛盾した内容をもつメッセージ」に遭遇すると，ほとんどの人間は視覚によって接触を行い，また顔面の表情を解釈することによって「その状況を正しく読むため」に，彼らの視覚を皮質下で統合する (Friedes, 1974 ; Posner, et al., 1976)。これはすべての霊長目にあてはまることであり，人間も例外ではない。人間は互いに顔面と身体のジェスチャーを読み合うため視覚によって反応する (Simonds, 1974：136)。このことは環境にあるほとんどすべての対象にあてはまる。ほとんどの対象は視覚に従属する感覚情報として文字通り「視覚化される」。こうした感覚様相の相対的な力関係の推移は，人間の社会関係に大きな効果をもたらしたし，現在でもそうである。だから人間社会を目指す重要な局面は，視覚優位への推移を引き起こした進化力として取りあげられる。脳を配線しなおす推移——これが言語と，最終的に文化の土台を据えた——の完全な潜在力は，わずか数十万年前にようやく実現したのである。

(2) **霊長目の体形**　自然選択は霊長目をうみだすため始源の原初霊長目をもつくり替えた。四肢と柔軟な指は保持されたが、しかし樹上でのいっそう大きな移動に適応した。すべての霊長目の四肢は他の哺乳類のそれと比べてより汎用化され、しかも柔軟で、平坦でない表面をいとも簡単に動き回れる。等しく重要なことに、自然選択は肢指に指球をつくり、また（やがてできあがる）手を徹底的に敏感にさせ、これにより枝の肌理や強さを感じる能力を強化した。鋭敏な指先を保護するため、哺乳類の鉤爪は、霊長目の場合、平らな指爪に代わった。しかも向かい合わせにできる親指と他の指は物体をしっかり把持し、また枝渡りのために枝を揺り動かせるように進化した。霊長目の手首関節と肩関節は他の哺乳類と比べて非常に強靱であり、またきわめて柔軟である。こうして汎用化した特徴によって霊長目は森林の葉の繁った天蓋や林床を自由に動き回ることができるようになった。その後、こうした形質は、一部の霊長目が地上生息地へ移動することを可能にした。とはいえ捕食動物が満ちあふれている広く開けた地上の生息地への移動は、樹木で生活するためにつくられた哺乳類にとって実に危険きわまりないことだった (Napier and Napier, 1985 ; Tattersall, et al., 1988 ; Tattersall, 1998 ; Conroy, 1990)。

　歯列も変更され、しかもいっそう汎用化された。これにより霊長目は果実、樹葉、根茎、植物、樹木の粘性物質、花、時には昆虫や小哺乳動物のタンパク質など雑食性の動物に変わった。こうした咀嚼のための歯、顎、筋肉にみられた変化が霊長目を何でも食べる雑食性動物に仕立てたのである。これにより霊長目は多様な生息域でさまざまなものを食べることを可能にする適応度の強化を図った (Haile-Selassie, 2001 ; Haile-Selassie, Suwa, and White, 2004)。

(3) **脳の発達**　霊長目進化の1つの特徴は脳の拡張と複雑さの増大である。霊長目の脳は視覚優位に再配線されただけでなく、ほとんどの哺乳類よりも知的にするために変更された。哺乳類の脳の大きさは、ほぼ体形の大きさと相関し、したがって脳の相対的な規模は体形の規模と比較して計測できる (Oxnard, 2004 ; Stephan, Baron, and Frahm, 1988 ; Mesulam, 1983 ; Turner, 2000)。脳の大

きさはおおむね知的水準と相関している。また体形の規模を統計的に統制すると，高等霊長目（猿，類人猿，人間）はあらゆる動物のなかで最大の脳容積をもち，したがってもっとも知的である。脳容積の成長（新皮質の視覚，触覚と，新皮質の感覚様相の連合領野のいちじるしい拡張による）は，樹林生息者にとって多方面で適応的であったが，しかしとくにそれは樹林を往来するためのもっとも安全な行程と同様に，枝の強度と距離を「皮質に基づいて」合理的に計算することを可能にさせたことによって3次元環境における生存と繁殖の成功を強化したにちがいない[5]。

1.2 霊長目の歴史

　霊長目は少なくとも6500万年にわたって進化しつづけた。霊長目の原種は，暁新世期（6600-5500万年前）から判明しているが，真性霊長目と考えるに十分な形質をもつ化石記録が出土するのは始新世期（5500-3300万年前）になってからのことである。初期始新世期に地球が温暖化・多湿化すると，熱帯雨林の急速な拡張がはじまった。この拡張が新しい樹上のニッチを開き，初期原猿属の広大な放散の先駆けとなった。アダピス科はとくに成功を収め，そのため現生する原猿の祖先になったのかもしれない。なぜならスミロデクテス属のようなアダピス科は現生のキツネザルに似ているからである。しかしその正確な系統発生の関係は判明していない。始新世期のすべての原猿（下等霊長類と呼ばれている）は，顔の前面にある目，鉤爪に代わる指爪，骨ばった眼窩，狭くなった鼻づら，そして親指と対置できる肢指を含む霊長目の特性の集合を共通にもっていた。体形の点で始新世期の原猿は小型から中型であり，またおおむね樹木から樹木へと跳躍し動き回った。一部の原猿は昼行性であり，また別の一部は夜行性の生活様式をもっていた（Hartwig, 2007；Stanford, et al., 2006；Jablonski, 2005）。化石記録はこの時期に進化した多数の原猿種のごく小さな標本を含んでいるに過ぎない。60種を越える霊長目が北アメリカ，ヨーロッパ，アジア，アフリカの化石遺跡でみつかっている（この時代，ヨーロッパとアメリカ大陸は繋がっていた）。それでも始新世期の終わりまでに，多くの原猿の系統が化

石記録から完全に消えた。何が彼らを死滅させたのだろうか。1つの要因は気象変化であり，これにより北域の広大な土地が乾燥し，寒冷化し，そのため熱帯雨林が縮小した。しかし変化の風向きは原猿にもう1つの難題をつきつけた。すなわち始新世後期に，新しく，しかも進化した高等霊長目，つまり初期の真猿類が進化したことである[6]。

漸新世期（3300－2300万年前）までに，地球は非常に冷え込み，そのためヨーロッパと北米の広大な陸地のすべてで霊長目動物層の分散あるいは絶滅がいちじるしく進行した。この時代，霊長目の進化は南部アジア，南アメリカ，アフリカの温暖で安定した大地，つまり南部の方面で進行した。始新世期後期と漸新世紀とみなされる霊長目の化石の第1級の所在は，エジプト・カイロから車で約80キロのところにあるファユームの窪地である。現在，ファユームはサハラ砂漠の一部であり，ほとんど植物は生えず，まったく水のない地域であるが，漸新世期の期間，そこには植物を繁茂させる熱帯雨林があり，また果実をたわわに実らせる樹木，豊富な植物，曲がりくねった小川もあった。原猿はファユームでみつかるが，しかし化石層でもっとも出土するのは基礎的な真猿類（すなわち猿，類人猿，人間）である。ほぼ3300万年前に生息していた，おもしろい霊長目がエジプトピテクスである。これは周知のロプリオピテクス科の種である。エジプトピテクスはほぼ7キロの体重をもつファユーム真猿属の最大の分類群である。これは昼行性の霊長目であり，常習的に果実を食する大食漢であった。狭まった鼻づらと鼻腔領野（視覚への依存増加の指標），完全に覆われた眼窩（目保護の強化），そして小さめの脳をもっていた。しかしその霊長目は頭蓋腔と顎の特徴を進化させていた。なかんずく歯列形成の形態がもっとも重要である。その霊長目は2.1.2.3の歯列（つまり32本の歯）に進化し，これは旧世界猿，類人猿と人間の歯列と同じである（原猿は2.1.3.3の歯列，すなわち36本の歯をもっている）。その他の点でも歯の構造はきわめて類人猿に近似していた[7]。体形についていえば，エジプトピテクスは尻尾と短い四肢をもち汎化した猿のような造作をもち，この体形が四足歩行運動をしながら樹木をたやすく移動することを可能にした（現在，旧世界猿がそうした移動をする）。

エジプトピテクスは果たして猿なのか，それとも類人猿なのか。また，それとも両方の特徴を少しずつ兼ね備えていたのか。つまり，原始的特性（すなわち原猿のような特性）といくつかの派生した猿の特性と類人猿の特性のパッチワーク——原始的狭鼻猿の真猿類の等級——を表している[8]。

猿と類人猿双方とエジプトピテクスとの関係は重要である。なぜならそれがその後における猿と類人猿の分岐と時系列的に関係しているからである。それはまた，類人猿が猿よりも知的であることを考慮した場合に想定されるように，猿は類人猿よりも前に進化したという考えを一掃するからである。そうではなく，旧世界猿と類人猿双方は祖先にエジプトピテクスをもつ姉妹種である。2つの系統が分岐すると，次に選択は各系統を異なるニッチに適応できるよう働きかけた。これが一方における旧世界猿の進化，他方における類人猿（そして最終的に，人間）の進化をもたらした（この議論については，Stanford, et al., 2006；Simons, et al., 2007；Dagosto and Beard, 2002；Pilbeam and Young, 2004；Fleagle, 1999；Wolpoff, 1999；Maclathcy, 2004；Ross, 2000 をみよ）。

中新世期（2300-500万年前）までに，プレートの地殻変動によって押しだされた大陸の漂流は劇的に穏やかになった。ところがヒマラヤ山脈の大きな隆起——これはほぼ4000万年から5000万年前にインドプレートがアジア大陸に滑り込むことによって形成された——が，中新世期の気候と環境にいちじるしい影響をおよぼした。中新世初期（2300-1600万年前）は強い日射しの照りつける日照と徐々に上昇した気温によって幕を開けた。これが熱帯および亜熱帯型の森林地帯とこれに近接する密集した林地の拡大を促進した。地球温暖化を背景にして，旧世界猿と類人猿がはじめてアフリカの化石記録に姿を現した。

旧世界猿と類人猿は漸新世期と中新世期の境目にあたるほぼ2300万年前頃に最後の共通祖先をもっていたと仮定されている（Raaum, et al., 2005；Stauffer, et al., 2001）[9]。この後に何が起こったかは，誰がそれをやってのけたのかという古典的な神秘の物語である。旧世界猿の最古の痕跡は1900万年前のウガンダの化石現場でみつかった。そこではヴィクトリアピテクス（わずかに数種だけしかもたない1つの科）がみつかっている。これは小さな体形をした猿であり，

約4.5キログラムの体重であった。その容貌についてみると，ヴィクトリアピテクスは，現生の陸生の旧世界猿と一致する長い顔，特色のある頭蓋腔，猿の歯列特性（注7をみよ），および四足歩行をしていた。ヴィクトリアピテクスが準陸生の森林習性に適応したとする推論は，大臼歯の傷み具合によって裏づけられたが，それは堅い果実と種子の食性と一致している。この猿をきわめて特別なものにしているのは，わずか2つだけの既知の猿科の1つであるという排他的地位である（もう1つの科であるプロヒロバテスはきわめて稀である）。これは中新世期の初期と中期に生存した。旧世界猿の検体を収容しようとする研究者たちの弛まぬ努力の積み重ねにもかかわらず，ほとんどのアフリカの化石層は類人猿であふれている。また旧世界猿の確たる証拠を提供しているヴィクトリアピテクスに属する実際に日付の確実な化石収集にもかかわらず，中新世期の初期と中期における猿の検体不足は深い謎に包まれている。現在非常に多産であり，雪深い山から砂漠状態にいたる，ほとんどすべての生態ニッチを冒険しているすべての旧世界猿はいったいどこにいってしまったのだろうか。中新世期の初期と中期の期間，1900万年から1200万年前の700万年のあいだに，なぜ旧世界猿は過疎であったのだろうか（この議論については，Harrison, 1989；Jablonski, 2005；Benefit, 1999；Hill, et al., 2002；Retallack, et al., 2002；Benefit and McCrossin, 1997をみよ）。

　その答えは，類人猿が猿よりも選択的に有利であったということだろう。確かに中新世期初期と中期は類人猿の黄金期であり，彼らは急速に分岐し，アフリカの雨林の拡大によって新しい樹上ニッチを埋めつくしていた。こうした初期の類人猿がどのように見えたかを代表するのがプロコンスルであり，彼らは2000万年から1400万年前のあいだ，東アフリカの森林でおもに柔らかく，熟れた果実を食する初期のヒト上科であった。この科は14から59キログラムの体重をもつ中型と大型の類人猿の幅広い範囲を含んでいる。彼らはすべて長さがほとんど等しい四肢をもち，柔軟で長い胴体を含む解剖学的特徴を共有していた。しかしその大きな体形の規模にもかかわらず，プロコンスルのきわめて奇妙なところは，まったく類人猿のように見えなかったことである。現生の類

人猿（および人間）は，短くて厚い胴体と可動域のきわめて大きな肩関節と長さの異なる四肢をもっている。現存しているヒト上科は，前肢だけを使って懸垂ぶら下がりをするための選択を受けていた。その一方でプロコンスルは，汎化したヒト上科の頭蓋腔，尻尾の欠損（現代の類人猿や人間と同じく），そしてなによりもまずすべての類人猿の証明ともいうべき Y-5 の咬頭パターン（大臼歯上の隆起した部位）など類人猿のような特性を含む輪郭からみて，明らかに類人猿であった。

中新世期に森林の「外縁」で生活していた類人猿がにわかに脚光を浴びはじめ，最近になって舞台中央に躍り出た。モロトピテクス・ビショッピ（ウガンダのモロト火山の近くで発見されたことに因んで）と呼ばれているが，2000万年前のこの大型類人猿（チンパンジーの大きさにほぼ等しい）が最近広い方面から関心を集めている。なぜならそれが，現生の類人猿（そして人間）の特徴である短い胴体とぶら下がることのできる肩関節という解剖学的特徴をもっていたからである。プロコンスルなどすべての四足歩行の類人猿とは対照的に，モロトピテクス（その他の点では原始的な類人猿の特徴をもっていた）は，森林ニッチを利用したが，そこで選択は垂直登り，懸垂下がり，そして枝につり下がるために必要な柔軟な前肢を備え，直立歩行の姿勢に有利に作用した（Maclatchy, et al., 2000；Maclathcy, 2004；Young and Maclatchy, 2004）。後でみるように，モロトピテクス（そしてその子孫）は，現生の類人猿と人間の起源を理解するうえで重要な鍵を握っているのかもしれない。

中新世期までに，アフリカの気候はふたたび寒冷化に向かい，乾燥した状態に変化した。雨林は一部の地域で乾燥し，森林地，低木林地，草原に様変わりした。このような全面的な変化にもかかわらず，ほとんどの霊長目の種は縮小した森林にとどまったが，しかし他の一部は森林を離れ，半地上での生活様式を採用した。こうした一種の類人猿がケニアピテクスであり，彼らはほぼ1400万年前，林地環境をもつケニア地域で生活していた。生活面でも，ケニアピテクスは大型のアフリカ生まれのヒト上科であり，四足歩行をしていたが，（チンパンジーやゴリラのように）拳（ナックル）歩行をすることもできただろう。

この科は Y-5 大臼歯のパターン（すべての類人猿と人間の紋章ともいうべき特性）をもつ重厚な顎を備えていたが，しかしそれはまた傷ついた歯のパターンと厚いエナメル質をもつ大臼歯（大臼歯にかかる大きな圧力に耐えるため）を備えていた。この事実は柔らかく熟れた果実（プロコンスルとモロトピテクス双方の主食）から，いっそう堅く，またざらざらした食材への食性変化をしめしている。歯の形態学は霊長目進化を研究するうえで重要である。なぜならそれによって食性の再構築，そして最近では，祖先の種を特徴づける生活史の再構築が可能になったからである（第2章をみよ）。

ケニアピテクスは森林を離れ，半地上のニッチに適応したが，別の類人猿は完全にアフリカを離れ，アフリカとユーラシアのあいだに陸橋ができた後，亜熱帯の西ヨーロッパとアジアの一部に移動した（それまで類人猿はアフリカ大陸に閉じ込められていた）[10]。こうしたヨーロッパの植民地化がもう1つの類人猿の大規模な放散という段階を整えた。今回はヨーロッパとアジアへの放散であった。広く分布し，しかもよく動き回ったヨーロッパの類人猿の一種がドリョピテクスであり，これは中新世期の中期と後期に，フランス，スペイン，オーストリア，ハンガリーで生活していた。この科は，アフリカの類人猿と初期のヒト上科と同じく，下方に傾斜した顔と頭蓋腔をもつ比較的に大型の類人猿（20から36キログラム）であった。それは頑丈にできた四肢の骨格をもっており，これが4本の肢を用いて四足歩行をしながら動き回ったことをしめしている。その歯列形式（大臼歯の上に剪断の入った頂上をもつ薄いエナメル質）は，柔らかく熟れた果実を食し，森林天蓋の高所で生活していたことを証明している（Mercerons, et al., 2007；Kordos and Begun, 2002）。

アジアでもっとも神秘的な類人猿はジャガノピテクスである。彼らは中新世期と更新世期初期（およそ900万年前から50万年前まで）に，ベトナム，中国，インドで生息していた。ジャガノピテクスはキングコングのような大型の類人猿であった。ジャガノピテクスは大きな顎と巨大な歯をもっていた。想像力をはたらかせてみると，彼らは起ち上がると身長は3メートルにも達し，体重はゆうに270キログラムを超えていた。体形部はまだ未発見であるが，こうした

第1章　霊長目［類］時代の概説史　17

生物が樹木の枝に座っている様子を思い描くことはむずかしい。実際に，その大きは，犬歯のひどく傷ついて巨大な大臼歯の厚いエナメル質形成と並んで，その霊長目の生息域を地上ニッチに位置づけることになる。その食料は砂混じりで，しかも咬みにくい食材であった。ジャガノピテクスはまた，アジアと太平洋北部の一部で現在でも歩き回っていると噂される伝説的な雪男，大足男，サスカッチ（毛深い男）の祖先としての特別な地位のおかげでつとに有名である (Meldrum, 2006)[11]。実のところ，ジャガノピテクスはほぼ50万年前のアジアでホモ・エレクトゥスと同時に存在したが，しかし現状での意味合いは，本物よりも伝説的なイメージによるところが大である。それはまた中新世期においてとてつもなく多様で，しかも途方もない成功を収めた証でもある。確かに，中新世期は類人猿として生まれてくるには最高に恵まれた時代であった。

　しかし運命の劇的なドンデン返しが中新世後期に待ち受けていた。アフリカ類人猿が1500万年前にほとんど絶滅してしまったのだ。一方でユーラシアのヒト上科はしばらくのあいだ繁栄をつづけたが，地球の気温が急速に低下しはじめると，彼らもまた絶滅した。同じく重要なことだが，類人猿が死に絶えると，アフリカの旧世界猿が勢力を急速に拡大した。彼らは元々類人猿が専有していた森林ニッチを受け継いだ (Benefit, 1999；Ungar, 1996；Ungar and Kay, 1995；Andrews, 1992, 1995)。ここで広く分布した大型のプロコンスル——中新世期の類人猿の原型——は「猿のような」解剖学的特徴と四足歩行の特徴を備えていたことを思い起こしてほしい。ヴィクトリアピテクス——中新世期の猿の原型——は，樹木と地上の両方を歩くために適した体形構成をもっていた。しかし中新世期，そこは類人猿の王国であり，猿は珍しく，また片隅に追いやられていた。それでも中新世後期までに，「猿のような」四足歩行をする類人猿のすべてが化石記録から永遠に消えてしまった。わずかな種類の類人猿がこうした大惨事を生き抜き，化石記録によれば，彼らはモロトピテクスに近似しており，現生の類人猿と人間と同じ体形上の特徴をもつ中新世期の類人猿であった。いったい何が類人猿を滅亡させたのだろうか。気象変動によって引き起こされた生息域の変化なのだろうか。彼らは猿との競合に破れた末に取って代

われたのだろうか。われわれが類人猿の歴史の力学をもう少し深く踏み込んで探究することは，単なる好奇心を満たすだけのことではない。それどころか，人間社会の起源にとっての手がかりが，今日の類人猿と猿にいぜん明白であるいくつかの決定的な相違と関係している，とわれわれは確信している。さらに加えて，現在ごくわずかしか生存していない類人猿種がきわめて特化し，また辺境の森林に追いやられ，その一方で猿が森林を圧倒的に支配している事実を考えるとき，霊長目を定義するほとんどの社会性が，類人猿でなく，猿から引き継がれたものだいうことが容易に理解できる。それでも類人猿（人間）は，猿に基礎をもつ社会モデルにうまく適応していない。なぜなら類人猿は神経上の大きな相違によってイトコである猿から引き裂かれただけでなく，彼らは特異な生活慣習と社会構造の驚異的な相違によって孤高を保っているからである。

現在では霊長目は，2つの亜目，すなわち原猿亜目と真猿亜目に分類されるほぼ200種から構成されている[12]。アフリカとアジアの森林，あるいはマダガスカル島で生活している原猿亜目は最初の霊長目の子孫である。彼らは現存している霊長目の約25パーセントを占めている。初期霊長目の中新世期における放散の残存物としての地位にもかかわらず，現生している原猿亜目（あるいは下等霊長類）はさまざまな体形と規模に変わっているが，しかし彼らを感知することはたやすい。彼らの大きくギラギラ光る目，「ヘッドライトを備えた鹿」のような顔の表情，「目の細かい櫛歯」，「身繕いに使う爪」を含むグルーミングとガリガリという囓り，湿っぽい鼻音の繁ぎ（彼らは他の霊長目よりもいっそう嗅覚様相に依存している），そして跳んだり跳ねたりする汎化した移動運動によってすぐに見分けがつく。原猿亜目は夜間にだけ食すること，またマダガスカル（ここには猿も類人猿も生息していない）の離島で生活することによって猿や類人猿との競合を免れている。こうした長期にわたる進化の遺産によって，現存する原猿亜目は，自然選択が哺乳類の基本的なパターンを樹木で生活するように変えた最初の作業を行った後に，霊長目がどのようであったかについて知るための最良の手がりをわれわれに与えてくれる。

霊長目の亜目は3つの上科から構成される。そのうちの2つの科は猿の種，

表 1.1 類人猿，猿，原猿の比較数

目	亜目	上科	科	属の数	種の数
霊長目	原猿	キツネザル科		16	46
		ロリス科			
		メガネザル科			
	真猿亜目	オマキザル科 (新世界猿)	キヌザル科	5	21
			オマキザル科	11	32
		オナガザル科 (旧世界猿)	オナガザル科	16	78
		ヒト上科 (類人猿と人間)	テナガザル科	2a	8
			オランウータン科	3b	4
			ヒト科	1c	1

注：aは，ボウシテナガザル，フクロテナガザル，bは，オランウータン，ゴリラ，チンパンジー，cは，ホモ属

つまり，(1)旧世界猿と(2)新世界猿である。猿がすべての霊長目の70パーセントを占めている。もう1つの上科がヒト上科であり，これにはすべての類人猿と人間が含まれる。ヒト上科には，3つの科が区別できる。テナガザル科（これにはテナガザルとフクロテナガザルの種が含まれる），オランウータン科（アジア）とチンパンジー（アフリカ）からなる大型類人猿，そしてヒト属［hominin］（人間だけからなる）。類人猿と人間は全霊長目の5パーセント占めるにとどまる。図1.1中の科の系統樹は霊長目の亜目，科，亜科，そして種への一般的な進化的な分岐をもしめしている。猿と類人猿は原猿亜目で遠い共通の祖先を共有する。類人猿と人間は旧世界猿と共通の祖先をもつ。すべての人間は類人猿と共通の祖先をもつ。それゆえ類人猿は人間と緊密な関係をもっている。事実，人間はふつうのチンパンジーと遺伝子のほぼ99パーセントを共有している。またそれとは少し低い程度でボノボ・チンパンジーと遺伝子を共有している（とはいえ遺伝子型の1パーセントの相違はきわめて異なる表現型をもたらす）。要するに，類人猿の解剖学的構造，行動，社会構造は，われわれヒト科の祖先がどのような存在であったかを理解しようとする際に太古の鏡像を提供してくれるのである。その鏡像を見れば，人間社会の起源について貴重な手

かがりを入手できる (Chen and Lee, 2001；Chen, et al., 2001)。

1.2.1 霊長目の分化

図 1.1 にしめした霊長目の系統樹は，霊長目の分化に焦点を合わせている。霊長目の分化の要点は，類人猿と猿との分化であり，その後における類人猿と現存する人間の祖先であるヒト属の分化である。各時点における分化は樹上生息域，そして後に，猿と類人猿の一部の種が生息することを強いられた地上生

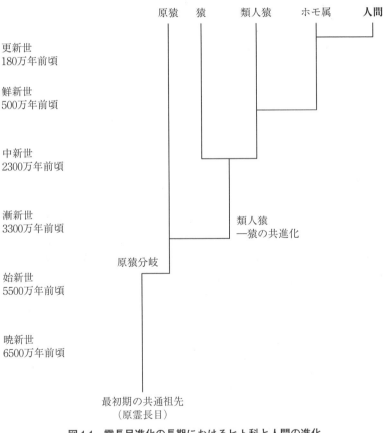

図 1.1　霊長目進化の長期におけるヒト科と人間の進化

息地における別々のニッチへの分類群の移動を表している。非常に一般的な基準から霊長目進化を俯瞰すると，始新世期に樹木に登って陸生哺乳類から初期原猿が進化を遂げた。その結果，自然選択は原猿の解剖学的・神経解剖学的構造に働きかけ，彼らを樹上生息域によりよく適合させた。次に，3300万年前の漸新世期に，体形の点で猿に類似していたが，しかし類人猿のような形質をもつ原始的な真猿目が原猿の祖先から分化した。初期の真猿亜目あるいは原始狭鼻類は最初から，原猿のイトコとは明らかに異なっていた。原始狭鼻類の形質は，対象物をたやすく摑み，操作できるよう完全に進化しており，また対象物を摑むことのできる手肢，特有な歯列パターン，そして複雑なニッチでみいだされる。中新世初期の2300万年前頃，原始狭鼻類は，各系統が異なるニッチに移動すると，真猿と類人猿の分類群が分岐した。中新世の初期と中期は類人猿の絶頂期であった（猿がほとんどいなかった）が，しかしほとんどの類人猿の種が中新世後期に死に絶えた。しかしそれでも現生の類人猿と人間の祖先はしぶとく生き残った。そして最後に，700万年から600万年前，ヒト属とチンパンジーが共通の祖先から分岐した。

　猿と類人猿の分岐は，人間社会の起源を理解しようとする場合に，とりわけ重要である。なぜなら人間は基本的に進化した類人猿であるからだ。確かに，蓄積されているDNAデータが証明しているように，人間はチンパンジーをほんのわずか改造した類人猿である（Wildman, et al., 2003：781）。だから類人猿を猿から区別している遺伝的相違は人間にも共通し，しかもなお人間行動と社会組織に効果をもっている。先に指摘したように，中新世期までに，現在なお完全には解明されていない理由（仮説の意味について第2章をみよ）によって，類人猿が淘汰され，世界は完全に「猿の世界」になった。猿が空き家になったニッチを手に入れたのである。こうして劇的で，しかも奇妙な歪みが生じた。つまり自然選択は次に，猿らしくない体形の類人猿を「いいとこ取りする」かのような形で生き延びさせた。それでも類人猿は，かつて保有していた地位を回復できなかったし，また末端のニッチに留まらざるをえなかったと思われる。その趨勢は現在も引き続き明白である。実際に，現存する類人猿はその小規模

であり，しかも高度に特化した生息域のせいで「進化の失敗作」，または「汎化できなかったものの残存種」と呼ばれてきた (Corruccini and Giochon, 1983：14；Andrews, 1981：1；Temerin and Cant, 1983)。ただホモ・サピエンスのみがこの趨勢に強く抵抗した。しかしその最後の審判はこれから長期にわたるこの種の可能性に付託されているというべきだろう。

　こうした中新世期の猿と類人猿によるニッチの移動は継続する解剖学的な分化をもたらした。これと同じく重要なことは，双方のあいだにみられる行動と社会組織のパターンの相違である。現生の猿と類人猿は，類人猿と猿を混同しがちな一般人の傾向にかかわらず，おそらく2300万年前に多種多様に分化したことの結果である。

　だとすれば，現存している旧世界猿と類人猿の決定的な相違とは，いったいいかなるものだろうか。猿は狭い胸郭，小さな鎖骨，あまり動きのよくない肩関節をもつ相対的に小型の霊長目である。猿の前肢と後肢は短く，しかもほぼ等長である。このため平坦な地上では手の掌と肢裏で，また枝上では尻尾でバランスを取りながら猫に似た形の四足運動をしながら移動する。それとは対照的に，大型類人猿はいっそう直立歩行の姿勢，よく発達した鎖骨，短い背骨をもち，尻尾はもたず，等長でない四肢（類人猿では，前肢が後肢よりも長い）をもっている。類人猿は肩，手首，首，手のすばらしい柔軟性と可動性をもち，これにより新たなよじ登りや懸垂ぶら下がりができる。類人猿はあたかも一個の果実のように拳を握りしめ，片手だけで枝にぶら下がり，あるいは枝から枝へと枝ゆすりをしながら曲線を描きつつ移動できる。猿もまた両手を使って枝をわたるが，しかし頭越しに腕を簡単に回すことができず，類人猿や人間がするように腕渡りは簡単にはできない (Napier and Napier, 1985；Corruccini, et al., 1975；Maryanski, 1996；Ward, 1993)。類人猿も強い手と手首，非常に鋭敏な指先と完全に個別化した指紋のある長い指をもっている (Napier and Napier, 1985)。類人猿は猿の脳と比べて有意に大きな脳（絶対的な規模および体形規模との相対比でも）をもち，猿よりも知的である (Holloway, 1968, 2002；Stephen, Baron, and Frahm, 1988；Stephen and Andy, 1969, 1977)。脳規模の大きな

相違は，視覚優位を可能にしている連合皮質と共に，言語のための決定的な前適応であったと思われる。

　こうした基本的な相違は，中新世中期後に類人猿と猿が非常に異なるニッチで生活したことをしめしている（Napier and Napier, 1985；Tattersall, et al., 1988；Conroy, 1990；Turner, 2000；Jones, 1990；Mesulam, 1983）。類人猿は樹上の綱渡りの職人であるかのようにつくられ，枝から枝へとぶら下がりながら渡り，樹木の頂上部で動き回る。それとは対照的に，猿は樹木の中程の部分で行動し，バランスをとるために四肢と尻尾を使いながら枝をつたって素早く走り回る（どうしても必要な場合には，枝を揺すりながら別の枝に渡り，または跳び移ることもできる）。

　等しく重要な相違——第2章の焦点である——は，類人猿と猿それぞれの社会構造の相違である。第1章では，化石記録と分子年代測定法に依拠しながら，霊長目進化の大きな流れを辿りつつ，その輪郭を描写してきた。とくにわれわれは霊長目の体形の設計図を強調した。その訳は骨格の輪郭は食料採集と食性パターンを推測するために活用できるからである。次に食料採集のパターンは，因果関係の複雑なパターンをしめしつつ，形態的な特質と社会体系とが交互作用していることがわかっている（Rodman and Cant, 1984；Tattersall, et al., 1988；Napier and Napier, 1985）。次章で考察するように，中新世期にほとんどの類人猿が死滅し，その後猿が樹上ニッチの中心部分を支配下に置いたが，それでもヒト上科として生き残った類人猿は，生き延びるために樹上生息域の臨界というべき末端に移動することを強いられた。しかもこうした末端の餌場への移動が類人猿の社会組織のパターンを劇的に変えることになったのである。旧世界猿は比較的小型であり，樹木の最良のニッチが空間的なゆとりと豊富な食料を供給した。だから猿の集合体は大きく，しかも安定していた。これは現生の旧世界猿にも当てはまり，彼らは雄の階統的な関係と雌の母系（親族関係をもつ雌同士のネットワーク）のパターンを中心に据えて組織されている。それとは対照的に，現生のすべての類人猿の集合化は総じて流動的である。彼らは猿のもっている集団統合と世代間の継続に役立つ重要な親族関係の系譜をもってい

ない。なぜこうした相違が存在したかについて調べることは比較的たやすい。森林生息域における広い空間と安定している資源供給がより大きな集合体と安定した社会秩序の方程式である。これに対して，狭い空間と散在している資源は小規模で絶えず移動する個体集合の方程式である。

次章でくわしく分析することになるが，社会組織はさらに別の相違をもっている。それでもここで強調しておくべきことは次のことである。現生するすべての猿が類人猿よりも堅固に組織されていることである。猿は，雄同士の明確な階統制と雌同士の母系による世代間を越えて継続する安定した集合化とを保持している。それとは対照的に，現生しているわずかな種の大型類人猿の集合はすぐ離散するか，それともほとんど孤高を保っているオランウータンの場合のように，共同活動をほとんどしない。これに対してふつうのチンパンジー（類人猿のなかでもっとも社会的である）の場合，個体は安定した集団にほとんど留まらず，自分勝手に動き回ることを好む。だからたとえ一時的にパーティに加わるとしても，その集合は決まった地域的「共同態」の範囲内で，数分，時に数時間だけ継続するのみである。チンパンジー社会では，社会構造は雄の友人関係を中心に据えているが，雌たちはふつう保育している子どもたちだけを連れて動き回わる。なぜなら猿の雌（彼女たちは親族関係にある雌たちの4世代に広がり生涯にわたって持続する母系の親族関係に集合している）とは違って，チンパンジーの共同態内で生活する類人猿の雌たちは見ず知らずの余所者であり，また雌たちは思春期に自分の生まれた生育共同態から離れ，また他の共同態から移っていく雌と置き換わるからである。後で議論するように，実に皮肉なことではあるが，人間の社会組織がマクロ水準のパターンに向かう段階を設定した決定的な前適応として役立ったのは，少なくとも人間にもっとも近い類人猿たちにみられる共同態感覚という堅く配線された性向と結びつく親族関係を基礎にした組織中枢（これがすべての猿社会を繋ぎ止めている）の欠如である。個体群が大きく成長すると，メンバー全員が同時に相互作用することはほとんど不可能である。新たな連帯の基盤がより大きな社会単位に依拠してメンバーの注意を集約するために形成されなければならない。猿（そしてほとんどの哺

乳類）は，決して真の意味でマクロ社会を進化させていない。なぜなら彼らの凝集力はこぢんまりとした親族関係を基礎にした集団に係留されているからである。これに対して，類人猿はこうした制約に縛られず，広く分散した身近な共同態を心のうちに描写できる認知能力をもっている。必要になれば，彼らは自分たちの共同態の目視できない境界を余所者の侵入から積極的に防衛する。こうした行動（そして社会）的性向がさらなる選択を受けることになった。ヒト属の神経解剖学的構造に作用した別の選択力と考え合わせると，彼らはまったく新種の社会を創設できたのである。この社会はより大きな社会構造を表象する象徴とトーテムの集合的な「崇敬」を中心にして組織されたのである。

　人間にもっとも近い霊長目の親族が類人猿よりも猿に類似していたとしたならば，人間組織の性質は現在われわれがもっている構成とはまったく異なるものになっていただろう。猿がわれわれの直接の祖先であったならば，人間文化と社会構造は猿社会の特徴を映しだしているはずであるとわれわれは仮定できる。しかし人間は進化した類人猿であり，したがって集団水準で十分に組織されていない霊長目の系譜の子孫なのである。身近な集団の組織化を欠いているという事実は，類人猿の系統の生存だけでなく，われわれの行く末に重大な結果をもたらしたはずである。われわれの目的からすると，もっと強く組織されるか，それとも死に絶えるか，というヒト属が遭遇した難問を十分に理解すべきだということである。すぐ後でみるように，人間にもっとも近い類人猿の自然単位としての共同態への方位づけは，サヴァンナに押しだされたヒト属の生存にとってだけでなく，出現しつつあった人間社会の持続可能性にとって同程度に重要であったに違いないが，しかし人口集群の定住が進行し，また成長しはじめるに際してのマクロ社会の形成にとっても非常に重要であった。

　先に考察したように，ほとんどの類人猿の種は中新世期に死滅したが，しかしもう1つの滅亡が，森林周辺で生活し，またアフリカの低木林地やサヴァンナに思い切って移動した早期のヒト上科（人間の系統に近似しているか，それともその系統に属している）の放散にともなって発生した。とりわけわれわれにつながるヒト属の祖先は逆境を打開し，しかも食料探索のパーティにみられ

る弱い紐帯というヒト上科の傾向を克服し，広く開けた大地で生存する方途を見つけたのであった。ヒト属であるわれわれの祖先は，生き残るために集団水準で十分な組織化を，どのように生成しえたかを検証することが，人間社会の起源について重要な手がかりをわれわれに与えてくれるはずである。

　われわれはまず，猿と類人猿の分岐，また双方の解剖学的・神経解剖学的，さらには社会組織のパターンにみられる相違がどのように出現し，人間を含めて，その後のすべての類人猿を制約することになった，われわれの社会の起源についての物語に取り組むことにしよう。次に，われわれにとってもっとも近親であるチンパンジーの子孫たちと共に，類人猿と人間にとっての最後の共通祖先の分岐による進化の系統を辿る必要があろう。類人猿全体，とくにチンパンジーは，ヒト属の祖先ほど大きな変化を経験しなかった（なぜなら森林は安定したニッチであり，またチンパンジーの祖先はそこに留まりつづけたからである）。チンパンジーの行動と社会構造の分析は，現生の類人猿と人間にとっての最後の共通祖先を組織した社会構造についての有用な手がかりを与えてくれるはずである。次に，現在にずっと接近し，チンパンジーの社会構造をヒト上科社会の構造を反映する太古の鏡像として利用することによって，われわれは人間社会が進化した原初構造の性質について妥当な考えを入手できるはずである。

1.3　むすび

　人間は進化した類人猿である。この事実が社会科学の多くの文献によって完全に理解されることはなかった。社会科学の文献は，人間行動と人間組織は社会文化力を全うに分析しさえすれば十分に理解できるとつねに仮定してきた。社会文化力が社会で生起していることについて生物的力よりもはるかに多く説明できるという考えはたぶん真実だろう。しかし，社会学的分析に付け加わりうるいくつかの重大な洞察が進化社会学にあるはずである。生物科学から多くの信頼できる知識を吸収しないと，種としての人類についてはいうまでもなく，人間行動と社会過程の完全な構図を手に入れることは決してできない。この結

論は，社会学が生物学あるいは別の極端な還元論者の議論に収束しうることを意味しているのではなく，生物学を分析ツールと経験的データベースの兵器庫につけ足すことによってはじめて，人間と社会文化的形成物についてより確実な理解がえられるということである。

　人間はヒト上科の一種であり，生物的存在として類人猿の親族である。だからもっと重要なことは，類人猿の社会構造をよりよく理解することである。類人猿は哺乳類としてきわめて特殊な社会構造を生成する特別な行動性向をもっている。類人猿の行動と社会構造の特殊な様相が自然選択を受けるにつれてヒト属の社会，そして次に人間社会が誕生した。しかし人間の解剖的・神経解剖的な構造にどれほど大きな変化が生じたとしても，また社会文化的な構築物がどれほど壮麗に構築されたとしても，われわれがヒト上科の系統樹に連なる大型で，視覚優位で，しかも尻尾をもたない霊長目であることに変わりはない。自然選択はこの遺産を除去しなかった。その保守的な力がついに最初の人間社会をもたらす決定的な新要素を付け足したのである。

　第2章では，類人猿の行動と社会構造を猿のそれとを比較しながら考察する。この考察は霊長目，ヒト上科と人間の進化の足跡を辿るわれわれの行程の第一歩である。われわれは類人猿と人間の最後の共通祖先の構造を再構築するために，生物学に起源をもつ分岐分析法を応用する。こうしてわれわれは，バンド，核家族，またこれらの新しい社会的形成体を中心にして構築された単純な狩猟・採集社会を最終的にうみだすために，600万年から800万年をかけて選択されたヒト上科の組織的特徴について1つの妥当な理解に到達することができる。

　第3章では，人間社会の社会的原形質について理解するためにチンパンジーの社会構造に関するデータを活用する。生物学的にみると，われわれはチンパンジーにきわめて近い。だから確かに，一部の学者はチンパンジーをホモ属に加えるべきだとさえ主張している。事実，チンパンジーが別の大型類人猿，すなわちゴリラやオランウータンとの関係よりも，彼らは人間とはるかに緊密に関係している（Chen and Li, 2001）。チンパンジーの行動と社会は，われわれの直接的なヒト上科の祖先がどのようであったかを精査するための最高のレンズ

である。しかしそのレンズは多少ぼやけている。なぜならチンパンジーは 600 万年から 800 万年前に分岐した類人猿とヒト上科の分岐からはじまった彼ら自身の系統の最終産物であるからである。ただしチンパンジーは人間ほど大きな変化を遂げなかった（これは，どれほどの選択が 1 つの種の，また多くの場合，どれほどの期間にわたって，解剖学的構造のさまざまな部位に影響をおよぼしたかを判別しうる検定によって確定できる）。人間が進化の記録に出現する以前におけるヒト上科の社会の記述を組み立てるため，われわれはチンパンジーの社会関係の分析を援用する。初期の理論家たちは，人間以前における社会の性質を記述するため「ホルド」［移動する群れ］の比喩をしばしば用いた。われわれはこの用語を復活させるつもりであるが，しかしホルドを単なる比喩として用いるつもりはない。われわれはまず類人猿の行動と社会構造を記述する。そしてこれらがさらなる選択を受けることによって，最初の人間社会を組織する制度体系の基盤となった類人猿の行動と社会構造の特徴について描写していく。

　第 4 章では，類人猿をよりよく組織することが，どうして可能になったかについて考察する。われわれはホルドを起点としたので，ヒト上科をより適切に組織するために，彼らの神経解剖的・解剖的構造に，いかなる特徴を付加しなければならなかったかについて考察する。プロコンスルのような類人猿の組織がどのようであったとしても，ヒト上科は組織化が生存の必須条件であり，猿組織が非常によく適応した生息地で，彼らはなぜ生存のためにうまく適応できなかったかは，類人猿進化の袋小路の痕跡を辿れば一目瞭然である。そうだとしても自然選択は，ホルドをよりいっそう凝集的な社会単位へと，どのように変換しえたのだろうか。文化が出現するはるか以前に，自然選択はヒト上科をさらにいっそう感情的にするため，彼らの感情のレパートリーを拡張した，とわれわれは論じるつもりである。しかも集団の水準でいっそうの連帯を築くために用いられたのは，感情能力だったのである。

　第 5 章では，ヒト属における文化の出現について考察する。人間社会が出現するためには，新たな社会連帯の機構が必須であった。もっとも重要であった

ことの1つは，感情を喚起し，社会連帯を増加しうる象徴に向かう儀礼によって身近なバンドとバンドのより大きな個体群を象徴化することであった。こうした象徴は神聖性の品格を帯びがちであり，またそのため，宗教が最初の人間社会の部分であったことは大いにありうる。ホルドの構造だけでは，たとえそれが多少変更されたとしても，狩猟・採集のバンド，まして人口集群のメンバー間に共通の象徴をもつ，より大きな地域圏をとうてい維持できない。エミル・デュルケム (Durkheim, 1984 [1912]) がずいぶん前に認識していたように，最初の宗教は確かに新しい種類の社会の崇拝をともなっていたにちがいない。

第6章では，最初の人間社会，すなわち狩猟・採集社会が考察の対象である。ホルドは親族関係をもたず，しかも彼らはおそらく乱交であったはずである。しかし母系の便益を享受しえないまま，自然選択は社会を組織化し，両親とその子どもたちに親族関係の結合を生成するため，ヒト上科と人間の神経解剖学的構造に働きかけた。多数の学者は経済こそが最初の制度であったと議論するかもしれないが，しかしわれわれの視点からすると，経済は資源とこうした資源を分配するための分業を必然的にともなう。ホルドの個々のメンバーは，自分の食料を自力で確保しており，したがって食料採集をめぐって組織されてはいなかった，とわれわれは論じる。人間に経済が存在しうるためには，食料採集を調整するための分業が不可欠である。親族関係が経済労働を調整するための最初の構造的テンプレートを提供した。その一方で宗教がこの分業を裁可［許可もしくは制裁］する統一的象徴を提供した。家族は，乱交を行うヒト上科にとって自然な単位ではない。強力な選択圧力が成体と彼らの生物学的子孫たちのあいだに安定した集合化を形成するために作用しなければならなかった。雄と雌，次に両親と子どものあいだに愛着をうみだすために自然選択は，いったいどのようなことをしたのだろうか。人間社会は，ホルドからの決定的な推移を抜きにして成立しえなかった。狩猟・採集バンドに構造的持続性を供給したのは，制度体系としての親族関係の出現であった。

第7章，第8章，そして第9章では，人間が定住した後における制度体系の進化について再検討する。狩猟・採集というエデンの園を離れた後，人間は労

働集約的な園芸農耕社会，その後に農業社会，次いで産業主義へと移行した。ずっと以前に刊行した書物のなかで，われわれはこの個体主義的な類人猿の「檻への封じ込め」について順序立てて記述した (Maryanski and Turner, 1992)。われわれはこれら3つの章でその分析を拡張し，原初的な親族関係，宗教，そして経済の中核的な制度から新たな制度領域の分化について検討する。さらに制度分化によってつくられたもう1つの檻というべき階層体系がそこでの考察対象である。

最後に第10章では，人間と社会の進化史の軌跡をふり返る。その際，社会学者の第一世代を魅了した諸問題にとくに注目する。近代社会の進化は人間欲求に造反しているのだろうか。すべての社会は，弱い紐帯，個体主義（個人主義），そして移動性という人間の祖先の類人猿としての性向に刃向かっているが，しかし，一部の社会形成体が別の形成体よりもいっそう大きくわれわれの類人猿の祖先と対立している。われわれは，狩猟・採集から継起してきた人間進化の期間において，どの社会組織のパターンが進化した類人猿としての人間にとって最大の緊張関係をうみだしたかについて，また複雑な社会とより大きな人口集群を組織する必要性について，いくらかの解説をもって結論に代えるつもりである。

注
1) ヒト上科の分類学的な命名法は現在，過渡期にある。誤解を避けるため，それぞれの名称が何を意味しているかを知っておくことが重要である。ヒト上科は類人猿——テナガザル，フクロテナガザル，オランウータン，ゴリラ，チンパンジーとヒト——を含む。ヒト科の用語は現今では2つの意味をもっている。伝統的にヒト科は，人間と，直立二足歩行（すなわち人間の傍系か，それとも直接の祖先かは問わない）を常時行っていたと推定されるすべての化石を指している。最近になって，いっそう正確に系統発生的関係を描写する努力によって，数人の学者たちはヒト科の用語を，ヒトと大型類人猿——チンパンジー，ゴリラ，オランウータン——を含むべく拡張してきた。新たな名称であるヒト属は，人間，つまりホモ・サピエンスに近い，あるいは直接につながるすべての化石を指すための用語であると主張する学者が近年ますます増えている。しかし混乱を避けるため，われわれはヒト科を人間に近い，あるいは直接の系統に属しているすべての二足歩行の霊長類に適用する伝統的な意味で用いる。しかしわれわれはヒト科をホモ属と相互交換的に用い，また

とくに現代の人間と彼らの化石で出現する祖先を指示する場合に，主としてホモ属の用語を用いる。
2) 霊長目の根幹種の認定は長期にわたって論争の火種であった。現生している生態的モデルはドカリネズミと有袋類を含んでいる。プレジアダピス類として知られている1つの大きな分類群が，一部の学者によって霊長目の起源を理解する際に中心的役割を担っていると現在ではみなされている。けれどもこの分類群は霊長目としての重大な特性を欠いている。霊長目の起源に関する理論は，細胞データと化石記録と共に，霊長目の比較データを活用できる。霊長目が手で対象物を摑むことや，すばらしく調整された視力を最初にどのようにして獲得したかに関する推論が飛び交っている。一部の学者は「樹上仮説」（霊長目はその特性を樹木で獲得した）と指摘する。別の一部の学者は「捕食動物仮説」を支持する。この仮説は顔の前面にある両眼，対象物を摑む手，そして鋭敏な視覚はまず地上で獲物をつかまえるために適応し，次に，こうした前適応をなし遂げた哺乳動物が樹木を選び，そこで自然選択は本物の霊長目を生成するためその特性を長期にわたって強化したとする仮説である。さらに別の一部の学者はこうしたモデルの変種を選択する。しかし最初の真性の霊長目が生存と繁殖の成功を目指して樹上のニッチを頼ったことを疑うものはいない（Bloch, et al., 2007; Cartmill, 1974; Bloch and Boyer, 2002; Gebo, 2004; Hartwig, 2007）。
3) 霊長目の化石記録は，新生代末期に恐竜が絶滅した直後の新生代——哺乳類の時代——にはじめて出土する。新生代は地質学的に7つの時代——暁新世，始新世，漸新世，中新世，鮮新世，更新世，完新世——に区分できる。地質学的な年代系は地球規模で構築され，そして新規と既存の年代決定法，および大量の地質学的な異変や物質（たとえば化石層，陸生層，火山爆発など）と関連づけ，また測定する方法の双方に基づいているので，年代の区切りの標識を正確に定義することはむずかしく，その時々に揺動する（われわれの地質学的年代決定はグラッドシュタイン（Gradstein），2004によっている）。
4) 霊長目はほとんどの空間情報（たとえば物体の認知）の処理と統合を視覚に頼っている。視覚が他の感覚と対立すると，視覚が他の感覚様相を制御し，また優先する。ところが，視覚が妨げられると（薄暗い場所にいる），他の感覚様相が視覚に優先する。たとえば霊長類の手触りの感覚は，高度に洗練されており，暗闇のなかで動き回り，きめ細かな判別，表面下にある物体の探索の際に視覚を凌ぐ。
5) 霊長目の分析をするための診断上の特徴のすべてが霊長目に特有なものではない。いくつかの特徴は他の哺乳動物と共通である。霊長目に含めることは，ある種がこうした属性の根拠のある集まりをしめすだけである。原猿（あるいは下等霊長目）は，ほとんどの高等霊長類（猿，類人猿，人間）が，あるいはすべてを保持している特有な特性を欠いている。樹葉を食べるコロブス属の猿のような若干の高等霊長類は，他の霊長目が中毒するような植物を消化するため複数房の胃をもつような2次的特化物を進化させた。また人間霊長類が常時，二足歩行をするように進化したとき，実際に対置する大きな鉤爪を失った（とはいえ，腕を失った人は，肢の指を代わりに使って物を摑むことがいぜん可能である）。
6) 最近，初期真猿類に類似した霊長目がアジアとアフリカの始新世後期の化石層でみつかった。この事実は部分的に真猿類の特性をもつ，真性の原始真猿類のいずれか，あるいは

その両方の放散を立証している。本書を執筆している時期までに，初期真猿類の所在あるいは起源について合意はないが，しかし有望な見込みが今やみえている（その議論については，Gunnell and Miller, 2002；Miller, Gunnell, and Martin, 2005；Ciochony and Gunnell, 2002；Sneiffer and Simons, 2001 をみよ）。

7) 歯列形成は霊長類を分類するために用いられる。というのも歯は厳密に遺伝の制御下にあるからである。現生するすべての旧世界猿，類人猿，人間は 32 本の歯をもっている。これとは対照的に，原猿，新世界猿は 36 本の歯をもっている。さらに，旧世界猿の歯の解剖学的特徴を類人猿と人間のそれから区別するのは（双方とも 32 本の歯をもっている），下側大臼歯の表面である。旧世界猿は例外なく 2 対に調整された 4 つの咬頭をもち，それぞれが大臼歯に両横堤歯，4 つの咬頭のパターンになるよう連結されている。それとは対照的に，類人猿と人間は Y-5 の形をした組織によって区切られた 5 つの咬頭をもち，すべてのヒト上科が Y-5 大臼歯のパターンをもっている。プロコンスル（以下で考察する）は下側に Y-5 大臼歯のパターンをもっている。

8) 狭鼻猿は狭く，しかも下向きの鼻腔をもつ霊長目を指している。これは旧世界猿，類人猿，人間，およびアフロユーラシアの高等霊長類のすべての化石を含む真猿類下目の特徴である。それは広く分離した鼻腔によって特徴づけるすべての新世界猿（メキシコや南アメリカに生息している）を含む広鼻類の下目を補完している。

9) 共通の祖先が精確に，いつ旧世界猿と類人猿に分岐したかについては現在も論争中である。多くの学者がその分岐は 2300–2500 万年前頃であったと考えている。しかし新しい方法を使用している一部の学者は，漸新生期の 2900–3300 万年以前に起こったと示唆している。その論争はいくつかの日付の明瞭な化石がこの期間を特定するまで継続するだろう。それまで，学者たちは証拠の間接的な系統樹に頼るほかない。

10) ピーター・アンドリュース（Andrews, 2007）は，ケニアピテクスはヨーロッパからの移住者であると主張する。最近の化石堆積層がこの分類群を 1500 万年前，トルコで生活していたと認定している（ケニアピテクスのアフリカの化石はほぼ 1400 万年前の化石である）。アンドリュースは，類人猿は中新世期に陸橋が大陸をつないでいた時期，アフリカとユーラシアを往き来していたと示唆している。

11) 捉えどころのない大足男の実像について学ぶためには，David Daegling, 2005, *Bigfoot Exposed: An Anthropologist Examines America's Enduring Legend; Jeff Meldrum*, 2006, *Sasquatch: Legend Meets Science* をみよ。

12) 表 1.1 中の単純化した分類図式では，メガネザルは原亜目（キツネザル，ロリス，ガロゴスを含む）としてひとまとめにされている。学者たちはメガネザルをどこに位置づけるかに関して合意に達していない。なぜならメガネザルは原始的な霊長目の特性と真猿亜目の派生的な特性のモザイクであるからだ（たとえば動かすことのできる上唇）。ここにしめした分類法に代わる方法は伝統的な分類図式である。それは，われわれの控えめな分類学的な素描を考えるときには適切である。種の数は，研究者が個体群を独立系とみなすか，それとも下位種とみなすかによって異なる。

第2章

弱い紐帯の脆弱性

　全体を見渡すと，中新世期の類人猿はきわめて多様な種として出現し，またいくつかの種は大型で尻尾をもっていなかった。しかしこうした目を見張らせる増殖の後，中新世末期までにほとんどの類人猿が絶滅し果てた。ただしただ1つの系統が生き残り，その後，現生の類人猿と人間を誕生させたのである（Dean Falk, 2000, *Primate Diversity*）。

　旧世界猿と類人猿にとって最後の共通の祖先は中新世初期の2300万年前頃に，2つの系統に分岐した。この段階は最初の人間社会の最終的な形態を形成するうえで重要な第一歩であった。当初，猿と類人猿のあいだに相違はほとんどなかった。双方とも移動する際に四足歩行をしていた。両者の大きな相違は体形の規模，バランスの取り方，顎と歯の違いであった（Nei and Glazko, 2002；Walker and Shipman, 2005）。中新世初期と中期のあいだに，四足歩行を常用する多数の類人猿の種がアフリカとユーラシア大陸の森林を支配し，樹上ニッチのほとんどを占拠していた。猿は稀にしか見られず，ごく少数の種に限定されていた。しかしこれらすべてが中新世後期に一変した。類人猿が絶滅し，代わって猿が増加し多様化しはじめた。その挙げ句に猿が森林の中枢部分を掌握し，ようやく生き残った類人猿は，樹木の末端の，あまり恵まれない餌場のニッチに追いやられてしまった。

　「類人猿の惑星」（少なくとも樹上の生息域にあって）から「猿の惑星」へという，ほとんど文字通りに劇的な推移は，類人猿と猿それぞれの解剖学的・神経解剖学的構造と社会組織のパターンの多様化を必要とした。猿が支配を確立するより以前にも，猿と類人猿のあいだにはいくらかの相違があった。しかし類人猿が森林ニッチの特異な部分へと移動したことは，猿と類人猿とのいっそ

うの分化を結果的にもたらした。なぜなら数百万年のあいだ樹林の中心部分で生きてきた，ほとんど四足歩行をしていた類人猿が絶滅の危機に追い込まれたからである。懸垂ぶら下がりのためにつくられた解剖学的形質——枝の末端で食料を採取することを可能にした適応——をもつことのできた類人猿のみが生き残ったのである。おそらく一部の類人猿が周縁の餌場に逃げ込んだか，あるいはすでにそこで生存していた類人猿だけがよりよく適合した猿の侵攻を免れたのだろう。いずれにせよ猿と類人猿の分肢は，解剖学的・神経解剖学的水準のみならず，行動と社会組織の水準におよんでいる。それゆえ人間社会の起源は類人猿と猿のこのような分肢と関係しているのである。

いささかきまりが悪いかもしれないが，人間は猿との闘争で敗北を喫した系統の子孫である。またさらに明白なことは，人間が現代世界においてその数を増やしつづけている唯一のヒト科であるという事実である。現存する類人猿の数は減少の一途を辿っている（実際に，人間生息地の侵攻が現在の速度で進むと，今世紀中に自然な生息地で生存している類人猿がたとえいたとしても，その数は微々たるものとなるだろう）。人間は動物園以外で生存し，最後まで生き残るヒト科になってしまうかもしれない。とはいえ一部の人たちは，人間の社会文化的構築物はその種を閉じ込めいている一種の動物園でしかないと主張している。もっとも興味をそそる疑問は，猿は類人猿を凌ぐ優勢をなぜ獲得しえたかということである。森林の行動圏をめぐる闘争に負けてしまった結末を考察する前に，この疑問に対する解答を探ってみよう。

2.1 なぜ猿は類人猿よりも適合できたのか

この疑問についての証明ずみの正解はまだみつかっていない。しかし中新世後期にほとんどの類人猿を一掃し，そして旧世界猿の興隆を加速するよう働いた力に関する有望な若干の仮説と，大規模な推移と置換のために強く作用した力についての合意はみいだされる。1つの説明は気候変化に焦点を合わせる。もう1つの説明は類人猿と猿の食性の相違に焦点を合わせる。そして3つ目の説明は生活史特性とよばれている事柄を強調する。生活史の特性は，霊長目の

妊娠，育児や生活周期の基礎的段階（すなわち，幼児期，思春期，青年期，成人期）を中心とした猿と類人猿の相違に注目する。

2.1.1 気候と環境の変化

そもそも霊長目は，高温多湿な熱帯雨林（ほとんどの霊長目の種が現在も生息している）からなる生態域で誕生した。中新世初期（およそ2300-1700万年前），気候が高温多湿に変わると，類人猿の種がアフリカの森林を支配した。中新世中期（1700-1100万年前）に，海面水位がヨーロッパとアジアの当時の熱帯地域を陸続きにするほど低下した。その結果，類人猿の数量と多様化がふたたび増加した。類人猿は最高に多湿な森林の生育環境を求めて転進し，そして陸橋は，新種が進化することのできた多数の新たな蒸し暑い森林ニッチを切り開いた（Eronen and Rook, 2004）。

しかし中新世中期は安定した温暖な気候から気温低下への緩やかな変化の兆候をしめした。地球の気象条件がしだいに季節によって区切られるようになり，一部の陸地は熱帯雨林の生態系を支えるには冷たく，また乾燥しすぎるようになった。中新世後期（1100-1500万年前）までに，寒冷化の気候条件は加速した。森林は干上がり，縮小し，疎開林や低木林地や草原地帯が徐々に拡がり，森林は後退した（Behrensmeyer, et al., 1992；Jablonski, 2005）。類人猿が繁殖した生態域を変えた気象条件によって，類人猿種の数量は急速に減少し，また各種の絶対数も減少した（人間は例外であるが，この傾向は現在も継続している）。

霊長目の化石記録は，中新世後期まで森林の景観がほとんど類人猿で埋め尽くされていたことをわれわれに教えてくれる。中新世初期と中期に，2つの成功を収めた放散があった。ヒト上科は，ヨーロッパ，アジア，アフリカで採掘された類人猿の化石の数量と種類によって測定すると，もっとも適合した類人猿であった。その後，いったいいかなる不運が彼らに襲いかかったのだろうか。この大きな成功が，なぜ類人猿のほとんどの種を絶滅させてしまう事態につながったのだろうか。そもそも中新世期の類人猿は樹上の生活様式にもっとも適合していた。周りから閉ざされ，蒸し暑い熱帯雨林を好むことを考えると，類

人猿は乾燥し広く開けた環境に移動しなければならない苦難の時代に遭遇したはずである。それとは対照的に，四足歩行をしていた初期の猿はいっそう万能であった。その歩き方は森林の天蓋で枝上を歩くにも，林床を歩き回るにも適していた (Jabolonski, 2005)。中新世後期に，一部の類人猿が森林の天蓋を離れて，低木林地に思い切って進出したが，しかし生き残ったのはごくわずかであった。その一種がアジアのギガントピテクスであり，これは現在からおよそ50万年前まで生息していた。生存の必要のためだったのだろうが，ギガントピテクスは巨大（おそらく身長2.7メートル，体重270キロ）に成長した。おそらく広く開けた大地で肉食の捕食動物から身を守るためにそうなったのであろう。

中新世後期までに，地球規模の寒冷化が加速し，ヨーロッパとアジアのほとんどの類人猿が消滅したことは，その地域での化石記録の未発見によって推し量ることができる。ところが一部の類人猿がアフリカに回帰し，残っていた森林の生息域——また孤立した森林地——で生き延びた。ところで大量の類人猿の消滅は中新世後期における地球の気候変動，つまり温暖から寒冷な気温変化だけではたして説明できるものだろうか。

気候の不安定要因が，中新世後期に一部の類人猿の種を一掃した原因としての役割を担ったことは確かであろう。アフリカの多数の類人猿はヨーロッパとアジアへと移動することによって寒冷化に反応し，これが類人猿の2度目の放散の引き金になった。しかし研究者たちは哺乳類の種の多様化と地球上の気温のあいだに単純な因果関係をみいだしていないので，その構図はもっとはるかに込み入っている (Hopkins, 2007 ; Alroy, 2000)。気候変化は中新世後期における地球上の熱帯雨林をしだいに縮減したが，森林が完全になくなってしまったわけではなかった。熱帯雨林が赤道近くに集約しただけだったのかもしれない。さらに縮減した森林は旧世界猿の壊滅の予兆でなく，まさしくその真逆であった。それは猿たちの激しい適応放散の開始であり，こうした猿はかつて類人猿が占有していた森林の中心部を奪取したのである。これが事実だとすると，その他の力も，選択が猿のような体形をしたすべての類人猿を一掃し，また前肢優位の移動運動と枝の懸垂ぶら下がりのできる体形に有利に働いたに違いない。

したがって気候変化の力学は，なぜ類人猿が凋落したかという物語の一部を語っているに過ぎない。類人猿のほとんどを消滅に追いやり，そして猿に繁殖の大きな成功をもたらした，もっと直接的な因果力があったように思われるのである（この議論については，Jablonski, 2005；Eronen and Rook, 2004 をみよ）。

2.1.2　食性の有利

　中新世期の大半の期間，旧世界猿は相対的に僅少であった。第 1 章で述べたように，5 キログラムほどの体重をもつ小さな猿，ヴィクトリオピテクスが中新世初期と中期に生息した一握りの猿の種をもっともよく代表している（Benefit, 1999；Hill, et al., 2002；Pickford and Kunimatsu, 2005）。類人猿が熟れた果実のみを好んで食べていたのに対して，ヴィクトリアピテクスは雑食をし，森林天蓋でまだ熟れていない果実を食べて快適に生活し，また林床では種子やもっと堅い砂混じりの食料を摂取するように変容していた。実際に，ヴィクトリアピテクスの移動運動の習性は非常に柔軟であり，ベネフィット（Benefit, 1999：168）によれば，猿と類人猿が共通祖先から分岐したとき，「移動運動の適応を成し遂げたのは，類人猿でなく，旧世界猿の祖先であった」。中新世初期と中期を通じて，小さな体形のヴィクトリアピテクスが類人猿と平穏に共生していたが，その後，1200 万年前頃に絶滅した（Hill, et al., 2002）。次に中新世後期（およそ 1100 万年前）は，猿の新たな多様化の流れの先駆けであった。オナガザルの系統が現生の旧世界猿の直接の祖先である（Raaum, et al., 2005）。しかしヴィクトリアピテクス（彼らは確かに祖先の一種であった）はある意味でいぜん地球上を闊歩している。というのもこの猿がその子孫たちに多数の猿としての特性を伝えたからである。たとえば四咬頭性の重皺襞をもつ大臼歯（これは木の葉などをすり潰すことに特化している），汎化した猿様式の四足歩行，初期の猿の雑食性（類人猿と比較して）である。しかし皮肉なことに，選択はこうした新種の猿に，ヴィクトリアピテクスやすべての類人猿を凌ぐ有望な食性の優位，すなわち熟れていない果実を消化できる能力を与えた（Benefit, 1999；Andrews, 1989, 1996；Galili and Andrews, 1995；Temerin and Cant, 1983；Kay and Ungar,

1997)。

　植物は，種子をできるだけ広く放散するため果実でそれを包んでいる。それでも種子は，果実が熟れて動物が食べなければ発芽できない。しかも果実が熟れ，またその種子の包みが整う前に，動物に食べられることを阻止するため，ほとんどの果実がほぼすべての動物にとって毒性（猛毒でさえある）をもっている。猿が熟れていない果実を，または類人猿にとって毒性のあるどんな食料をも消化できる器官を進化させたとすれば，猿は類人猿を凌ぐ決定的な食性上の有利を獲得しただろう。類人猿は人間と同様に果実が完全に熟れるまで待たねばならない。実際に猿は，類人猿が食べることができるような状態が訪れる前に，森林の主要な果実をきれいに平らげてしまう。だから類人猿はより近づきにくいニッチで果実を探すか，それともいっそ葉を食べる食性の方向に推移するほか手立てがなかった。生き残るため，類人猿は樹木の食料の豊富な中心部分を追われ，樹木の末端の餌場で食料にありつかねばならなかった。熟れていない果実を食べるという仮説が妥当性をもつかどうかは別にして[1]，樹木の上部で四足歩行をしていた類人猿のすべてが中新世後期に大量に死滅してしまった。そして樹木の下部の枝でぶら下がりをするわずかな類人猿だけが生き延びた。たとえば，モロトピテクス・ビショッピ（およそ2000万年前）あるいはドリオピテクス（およそ1400-900万年前）の子孫がそれであり，彼らの懸垂ぶら下がりの能力がさらなる自然選択のための前適応として役立った。こうしたニッチの置き換えの結果は，現生するすべての類人猿（そして人間）の解剖学的特徴に反映されている。彼らは驚くほどに上体の骨格を（猿と比べて）変形させ，長くて強力な腕，強固で柔軟な手首，指，肩関節，非常に鋭敏な指先をもっている。餌を採り，3次元空間を移動するため枝にぶら下がり，懸垂し，枝から枝へと揺すり渡りする能力は驚異的でさえある（Tattersall, et al., 1988；Napier and Napier, 1985；Maclatchy, 2004）。

　解剖学的な体形の変化と連動して，類人猿は猿を凌ぐ認知能力の強化に向けた進化を遂げた。類人猿が適応しなければならなかった不安定なニッチは，枝の強度を判断し，樹木の頂上で安全な行路を記憶し，枝間の距離を計算し，ま

た重力による落下という不慮の死を回避するために，より複雑な脳をつくりあげたのだろう。脳規模の増加は象徴的コミュニケーションのための大きな神経能力を類人猿に与えたことでも非常に重要だったと思われる。視覚優位に変わった連合皮質のおかげで，類人猿は初歩的な言語をもつことができたかもしれない。それでも通過しなければならない知性の閾値があったと思われる。類人猿と猿の両方が視覚優位という同じ配線を共有しているが，しかし類人猿だけが言語に基づく象徴体系の基礎的な水準を学び使用できるのである。先の章で指摘したように，樹木の末端ニッチへの適応が類人猿の知性を増したとするならば，それは人間社会の特質である言語と文化のための主要な前適応であったにちがいない。

2.1.3　生活史理論——不利と有利

　生物種の生活史分析は多数の形質と特性の輪郭を必ず含むけれども，この新しい研究分野の主要な焦点は，種の発達パターン，とくに妊娠期間，離乳年齢，成熟速度，性的成熟の年齢，生殖頻度，出産間隔と生活周期の長さである (Kelley and Smith, 2003)。このアプローチはふつう生存種に適用されるが，しかしここで考察するように，絶滅種の化石遺物を考察するためにも応用できる (Nargolwalla, et al., 2005；Kelly and Smith, 2003；Kelly, 2004；Guatelli-Steinberg, et al., 2005；Dean and Leakey, 2004)。すべての霊長目は他のほとんどの哺乳類よりも時間をかけてゆっくり成熟し，しかも長命である。現生の類人猿と猿は，表2.1にしめしたように，主要な生活史特性で劇的な相違をしめしている。

　現存する成体のヒヒ（非常に大きな猿である）と，成体のチンパンジーの雄との比較においてすぐに明らかになる事実は，それぞれの生活史にみられる重要な相違である。類人猿の妊娠期間はヒヒと比べて53日も長く，養育期間は1,040日も長い。幼児期は1.5年も長く，少年期は2.6年ほど長い。成熟期は10年強長く，出産間隔はほぼ4年長い。もちろん，チンパンジーはヒヒと比べて2倍強の重量をもつ。だから体重が長命な生活史を説明すると仮定できるかもしれない。しかし類人猿のなかでもっとも小型のテナガザル——体重はわずか

表 2.1　2 種の霊長目の生活史上の形質比較

	成体の雄 ヒヒ（猿）	成体の雄 チンパンジー（類人猿）
平均体重	23 キログラム	52 キログラム
妊娠期間	175 日	228 日
養育期間	420 日	1,460 日
幼児期	1.6 年	3.0 年
少年期の局面	4.4 年	7.0 年
成人の局面	23 年	34 年
出産間隔	1.7 年	5.6 年

出典：Wolpoff, 1999；Falk, 2000.

7 キログラムである——をみると，同じように生活史は中度に伸長している。小型のテナガザルの妊娠期間は 205 日，養育期間は 730 日，幼児期は 2 年，少年期は 2.7 年，出産間隔は 2.7 年である（すべての個体群統計数値は，Falk, 2000；Wolpoff, 1999：97 による）。テナガザルの生活史はチンパンジーのそれよりも短いが，それでもヒヒと比べるとかなり長い。ヒヒの体重はテナガザルのそれよりも数倍大きい（またヒヒの体重は他の猿の種と比較して大きい。テナガザルの大きさが生活史パターンを劇的に早めるのだろう）。だが体形の規模だけではその相違を説明できない。そうではなくヒト上科の系統には生活史を拡張する形質が組み込まれていると考えられる（Dirks and Bowman, 2007；Kelly, 2004）。

　絶滅種の生活史の形態を再構築するため，化石を調査するためのもう 1 つの方法がある。歯列式はおもしろい物語を語りかける。若い霊長目の化石の第 1 臼歯が死亡時に歯茎を千切って出ているかを調べることによって，また死亡年齢の推定（これは非常に正確に算定できる）によって，生活史の特徴を推測できる（この議論については，Kelly, 2002 をみよ）。このわずかなデータによって完全な物語を語りうる理由は，生活史の特徴が 1 つの体系として包み込まれているからである。歯列はほぼ遺伝子の制御下にあり，したがって他の特性と相関している。つまり歯列は種の他の生活史的特徴を表す信頼できる指標である（Dirks and Bowman, 2007）。長い妊娠期間をもつ種は，表 2.1 に列挙した他の特

性の時間幅をも拡張した。これまでも生活史を推測するため，この技法を歯列の発達に適用する研究が猿と類人猿のいく種類かの化石について実施された。この技法を用いて，たとえばもっとも初期の猿の大臼歯について調べると，ヴィクトリアピテクス（ほぼ 1900 万年前）の歯列の発達は現生している旧世界猿と同じであった（Dean and Leakey, 2004）。それとは対照的に，この技法を中新世初期から中期（ほぼ 1750 万年前）に生存したアフロピテクス・トルコアネシスとシヴァピテクス・バルヴァダを含むヒト上科に適用すると，その大臼歯の発育は現在の旧世界猿の範囲内に収まるか，それともその範囲を少し超えている。ケリーとスミス（Kelly and Smith, 2003：326）がアフロピテクスについて要約しているように，生活史がチンパンジーの範囲に収まるという知見は，「現生の類人猿を特徴づけている生活史伸長の推移があったとする仮説」と一致している。ケリー（Kelly, 2002：239）は，現生のすべての類人猿（および人間）が伸長した生活史の形態をもっているので，それは「現生のすべてのヒト上科の最後の共通祖先から継承した形態を反映しているかもしれない」と推論している。

　長命な生活史はほぼ 2000 万年のあいだヒト上科の一部だったのだろう。そうした生活史は類人猿にとって派生的な特性であったと思われる。明らかに，その特性は，(a) 中新世期にアフリカ，ヨーロッパ，アジアの樹上の生息域で繁殖に成功を収めたこと，(b) こうした生息域に捕食者がいなかったこと，また，(c) 中新世初期，森林で高品質な，しかも豊富な食料を利用できたことの結果である。食料が豊富にあり，競合がほとんどなく，捕食動物から安全に守られていると，種はいっそう規模を拡大し，成体に発育するまでに長い時間をかけるゆとりをもちえた。モロトピテクス（約 50 キログラムの体重をもつ）が，現生のチンパンジーや人間が享受しているように，長命な生活史をもっていたかもしれない（Maclatchy, 2004）。それとは対照的に，小型の猿で，低品質の食料を地上で採集したヴィクトリアピテクスは捕食危険の圧力に高い頻度で遭遇し，生活史形成の進行速度を速めることになる高い死亡率を経験する憂き目にあった（Kelly, 1997, 2004；Dirks and Bowman, 2007 をみよ）。

　結果的に猿が中新世初期と中期に疎密であったため，ヒト上科が誕生し，し

かも発育に長い時間をかけたとしても不利にはならなかった。しかしひとたび猿の種が多様化し，中新世後期に増殖しはじめると，長命な生活史が類人猿の適合度を低下させたかもしれない。長い時間を必要とする妊娠期間をもつ種は，より迅速に繁殖できる種と競合するとまちがいなく不利であった。だから猿の種が増加し，多岐化しはじめた中新世後期に，長命な生活史をもつ類人猿は確かに損失をこうむった。生活史特性は遺伝によって制御されているので，それらは自然選択によってたやすく変えることができない（自然選択は適切な突然変異を「待たねば」ならなかった）。その結果，先に述べたような食性優位と相まって，猿が決定的な有利を獲得したのであった。

　少なくとも人間の視点からみると，この生活史のパターンには有利な側面もあったはずである。中新世初期から現在にいたるまで，類人猿の長命な生活史がその後におけるヒト属の脳規模の拡大にとっての前適応であった，とわれわれは仮定している。ヒト属の新皮質が拡張したことにともなう１つの障害は，胎児の頭蓋腔がいぜん母体の子宮頸を通過しなければならないという厳然たる事実である。大きな頭部は出産時に母親を死に追いやることもある。だから人間と頭の大きなその祖先たちは，神経解剖学的に未発達なきわめて未熟な赤ん坊を産み落とさねばならなかった。それゆえ誕生した子どもは長い年月にわたって成体からの養育を受ける必要があった。ヒト上科にすでに組み込まれていた生活史の長期化という特徴をもたなかったならば，大きくなった脳は進化的な袋小路に追い込まれたはずである。なぜなら乳幼児は生存に必要な長期にわたる養育を受けることができないからである。要するに，自然選択は神経学的に未熟な子どもたちの養育を保証しうる，長命な生活史と関係するすべての特性をインストールすることをせずに，（それが適合度を拡大するならば）脳を拡張できたはずである。しかしすでに用意されていた必要な特性のおかげで，より大きな脳に向かう進化圧力は，ヒト科の遺伝子を妊娠期間，乳児期，養育期間，そして青年期の長期化に向かうように変えるためのランダムな突然変異を待つまでもなく，迅速に進行しえたのである。こうして文化と自己意識――より大きな脳をもつにいたった人間の主要な特徴――は，類人猿が短命な生活史

しかもたなかったとしたら出現しえなかったかもしれない。そのため長命な生活史が中新世後期における猿との競合においてどのような重荷を負わされたとしても，こうした発達特性は，拡大した脳が選択的な利点をもちえたとき，またもちえたならば，より大きな脳をもつことへの門戸を開いたであろう。それでもこの門戸はヒト科進化のずっと後になるまで開放されなかった。なぜなら（人間の系統に近い，あるいはその系統上にある）初期ヒト科の脳の規模は，250万年前頃までチンパンジーのそれとほとんど違わなかった（地質時間からみると，これは比較的に短い時間でしかない）。つまり脳の成長はヒト科進化のずっと後になってようやく実現したのだが，しかし選択がヒト科の神経解剖学的構造に作用しはじめたとき，類人猿の生活史特性はこの過程を促進したのである。

　われわれは今ようやく，なぜ猿が樹上ニッチで有利を獲得しえたかについていくらか理解できたはずである。類人猿が森林地帯の周縁の餌場に長く適応することを強いられたとき，彼らは解剖学的に際立った特徴をもつことになった。すなわち不等長な前肢と後肢，懸垂下がりの能力，器用で鋭敏な指，強力な肩と手首の関節，そしてもっとも重要なことに，大きな脳をもつことになった。それでもこうした特徴はその物語のほんの一部でしかない。霊長目は食料を得るために毎日かなりの時間を費やした。リー・ソープとスポンハイマー（Lee-Thorp and Sponheimer, 2006：131）が思い起こさせるように，「食料の探索と消費はすべての動物の行動，生態学，および生物学にきわめて大きな影響をおよぼしている」。それゆえ，類人猿の解剖学的・神経解剖学的構造が猿のそれから分化したとき，彼らの行動，社会関係，また社会構造も変化したのである。ここでのわれわれの関心の中心になるのは，類人猿のこうした後の方の特徴である。というのも最終的に，人間社会は類人猿の社会構造の脆弱さを克服するために構築されたのだからである。

2.2　類人猿社会の構造と最後の共通祖先の探索

　現生する霊長目に関する野外調査研究の膨大な文献が今では蓄積されている。

ほとんどの哺乳類と比べて，類人猿と人間の双方はともに高度に知的であり，長期にわたる社会化を経験し，さまざまな年齢別と性別からなる通常の社会に組織化され，また長命な一生を送っている（確かに，ずっと昔の映画のなかでターザンの仲間であったチンパンジーの「チータ」は，2007年に75歳を数える高齢に達し，今なおすこぶる元気である［2011年に80歳で死亡］）。霊長目は多くのことを学習でき，しかも多くの場合，学習した知識を次の世代に伝えることができる（つまり文化の基本的条件が高等霊長目に備わっていることを示唆している）。この学習能力が霊長目社会に変異と共に，柔軟性を与えた。それでも霊長目には，行動と社会構造の形成を方位づけるいくらかの堅く配線された行動性向があり，人間社会の起源に関するわれわれの物語の中心にあるのは，類人猿と猿のそれぞれの社会構造にみられる相違である。

2.2.1　ネットワークとしての社会構造

社会構造は究極的に，個人（個体）間の関係パターンによって構成される。霊長目に関する文献の多くが個体（もしくは個体の階級）の行動と属性に焦点を合わせているが，しかし社会学者が強調すべき関心の焦点は，霊長目の年齢と性を基礎とする安定した社会関係のパターンである（Hinde, 1976, 1983）。社会構造へのネットワーク・アプローチは，こうした年齢と性に基づく結合の性質に関心を寄せている。誰が誰と相互作用をし，また誰と誰が結合しないかである。誰が結合を形成しないか，結合の強弱さとはという意味か，そしてその結合はどれほど持続するかである。こうした疑問への答えが霊長目の構造に関してほぼ明らかな輪郭をわれわれに与えてくれる（ネットワーク・アプローチの方法論については，Freeman, 2004；Wellman and Berkowitz, 1988；Wasserman and Faust, 1994 をみよ）。

2.2.2　霊長目にとってのネットワークの意味

霊長目の社会構造を分析する（少なくとも社会学者にとっての）理由は，その社会構造がヒト科の人間の祖先を組織した構造についての手がかりを与える

からである．もちろん，現生の類人猿は長期にわたる進化の終着点であるが，しかしそれにもかかわらず彼らは，ヒト科の早期の社会がどのような特性をもっていたかについてのイメージをわれわれに与える．森林はこの数十年間に劇的に縮小したが，霊長目のニッチはほぼ同じように残存している．ニッチ理論は安定した選択過程を予測する．ニッチの変化が現状維持的であるとすれば，種の行動上ならびに組織上の特徴もまたそうである (Simonds, 1974)．その結果，現生している霊長目の社会構造はたぶん数百万年のあいだ，今日あるように存在したにちがいない．これこそがわれわれの必要としていることである．つまりほぼ600万年から800万年前のわれわれの祖先へのタイムスリップである．ネットワークに関するデータを集積することは，現生の類人猿とヒト科が過去に保持していた原基的な社会構造を再構築するための第1の段階でしかない．ここでわれわれは分岐分析の技法を活用しよう．

2.2.3 分岐分析

歴史データが過去の出来事を再構築するために使える場合，歴史の比較アプローチとして知られている方法が，テクスト分析，比較生物学や歴史言語学などの分野での再構築にとっての基本的な用具である (Platnick and Cameron, 1977 ; Andrews and Martin, 1987 ; Jeffers and Lehiste, 1979 ; Hass, 1966 ; Maas, 1958)．言語学では，この方法論はひとまとまりの言語の特徴を子孫言語が出自した親言語の性質についてもっとも優れた推論を行うために利用される．つまり，そのまとまりのなかで共通しているものを使いながら，その言語が共通にもっている特徴を精査する方法である．テクスト分析では，学者たちはある1冊の書物のいくつかの異本，たとえば「聖書」のようなその後における異本に，共通にみいだされる特徴を調べるために比較を行う．こうした共通な特徴は後の複数の異本が由来した原典の部分である可能性が高いからである．

比較生物学において，この技法は分岐分析と呼ばれている (Hennig, 1966)．その基本的な手順は，進化過程の終点あるいは系統の子孫と考えられうる特徴からなるデータセットを集積することである．その考えは，「最後の共通祖先」

(LCA)が特定の診断上の特徴，また生物学で派生的とよばれている特徴を共通に保有している子孫間の系統を判定することによって再構築できるという根拠によっている。分岐分析において，共有される進化的に斬新な特徴または派生的特徴をみいだすことによって，それらがある時点において単一の系統に出自をもつということが判明する。ここでの分岐分析法の用法は，すべての現存するヒト上科（類人猿と人間）にとっての最後の共通祖先が保持していた社会構造を再構築するように設計されている。われわれのアプローチは，最後の共通祖先の社会構造を再構築するため，類人猿間の斬新な特徴あるいは派生的な特徴（もしくはほぼそうみなせる特徴）を用いながら，彼らすべてが共通にもっている特徴を調べるために現生の類人猿の基軸になっている年齢と性に基づく社会的結合に焦点を絞り込んでいる。

　2つの仮定ないし仮説がこの分析の論理の一部である。これらのうちの1つが同系性仮説であり，これは1つの階級の対象物――われわれの分析では，社会紐帯――における同系性が偶然，つまりランダムな要因によるのでなく，確実に1つの共通な祖先からの出自の結果であるとする仮定を立てる。第2の仮定は規則性仮説であり，これは現生の形態にみられる変更あるいは変化がランダムでなく，子孫たちを互いに，また彼らの共通祖先に結びつける明確に組織的な偏重を表していると推論する（Jeffers and Lehiste, 1979：17ff）。

　これらの仮定を立証する証拠を固めるため，もう1つ比較のため統計的な統制集団あるいは外集団の個体群を用いることが最良の策である。この外集団はふつうには，次にもっとも近似な関係をもっている分類群集団である（Andrews and Martin, 1987）。類人猿の最近親は旧世界猿である。彼らは，はるか遠い過去（少なくとも2300万年前）に共通祖先をもっていたので多数の進化上の特徴を共有している。類人猿が猿のもっていない共有特性あるいは進化的斬新さを共有しているとすれば，われわれは類人猿におけるこれらの特徴が猿と類人猿の分岐後に進化したヒト科の派生的な特徴であると確信できる。これにより同系性仮説と規則性仮説に信頼性が与えられる。

2.2.4 類人猿社会の組織化

　類人猿の社会構造を組成している年齢と性に基づく特定の紐帯を検討する前に，類人猿は特定の社会組織化のパターンをつくりだしているので，われわれは推論に基づいて類人猿の社会結合について再検討すべきであろう[2]。テナガザル，フクロテナガザルからはじめて，ヒト亜科のそれぞれについて考察しよう。

　テナガザルやフクロテナガザル（つまり小型の類人猿）はおもしろい形で大型類人猿（オランウータン，ゴリラ，チンパンジー）とは異なっている。彼らはアジアの森林の天蓋の高所で生息している（彼らは小柄であり，だから樹木の頂上で生息できる）。彼らは核家族のようにみえる関係構造をしめしている唯一の類人猿である。雄と雌は生涯を通じて番(つがい)であるようにみえる（ただしその一部の雌雄が時に配偶者を裏切る）。彼らが巣に２頭以上の幼児をもっていることはほとんどない。番になっているテナガザルやフクロテナガザルは互いの親愛関係に基づき，子どもたちと共に森林の天蓋で日光浴をしている様子が見受けられる。また彼らは朝にはデュエットで歌ったりもする。雄と雌は近くにいるテナガザルから自分たちの小さな縄張りを激しく防衛する。しかし「核家族」は雄と雌の子ども双方が思春期になると離れていくので分解する。子どもたちは配偶者を求めて，生育した縄張りを離れ，新たな縄張りを確保する。

　テナガザルの対極にいるのが，アジアで生息している別の類人猿のオランウータンである（この名称は現地の言葉で「森の人」という意味である）。オランウータンも通常樹上の生活様式をもっているが，しかし彼らは雨林の２ないし３平方キロ内で生活している50頭ほどの他のオランウータンと行動圏域を共有している。しかし彼らは他の誰ともほとんど社交をせず孤独を楽しんでいるかのような大型の動物である。実際にオランウータンはほとんど単独でいる。オランウータンの唯一安定している集合化は母親と彼女の幼い子どもたちである。雌が性的に受け入れ可能になると，雄たちが短い期間だけ彼女の周りに集まり，また雌は１頭の雄と数ヵ月間ともに過ごすことがある。思春期の子どもたちも短い時間だけ集まることがある。そうでない場合，成体のオランウータンは互いに気にかけることも，長く継続する成体同士の愛着関係をつくること

もしない。思春期になると，両性は共に母親の元を離れて，自分の新しい場所を探し求める。

　ゴリラはアフリカの低地と高地の双方で生息している。彼らの解剖学的特徴は互いに少しずつ違っている（いわゆるキングコングは巨大な高地ゴリラとみなせるかもしれない）。ゴリラは，2次林（つまり再生林）あるいは低木林からなる24平方キロに広がるひとつづきの区画内で約20頭（ときにはそれ以上）からなるバンドをつくり，ほとんど地上で動き回っている。各バンドには指導者の「シルバーバック」［背の毛が銀色をしている雄］がおり，彼が保持している縄張り内にいる雌の主要な性的パートナーである（雌たちは時に，指導者のシルバーバックの見ていないところで彼を裏切り，他の雄たちと性的関係をもつ）。バンドはしばしば若者や他の成体の雄を含んでおり，彼らの一部はバンドへの出入りを繰り返しながら遊動している。また一部の雄は単独で生活しているが，しかし他のバンドの行動圏内にいる。バンド内の個体は互いに寛大であるが，しかしほとんどはっきりとした社会的相互作用を行わない。成体の雌同士は，何年も互いに物理的に近くにいても，ほとんど互いに相互作用をしない。シルバーバックと雌の結合でさえも中度またしばしば一時的である。雌が指導者の雄と結びついているのは，彼女が出産に成功した場合か，また彼女の具合が悪いときに子守役として雄を使う場合に限られる。彼女の子どもが育ち離れていくと，または子どもたちが死んでしまうと，雌はバンドを離れて，他のバンドに加わるか，それとも単独でいる雄と一緒になる（彼は彼女が同伴してくれることをふつう歓迎する）。思春期に雄も雌も生育バンドを離れ，自力で生きていく。

　チンパンジーはアフリカの類人猿であり，人間にとって最近親の霊長目である。ふつうのチンパンジーは8平方キロから130平方キロにおよぶ森林の区画内で生息している。最大130頭の個体群がこの領域単位を占有し，すべての個体は大きな地域共同態に所属している個体とそうでない個体とを識別できる。この共同態内部の個体たちは地上もしくは樹林で生活している。彼らは頻繁に単独で動き回り，また一時的な集会や「群れ」に加わり，それはほんの数分，

または2, 3時間で解散するが，時には2, 3日間持続することもある．雄のメンバーたちは外部からの侵入に対して共同態を防衛するが，しかし共同態のメンバーのほとんどが一堂に会することは滅多にない．チンパンジー社会におけるただ1つの安定した集合は，母親と育児中の子どもたちとの集まりであり，彼らは通常共同態や行動圏を彼らだけで動き回っている．しかし母親と娘の関係は，思春期に娘が生育した共同態を離れ，別の共同態に移動するとき永遠に断たれる．雌とは対照的に，雄のチンパンジーは生育した共同態をほとんど離れない．思春期後に青年の雄は，日常的な頻度で母親と行動を共にすることはしないが，それでも自由な気持ちのもてる身近な一員として行動することを好む．成体の雄は好きなときに出入りし，弱度から中度の結合をもち，また時に別の雄と強い結合をもつ（人間の友人関係のようとしか言いようがない）．また雌と違って，雄は母親と強い絆をもちつづける．彼は母親を訪ねることも，また長い期間，彼女の傍に留まることもある．

　この一般的な社会組織のパターンの内には，類人猿の変異を理解するうえで重要ないくつかの特徴がみられる．われわれはこうした類人猿の集合化を，(1)移住と移動のパターン，(2)支配階統，(3)生息域とニッチ，(4)配偶調整にまとめることができる．以下でそれぞれについて検討する．

　(1) **移住と移動のパターン**　　すぐ後で考察するように，これは類人猿社会のもっとも重要な特徴である．類人猿のすべての雌は生育集団を離れていく．チンパンジーの場合，雌は思春期に生育した共同態を離れていき，ふたたび生育集団に戻ってくることはない．後でみるように，このパターンは猿の場合と真逆である．猿社会では，雌は生涯にわたって生育集団に残留し，親族関係のある雌たちと緊密なネットワークあるいは母系集団（すなわち祖母，母親，叔母，雌同士のイトコ）の一員として生活する．雄のテナガザルとフクロテナガザルを除いて，ゴリラもオランウータンも思春期に生まれ育った場所を離れていく．そのため，共同態内にいる成体の雌は互いに見ず知らずの余所者である．雌たちは近くに座っているときでさえも（とくに子どもたちが一緒に遊んでいるとき），

相互作用の頻度は少なく，しかも彼女たちは持続する社会的結合を形成しない。それとは対照的に，生涯を通じて共同態内に留まる雄は，兄弟，母親あるいは特別な友人と中度から高度の頻度で相互作用を行う。

(2) **支配階統**　テナガザルとフクロテナガザルに支配階統は存在しない。雄と雌は森林林冠の別々の場所で他のものたちとは離れた自らの核家族内で互いに支配力をもっている。オランウータンは社交的でなく，また社会関係をつくらない。だから支配階統が発生しているかどうかを知るすべもない。ゴリラ社会では成体の雄が支配階統を形成する（とはいえ，それはどちらかといえば緩やかである）。シルバーバックの雄はバンドの活動を指揮し，彼の雌たちに別の雄が近づくことを制止しようとする（しかしふつうそれは成功しない）。チンパンジーも支配階統をもっている。1頭の雄が食料を探すための群れにおいて他のメンバーを制御するため兄弟あるいは仲間と協同関係を維持しようとする。しかし個体たちは一過的な集会に絶えず出入りしている。だから1頭の雄あるいは雌は服従に気が進まなければ，彼（または彼女）は単独で食料を探すか，それとも共同態内のもっと気楽な群れに移動していく。

(3) **生息域とニッチ**　すべての類人猿が森林の生息域で生活しているが，しかしそれぞれが違うニッチを占めている。アジアの類人猿——テナガザルとフクロテナガザル，そしてオランウータン——は，樹上のニッチを占有し，アフリカの類人猿——ゴリラとチンパンジー——は，多くの時間を林床で生活している。その規模を考慮すると，ゴリラはほとんどいつも林床にいるが，チンパンジーは樹木と林床で過ごす時間がほぼ半々である。

(4) **配偶調整**　テナガザルとフクロテナガザルの雄と雌にみられる番の紐帯は，類人猿の配偶調整において一方の極にある。これとは対照的にチンパンジーとオランウータンは他方の極にある。なぜなら彼らは乱交であり，性的パートナーと安定した紐帯を保たないからである。ゴリラは両極の中間に位置し

ている。というのもゴリラは食料を探す集団によって，雌への接近をより安定させているからである。しばらくのあいだ雌はシルバーバックの骨折りに報いようとするからである。しかしゴリラの雌はいつでもバンドを自由に離れることができ，彼女が今の生活に満足していなければ，徘徊している単独の雄と一緒になることもある。

2.2.5 類人猿の社会的ネットワーク

　ネットワーク分析によってえられたレンズをとおして，われわれは今ようやく類人猿の社会構造の形式に注目することができる。表2.2は，現生の類人猿にみられる年齢別と性別による中心的な結合の強度を表している[3]。0は結合の皆無，＋は強い結合，0/＋は弱度から中度の結合を表している。表の右端では，これら類人猿の子孫にとっての最後の共通祖先（LCA）がもっていただろう年齢別と性別によって再構築できた紐帯の強度をしめしている。多数の0がしめすように，中心になるべき関係のほとんどの紐帯がきわめて弱いか，皆無である。しかし弱い紐帯の実数よりも重要であるのは，ダイアド間にみられる区分である。いくつかの紐帯は社会構造をつくるために活用できるが，他の紐帯はそのために使えない。

　成体同士の結合についてみると，テナガザルは配偶関係の強い結合をもち，ゴリラは指導者のシルバーバックと子育てをしている雌とのあいだに弱度から中度の紐帯をもっている。またチンパンジーの雄は特別な友達と弱度から中度の紐帯（そして兄弟の強い紐帯）をもっている。成体と子どもの紐帯に注目すると，すべての類人猿に共通しているのは，母親と子どものあいだに強い紐帯があり，またテナガザルとフクロテナガザルでは，父親と幼児のあいだに強い紐帯がある。親子関係にある成体同士の紐帯をみると，唯一持続する紐帯はチンパンジーの母親と息子の関係である。他のすべての種における親と子どもの関係は，子どもが思春期を過ぎると，弱度か皆無である。この紐帯が存在しない理由は，チンパンジーを除くすべての類人猿は，雄と雌の両方が思春期になると生育集団あるいは共同態を離れていくからである。チンパンジーでは雌だ

表 2.2　現存する類人猿種の紐帯の強さ[1]

	（テナガザル科）テナガザル	（オランウータン亜科）オランウータン	（ゴリラ族）ゴリラ	（チンパンジー亜族）チンパンジー	最後の共通祖先
成体同士の紐帯					
雄-雄	0	0	0	0/+	0*
雌-雌	0	0	0	0	0*
雄-雌	+	0	0/+	0	0*
成体と子どもの生得的な紐帯					
母親-娘	+	+	+	+	+*
母親-息子	+	+	+	+	+*
父親-娘	+	0	0	0	0*
父親-息子	+	0	0	0	0*
成体と成体の生得的関係					
母親-娘	0	0	0	0	0*
母親-息子	0	0	0	+	0*
父親-娘	0	0	0	0	0*
父親-息子	0	0	0	0	0*

注：0 は，弱度か皆無
　　++ は，強い紐帯
　　0/+ は，弱度または中度の紐帯
[1]　すべての類人猿は年齢別と性別に基づいた階級内および階級間で優先的な関係をもっている（Cheney, Seyfarth, and Smuts, 1986；Hinde, 1983）。類人猿の場合，社会結合の強さは社会的なグルーミング，食料共有，支援と保護，持続する緊密な接近，抱擁（性的接触を除く），同盟，そして社会関係の持続と強度に基づいて判定される。この表は同種間の関係のパターンにみられる構造的規則性とこれらの関係を特徴づける創発的な属性に焦点を合わせている。
＊は，主として再構成された社会構造をしめしている。

けが生まれ育った共同態から離れていく。子どもたちが生育した共同態と集団を離れていくため，親族関係によって世代間を通じて社会構造を構築する能力は，チンパンジーの母親と成体した息子の関係を別にすれば存在しない。しかしこの母親と息子の関係は世代間の系統を育成するために利用できない。なぜならこのダイアドには性的な交渉が成り立たないからである（たとえありえたとしても稀有である）（高等霊長目に共通に組み込まれた進化的な「インセスト・タブー」がある）。

表2.2中の右側の列を読み下していくと、最後の共通祖先のネットワークの青写真が現生のオランウータンのそれときわめて類似していることがわかる。オランウータンは母親と思春期前の子どもとの関係を除けば、事実上単独で生活している。チンパンジー——遺伝的に人間にもっとも近いイトコという立場にある——の場合、2, 3の中度から強度をもつ雄と雄の紐帯の結合をみいだせる。他の紐帯は弱いか、皆無である。父親と娘および父親と息子の結合は父親側の乱交のせいで判明しない。成体の雌同士の紐帯はきわめて弱い。ジェーン・グドール (Goodall, 1986：17) が「友好的でもなく、また非友好的でもない」、いわば「中立的な関係」であると記述している。兄弟姉妹間の紐帯は、雌が生育した共同態を離れていくので思春期に壊れる。後でみるように、過去400万年にわたって人間にもっとも近いヒト科の祖先が、現生のチンパンジーのもっている結合傾向をしめしていたと仮定すると、集団水準でより安定し、また凝集的な社会構造——人間社会の起源を理解する上で重要な事実——を構築するに足る強い結合をもっていなかったことになる。

しかし事態はもっと悪かったかもしれない。なぜなら最後の共通祖先に注目すると、この類人猿の祖先の太古の系統は、社会構造を構築できる安定した紐帯をもっていなかったからである。選択がある紐帯を選択し、その上に構築できる遺伝的に安定し、しかも働きうる性向をもっていなかったのである。さまざまに異なる生態ニッチがより強い社会的結合を必要としたとき、いっそう持続しうる結合を育成することが最後の共通祖先の子孫たちに課された難問であったにちがいない。見た目から判断すると、ほとんどの子孫の個体群は、選択が強い結合を育成する方途をみつけられなかったために、淘汰され絶滅し果てた。そのため今日、生き残っている一握りの類人猿はもっぱら森林内で生息している。いうまでもなく、最後の共通祖先の子孫たちのうちもっとも得体の知れない存在、それこそが人間なのである。

2.2.6 最後の共通祖先の社会構造を再構築すること

われわれの仮定に基づいた最後の共通祖先についての社会構造の再構築は、

どれほど信頼しうるのだろうか。ここでわれわれは表2.2中のもっとも右列にしめした祖先というべき類人猿の再構築が，どのようにつくられたかについて少しふり返って検討しておこう。どのようなパターンが現生の類人猿のあいだで共有されているか。つまり4科中の4種，すなわち4分の4が共有されている紐帯はどれかを問うと，以下の結合が現生する類人猿のすべての種で明らかにみいだされる。すなわち，(1)母親と彼女の養育中の子どもとの結合は強いが，しかしすべての雌が生育した共同態もしくは集団を離れていくので，その結合は思春期に失われる。(2)母親と息子の結合は子ども期に強い（ただしチンパンジーだけは成育した息子が共同態に残留するので，成人期においても母親と息子の結合はみられる）。(3)父親と成体の息子，および父親と成体の娘の結合は皆無である（ただしテナガザルとフクロテナガザルの父親と子どもには子ども期だけに結合がある）。そして，(4)成体の雌同士の結合は弱い。次に，4科中の3種，すなわち4分の3がしめしている結合をみておこう。(1)成体の雄同士の結合はテナガザル，オランウータン，ゴリラで弱い。(2)母親と成体の息子の結合はテナガザルとフクロテナガザル，ゴリラ，オランウータンで弱いか，皆無である。4科のうち2種，すなわち4分の2の結合についてみると，(1)テナガザルとフクロテナガザル，ゴリラでは成体の雌雄間の中度ないし強度の，および雌同士に弱い結合がみられる。そして，(2)オランウータンとチンパンジーの場合には成体の雌と成体の雄のあいだに弱度の結合がみられる。

　冗長といわないまでも，いささか機械的といえる紐帯についての記録に関する分岐分析に含まれる仮定は，われわれは4分の4と4分の3の結合パターンにまず注目する。母親と養育中の子どもとの結合だけが最後の共通祖先において明らかにただ1つ強い紐帯である。その他の結合パターン，たとえばチンパンジーにみられる母親と成体した息子，あるいはテナガザルとフクロテナガザルにみられる雄と雌の強い結合（これは霊長目ではきわめて稀な事例である）は，おそらく共通の祖先から分岐した後，特定のニッチに移動した類人猿の子孫たちの適合度を強化するために，最後の共通祖先のもつパターンに対して働きかけた選択圧力の結果なのだろう。われわれがそれをどのように判定するかにか

かわらず，現生の類人猿（人間を含む）にとっての最後の共通祖先はもっぱら弱い紐帯しかもっていなかったということである。われわれの再構築物の妥当性は，現生の類人猿に共通している特性がかつて共有していた祖先の結果でなく，最後の共通祖先から分岐した後に，それぞれの種の集合において単独に進化したとみなす帰無仮説を検定することによって判定できる。帰無仮説は果たして妥当な手法であろうか。こうした独立の出来事の確率はごくわずかであるが，しかしその確率に近づくための1つの方法は，統制集団，すなわちわれわれの姉妹系統，この場合には十分に研究された旧世界猿の代表的な種の標本を組み込むことである。

2.2.7 猿の社会構造を統計集団として用いること

今日，類人猿と旧世界猿はしばしば互いに近接した場所で生息している。それでも猿は劇的に異なる組織パターンを現有している。猿科はその種を越えて，1つの共通な組織パターンを表している。分散のパターンについてみると，すべての雄が思春期に生まれ育った単位を離れ，またすべての雌が生育集団に残留し，生物的に血のつながりのある雌同士（たとえば，祖母，母親，叔母，大叔母，雌のイトコ）の濃密な母系ネットワークを形成している。ネットワークの結合についてみると，表2.3は，猿科を代表する年齢別と性別による結合の強さを要約している。4つの部類すべてにおいて，成体の雄同士は弱度の社会結合をもつか，それともまったく結合をもたないかである。なぜなら1つの雄集団中で彼らは雌の母系統に性的接近を求めて別の雄たちと競合するからである。また多数の雄集団にいる成体の雄たちは別の集団からの移住者であり，猿のすべての種を事実上代表する支配階統に沿って地位位置を競い合う。父親と養育中の子どもとの結合（幼い子どもと成体の子どもの両方）はすべての種を通じて弱度か，皆無である。母親と養育中の息子の結合はすべての哺乳類のそれと同じく強いが，しかしその結合は成体した雄が思春期に生育集団を離れていくので壊れてしまう。それとは対照的に，母親と娘の強い結合はすべての雌が親族関係に基づく母系統に残留するので壊れないで持続する。これは猿のほ

表 2.3　十分に研究された地上性の猿（ゲダラヒヒ，パタスザル，マカクザル，ヒヒ）の紐帯の強度*

	ゲダラヒヒ	パタスザル	マカクザル（ほとんどの種）	ヒヒ（ほとんどの種）
成体同士の紐帯				
雄-雄	0	0	0	0
雌-雌	+	+	+	+
雄-雌	0	0	0/+	0/+
成体と子どもの紐帯				
母親-娘	+	+	+	+
母親-息子	+	+	+	+
父親-娘	0	0	0	0
父親-息子	0	0	0	0
成体の親子				
母親-娘	+	+	+	+
母親-息子	0	0	0	0
父親-娘	0	0	0	0
父親-息子	0	0	0	0

0は，弱度か，皆無
+は，強い紐帯
0/+は，弱度か，中度の紐帯
＊ここでしめした紐帯の絶対数はさほど重要でない。重要なことは，1つの紐帯が拡大ネットワークの資材として役立つかどうかである。母親と娘の結合は大きく，また緊密な親族単位を生成するため，また世代間の持続性を供給するための猿にとっての焦点というべき中枢である。

とんどの種に共通にみられる組織上のパターンである。表2.3に列挙した種を通じてみられるただ1つの変異は，マカクとヒヒのほとんどの種における成体の雄と雌のあいだで時につくられる中度の結合である。

　表2.2の類人猿の紐帯と表2.3の猿の紐帯とを比較すると，弱い紐帯の総数は一見してほぼ同じである。しかし重要なことは，どの紐帯が強く，どの紐帯が弱いかである。身近な集団において安定した世代間に広がる持続性を構築できる結びつきこそが重要である。すぐにわかるように，猿は各集団内に形成される母系統のおかげで安定した集団構造の大きな可能性をもっている。さらに，猿の雄は支配階統を形成するので，集団の組織化にもう1つの基礎が据えられる。階統上の異なる位置にいる個体たちが時間の経過において交代するけれども，階統そのものの存在が各集団あるいは群れにおける母系統の存在と相まっ

て集団の構造を時流において維持できる。ゴリラとチンパンジーも支配パターンをしめすが，しかし猿と同程度に強くはない。さらに重要なことに，雄の支配階統だけでは，集団も，時の流れのなかで持続しうる世代間の継続を容易に供給できない（すべての類人猿の雌は思春期に生育集団あるいは大きな共同態を離れることを思い起こしてほしい。猿はこれと真逆のパターンをもっている）。

　これまで述べてきたように，猿と比べて，大型類人猿の弱い結びつきという構造では，しっかり根づき，持続する集団を組成することは至難である。猿集団の安定した母系統は，成育した集団と共同態から分散する類人猿のパターンとは対照的である。つまり親族関係にある雌たちの世代を通じて，しっかりした基盤上に構造を構築する能力が，大型類人猿の場合には断ち切られている（猿の場合には確かにその基盤がある）。実際に，新しい地域に移住した後，成体の雌は互いに余所者であり，だがらたやすく社会的結合を形成できない。さらに，チンパンジーとゴリラは支配パターンをもつけれども，それは猿にみられる形態とは異なり，ほとんど線形的でも，また安定もしていない。実際に，大型類人猿の成体した雄はしばしば単独で行動し，どの集団あるいは支配階統の外部にいて，彼の行動圏を動き回っている。オランウータンはほとんどいつも孤立している。それとは対照的に，猿の雄は生育集団を離れた後，別の集団に加わる。たとえばマカクザルとヒヒの社会では，新参者の雄たちは支配階統をめぐって競い合い，これにより群れ構造にもう1つ安定要因が与えられる。事実，ゴリラとチンパンジーはいくらかの支配階統をもってはいるが，しかしそれは猿に顕著にみられる垂直的な構造を形成しないし，また身近な集団を形成する際に支配力は重要でない。なぜなら類人猿の個体（雄であれ雌であれ）はすぐに起ちあがり，自分の意思で集合を離れていくからである。要するに，凝集的な身近な集団を構築するため母系統と支配階統を運用する猿と比べて，大型類人猿（そしてまちがいなく，大型類人猿と人間の最後の共通祖先）は，安定した集団を形成できる性向をほとんどもっていなかった。したがって自然選択が環境変化に対応するため集団の安定と連帯を増す手段をみつけることは至難のことであった。

2.2.8 同系性と規則性の仮説

ここで分岐分析の仮説を判定することが可能である。まず同系性仮説から調べてみよう。現生の類人猿たちは単一系統の子孫である。すでに検証したように，この仮説を検定するため，われわれはテナガザル，オランウータン，ゴリラ，そしてチンパンジーが社会結合と分散のパターンを共有していることをすでに確認した。つまり彼らの類似性を，現生の類人猿と人間にとっての最後の共通祖先の社会構造を構築するための資材として用いたのである。次にわれわれは比較のため，代表的な旧世界猿の社会的結合と分散のパターンを確認した。というのも類人猿と猿は共通のヒト上科の祖先から継承した多数の特性をいぜん共有しているからである（第1章をみよ）。しかし両者の分岐（種形成）の後，各系統が独自の道を歩みはじめ，異なるニッチの必要に反応して新たな特性を進化させた。分岐分析法によれば，類人猿に独自であって，しかも猿にみいだせない斬新な特徴あるいは派生的な特徴は，類人猿を互いに結びつけ，またこの斬新さを採り容れ，そして事後の子孫に受け渡した単一の祖先の個体群に繋がっている。類人猿はどのような派生的な特徴を保持しているのだろうか。猿と類人猿の結合と分散のパターンを並置すると，多数の相違があるが，しかし真に決定的な組織上の斬新さは思春期における雌の分散である。この1つの特性は類人猿において不変の事実であるが，しかし猿はそれを欠いている。実際に，雌の分散のパターンは一般に哺乳類では稀であり，こうした例外的な特性がチンパンジー，ゴリラ，テナガザル，オランウータンで独立に進化したというのは確率的にきわめて低い。明らかに，組織的な偏重が雌の分散に現れ，そして次に類人猿に以下のような性向が発生した。(1)思春期における母親と娘の結合の分断，(2)雌同士の結合の弱さ（雌が新しい地域に移住するため），そして，(3)継続的に持続する集団の欠如である。すべての類人猿がこのように組み込まれた組織的な斬新さを共有しており，これが同系性仮説を支持している。これらの特性が単一祖先の系統から承継されたとする仮説に信頼性を付与している。

われわれの祖先の再構築をさらに推し進めるための次の段階は，祖先の社会

構造から最後の共通祖先への変更がランダムであるか，それとも組織的な偏重を表しているかどうかを判定するために，規則性仮説を適用することである。ここで最後の共通な祖先の個体群の子孫たちが，思春期後における雌の移住という稀有な性向を保持していたと仮定してみよう。最後の共通祖先が分岐した後，どのような種類の結合がそれぞれの子孫の個体群によって新たにつくりだされただろうか。規則性仮説の論理に従うと，選択がより大きな結合（最後の共通祖先の弱い紐帯を考慮すると）に有利に働いたとすれば，各子孫の個体群によって育成された中核的な結合の種類は思春期における雌の分散を中心に働いたことを条件としなければならない。だとすれば祖先の足跡が現生の類人猿の社会構造に明らかに認められるはずである。現生の類人猿の組織上の輪郭において，テナガザル，オランウータン，ゴリラ，チンパンジーのすべてがきわめて多様なニッチに適応したが，彼らの組織構造は雌の分散という障害物を中心に据えている点で一致している。社会構造が分離した異性の対(つい)に結ばれている単婚制のテナガザルのパターンは霊長目において稀であるが，しかしそれはアジアにおける樹木の頂上にうまく適応している——とはいえ，最近のデータによると，テナガザルとフクロテナガザルのすべての種において厳格な単婚制がどれほど普遍的であるかに関して疑問が提起されている (Fuentes, 2000 ; Falk, 2000 : 265 ; Lappan, 2007)。指導者の雄と子育をしている母親を中心にした結合（ただし雌は気まぐれであり，指導者の雄の許を離れていく）をもつゴリラの準ハーレム的な構造は，森林林床への新たな適応である。「共同態感覚」と思春期後における生育集団にしっかり繋がれている雄のチンパンジーの共同態感覚はきわめて稀である。母親と成体の息子との強い結合が共同態を離れることのない雄たちの機能（きわめて珍しい霊長目の適応）である。最後に，オランウータン——生涯軌道はLCAの構造にもっとも類似している——は，組織構造をほとんどもたず，また無視できるほどの紐帯しかもたないで生存している。とはいえオランウータンの雄は性的に活発な雌に求愛する場合に弱度，または一時的な異性関係を形成する。各類人猿の科に顕著な特徴はいずれも，雌の分散と雄の分散（ただしチンパンジーの雄は例外である）によって生じる

弱い紐帯の基礎的パターンを反転できないことである。明らかに，生態的環境が現生の類人猿の保持に有利に働いたか，それともこの祖先の過程に抵抗することの生存費用が便益を越えたかのいずれかである。規則性仮説は，ヒト科における雌の分散が類人猿と人間の共通祖先から継承した生物学的な基礎をもつ制約であるとする結論を支持している。

2.3 樹上生息域末端の餌場への適応

いかなる原因が100種以上の類人猿を絶滅に追いやったのだろうか。なぜ選択は，樹木の枝の頂上で四足歩行による運動をしていた猿のような骨格をした類人猿（プロコンスルのような）だけを標的にして狙い打ちにしたのだろうか，なぜ樹木にぶら下がり，また枝を揺すぶるようにつくられた直立歩行あるいは背骨を直立させることのできる骨格をもった類人猿（モロトピテクスのような）に，類人猿としての遺伝子を将来の世代に受け継がせようとしたのだろうか（Gebo, et al., 1997；Maclatchy, 2004；Young and Maclatchy, 2004）。こうして生き残った1つの系統が現生の類人猿と人間の最後の共通祖先であったはずである。本当にモロトピテクスが始祖であるかどうかにかかわらず——この原稿を執筆している現時点では，かなりの確率でそれは事実である——，この属が人間社会の起源を探るための手がかりをわれわれに与えてくれる。

先に強調したように，多種の類人猿が，中新世初期と中期におけるアフリカの重層化した森林の林冠で生息していた。彼らの食料は主として柔らかく熟れた果実であり，その食料を探す生息域は手と足の裏を使って枝の上側をゆっくりと歩行していた。猿と違って，彼らはバランスをとるための鉤爪と尻尾をもっていなかった。3次元空間の狭くて不安定な支えの上を歩くとき身体の重心を迫ってくる枝にかけることが重要である（Nakatsukasa, et al., 2003, 2007）。それでも，果実は林冠の薄い，外側の枝の末端に沿ってぶら下がっているが，しかしプロコンスルのような大型の四足歩行の類人猿が枝を揺すりながら動かして通過することはその体重のため支えきれないという手強い課題に遭遇したにちがいない（Cant, 1992）。こうした区画にある果物は消費しつくされただろう。

プロコンスルなどの四足歩行の類人猿と同時に存在したモロトピテクスはこうした末端の餌場で食料を探し，またこうした枝の下側の資源を利用していたとわれわれは仮定している。モロトピテクスのどちらかといえば直立歩行（背筋をきちんと伸ばしている）の骨格は，その懸垂型の姿勢と共に，現生の類人猿や人間に似ており，垂直登りや腕振りをし，薄い枝間で体重を分散できる（そこでは四足歩行の類人猿のイトコはそんなことにあえて挑んだりしない）ことを示唆しているので，われわれはこうした結論を下した。モロトピテクスの化石は（プロコンスルの化石と比べて）珍しい，またそれゆえ，この種がすでに森林の林冠の境界近くに生息していたといえるかもしれない。そこに豊富な果実はなく，だから彼らは小さな集団しか給養できなかった。

　猿の短い生活史は，彼らの食性の有利（熟れていない果実を食べることができる）と共に，プロコンスルのような猿の体形をした類人猿を末端の餌場に追いやるまでもなく，彼らは本当の意味でダーウィン的闘争によってこれらの類人猿を徐々に消滅に追いやったと仮定できるかもしれない。猿は樹木の末端の枝に踏み出すことを回避し，四足歩行をしながら枝の上側で食料を入手していた。他に術がなかったので，樹上の周辺のニッチがモロトピテクスのような四足歩行の類人猿に残された。彼らはこうした資源を利用し，また時の流れにおいて弱い紐帯による社会構造への移行を成就し，緩く，しかも流動的な集団を生成した。こうした弱い結びつきの構造が樹木の頂上，末端の餌場，枝の裏側のニッチで適合度を強化した。この早期の適応が猿に似た四足歩行をする類人猿（プロコンスルのような）を樹木の頂上で前足を使い，指を使い，枝を揺するような新種に変える自然選択の負担を軽減した。さらに，自然選択は小型のテナガザルのような種（ほぼ7キロ）を取り上げたが，彼らを大きくする必要はなかった。こうした末端の餌場で食料を採取する類人猿の一部はすでに大きかった。それゆえ森林は類人猿の種にかなりの多様性があることを実証した。彼らのほとんどは移動運動の点で猿に近かったが，彼らの一部が解剖学的に，またおそらく神経解剖学的に類人猿に近似したのだろう。結果的に，猿が放散しはじめると，類人猿の系統に向けて前進したのは，モロトピテクスのような

類人猿の祖先であり，その一方で四足歩行をする猿のようなプロコンスルは絶滅してしまった。

2.3.1 弱い紐帯の強さと弱さ

弱い紐帯は，食料と空間が十分にない樹上の生息域の末端で適合を見込める持続可能な戦略である。直系と傍系からなる雌の親族たちの母系統を構築するようにプログラム化された種は，雄たちの支配階統と並んで，樹木の末端の食料と空間をほどなく消耗しつくしてしまう。強力な生物プログラムがこれらの構造をいぜん維持しつづけたならば，空間と食料が消尽されると同時に，こうした行動性向が適合度を引き下げただろう。それとは対照的に，弱い紐帯しかもたず，また分散のパターン（雄と雌が思春期に集団から離れていく）をもつ動物は，組織集団を小規模に保ち，したがって利用可能な空間と食料供給とが整合性をもっている。さらに，弱い紐帯は，食料が欠乏したとき，さらに小さな集団に分解することもできる。ここでは弱い紐帯が強さである。なぜなら弱い紐帯は集団を分散し，また再構成できるからである。つまり「分裂—融合」の循環であり，これは利用可能な空間と食料供給に依存する。現生のすべての類人猿がこの弱い紐帯をいぜん保っており，少数の紐帯の選択的な強靭さを保持している。おそらく，ヒト上科の樹上で生息した祖先は，オランウータン（この孤高の生活様式はアジアの森林ニッチへの適応を表している）ほど孤立していなかっただろうが，しかし彼らは世代間にわたって継続し安定した集団を形成する行動性向をもち合わせていなかった。

人間もまたこうしたヒト上科の子孫に起源をもっているので，われわれは少ない紐帯の社会関係，集団から集団への移動，共同態から共同態への移動，また状況が命じる際には社会的結合を断ち切ることにほとんど苦労をしなかった。後で論じるように，より強い集団結合に向けた選択圧力は強いが，しかしこうした選択圧力は弱い紐帯の関係を求めたので，われわれ類人猿の祖先を一掃することはなかった。どちらかといえば，人間は結合について「二心(ふたごころ)」をもっている。一方でわれわれは親密さと連帯を強く望みながら，もう一方で緊密な社

会関係に呑み込まれ，閉塞させられ，圧倒されると感じるのである．この葛藤はわれわれのイデオロギー——集合主義と個人主義——に頻繁に表現されるが，しかしそれはただ単なる文化の対立ではない．それは選択がより強い社会的結合を創出し維持するために弱い紐帯の行動性向の古い配線の上に据えられたわれわれの神経解剖学的特徴にすでに組み込みずみの対立でもある．

ところがアフリカの森林が後退すると，この類人猿社会の弱い紐帯の構造が疎開林で生存しようと試みた類人猿の適合度を低下させたため，不利となったにちがいない．十分に組織されていない視覚優位の動物は捕食動物に狙われやすい餌食であった．さらに，食料採集が集団組織を必要とすると，弱い紐帯は十分な食料確保の能力を欠いていた．そのためすでに強調してきたように，化石記録は，類人猿の種が弱い紐帯のゆえに絶滅に追いやられたのかもしれないことをわれわれに教えている．

2.4　集団構造の統合を図るための方法

統合された社会構造，つまり濃密でより強く結合し，目標を実現し，そして迫りくる危険から自らを守るために用意された社会構造が適合度を強化したとすれば，猿の群れがいかにして，こうした構造を構築しえたかを知ることはむずかしくない．実際に，猿の初期の化石の集積内容に基づいて，ベネフィット (Benefit, 1999：168) たちは，「中新世初期までに，ヴィクトリアピテクスの社会組織は，現生のマククの雄が生育集団から離れていくパターンと同じであったかもしれない」と推論している．次章で議論するように，初期ヒト科にとっての問題はもっと深刻であった．なぜなら強い紐帯の結合パターンが統合された社会構造にほとんど寄与しなかったからである．人間にとって統合された社会構造の基盤がどのようであったかを問うことによって，われわれは初期ヒト属が森林を離れ，広く開けたサヴァンナの状況に適応しようとしたとき，彼らの遭遇した困難について分析的に精査する課題にいっそう努力を傾注すべきである．

人間には統合された社会構造をつくりだしうる4つの基本的な方法がある．

すなわち，(1)有価資源の交換を中心にして展開する互恵的な結合による緊密なネットワーク，(2)分業によって調整される作業，(3)いっそうの調整を提供できる権威の階統，(4)社会構造とその目標に表徴を与える共通な象徴とトーテムへの信頼である。猿の場合は，(1)互いに毛づくろいをし，つまりグルーミングをし，(2)支援とタンパク質を提供し，互恵的な子守りに「おばあちゃん介護」を与える雌の親族関係のネットワーク，(3)集団所属に向かう生物プログラムと機能的等価物を用いて調整を目指し統合された支配階統，(4)集団所属のための生物プログラムである。だがその一方で類人猿は，猿に顕著な雌の母系統をつくりだす緊密なネットワークをもたず，ただ弱く，しかも有効でない階統をもつのみである。確かに，類人猿はその縄張りを防衛する必要のあるとき，あるいは広く開けた地域において狩猟をするとき，行為を調整する性向をもっており，それは初期のヒト属が適応変化を遂げうる淵源であった。それでも自然選択が働きかけうる能力は決して優れていなかった。集団メンバー間の緊密なネットワーク，また防衛のための生物的にプログラム化された分業を調整すること，そしてもっと垂直的な権威の階統のためのランダムな突然変異を待ちつづけることは，まったく無駄なことだった。

　しかし，もし選択がこれらの能力を強化するための時間的なゆとりをもちえたとしたら，早期のヒト属の潜在力を増すことになるいくつかの前適応が類人猿にありえただろう。そうした1つの重要な前適応は類人猿が発達させた知性であるが，これは明らかにより複雑な認知過程の閾値を超えていた。もう1つは言語のための初歩的な能力——現存する大型類人猿に明白な能力——に向けた脳の配線であり，この能力がより複雑な象徴化のために強化された (Geschwind, 1965a, 1965b, 1965c)。もう1つの前適応は，自己を別の対象との関係において対象とみなしうる能力であり，また言語と象徴的能力の発達にともなって自己を他者の視点と文化の視点から評価できる能力である (Gallup, 1970, 1982)。さらにもう1つの前適応は視覚優位であり，これは言語能力のために脳を配線しただけでなく，必要となれば，嗅覚優位の哺乳類ではできないような方法，つまり視覚によって意思疎通を行う初期ヒト属の能力を強化した。さ

らにもう1つの前適応を挙げるとすれば，身近な集団の水準における弱い紐帯にともなう感覚であるとはいえ，共同態感覚をもつ類人猿の能力である。さらにもう1つの前適応は，道具を作成し使用する能力（チンパンジーは器用な手と指で道具をつくり活用する），また狩猟と防衛のために投石することのできる能力（チンパンジーは腕渡りの能力によってこれを行う）である。最後の前適応は，類人猿の感情性の強化である。類人猿は限定的な感情能力をもっていたが，しかしそれにもかかわらず，感情が弱い紐帯のヒト科に社会結合を構築するために使えたとしたら，選択が働きかけうる幅広い感情パレットをもっていたと思われる（これについては，第4章で考察する）。

　これらすべての前適応が自然選択の標的であったとわれわれは考えている。ホモ・サピエンスに通じるヒト属の系統に直結する種にとって，この系統進化は数百万年にわたって，これらの前適応のために働きかけた自然選択と関係している。選択は1つの前適応をモザイク状に強化し，これが次の前適応を強化するといった形で進行した。これによって適合度が上昇する。しかしわれわれは広く開けた地域でヒト属に襲いかかった障害，つまり弱い紐帯からなる社会構造のせいで課せられる彼らの手に余る大障害を明確に意識すべきである。そうした障害の1つは嗅覚優位から視覚優位へと霊長目が移行したことであり，これはその後数百万年後に新しい種類のコミュニケーションに役立つことになりえたとしても，しかし樹木から広く開けた大地に降りた当初，目視できない捕食動物を，とくに夕暮れ後に目視によって感知することは困難をきわめた。さらにもう1つの障害はチンパンジーのような類人猿の感情性である。チンパンジーは危険に直面すると皮質制御を行えず，キーキーと喚き，金切り声を上げることで反応する。このどれもが危険な大地を横切るとき，まったく役立たなかった（とはいえこの感情性が第4章で考察するように，ヒト科の最初の言語への前適応であったかもしれない）。最後に，ヒト属の長命な生活史は，一時的な食料探索の集団に多数の弱者たち——妊娠中の母親，乳幼児，少年，また類人猿は長生きをするため結果的に増える高齢者——がいたことは確かである。集団メンバーが危険から逃れようとする際，まず彼らが捕食者に狙われる

危険にさらされた。

　ヒト科が広く開けた森林地帯，またはサヴァンナの境界辺りをはじめて横切ろうとしたとき，その負担はその利得よりはるかに大きかったはずである。十分な時間があれば，その前適応は統合された社会構造を生成する機構に変えることができたかもしれない。自然選択がヒト科をもっと適合できるように働きはじめる偶然の突然変異を「待て」なかったために，前適応が行われた。しかし化石記録がしめしているように，弱い紐帯しかもたず，しかも足が遅く，視覚に頼り，嗅覚に難点をもち，そのうえ過度に感情的な類人猿たちが受けた圧力は，自然選択がヒト科の系統にすでに備わっていた既成の解剖学的・神経解剖学的な構造にすでに働きかけていたとしても，自然選択の進行速度よりも非常に遅かった。そのためサヴァンナで生きようとしたほとんどのヒト科は，結局のところほぼ死滅した。またほとんどのヒト属も消滅したが，しかし人間の直接の祖先だけがこの難儀を克服して生き延びえた。そのため，社会の起源を理解するために，われわれヒト属の祖先が類人猿のほとんどの種が成しえなかったこと，すなわち生存と遺伝子の伝達をどのように成し遂げたかについて，いくつかの確かな知識に基づく推論が必要である。

2.5　むすび

　類人猿の種の少なさは，この系統の霊長目が進化的な失敗作であることを示唆している。実際に人間は増殖し，今や霊長目のイトコたちだけでなく，地球上の別の種をも危険にさらしている。かつてロジャー・ブラウンは，結局のところ「相場師は昆虫に投資するだろう」と述べた。しかるにヒト科が樹上ニッチを離れてしまうと，彼らの生存に莫大な負担を強いた解剖学的・神経解剖学的構造，および社会構造に取り組まざるをえなかった。そしてヒト科の系統は進化を成し遂げた。その行程のどこかで，両親とその子どもたちからなるいくつかの核家族によって構成される，50人から60人ほどの狩猟・採集バンドに類似した人間らしい社会をつくりだしたであろう。もちろん，この種の構造は進化した類人猿にとって自然な単位ではない。だから選択圧はバンドのみなら

ず，乱交を行う男女のあいだにもっと持続する関係をつくるため，弱い紐帯しかもたない一種の霊長目に対して強く激しく働きかけねばならなかった。

　要するに，人間社会の進化は，類人猿の弱い紐帯という行動性向を打開しようとした自然選択の制覇であった。より統合された集団の基盤を形成し，より強く，しかもより持続する結合が一部のヒト科，また最終的に，人間によって実現された。こうした集団が有価な資源の交換，主要な活動の分業，集合的連帯を象徴化しトーテム化できる能力，そして種々な調整能力――権力を保持する人たちによるよりも，尊敬できる個人による調整（狩猟・採集社会は誰であれ本当の権力あるいはあまり多くの威信を与えることをひどく嫌っていたと思われる）――を中心にした緊密なネットワークをつくりだした。このように統合された集団の特徴を列挙するだけでも，どれほど自然選択が作用しなければならなかったかは一目瞭然だ。類人猿の基礎的な解剖学的構造と社会体系に対する過激でないとしも，劇的な変化がただちに発生したのでないことだけは確かである。自然選択が過去800万年をかけてヒト科の系統の適合度を強化したことを考えると，類人猿たちは長い時間の流れのなかで進化したのである。

　ここでようやくわれわれヒト属の系統が最初の人間社会を創出するために自然選択がどのように働いたかについての物語を語れるところに辿り着いた。しかしそうするより前に，われわれはもう1つの前段階の局面，つまり選択がヒト属をホモ・サピエンスに，また社会組織の新しい形態に向かわせるときに作用した社会の原形質についてもっと幅広い再検討を行うことが不可欠である。

注

1) 熟れていない果実の仮説はさほどこじつけとは考えにくい。現生のアジア・コロブス亜科の猿，つまり「葉を食べる猿」が，セルローズと有毒の合成物をもつ植物を食べ消化できるのは，発酵したバクテリアをもつ余分に装着された胃を含む派生的な食性に特殊化しているからである。コロブス亜科，ミクロコロブスの祖先の個体群が1000万年前頃のアフリカの化石記録に現れている。アジアとアフリカのコロブス亜科の多様化が1100万年前頃にあったことがわかっている (Raaum, et al., 2005 ; Delson, 2000)。

2) このネットワーク分析は，テナガザル，ゴリラ，オランウータン，ふつうのチンパンジーに関する野外研究についての広範囲におよぶ網羅的な再検討に基づいている。われわれは

ボノボ・チンパンジーを含めなかった。ボノボはアフリカのザイール川の盆地に近いところにある小規模な個体群を構成している。彼らはこの200-300万年前に祖先のチンパンジーから枝分かれした。ふつうのチンパンジーと同じく，ボノボは分裂―融合の共同態構造と雌の思春期における分散を保持しているが，しかし彼らの紐帯パターンはふつうのチンパンジーのそれと多少異なる。とくに雌たちの結合が性器と性器をこすり合わせるという特異な（あるいは独特な）習慣によってつくられている。2頭の成体した雌が出会うと，彼女たちは互いに抱き合い，互いの性器をこすりあう。ホワイト（White, 1989：162）はそれを見知らぬ雌同士が緊張を和らげるための慣行であるとみなしている。性器のこすり合いは接近しているボノボの雌同士のストレスを解消することによって社会性を促進しているようにみえるが，われわれの分析は霊長類の特徴的な情動的結合に基づいている。性器のこすり合いという性的活動は，われわれが情動的紐帯と考えるものではないし，またこれは他の霊長目，すなわち原猿，猿，類人猿のいかなる種でもその存在が確認されていない。われわれはこうした種類の性的活動がいずれのLCAにもみいだせないとするライスとモロネイ（Rice and Moloney, 2005：205）と同意見である。雌同士の性器のこすり合いという習慣は確かにボノボに独自な進化的斬新さである。

3) 猿と類人猿双方についての要約は，Maryanski and Turner (1992)；Turner and Maryanski (2005)；Maryanski (1986, 1987, 1992) によっている。類人猿と猿のダイアドの輪郭を描くため，われわれは2つの単純な手順を用いた。第1に，すべての紐帯が肯定的，かつ互恵的であると仮定した。否定的，また非対称的な関係は存在するが，しかし霊長目の社会（あるいはどの社会も）が情動的な紐帯と他の協同的，相互強化的な相互作用によって結び合わされる。第2に，われわれは紐帯の強さを表す単純な尺度を使用した。すなわち，紐帯なし（皆無），弱い紐帯，中度の紐帯，そして強い紐帯である。紐帯皆無は存在しないことであり，弱い紐帯は，個体同士がたまに相互作用する場合である。中度の紐帯は，個体同士が少しのあいだ結合するが，しかしその紐帯は持続せず，そして（あるいは）感情的な激しさを欠いている。強い紐帯はダイアド間の緊密に結ばれた関係であり，この紐帯は互恵的な社会的支援と持続的な結合（通常生涯にわたる）の双方を証明している。これらの紐帯の特徴は霊長目に関する文献の包括的な調査を経て集積された。複雑でない順序尺度が最良である。なぜなら調査研究者が霊長目を研究するために幅広い技法を使用しているからである。この分析においてはただ1つの主要な社会的紐帯の部類だけが描かれているが，しかし際立つ結合パターンがすべての霊長目の年齢別と性別の部類に存在している（たとえば少年―幼児，幼児―青年）。

第3章　全体社会の原形質
――原初ホルドの探索――

したがって単純な社会はそれよりさらに単純な別の何も含まない社会だと理解しなければならない。その社会は現在，ただの1つの分節体ももたないだけでなく，過去の分節化のいかなる痕跡もない。ホルドは［…］この定義に精確に対応する。ホルドはその内にさらにもっと基本的な集合を含まず，また含んだことのない社会集合であり，直接に個人へと分解できる。［…］これ以上に単純な社会はありえないと認識できる。ホルドは社会領域の原形質であり，結果的に，あらゆる分類の自然な基礎である（Émile Durkheim, 1895, *The Rules of the Sociological Method*）。

3.1　ヒト科とヒト属の系統樹 [1]

およそ600万年から700万年前，人間にとってのヒト科の祖先が，現生のチンパンジーの祖先から分岐した。ほぼ240万年前までに，ヒト科に属する2つの種が出現した。ホモ・ハビリスとホモ・ルドルフェンシスである。180万年前までに，人間のさらに直接的な祖先，すなわちホモ・エレクトゥス，またはホモ・エルガステルが出現した。解剖学的にみると，初期のホモ・サピエンス，すなわち現存する人間が20万年から15万年前のあいだに誕生した。しかし残念なことに，社会関係は化石化しないので，ハビリス，ルドルフェンシス，エレクトゥス，あるいエルガステルの社会構造を思い描くことはむずかしい。しかし更新世後期のヒト属は地球上の多くの異なる生息地へと放散し，彼らは初期のヒト科よりも安定し，また持続可能な社会構造を保持していたと考えられる。所有していた道具一式が証明しているように，彼らは最初のヒト科よりも文化を発達させていた。最初にホモ・ハビリス，その後に，ホモ・エレクトゥスにみられた脳規模の急速な成長は，大きな脳と文化の拡張が適合度を強化し

たことを示唆している。確かに，不当にも野蛮人として描かれているホモ・ネアンデルタール人の脳は，平均して現代の人間の脳よりも大きかった。ネアンデルタール人は現存する人間と直接的な系譜をもたず，また実際に，氷河が後退し，ホモ・サピエンスが西ヨーロッパ（ここにはネアンデルタール人がたぶん10万年間にわたり孤立した形で生存していた）に進出して来ると，絶滅に追いやられたことは今では周知の事実である。図3.1中のヒト科の系統樹は，人間の祖先がチンパンジーと共有していた共通祖先から分岐して以降の概略をしめしている。その時代と化石の特定は絶えず再検討される（時には月単位で検討される）現状であるので，図3.1はわれわれが本書を執筆していた時点でのデータに基づいている。

　ヒト属の系統樹は1つの種をもつ威風堂々として優美な直系の系統をなし，穏やかに次の世代へと進化したわけではなかった。むしろ，いくつもの種として周期的に枝分かれした野生の，荒れ果て，弱々しい木々の若芽のように，枝分れを繰り返し，しかも絶滅していった。この事実は，類人猿のような種と最初のヒト科のあいだの「失われた環(ミッシングリング)」の決定的な繋がりがやがて発見される見込みのほとんどないことを示唆している。しかし明らかに，ある方向を目指したヒト科の移動があったけれども，しかしどれが先行するヒト科の末裔であるか，どれがわれわれの直接の祖先であるかを決定することはとても一義的に規定できない——ホモ・エレクトゥスがわれわれのもっとも直接的な祖先の有力な候補者なのかもしれない。

　現時点で，次の疑問に答えることが適切である。発見された化石に，何がヒト属としての資格を与えるのだろうか[2]。さまざまな形質が多くの時代にさまざまな変化量（あるいはモザイク状のパターン）で進化したが，しかし一定の特徴がヒト科を区別している。第1に，そしてもっとも重要なことは，常時直立歩行していることである。これは，ヒト属の脳が成長しはじめるに先立つ，数百万年間にわたって進化しつづけた基礎的な類人猿の解剖学的に決定的，かつ劇的な変化であった。中新世後期，600万年から700万年前，サヘラントロプス・チャデンシスがアフリカの現在のチャドの森林環境で生存していた。頭

第 3 章　全体社会の原形質　71

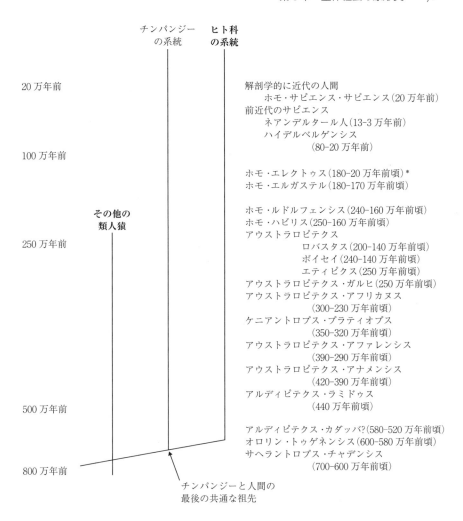

注：化石はさまざまな方法で日付の特定を行う。絶対年数は観測時の日付によっている。これにはカーボン 14 日付 (14c)、カリューム・アルゴン法 (K/Ar)、およびアルゴン-アルコン法 (ArAr)、確率の範囲内で日付を決める核分裂飛跡法が含まれる。相対的な日付（別の何かとの連合による）は、動物相の相関などの方法による。
＊ホモ・エレクトゥスの化石は更新世紀を通じて、またインドネシアで 50 万年前にみいだされる。近年発見されたホモ・フローレンシス（12000 年前に死滅した）は、移動したホモ・エレクトゥス個体群の子孫であるかもしれない。彼らは 1 万 2 千年前、ホモ・サピエンスの普及から切り離されていた（Tocheri, et al., 2007 をみよ）。

図 3.1　ヒト上科の系譜

蓋腔の一部（たとえば，二足歩行を示唆する頭骨の底部にある大後頭孔の前側の位置）と共に，顔と歯の特徴（たとえば小さな犬歯）に基づくならば，チャデンシスは現在のところヒト科の根幹種とみなしうるもっとも有力な候補である。ブルーネットと同僚たち（Brunet et al., 2005：753）によれば，「サヘラントロプス・チャデンシスは，チンパンジーと人間の最後の共通祖先に近似するヒト科の分類群上の位置と一致する，いくつかの重要な特徴をしめしている。しかしそのヒト科の地位は，頭蓋腔以外の化石が収容されるまで不確実である」（この議論については，Ahern, 2005 をみよ）。もう１つの中新世後期の候補はオリオン・トゥゲネンシスであり，これはおよそ 600 万年前，現在のケニアで生存していた。そのニックネームである「ミレニアム人」はそれが西暦 2000 年に発見されたことに因んで名づけられた（Gibbons, 2002）。それはヒト科のような形質を受け継いでいたが，しかしもっと重要なことは，そのピンと張った骨格から直立の歩行者だとみなせることである。それが実際に直立していたとすると，オリオン・トゥゲネンシスこそが根幹のヒト科であるのかもしれない（Nakatsukasa, et al., 2007；White, 2006；Richmond and Jungers, 2008）。さらに別の２つのヒト科の候補が現在のエチオピアで生存していた。その１つはアルディピテクス・カダッバ［猿人］であり，中新世末期から鮮新世初期の境目辺り，およそ 580 万年から 520 万年前に生存していた。そしてもう１つのアルディピテクス・ラミドゥス［猿人］は鮮新世期，およそ 440 万年前に生存していた（これらの標本は主としてその歯によって区別されている）。カダッバもラミドゥスも森林生態系で生息していた。それらの頭蓋腔の底部にある大後頭孔（あるいは開口部）が中心に位置していることによって，彼らは直立歩行者であったとみなされている。それでも類人猿のような歯列はアルディピテクス・カダッバがチンパンジーの祖先の系統からそれほど遠く離れていないことをしめしている。

　およそ 500 万年前に始まった鮮新世期までに，アフリカの化石記録は，南部，中央，東部アフリカの広範囲におよぶ多様なヒト属の適応放散を立証している。そのすべてが直立歩行者と認定され，ヒト科の地位をえている。１つのクラス

ター（あるいは分類群）は「華奢な」体形のアウストラロピテクスとよばれている。アウストラロピテクス・アナメンシス［アナム猿人］はこの分類群のなかで最古の一種であり，420万年から390万年前に生息していた。アウストラロピテクス・アファレンシス［アファール猿人］（また有名な「ルーシー」という名前はビートルズの「ルーシー・イン・ザ・スカイ・ウィズ・ダイヤモンド」に因んでいる）は390万年から290万年前頃に生息していた。350万年から320万年前頃に生息したケニアントロプス・プラティオプス（扁平な顔をしたケニアの人）は別の属である（しかし別の研究者たちはそれを本物のアウストラロピテクスであると認知している）と，アウストラロピテクス・アフリカヌス［アフリカヌス猿人］（これまで発見された最初の記念すべき化石「タウングの赤ちゃん」［南アフリカ・ヨハネスブルク近郊で発掘された］は，300万年から230万年前頃に生息した。そしておよそ250万年前，アウストラロピテクス・ガルヒ［ガルヒ猿人］（一見して分かるように加工した石器を使用した種であり，これが事実であるとすれば，剝離した石器の作製に関わった最初のアウストラロピテクス属の事例）が生息したことになる（Semaw, 2000 をみよ）。

　これらすべてが直立歩行をしていた。とはいえ彼らの二足歩行の姿勢に関しては議論が沸騰している。彼らの犬歯は縮小しており，すべてが類人猿のような顎，顔，歯列をもっていた。彼らは短躯であり，雌は1メートルから1.2メートルの身長であり，雄の身長は1.4メートルから1.5メートルであった。雌の体重は25から30キログラムであり，雄の体重は40から70キログラムであった。彼らの脳は，平均してチンパンジーの範囲を少し上回る程度であり，400立方センチから約500立方センチの大きさであった。その歯式は熟れた果実などの柔らかい食料（すべてのヒト科が好む食料）に偏った食性をもっていたが，歯をすり減らすような砂混じりの食料に向かう趨勢がみられる。華奢なヒト科は森林と林地に生息していたけれども，彼らはたぶんたまには開けた場所に思い切って出かけ，また別の霊長目との餌場をめぐる競合を減らす戦略として，そこで食料を求めたであろう。しかし彼らの腕の解剖学的な拡張は，現生のチンパンジーのように夜間は樹木で睡眠をとっていた可能性が高いことを

しめしている。その配偶慣行は判明していない。だが雄と雌の大きな性的な二型性は，彼らがゴリラのように複婚であったか，それともオランウータンやチンパンジーのように乱交であったかもしれないことをうかがわせる（Campbell and Loy, 2000：269 をみよ）。彼らはまたすべてのヒト科の特徴である長命な生活史という特徴を受け継いでいた（Fleagle, 1999：523-24）。こうしたアウストラロピテクスは非常に長い期間にわたって生存しつづけたらしい。おそらくその理由は，彼らが保全のために森林地帯を利用し，またその森林生息域が相対的に安定しつづけたからであった。しかしアフリカの気候は冷めつづけ，森林は鮮新世後期に後退した。すべての華奢型のヒト属は，縮減した森林で食料をめぐる競合強化のため，またおそらくいっそう開けた大地の生息地で生存し再生産することの無力さのせいで，最終的に絶滅し果てた（Vrba, 1995；Potts, 1996）。

　初期ヒト科のもう 1 つの群は頑健型のアウストラロピテクスとしてひとくくりに分類されている。とはいえ一部の学者はこれらのヒト属をパラントロス属に位置づけている。これらの種はアウストラロピテクス・エチオピクス，アウストラロピテクス・ボイセイ，そしてアウストラロピテクス・ロブストスとして知られており，これらすべてが鮮新世 ‐ 更新世期のおよそ 250 万年から 140 万年前のあいだ生息していた。細身の「ルーシー」型と違って，これらのヒト科は 450 立方センチから 500 立方センチの脳規模をもち，雄は 39 から 77 キログラム，また雌は 30 から 40 キログラムにおよぶ重い体重をもっていた。外見的には，彼らは皿のような平板な顔をもち，矢状稜（咀嚼筋を繋ぎ止めるため頭蓋の頂上にある骨稜），そして巨大な大臼歯をもつ大きな顎をもっていた。これらは明らかに塊茎，繊維性植物，いくども咀嚼しなければならない堅い木の実など，砂の混じった食料を引き砕くようにつくられていた。確かに 1 つの標本は「ナッツクラッカー」と名づけられた。化石化した花粉やその他の環境的な指標は，頑丈型のアウストラロピテクスが森林地帯と開けた森林地帯で生息していたこと，（そして同時にわれわれ自身の属，つまりホモ属の最初のメンバーとして生きたこと）を示唆しているが，しかし彼らは進化の袋小路に追

第3章　全体社会の原形質　75

い詰められ，最終的に死に絶えた。彼らは遺伝子を伝えることのできる子孫を残せなかったのである。

　数多くの多様な，また小さな脳をもつヒト科がアフリカで何百万年にもわたって共存していたが，華奢型型のいくつかの系統が，およそ240万年前に，最終的にいっそう大きな脳をもち，一段と洗練された二足歩行者として台頭した。しかし当初，その脳の成長は劇的とはいえなかった。より大きな脳をもつヒト科の最初の2属のうち1つは，(1) ホモ・ハビリス（すなわち手を使う人）であり，彼らは木登りのため類人猿のような適応力を備えていたが，しかし500立方センチから675立方センチの範囲の脳をもっていた。またもう1つは，(2) ホモ・ルドルフェンシスである。彼らは現代人のようにみえる前頭葉と750立方センチから810立方センチの脳をもっていた（人間の脳の範囲は1100立方センチから1600立方センチの範囲である）。こうした初期のホモ属の種は，森林地帯，灌木低地，またいっそう乾燥した草原などを含む，生息地とニッチの「複雑なモザイク」を占有していた（Bobe and Behrensmeyer, 2004：415）。ウッドとストレイト（Wood and Strait, 2004：150）が注目しているように，「鮮新世後期における不安定で変わりやすい環境条件が，早期のホモ属の種が樹上の資源に頼ることを減らし，幅広い食料を摂取するよう変えたかもしれない。そのため陸生食料の品目の利用を拡張しながら，二足歩行による移動運動への適応を強化した」。このような食性の移行はおそらく食肉への依存度を強め，これが石器の使用によって促進された。それゆえこうした初期のホモ属の種は，チンパンジーおよび最初期のヒト科の脳の規模を超える大きな変化を遂げたことをしめした。その一方で，より大きな脳の有利さをも表し，また完全に開けた大地の生息地への適用のために道具を使用する大きな変化をもしめした。ホモ・エレクトゥス（一部の学者は初期のホモ・エレクトゥスをホモ・エルガステルとよぶことを選ぶ）は，鮮新世－更新世の境目にあたるおよそ180万年間の化石記録にはじめて出現した。首から下をみると，ホモ・エレクトゥスは人間のような体形（たとえば長い足と短い腕）をもち，しかも一部の個体の身長は183センチに達している。等しく重要といえることは，ホモ・エレクトゥスの脳は

700立方センチから1100立方センチにまで成長し，人間の脳の範囲に近づいていた（エレクトゥスの脳の平均は約970立方センチであった）。170万年前の更新世初期，氷河作用の前兆のせいで，地球が冷えつづけると，ホモ・エレクトゥスの一部の個体群はアフリカを離れ，さまざまな生態系へと移動した。150万年前頃，その一部がアジアに到達した。移動をつづけるなかで彼らは，この大陸に洗練された道具一式をもたらした。大きな脳はタンパク質を必要としたため，エレクトゥスは高品質の食料を求め，そのため彼らが腐肉を漁ったか，それとも狩猟したかは別にして，かなり肉食に頼ったことは大いにありうる（Anton, 2003）。ホモ・エレクトゥスはその出発点を超えたのだ。さまざまな生息地とニッチ――アフリカ，ヨーロッパ，アジアの森林地帯，低木林地，そしてサヴァンナの生息地で生存した――で複雑な道具を操るヒト科の一員であった。この放散は，エレクトゥスがそれまでの霊長目になかった認知能力と文化水準を保持していたためできたことであった。また等しく重要なことだが，エレクトゥスはそれ以前のヒト属よりもいっそう組織されていたようにみえる。ひとたび適合度を強化するための基礎的な要素が整うと，彼らはこうした初期を代表するホモ・エレクトゥスの子孫たちに対して，さらなる選択を受けさせることができた。こうした子孫はしばしば「進化したホモ・エレクトゥス」「古生のホモ・サピエンス」あるいは「ホモ・ハイデルベルゲンシス」（これは更新世中期のヒト属の種に付けられたラベルである）とよばれる。また選択がこれらの進化したヒト属にさらに働きかけることで，狩猟・採集のバンド内の核家族で生活する解剖学的に現生の人間（ホモ・サピエンス）は，地球上のいたるところに分散し，そして約20万年をかけて徐々に拡散していった。

人間を基準にした社会の起源は，過去200万年にわたって，ヒト属の系統にどのようなことが発生し，いつ脳が発達しはじめ，またいっそう安定した社会組織がいつ創設されたか，それにより多くの多様な生息地とニッチへの移動と，生存がいつ可能になったかにある。ここ200万年におけるヒト属の社会組織にみられた驚異的な変化を査定するため，われわれは文化といっそう凝集的な社会組織のパターンを獲得しようと強く求めて環境圧力に耐えたヒト科の基本的

な社会を確定することから着手しなければならない。さらに次に，われわれは定義のむずかしい「ホルド」の探索へと歩を進めていく。

3.2 ホルド

　初期の社会理論家たちは，原初のホルドが親族関係の出現に先立ち存在したと考えられるとしばしば想定していた。『社会学原理』(1900：255) のなかでフランクリン・ギィデングスは，「家族関係が不規則で不安定であったまったくのホルド［….］」の存在を想定した。『社会分業論』(1963 [1893]) の中でエミル・デュルケムも，人間社会以前に，または人間社会の原初において，親族関係によらないホルドが存在したと仮定している。この種の憶測を奇妙な過誤として捨て去ることはいとも簡単であるが，しかしわれわれはこの結論に性急に満足すべきではない。人間社会の起源が関心事であるかぎり，われわれは初期ヒト科と類人猿の社会がどのようなものであったかを是が非でも知る必要がある。なぜなら，かつてデュルケムが力説したように，「無からは何も生じない」(1912 [1995]：226) からである。したがって人間社会は類人猿とヒト科のわれわれの祖先から継承したパターンの範囲内で確実に築かれたはずである。だとすればわれわれは，この前人間社会がどのようなものであったかについて，そもそもどのように理解すればよいのだろうか。

　われわれの解答は，ホルドの概念を復活させ，そして次に，われわれの最近親，すなわちチンパンジーの中核的な社会結合にとりわけ注目することによって，このホルドの諸要素を再構築することである。われわれの見解によれば，この再構築は，現存するふつうのチンパンジーにおいて明らかに看取できるものを超え，しかももっと安定した社会構造を有する社会の基礎となる社会の原形質についての考えを提供している。実際，後にヒト属——そして最終的に人間——の社会が構築され，またわれわれが人間社会の起源をみいだしうるのはこの根源に基づいてである，とわれわれは確信している。

3.2.1 チンパンジー社会の主要な要素

(1) チンパンジーの地域圏としての共同態　チンパンジー社会は，前章で強調したように，より大きな地域個体群として組織されている。ジェーン・グドール (Goodall, 1986) によれば，40頭から120頭が1つの「チンパンジー共同態」とよばれる集合を組織している。1つの共同態は20平方キロから200平方キロにおよぶこともあり，「共同態感覚」と「共同所有」感覚を有する身近な仲間たちによって構成されている。成体した雄たちは別の共同態の雄たちの侵入に対して共同態の境界を保守するために積極的に共闘する。この共通の福利がチンパンジーの唯一の安定した連合（母親と養育中の子どもの関係を除いて）であり，そして大型のヒト科（彼らは大量の食料を消費する）にとって，共同態が唯一の連合であるとことは適応的である。なぜならこれが単独で林床あるいは樹上で食料を探す自由をメンバーに与えるからである。しかしこの流動的な構成は，集団水準の結合を生成する必要に迫られた広く開けた場所ではあまり有効でなかった。広く開けた場所で捕食動物に遭遇した場合，誰が共同態に属し，誰が属していないかといった一般的な感覚以上のものが彼らに要求される。共同態の分裂―融合という組織化のパターンを維持しようとする稀有な性向は，初期ホモ属の個体群が緊密に結合された集団に向かう激しい選択圧力に直面した際に，好ましくないものとして自然選択によって取り除かれた。しかしわれわれは，それが損なわれず保存され，別の機構がこれと同じ目的を達成するために用いられたと考えている[3]。

集団水準よりも，むしろ共同態水準で組織し，また共同態メンバーの所属感覚と空間的境界の感覚を保有する性向は，哺乳類の社会組織形態としてきわめて稀である。やがて第5章で議論するように，こうした共同態を認知的に意識できる能力は，共同態を象徴化し，それによりマクロ構造的な連帯を構築する人間能力にとっての前適応の1つであった。確かに，共同体（核家族と共に）は人間組織体の数少ない普遍的形態の1つとして今なお持続しており，また大規模な都市化に向かう傾向にもかかわらず，われわれのほとんどは共同体感覚をもち合う近隣仲間を欲し，また探し求めている。さらに，学問的世界では，

この社会形態が考究の主焦点であった（またそうでありつづけている）。たとえば，カール・ジンマーマン (Zimmerman, 1938：1) はほぼ70年前に，「共同体の観念は，アリストテレス以来，社会科学において執筆されたほとんどすべての論考において直接的，または付帯的に議論されてきた」と言及している（そしてわれわれはそのアリストテレスよりずっと以前からそうであったとつけ加える）。実際にわれわれは今日でも，共同態の観念（いかに理念化されようとも）に肯定的な心情を呼び起こす。なぜならそれが進化した類人猿としての人間にとってより自然な単位であるからである。この奇抜ともいえる組織構造はわれわれの神経中枢に深く根づいているので，すでに述べたように，それはよりマクロ構造を含めうるよう象徴によって拡大可能である。しかしこの共同態感覚だけでは，広く開けた生息地において集団水準で凝集的な組織をつくるという問題は解決できない。だから人間は進化過程において，別の機構を用いて初期ヒト科の弱い紐帯を克服しなければならなかった。次章で論じるつもりだが，その機構は，ヒト上科の系統を貫通している弱い紐帯という生物プログラムを凌駕することのできる強固な対人的結合を確立するため，感情強化という方法を採用したのである。

(2) チンパンジーの支配階統　チンパンジーの一過的な集合は支配のパターンを証拠だてている。そのため自然選択はいっそう構造化された集団を創設するためにヒト科の性向を強化することができただろう。支配階統は，猿の場合では，どちらかといえば組織の安定性にうまく働いた。しかし支配階統は猿社会を安定した状態に繋げておくために作用する雌の母系の繋がりからすれば2次的である。群れ中の第1位の雄［ボス］が支配をめぐる競合の結果として交替したとしても，雌の親族世代で構成されるいくつかの母系統が緊密な仲間集団を維持し，組織し，したがって支配を取り仕切る雄に持続的な集団を与えている。とはいえ母系統自体も雌間の支配的位階を証拠づけている。猿の雌とは対照的に，チンパンジーの雌はすべて思春期に生まれ育った共同態を離れていく性向をもち，また別の共同態から移入してきた親族関係のない雌に取って

代わられる。チンパンジーの社会構造は猿集団の重要な成分，すなわち雌の母系統を欠いている。母系統によって与えられる安定性を欠くと，雄の支配だけでは集団をうまく1つにまとめあげることができない。

　確かに，個体の自主独立と空間上の自由な移動というヒト上科の一般的性向（一緒に集う猿の傾向とは対照的）を考えると，支配だけで初期ヒト科がうまく組織できたとはとても考えられない。なぜなら親族関係をもたない雌たちは緊密なネットワークを形成できないからである。雄も雌も共に，彼らが特定の雄あるいは雄たちの連合によって支配されることに不満を抱くと，一過的な集合から離れていく。これは現生のチンパンジーがふつうにしていることである。さらに遊動する狩猟・採集の人たちが平等性を信頼して支配を厳しく制限していることを実証した研究成果は，彼らすべてが社会関係を壊し，またバンドのメンバーたちが資源を共有することによって支配の危険性を感知していると報告している（Boehm, n.d.）。そのため狩猟・採集民は典型的にどの個人も他者を凌ぐ権力を手にしないことを確実にしうる慣行を順守する。狩猟・採集民が河川，湖沼，また大洋によって供給される豊富な資源の近くに共同体をつくって定住した場合にかぎり，明瞭な支配階統が人間進化の表層に現れた。ある意味で，チンパンジー型の支配でさえも，遊動する狩猟・採集民（われわれが研究対象としてきた狩猟・採集民の人口集群についてわかっていることを考慮すると）によっておそらく抑制されただろう。雄間の支配性向を促進することが最初の人間社会の適応度を大きく強化することにはならなかった。明らかに支配的な雄が資源を独占し，すでに低い社会性のヒト科のあいだに生じた憤慨が集団メンバーの対立あるいは離散の原因となるところまで強まると，この状態は適合度をひどく減じたであろう。

　(3) チンパンジーのネットワークによる紐帯　　表2.2 (52ページ) でしめしたように，チンパンジーのもっている紐帯のうち少数だけが連帯を育成するため適宜に選択された。選択は方位性をもつ進化力であるが，しかしそれは個体群における既存の変異（あるいはランダムな突然変異によって導入される新しい

変異）に作用するのみである[4]。だから猿のもっとも重要な結合——雌の母系統——は，選択によって簡単につくりだせはしなかった。なぜならそうした紐帯がヒト上科には存在しなかったからである。それを新たにつくるために，選択はまず思春期に生まれ育った共同態から雌の流出を引き起こす原動力，また成体した類人猿の雌同士の結合性向の欠落を解除しなければならなかった。雌たちの思春期における分散（これはすべての現生している類人猿の種に共有されている）が，猿集団にみいだされる世代間にわたる集団の持続性の形成を阻んでいる。しかし選択力が生まれ育ったホルドに雄も雌も留まるよう作用したとすると，別の問題が噴出する。すなわちインセスト（近親交配）による障害である。しかしすべての現生の社会的な哺乳類において，どちらか一方の性（通常は雄）が身近な個体群の変異を保持する進化目的のために思春期に分散していく（あるいはデーム）。個体群に遺伝子の変異を保持すること（これが進化過程の真骨頂である）は，進化の別の力——「遺伝子浮遊」（個体の１つのデームから別のデーム——別の交配集団——への分散によって近親交配の障害に対処している）——によっても促進される。これが種の交配個体群内の遺伝子交流を促進する（こうして自家増殖の障害が防止される）。もしわれわれが雄も雌も思春期後に生育集団——その集合化はたぶん，餌場を考慮すれば，せいぜい80個体ほどだっただろう——に残留し，生育したホルド内で配偶者をみつけるというヒト科のホルドの可能性を端的に考慮したならば，ほとんどの個体が遺伝的にあまりに近すぎる事態がさほど世代を経ないうちにできあがり，それが近親交配の弊害をもたらす引き金となって，最終的に集団は絶滅したであろう（人間の近親交配による障害についての議論としては，Turner and Maryanski, 2005 をみよ）。生育したホルドの集合体に雄も雌をも留め置くことは進化の行き止まりである。したがってヒト属の個体群うちに緊密な社会構造と集団の持続性を存続させようとする圧力が存在したとすれば，もっともたやすく，しかももっとも簡便な経路は，すでに存在している社会的紐帯の強度を増すことであったはずである[5]。

　以下にしめすチンパンジーの紐帯リストを読み下していくと，少数の紐帯の

みが自然選択による強化に向かう候補でありえたと思われる（Turner and Maryanski, 2005：134）。

1. 母親―思春期前の雄の子どもの結合　**強い**
2. 母親―思春期前の雌の子どもの結合　**強い**
3. 母親―成体した娘の結合　弱いか，皆無
4. 母親―成体した息子の結合　**強い**
5. 成体の雌と成体の雌の結合　弱い
6. 成体の雄と成体の雄の結合　弱から中度，また時に，**強い**（とくに雄の兄弟同士）
7. 成体の雄と成体の雌の結合　弱い

強調文字で表した強い紐帯がしめしているように，ただ母親と成体していない子どもたちの強い結合と，彼女と成体した息子との強い紐帯と共に，成体した雄同士の弱度から中度の（時に強い）結合が自然選択をたやすく受けいれる。しかし他のどの関係も緊密な結合を形成するための神経的に生成される行動性向をもちえたとは考えにくい。また遺伝的作用による性向が欠けている場合，自然選択がそれに対して作用することはほとんどない。さらに，初期ヒト科の脳はチンパンジーの範囲をわずかに上回る程度であったので，最初の重大な危機に遭遇して，遺伝的に働く弱い紐帯の性向に代わって，文化がより強い社会的結合の発達を促したとはとても考えられない。

3.2.2　原初ホルドの構造

　ヒト属の社会構造は，自然選択が働きかけることのできたごく少数の紐帯を頼りにすることによってようやく可能になった，とわれわれは考えている。もちろん，初期ヒト科の系統が最初に現生のチンパンジーにきわめて類似していたと仮定することがどうしても必要である。これは人間がふつうのチンパンジーと遺伝物質のほぼ99パーセントを共有しているので合理的な仮定といえる（ボ

ノボ・チンパンジーとの遺伝物質の共有度はふつうのチンパンジーと比べてわずかに低い) [6]。事実，チンパンジーと人間の進化的・遺伝的関係の双方を理解しようとする努力によって，いくつかの分類学上の改定が現在，ヒト上科の亜科（ゴリラとオランウータンを除く）における2つの分類群で進行している。最初に，ホルドは既存の親族関係の結合——母親と成体した雄の子どもたち（強い紐帯）と成体した兄弟，ならびに自分の生育共同態から付近のホルドに移動した成体の雌たち（弱い紐帯）——を中心にしてつくる必要があった。それでも，新たに移入してきた雌たちは互いに未知の間柄であり，（少なくとも最初）成体の雌同士の結合はおそらく弱かっただろう。現存する雌のチンパンジーにこの状態が認められる。

　親族関係をもたない結合とはどのようなものだったのだろうか。もっぱら進化の幸運に恵まれて，ホルドの中核的ネットワーク結合を構築するための社会的繋留点，つまりホルド形成に向けた決定的な前適応を供給したのは，チンパンジーとヒト科の共通祖先たちであった。どのような適応的理由によるにせよ，チンパンジーとヒト科の最後の共通祖先は身近な共同態で育った雄たちを1つに繋ぎ止めた。他のすべての現存する類人猿の種では，雄と雌の両方が分散するパターンをもっている。その理由がどうであれ，成体の雄たちを生育した共同態に留めていることの驚くべき適応的な推移は，後にいっそう安定したヒト属の集団をつくりだす選択を方向づける道標であった。人間社会はアフリカのサヴァンナという難題に遭遇して，食料を採集する集団の凝集性と安定性を育成することだけのために出現したのであろう。

3.3　狩猟・採集バンドを創始するための最後の難題

　流動的なホルドから安定した核家族によって構成される狩猟・採集バンドへの移行は，重大な障害を克服するための方向づけとなる選択を必要としたにちがいない。先に述べたように，一部の初期のヒト科の個体群がホルドのような組織をつくったという事実が確かであったとしても，しかしそれらは原初ホルドを超える組織化の水準に到達できるような代物ではなかった。地球が冷えつ

づけたため，いっそう開けた場所で食料を探さなければならなかった後のヒト属はもっと組織されるか，さもなければ死に絶えるしかなかった。開けた地域で食料を入手すると即時に森に立ち戻り，安全，休息，睡眠のために樹木に上るというパターンは，長期間にわたって成功を収めたが，すべてのアウストラロピテクスの系統が開けた地域での生活への移行をなしえたわけではなかった。なぜなら彼らのすべてがアフリカの森林が開けた森林地帯，低木林地，そしてサヴァンナに変わりはじめた頃には消滅し果てていたからである。次に，ホルドを超えて，ヒト科をその先に連れて行くためにはさらに別の障害があった。

3.3.1 最小の文化によって，あるいは文化をもたないで組織化すること

　人間は文化を使用する動物であること，そして，文化の発明によって，人間と彼らの祖先がさまざまな生態環境でどのように生きてきたかを説明することは，独断ではなく，まちがいなく社会学の知恵である。人間は行動を規制し組織するために使える複雑な象徴体系をつくりだせる大きな脳をもっているので，この議論は一考に価する。しかし初期のヒト科の脳はチンパンジーのそれと比べてわずかに上回る程度でしかなかった。実際に，チンパンジーは文化の初歩形態をもち，確かにさまざまな地域にいるチンパンジーの共同態は，身近なメンバー間で共有し，また世代を通じて継承する顕著な特性（たとえば，シロアリを捕まえるための手段）をもっている。さらに重要なことに，チンパンジーは，人間の訓練士によって刺激されると，言語を学習し使うことのできる能力を備えている。しかしこうした文化能力は，行動を規制し，集団の持続性を維持できる安定的な社会関係を組織するために文化を用いることとはまったく異なる。チンパンジーはほとんど道徳性をしめさず（たとえば，恥と罪の経験），したがって広く開けた地域生態で必要な程度にまで，集団への愛着を生成し，行動を規制するような類の文化記号を発達させられなかった。そうした生態系での生存は道徳への信頼によって規制された構造に依存せざるをえないからである（Boehm, 2004, n.d.）。

　ホモ・ハビリスからはじまり，そしてホモ・エレクトゥスへとつづく後期の

ヒト科ははるかに大きな脳をもっていた。ハビリスからはじまる脳規模の増加，次に頭蓋腔の頭蓋の部位の継続的な膨張は，強い方位選択が脳に的を絞り込んで働いたことを証明している。おそらく文化が行動を規制するために使えるという適合強化の効果をもちはじめたのは，まちがいなくこの時点においてであった。それでも発話生産に関わる構造（たとえば舌，口唇，咽頭と，これに関連する筋肉）に関する最近のデータは，それらが選択された時期が今からほぼ20万年から12万年前であったことをはっきりしめしている (Enard, et al., 2002a, 2002b；Falk, 2002)。そうだとすると，発話がホモ・ハビリス，その後のホモ・エレクトゥスの道具一式の一部であったことは確かであるとしても，現在の人間が話しているように，彼らが話していたとはとうてい考えにくい。さらに，こうした後期ヒト科のいっそう大きな脳が，個人を集団に結びつけ，彼らの行動を規制する道徳的な文化記号を十分にうみだしていたかどうかを知ることははなはだむずかしい。

　文化がある時点から「効力を発揮し」，これによって集団連帯を増したことにまったく疑問の余地はないが，しかしわれわれは，凝集的な集団組織化を生成するために出現した，真に文化的な生活様式に先立ち，社会結合をつくりだすことを可能にした別の機構を考慮することが賢明だろう。確かに，文化は組織化のための潜在力を劇的に増加したが，しかし規範的文化記号が出現するよりはるか前に，集団組織化と安定性の高い水準にとっての別の障害を克服することが不可避であった。

3.3.2　核家族の出現にともなう問題

　社会学者たちは家族が人間社会組織のもっとも基本的な単位である，としばしば仮定してきた。この見解がどのような利点をもつとしても，核家族が最初にどのように形成されたかを問う社会学者はほとんどいない。核家族は，ほとんどの社会学者にとって，まったく説明の不要な人間組織化の基本的な部分とみなされてきた。それでもわれわれがよく知っているように，チンパンジーとオランウータンはその場限りの性的関係を結び，またゴリラは奇妙な半複婚を

行っている。テナガザル——かつては生涯にわたって番でありつづける珍しい単婚のパターンをもっているとみなされてきた——でさえも，その一部が樹木の梢の部分で「乱交している」事実が発見された (Lappan, 2007)。テナガザルの場合，樹上天蓋の小さな縄張りを番だけで積極的に守るかぎり，彼らが物理的にも社会的にも他から分離しつづけることになるので，「夫婦」の貞節はおのずと守られる。

　安全を守る樹木のない広く開けた地域の生態状況で，ヒト属の雌雄の一対と彼らの幼い子たちをバラバラに分離させることは明らかに破滅を招く暴挙である。とりわけ夕暮れ後に，視覚優位の霊長目がうろついている聴覚優位の肉食動物に翻弄されている様子を思い浮かべてみてほしい。肉食動物は地上で離ればなれに寝ている家族をいともたやすくみつけ，餌食にできただろう。それでも成体の雄と雌の弱い紐帯の特性が数百万年にわたるわれわれの祖先の遺産の一部であると仮定するならば，選択は遊動するホルドにおいて乱交を行う雄と雌の安定しない結合に対して，果たしてどのように働きかけたのだろうか。文化的伝統だけに頼ったとすると，大型類人猿に明らかな，またヒト属とチンパンジーの最後の共通祖先に明白な乱交という様式を打破できたであろうか。規範記号だけで，成体の雄と雌に，あるいは父親と生物的な子孫のあいだに，持続しうる結合を確立するという根本的な問題を解決できるほどの力があったとはとても考えられない。母親と幼い子たちの強い母性的な愛着は哺乳類に堅く配線されているので，母親と成体の子どもたちのあいだに強い結合を維持させようとする選択圧力は，成体の雄と雌，そしてその子どもたちのあいだの愛着を強化することに比べれば，はるかに問題は少なかっただろう。

　想像力を働かせるまでもなく，核家族は，霊長目一般にとっても（単婚は霊長目，まして哺乳類では稀有である），またとくにチンパンジーにとって自然な単位ではない。その場限りの性関係をもつ行動性向は，核家族の形成にとって障害であっただけでなく，ヒト科社会の弱い紐帯の構造にとっても障害として立ちはだかった。チンパンジーの雄と雌は持続的な社会的結合を形成しないし，また雌の気まぐれな性的関係が事実上生物学的な「父親」の判別をできな

くさせている。こうした弱い紐帯と結合の皆無に加えて，成体した兄弟姉妹のあいだの紐帯は，姉妹が思春期に生育した共同態から離れていってしまうので保てない。そのため成体の雄と雌，それと「父親」と彼の子どもたちのあいだの結合の強さを増そうとしても，ある方向を目指した選択が働きかけうる余地はほとんどなかった。

　われわれはまず，ヒト属が核家族を形成するより前に必要であった新種の規則化した社会的結びつきを検討することによって，核家族を生成する紐帯の育成という問題を正当に評価することからはじめよう。新種の規則化した紐帯とは，(1)成体した雄と雌，(2)父親と息子，(3)父親と娘，(4)兄弟姉妹の紐帯，そして，(5)娘を家族に長期に持続させることである。さらにもう1つの複雑な問題が核家族の形成によって出現したはずである。すなわち，父親と娘のインセストの可能性である。

　(1)成体した雄と雌との新たな紐帯　　核家族が成立するためには，雄と雌が安定した結合を形成しなければならない。だとして，この障壁はどのように打開されたのだろうか。おそらく早期文化の発現は十分な域に達していなかっただろう。というのも文化がこの水準の規制力を保持しうるためには，脳が初期ヒト科の水準よりもさらに大きくなっている必要があるからである。しかし脳がより大きくなるということは，胎児がさらに未熟な状態で早期に誕生すること（なぜなら胎児の大きな頭蓋腔が母体の子宮頸部を通過するため）を意味する。だとすると彼らに養護を供与できる安定した社会単位が成立していることが必要条件である。それゆえ文化がより多くの義務を課すことによって適合度を強化するための持続可能な戦略となりうる前に，雄と雌のあいだにより安定した結合が少なくともある期間にわたって確保されねばならなかった。

　次章でくわしく考察するが，この結合形成のための機構が性交と関係する性的快楽の強化であった。脳内の隔壁は，哺乳類の皮質下領野に位置し，個体を性交に向かわせる性欲と快楽を司っている。奇妙なことに，類人猿のそれと比べて，人間の隔壁は快楽に関わる脳内の既存のモジュールに加えて，さらに多

くの快楽をうみだす付加的な組織層をもっている。この奇妙な異変についての1つの解釈は，こうした快楽のために付加された領野が雄と雌のあいだの性交後における結合という次元をつくりだしたということである。そのため雄が妊娠した雌の側に残り，その間に雌は気に入った性的配偶者に持続する愛着を発達させる。そうだとすれば「愛情」と呼ばれるものは，脳の皮質下領野に深く埋め込まれた生物的基礎をもっているのかもしれない。確かに，後期ヒト科に文化が出現しはじめると，この生物的愛着は愛情と「愛しい」人への責務に関する道徳律へと洗練されることになった。

(2) **息子と父親との新たな紐帯**　父親が子育てをしている母親の側に留まり，また子育てをしている家族内に留まるようになると，成体の雄は，その子が誰の子どもであるかを当然にも知ることになる。核家族が持続すると，父親は息子に対して親としての愛着を育むにちがいない。チンパンジーの雄は思春期に生育した共同態から離れていかないので，この形質もまたヒト属のあいだにすでに備わっており，さらに次の選択を受けたと仮定することは妥当である。選択が雄を思春期以後に生育集団に残すよう働いたとすると，その結果として母親と息子の結合は生涯にわたって強い状態で持続する。安定した結合が母親と父親のあいだに成立し，父親が現にいて実の父親であることがわかると，自然選択が前側帯状回——母親と子どもたちのあいだの哺乳動物として特徴的な結合行動を司る構造——に，母子結合と，さらに父親を参入させるよう作用することは比較的に容易であったと仮定できる。さらに次章で考察するように，ヒト科における一般的な感情の高揚もまた，この重要な結合を育成するように働いただろう。

(3) **娘にとって，また成体した雌にとっての新たな紐帯**　すべての類人猿社会において，雌は思春期になると，生まれ育った社会単位から離れていく。このきわめて稀有な行動性向が人間とチンパンジーにとっての最後の共通祖先に存在した。事実，人間の女性に偏重してみられる分散（女性は結婚によって

実家から離れるという族外婚規則に縛られている）もまた，ほとんどの人間社会に広く普及している。狩猟・採集社会，とくに園芸農耕社会の研究によれば，女性の族外婚という偏重が，夫方居住あるいは父系制と共に十分に証明されている。要するに，すべてのヒト上科にみられる生物的性向に親族関係規則の文化層が上積みされたということである。この特性が淘汰されなかった可能性は大いにありうる。確かに，先に論じたように，すべての社会的な哺乳類において，少なくとも一方の性（通常は雄）が，近親交配の障害を防止するため思春期に生育単位を離れていく。

しかし感情一般がヒト属の集団結合を維持するために，自然選択によって強化されると，こうした感情は思春期後における雌の家族やバンド員に対する愛着を強めたであろう。だから別のバンドやバンドの共同態に移動することを遅延させることになったかもしれない。しかし雌が思春期後に生育した家族やバンドに残留したままだと，インセスト［近親交配］による障害の可能性が高まったはずである。チンパンジー，そしてまちがいなく，ヒト属がチンパンジーと共有した共通祖先たちの性的な乱交関係は，「父親」が，自分の子どもを知ること（あるいは気にかけること）をまったくできなくさせたが，しかしインセストの可能性はおおむね回避できた。ともかく「娘」は性的に活発になるやいなや，生育した共同態を永久に離れたからである。しかし雌が思春期後にバンドに残留しはじめ，そのうえ隔壁の性的快楽が性的誘引に関わる感情を成長するために強化されたとすると，父親と娘のインセストは増したにちがいない。

事実，人間の父親と娘のインセストは，母親と息子のインセストよりもはるかに起きやすい。母親と息子のインセストは稀である。なぜなら母親と息子にはインセスト回避のためのきわめて強い生物プログラムが埋め込まれていると思われるからである。こうした機構はわれわれ霊長目の遺産に深く組み込まれている。なぜなら，母親と息子のインセストはこれまで研究された猿と類人猿の個体群においてきわめて稀にしか観察されなかったからである。息子と母親が同じ檻に数年間一緒に入れられるという実験的状況下でも，猿の母親と息子は互いに性的な回避をつづけた (Takahata, et al., 2002：406；Jolly, 1985：241)。

性的に受け入れ可能な状態にあるチンパンジーの雌がときに成体の雄たちを性交のために「列をつくって順番を待つ」ように促すことがあるが，しかしその雌は自分の息子に隠れて性交をつづける。それゆえヒト属の母親と成体の息子とのインセスト関係の問題は，数百万年前，人間とチンパンジーの祖先にまでさかのぼりうる進化的な「インセスト・タブー」であった可能性が強い。それとは対照的に，父親と娘の社会関係は，旧世界猿と類人猿のすべて（ただしテナガザルを除く）においてまったく存在しない。チンパンジー社会における「娘」と彼女の遺伝的父親とのあいだのインセストの可能性は，類人猿一般，とくに人間とチンパンジーの最後の共通祖先の場合，雌の生育単位からの移動によっておおむね防止された。次に，重大な問題は，自然選択は父親と娘の性的回避の生物プログラムを組み込むために必要な時間的な猶予（すなわちランダムな突然変異）をもちえたのだろうか。われわれは「ウェスターマーク効果」（はじめてこの効果を観察した初期の社会学者であるエドワード・ウェスターマーク [Westermarck, 1891, 1908, 1922, 1926] に因んで，その名が付けられた）とよばれる弱い「インセスト回避」の生物プログラムの存在を強調する必要がある。ウェスターマークの研究は，子ども期の社会化に焦点を合わせた。彼は若い男子と女子が身体的に近接して互いに育つと（ほぼ3歳から思春期前まで），彼らは通常成人した後も互いに性的に無関心であることをみいだした。実際に，このウェスターマーク効果はチンパンジーの異性の兄弟姉妹間でも最近になって観察されている（Turner and Maryanski, 2005［2012：195］）。

　ウェスターマークは人間の子どもたちにとっての効果を研究したけれども（もっとも際立ったのは兄弟姉妹間においてであった），早期の刷り込み（インプリンティング）の時期に子どもたちと高い頻度で身体的な接触をした父親にも，この作用効果がありえたのではなかろうか。おそらくウェスターマーク効果は，かつて父親と娘の性的回避に十分な効果をもちえたかもしれないが，しかしそれが現代人に明らかに当てはまらないという事実は，自然選択が成熟した男性に対して娘との性的回避を行う強力な生物プログラムを組み込まなかったことを示唆しているのかもしれない。インセスト・タブーのような文化記号が，ウ

ェスターマーク効果に力を付加しうるために重要であっただろうが，しかし道徳律の文化がこの力をずっと小さな脳しかもたないヒト科にもたせるよりも前に，雌たちは思春期に生育集団からの移動をすでに遅らせはじめていた。核家族が持続可能な繁殖戦略であったとすれば，父親と娘のインセストの可能性とその結果である近親交配の障害を克服することが根本的課題であったにちがいない。実際に，より大きな脳に向けた選択，したがって文化をうみだすためのより大きな能力は，インセストによって引き起こされた適合度の低減の結果として，ある程度助成されたのかもしれない（インセストの影響が 1 世代のうちに顕著に現れることは今や明白な事実である）（人間に対する近親交配の効果に関する文献については，Turner and Maryanski, 2005 [2012 : 77-82] をみよ）。近親交配による障害が子どもたちに身体的障害をもたらすだけでなく，インセストによる家族内の葛藤や対立がその内部均衡を壊し，したがって家族を不適合にさせたかもしれない。それゆえ，選択圧力は父親と娘のインセストを減じるためのなんらかの機構をつくることに強く働きかけたはずである。文化を基礎にしたインセスト・タブーを構築するために脳を拡張することが，適合度強化のための戦略であったのかもしれない。

(4) 兄弟姉妹の社会的紐帯　ウェスターマーク効果は，兄弟姉妹間の性的関係を減じることにもっとも効果的に作用すると考えられる。異性の兄弟姉妹たちは，父親と娘と同程度に，あるいは父親と血縁のない娘との関係以上に身体的に近い接触をしている（Turner and Maryanski, 2005）。それでも，異性の兄弟姉妹間にインセストが発生するとすれば，それはふつう女性が初潮を経験する前か，あるいはそのすぐ後であり，いずれにせよ女性が定期的に排卵する以前のことである。異性の兄弟姉妹間のインセストは近代家族に典型的な病理の結果である。近代家族は，薬物の乱用，子どもの虐待，また家族内での兄弟姉妹の分離が家庭内での彼らの相互作用を妨げている。後期ヒト科の早期の核家族においては，異性の兄弟姉妹が子どもとして一緒に遊ぶことがふつうであったし，また身体的な接触もあっただろう。この接触が，たとえ女子が思春期

後に家族やバンドに残っていたとしても，ヒト属の兄弟姉妹間の性的回避をうみだすに十分なほど強力であったはずである。

(5) **娘を家族に長期に残留させること**　娘が核家族内に残留することに選択的な有利はなかっただろう（これまでに研究された狩猟・採集バンド内の女性は，初潮後すぐに結婚し，生れ育ったバンドを離れていた）。それでも感情が家族とバンドの連帯を強化するために利用されたとすれば，娘たちは，現生の類人猿に明らかにみられるよりも少し長く生育単位に残留することがあったかもしれない。父親と娘，そして兄弟姉妹間のインセストがウェスターマーク効果によって，あるいは創発しつつある文化律によって緩和できたならば，感情的に結合している核家族は，食料の獲得，また捕食者からの防衛の点で適合度を強化しただろう。猿の母系統が猿集団に構造的安定を与えたと同程度に，核家族の凝集性の発達は，狩猟・採集バンドにとって必須の構造的な基盤を提供したにちがいない。核家族にしばらくのあいだ残留する娘たちは構造的な支援を必要としなかったかもしれないが，しかし支援があったとすれば，それはバンドの凝集性を強化し，したがって適合度を増進した可能性がある。

3.3.3　メゾ水準とマクロ水準の構造的統合

より大きな集合体の社会統合は，統一された文化象徴がなければ不可能である。この象徴はしばしば文化トーテムと，トーテムによって表象される特別な力についての宗教的な信念に変換される。すべてのメンバーが直接に相互作用を行うには規模が大きすぎる場合における人口集群の統合は，エミル・デュルケム（1984［1912］）が力説したように，個人たちが当該集団を擬人化する共通の象徴に志向することで達成できる。こうした象徴に向けられる感情喚起の儀礼が新たな統合基盤を生成する。初期の狩猟・採集バンドは，そのバンドだけでなく，自分たちの行動圏を移動しながら，バンドの集合（あるいはいくつかのバンドの共同態）を象徴化する過程に着手したかもしれない。

こうした統合基盤の推移は，おそらく行動圏を移動し，誰が共同態に所属し，

誰が所属していないかを感知しているチンパンジーの能力上に構築されたのだろう。初期のヒト科はこれと同じ能力をもち，領域内を動き回りながら，誰がどのバンドの共同態に所属しているかを知りえた。また脳の規模が成長し，新たな組織形態をもつようになると，この能力はさらに進化を遂げた。さらに選択は安定した関係を象徴化し，こうした象徴に志向する感情喚起の儀礼に従事する性向を発達させるため，後期ヒト属の解剖学的構造に働きかけた。こうして領域内のバンド間の連帯は領域を共有している他のすべてのメンバーとの直接の対面的な接触をもたない場合でも高められた。さらに社会関係が象徴化され，集団のメンバー所属に表徴を貼りつける感情がこれらの象徴に志向する儀礼によって喚起されると，こうした過程は，類人猿の弱い紐帯の性向を部分的に越える情動結合によって，すでに結び合わされていた身近なバンドに適用できた。たとえば，それぞれのバンドは地域的なバンドの人口集群内で通用する象徴とトーテムの大きなレパートリーにおいて特殊化した象徴とトーテムを発達しえたかもしれない。それによってバンドは身近なバンドとより大きな地域的な人口集群双方の連帯を強めただろう。

　実際に，バンドとより大きな共同態の両方を象徴化しうる適合強化の効果によって，脳の発達が部分的に推進されたかもしれないと仮定することはあながち不合理ではない。これらの双方がバンド内とバンド間の結合と連帯責任への変化とを通じてメゾ水準とマクロ水準の連帯を促進し，結果的に，再生産の適合度を増進できたかもしれない。この連帯の基礎が，ホモ・ハビリス，その後のホモ・エレクトゥス，そしてたぶんその後に，完全に成長したホモ・サピエンスにおいて出現したか否かは今も定かではない。しかし，ヒト科が集団と共同態を象徴化できる大きな能力を獲得すると，チンパンジーと人間の最後の共通祖先において明らかであった共同態感覚の認知能力に加えて，そうした行動性向を構築し，強化する手がかりを自然選択に与えた。こうした象徴に方位した集団の象徴と儀礼は，現代人の連帯を強化しているので，より大きな共同態を認知する（そして防衛する）中心的な認知能力は後期ヒト科にもあてはまったかもしれない。

3.4 むすび

　ホルドが出現するより前に，少数の中度と強度の紐帯だけを頼りにして，初期ヒト科が一気にサヴァンナに進出することはもちろんのこと，森林を離れてサヴァンナで長時間にわたって食料を探すことも十分にはできなかっただろう。そのように振る舞った初期のヒト属は結局絶滅してしまった。初期ホモ属の進化によって，母親，息子，兄弟，そして男性の友人との結合強化は，当該ホルドに移住してきた雌の弱い紐帯と結びあって，この集合態をより凝集させ，おそらく捕食動物にとって手強い相手に成長しただろうが，しかしサヴァンナのヒト属は弱い紐帯の脆弱さにいぜん難儀をさせられていた。森林の類人猿は危険に直面すると相変わらず感情的に興奮し，無謀にも単独で動き回る習性があり，また頻繁に狼狽えた。だから樹木によって供給される安全な場所を安易に捨ててしまうと，彼らはいともたやすく捕食動物にみつけられ，引き離され，単独にされたうえで狙いうちされた。いっそう凝集的な集団はこうした行動性向を緩和できただろうが，しかし類人猿の基礎的な解剖学的構造に向けたより大きな選択は，鈍感で脆弱なヒト属をもっと凝集的にさせ，彼らを狩猟・採集の活動と共に防衛体制を整えさせねばならなかった，とわれわれは考えている。化石記録の一部に十分な数量で残されている初期ヒト科は，たぶん森林で生活していたか，あるいはサヴァンナの周縁で生活しつづけたのだろう。なぜなら彼らは生物としての中心においていぜんとして類人猿だったからだ。たとえ彼らがチンパンジーとヒト科の最後の共通祖先に明らかにみられた最強の紐帯に基づいて構造を構築しはじめたとしても，初期ヒト科が捕食動物に悩まされるサヴァンナで一日中あるいは長時間にわたって過ごすことはできなかった。

　前ホルド状態から広く開けた地域で完全な狩猟・採集バンドのホルドへと移行するためには，本章で述べたように，家族員の社会関係，またおそらく彼らのバンドとより大きな地域個体群を象徴しうる認知能力をヒト科に備えさせるために，さらに大きな選択が必要であった。核家族員間のより強固な社会結合を目指して働きかけるか，それとも集合態の象徴化を強化することに働いたか

どうかは別にして，選択はヒト科の感情を制御し，回路づけ，強化するように働きかけねばならなかった。一般的なヒト上科の感情能力——別の哺乳動物と比べて高度に感情的であり，またより大きな感情の鑑識力をもつ——を選択することによって，自然選択は，第2章で考察したように，「弱い紐帯の脆弱性」を克服するための主要な機構にたどり着いただろう。ヒト科の感情能力を強化することによって，より強い社会的結合を育成することが可能になった——もっと猿に近づかせるためにヒト科の脳を再配線したのでなく（この選択は適切な突然変異を待たねばならないので，最初から悲運を運命づけられていた），個体主義的なヒト科の感情結合を増進するため脳内にすでにあった皮質下の感情中枢を選択できたのである。この回路は劇的な突然変異を待つまでもなく，小さな突然変異を摑まえるか，それともヒト科をもっと感情的な動物にさせる方向に彼らを動かし，感情性の正規分布曲線の末端を摑まえさえすればよかった。この感情動物は感情爆発に対してより大きな制御力をもち，その結果として，柔軟で，しかも強い結合を育成するための感情の多彩なパレットを活用できた。次に，こうした結合が核家族の出現，経済的活動と防衛の調整，また共通の象徴の信頼に基づく社会連帯の新たな基礎を据えることを可能にした。この新たな感情能力がいかにして出現してきたかが次章の主題である。

注

1) ここでの議論は以下の文献を活用している。Nakatsukasa, et al. (2007); Wolpoff, et al. (2002); Wolpoff (1999); Brunet (2002); Lebatard, et al. (2008); Zollikofer, et al. (2005); Dalton (2002); Beauvilain and Beauvilain (2004); Begun (2004); Brunet, et al. (2002); White, et al. (2006); Vignaud, et al. (2002); Galik, et al. (2004); Coppens, et al. (2002); Haile-Selassie (2001); Harcourt-Smith and Aiello (2004); Gibbons (2002); Fleagle (1999); Semaw, et al. (2005); Semaw (2000); Leakey, et al. (1998); Ward, et al. (2001); Campbell and Loy (2002); Strait, et al. (1997); Foley (2002); Reed (1997); Lockwood, et al. (1996); Bradley (2008); Lockwood and Tobias (2002); de Menocal (2004); Bobe and Behrensmeyer (2004); Wood and Strait (2004); Wood and Richmond (2000); Stringer (2002); Strait and Grine (2004); Wood (2006); Finlayson (2004); Anton (2003); Ahern (2005); McHenry and Coffing (2000); Cela-Conde and Ayala (2003); Guy, et al. (2005); Brunet, et al. (2005); White (2006); Rak, et al. (2007); Grine, et al. (2006); Massaad, et

al. (2007); Lovejoy (2007); Richmond and Jungers (2008); Lucas, et al. (2008).

2) ヒト科の特徴は，直立歩行（または走行）を主要な移動運動の様式としていることだ。収集されたすべての化石は決定的な形質の直接的あるいは間接的な証拠をしめしている。とはいえ最初期の分類群はいぜん論争の的である。アウストラロピテクス・アファレンシス［アファール猿人］のような分類群でさえも二足歩行運動の種類に関していぜんかなりの論争が継続している（Wood, 2006）。前章で考察したように，類人猿の上半身の解剖学的特徴は懸垂型のぶら下がりの移動運動用につくられている。これはさらに直立の姿勢を必要とする。現生のゴリラとチンパンジーは直立して歩行できるが，しかし彼らは，地上で歩行する際の主様式はナックル［拳］歩行であるので，彼らはバランスを取るため，腰と膝を曲げなければならない。ホモ・サピエンスは常時二足歩行をし，驚くほどにまっすぐに伸びたストライド歩行を行う（Massaad, et al., 2007）。人間の膝関節もまた類人猿のそれと比べて驚異的に異なっている（Lovejoy, 2007）。ジョン・ナピア（Napier, 1975：36）は常時の二足歩行の鮮烈な印象を次のように描写している。「人間の歩行は，一歩一歩と歩くたびに，身体は大惨事を招きかねない断崖の淵でグラグラと揺れる。人間の二足歩行の様式は潜在的には大惨事を招きかねない危なさをしめしていると思われる。なぜなら最初の足，そして次の足のリズミカルな前進運動が，うつぶせに倒れないように身体を支えていなければならない」。

3) ヒト科はまったく新しい地上での生活様式を求めて森林を離れた。ふつうのチンパンジーからおよそ270万年から170万年前に枝分かれしたボノボ・チンパンジーもまた，ネットワーク密度と連帯の増大のための自然選択を経験した。ヒト属と同じように，ボノボは雌の分散パターンと共同態感覚の性向をもっているが，しかし社会連帯のための別の機構がより大きな空間的集中を可能にするために進化した。ふつうのチンパンジーはアフリカに広く分布しているが，ボノボは相対的に少なく，もっぱらコンゴ民主共和国のザイール川の南側で生息している。この生息域において，ボノボの雌たちは食料の供給が高度に集中しているので，頻繁に集う必要がある。雌たちが多くの競争，対立，あるいは緊張をしないで食料を探すために，自然選択は性的衝動を強化するため雌の脳の皮質下領野に働きかけた。これが以下のことをもたらした。(1)雌が雄との交接を性的に受け入れうる期間の延長，そして(2)性的な基調を有する雌同士の挨拶儀礼（独自な進化的革新）である。これは2頭の雌が出会った場合に，互いに性器をこすり合うことにより緊張を和らげ，雌同士の社交性をつくりだす（第2章をみよ）。だからボノボの場合，選択は雌の性的能力をその正常な生殖と一種のコミュニケーション手段として役立つ快楽という域を超えて，緊張解消装置としても利用するように働いた（その議論については，Stumpf, 2007；de Waal and Lanting, 1997；Stanford, 1999 をみよ）。

4) 初期ホモ属が森林を離れて広く開けた生態的地帯を目指したとき，彼らは過去数百万年もさかのぼれる複雑なヒト上科の遺産を携えていた。そのうちには際立つ骨格特性と高度に特化した神経解剖学的特徴が含まれていた。この遺産が進化する類人猿に可能な適応の種類にきわめて重い制約を課した G. L. ステビンス（Stebbins, 1978：65）は強調した，「突然変異は進化を方向づけないし，また選択が作用できる可能性の直接の原因としても役立た

ない。むしろ，それは可変性の給水源あるいは潜在的源泉であり，これはそれが選択行為によって消滅するとき，遺伝子プールを補充することに役立つ。さらに，選択によって受け入れやすく，そのため有機体の新しい型の基礎を形成しやすい突然変異は，個別に表現型に対して比較的に小さな効果をもつ」。

5) 社会的な種は継承している社会的基礎のうえに社会を構築する傾向をもつ。初期ヒト科がチンパンジーのような社会構造をもっていたと仮定したならば，その社会構造はヒト属の行動性向を，猿の母系制と雄の分散の両方に向かって移行するといった基本的な組織変動を敢行する進化的な知的訓練の行為を本当にやってのけたかもしれない。こうした移行はすべてのヒト上科に共通している雌分散のパターンの逆転であるのみならず，チンパンジーにみられる雄同士の結合の弱体化をもたらすことになる。こうした過激な「マクロな突然変異」は遺伝子とそれらの複雑な連合にとって極度な危険をともなう。きわめて小さな突然変異が最良の方法であり，また有利であり，より大きなチャンスをもつにちがいない。これに対して，大掛かりな突然変異はほとんどの場合望ましくない (Fisher, 1930；Ridley, 1996)。

6) 多数の人類学者，考古人類学者やその他の社会科学者はチンパンジーをモデルとして用い，あるいはわれわれの緊密な系統発生的な関係のゆえに初期ホモ属と人間を理解するために活用している。さらにラングハム (Langham, 1987)，フォーリーとリー (Foley and Lee, 1989)，レヴィンとフォーリー (Lewin amd Foley, 2004) を含む科学者たちがチンパンジーを初期ヒト科の生活様式を再構成するために使用してきた。これはわれわれのホモ属の再構築と一貫している。われわれの社会的ネットワーク分析とは違う概念的アプローチを使用しているけれども，彼らもまた思春期後の雌の分散と雌同士の同盟の皆無 (雌の移住のため) が類人猿と人間の最後の共通祖先から保持されてきた現状維持的な系統発生的特性であると結論を下している。とにくフォーリーとリーのモデルは，初期ホモ属の社会構造のための重要な資材としてチンパンジーの雄同士の結合の重要性に，またその後における世帯内の雌と雄の結合のための選択と共に，注目している。

第4章

強い紐帯の強さ
――霊長目の連帯にとっての新たな基礎――

> 自然選択は小さく，継続的で，有利な変異を累積することによって作用するので，それが大きな変化，または大きな突然変異を引き起こすことはない。それはきわめて短く，また緩やかに進むだけである（Charles Darwin, 1859, *On The Origins of Species*）。

われわれはヒト科進化の最終結果を知っている。すなわち社会的行為を組織し，そしてついには大規模なマクロ社会を構築するために文化を用いることのできる大きな頭脳をもち，二足歩行をする動物の誕生である。しかしヒト属［ホミニン］の脳は，チンパンジーやホモ・ハビリスのそれと比べて劇的に成長したわけではなかった。その後においても彼らの脳は人間の基準に接近しなかった。あのホモ・エレクトゥスの脳でさえも，人間の脳の中央値よりもかなり小さかった。とはいえ確かにホモ・エレクトゥスはいっそう精巧な道具を作製するため，また地球上の遠隔地に移動し，安定した集団を育成するために文化を活用したと思われる。選択が脳の成長に着手するとすぐに，適合強化の戦略として文化を可能にし，その選択は今なお継続している。われわれ人間は，選択を積み重ねてきた行程の所産なのである。

言語に媒介される文化が出現しうるためには，方位性をもった選択がヒト上科の解剖学的・神経解剖学的構造を有意な形で徐々につくり替えなければならなかった。大規模な突然変異は有害であったはずである。というのも大規模な突然変異は一般にそうであり（Fisher, 1930），まして脳を対象にした大規模な突然変異は二重の意味で破壊的であったはずである。言語認知の能力は，霊長目では視覚優位を目指した脳の再配線によって徐々につくりだされた。また大型類人猿の脳規模の成長は猿のそれと比べて明らかに際立っている（Geschwind,

1965a, 1965b, 1965c）。それでもチンパンジーの言語研究が強調しているように，類人猿の言語能力は，人間の健常な3歳児の水準にとどまっている（Savage-Rumbaugh, et al., 1988, 1993；Rumbaugh and Savage-Rumbaugh, 1990）。さらに，この象徴コミュニケーションは，少なくとも2つの理由で，最初から聴覚に向けられたのではなかった。まず下顎，唇，舌，咽頭，そしてこれらと関係する筋肉の解剖学的構造の多くの変化を必要とした。第2に，複雑な聴覚信号を受信し，次に転送するための脳の拡張と側性化は，後のヒト属と人間に出現する発話言語にとってもっとも基本的であった（Lieberman, 1998, 2006, n.d.）。方位性をもった選択は一撃で起きたわけではなく，形質分布が正規分布曲線の極点での変異が有利に働くかぎり，長い時間をかけて，また小さいけれども重要な突然変異によったのである。つまりより大きな脳，発話言語，また複雑な文化への推移は一気に起こったのではない。ヒト科の化石記録が明らかにしめしているように，脳規模は300万年あるいは400万年ものあいだ実際に変化しなかった。安全な森林を離れた後，脳規模の劇的な増加も，発話言語と聴覚言語を使用できる能力ももたず，また複雑な象徴体系をつくりだす能力ももたないで，ヒト科はどうしてうまく組織しえたのだろうか。言語と文化が機能しはじめる前に，ヒト科がより強い集団結合を発達しうる別の代替的な方法がどうしても必要であった。だとすれば，この新しい連帯の基礎とはいったいいかなるものだったのだろうか。この章でわれわれは暫定的な解答を順次提示していくつもりである。

4.1 社会連帯の条件

　選択過程で直面する問題を析出する1つの方法は，単純な思考実験を行ってみることである。現代の人間にみられる連帯強化はどのようにつくりだされたのだろうか。この疑問に答えることによって，第3章で提示した原初ホルドの描写によって明白になった少ない紐帯による結合を凌ぐ結合状態を必要とした，弱い紐帯しかもたないヒト科にとって，進化が社会連帯を推進するために採用したとみなされる行程に接近できる。連帯がいかに生成されるかに関する社会

第4章　強い紐帯の強さ　　101

学の経験的な文献は現状において参照できるが，われわれは仮定的な思考実験よりも一歩先まで考察を進めることができる。人間の社会連帯にとっての必要条件を概説するためのデータと理論双方が現状において活用できる。こうした条件のいくつかについての考察からはじめよう。

4.1.1　肯定的感情の強化

　より凝集的な結合をうみだすためには，人びとに肯定的な感情交流を増やす必要がある (Collins, 2004；Turner, 2007)。一部の動物は否定的な感情 (たとえば，1頭の雄が他の者たちを支配するなど) を用いてでも，社会の安定化を図っている。なぜなら彼らはひとまとまりの行動性向を保持しているからである。群れて生活している別の一部の哺乳類は，すぐ側にいるよう指示する以外には強い結合をしめさない。しかし弱い紐帯しかもたないヒト上科——母系の血縁紐帯に繋がれている猿集団とは異なり——にとって，緊密に編まれた集団をうみだすための強い紐帯はほとんどない。このことは，現生の大型類人猿において確証ずみである。また今日にいたるまで，人間霊長類の強い社会的結合は肯定的感情の交流を盛り上げることによってのみ達成できた。だから社会的連帯にとって決定的な成分は肯定的な感情喚起である。そうだとすると，われわれは感情が生成される脳の皮質下領野に対する自然選択の仕業の証拠をみつけなければならない。

　とはいえ，強い結合をつくるために感情を用いる方法は諸刃の剣である。以下でしめすように，4つの原基感情のうち3つまでが否定的感情である。したがって増強された感情性を必要な結合形成のために使おうとすると，社会的結合を壊すような否定的感情——恐れ，怒り，悲しみ——のより高次の水準，あるいは社会的結合にとっていっそう破壊的である否定的感情と肯定的感情の組み合わせ——義憤と復讐——が生起する。

4.1.2　対人的な同調

　社会的結合は，相手のジェスチャーを互いに読み，相手の視点を思量し，ま

た行為を調整するために行動配列を同調させる能力によってある程度形成される。発話だけでこの成果を完全に達成することはできない。すでに十分に証明されているように,「ボディ・ランゲージ」, つまり顔面のジェスチャーを互いに読み合うこと, 発話の抑揚, また身構えや位置取りなどのすべては, 他者がどのように感じ, 考え, またどのような行動を表現しがちであるかの意味を引きだす際に役立つ。チンパンジーはよく調整された仕方でボディ・ランゲージを読む能力をもっている。科学者たちが観察しているように, チンパンジーは獲物を狩る際に仲間たちの行為を冷静に調整する (Boesch, 1994 ; Boesch and Boesch, 1989 ; Menzel, 1971)。ジョージ・ハーバート・ミード (Mead, 1934) は, 人間の対面的相互作用のすべてが「有意味な」, または「慣習的な」ジェスチャーの相互による読み合いをともなうと議論しながら, こうした力学を「役割取得」と名づけた。役割取得においてとくに重要なことは, 顔面と身体に表れる感情を読み取る能力である。なぜならこれが個人行為の行程に影響をおよぼすからである。それゆえ選択は感情性を強化すると共に, 顔面と身体に表れる感情を読み取る能力をも増強した。確かに,「相手の感情を理解する知性」(たとえば, Coleman, 2005) を強調する最近の趨勢には, 感情同調の重要性だけを強調するきらいがある。つまり個人が互いの感情を読み合うのは, 彼らが連帯を感じ, また彼らの(戦略的) 行為をよりよく調整できるからである。同情のような感情能力は, 感情を表示しているジェスチャーを読むための大きな能力と強化された感情性とが合わさった結果による1つの成果である (Singer, et al., 2004)。

4.1.3 リズミカルな共時化

社会連帯と強固な社会結合のもう1つの成分は, 肯定的感情の相互的な授受によるリズミカルな共時化である。ランドル・コリンズ (2004) が強調しているように, 個人は「感情を充填し」, つまり感情を帯びた相互のジェスチャーを共時化した小片を互いに情報として読み合っている。パーティに参加した経験のある人なら誰しも, こうした力学の展開を実感しているはずである。相互

作用は，発話言語とボディ・ランゲージ双方の共時化した交流に起因し，高揚した感情の意味を含む。人間は肯定的感情の交流を中心にしてリズミカルに共時化した相互作用をうみだす方向へとプログラム化されていることは明白な事実である。確かに，チンパンジーのお祭り騒ぎ，つまり「カーニバル」に関する報告は，より大きな集合体が一堂に会すると，こうした興奮行動を行うよう埋め込まれたチンパンジーの性向をしめしている（Reynolds, 1965, 1967）。またこの性向は，チンパンジーと人間にとっての最後の共通祖先に共有されていたかもしれない。だからこそ選択は集団連帯を強化するために，その性向を利用することができた[1]。アレン（Allen, 1998：158）はデュルケムのいう感情的に沸騰した集会について次のように記している。「そうした集会が人間によって新規に開発されたとみなす必要はない。それどころか，チンパンジーのカーニバルについての哺乳類学による記述は，その前人間的起源を暗示している。この起源はもちろん何百万年も前に遡るだろう。［…］したがって社会的分散と集中の対比は，きわめて遠い起源をもっていると思われる」（また，Maryanski, 近刊をみよ）。

4.1.4 有価資源の交換

　人間同士の強い連帯による相互作用はほとんどいつも有価資源の交換をともなう。もっとも重要な資源の1つは肯定的感情である。しかし事実上，どの象徴も対象も交換の価値対象になりうる。人間は開始の挨拶儀礼から発話言語とボディ・ランゲージのリズミカルな共時化にいたる肯定的感情の交換を重視する。別の対象や象徴が交換価値の意味を強化するために付け加えられるが，しかしマルセル・モース（Mauss, 1924）がずっと以前に議論したように，肯定的感情の交流をうみだし，また何が実際に交換されるかに関係なく，他者への信頼を増すのは交換そのものである。互恵性のために組み込まれている人間の性向，つまりわれわれの脳内に堅く配線されているモジュールがあると思われる。また霊長目はこの能力を発揮することをしめす多数の証拠もある。互恵性が強固な社会結合を生成できるとすれば，自然選択は働きかける対象を手にしたこ

とになる (Cosmides, 1989 ; Mitani, et al., 2000 ; Fiske, 1991)。確かに，サラ・ブロンソンの最近の研究によれば，チンパンジーが親密な関係にあると（そこでは過去の交換が肯定的感情をうみだしたため），彼らは非互恵的とみなせる出来事を意に介さないという。これとは反対に，もっと疎遠な関係において非互恵性が見過ごされることはないと報告している (Bronson and de Waal, 2003 ; Bronson, Schiff, and de Waal, 2005)。交換関係への信頼に関する実験は，個人間の交換（対面的相互作用よりもむしろ，コンピュータに媒介される交換）は，たとえ交換される資源が些細で，しかも人びとが互いに直接的な相互作用を行っていないとしても，信頼行動を生成すると報告している (Lawler and Yoon, 1996)。要するに，たとえ見た目には取るに足らないようであっても，人間が資源交換を通じて信頼のより強い結びつきをつくるということにさほど苦労をしないということである。だから互恵性を心地よく感じるようにプログラムされている何かが，人間の神経構造中にあるのかもしれない。

4.1.5 肯定的裁可

自らの行為に対して肯定的裁可を受け取ると，個人は高水準の肯定的感情を経験する。さらに個人は肯定的裁可を与えた人たちに肯定的感情を返報することで互恵化する性向をもつ。それゆえ肯定的感情の交換は，こうした感情が受容できる行為の経過に報酬を与える裁可として用いられる場合にいっそう加速される。だから連帯は単なる同調，リズミカルな共時化，肯定的感情の交換に勝るのである。連帯は他者を裁可する肯定的感情の方途でもある。そうすることで肯定的な感情エネルギーをしだいに増すこともできる。逆に，否定的裁可は一般に否定的な感情を喚起する。そのため否定的感情の過度な使用は，社会的結合の強度を引き下げる。というのも否定的裁可を経験した個人はしばしば怒り，悲しみ，恐れを感じるからである。だから連帯が裁可だけに依拠する場合には，肯定的裁可が否定的裁可をはるかに凌いでいなければならない。しかし4つの原基感情のうち3つまでが否定的感情である。選択は，肯定的裁可の社会連帯への効果を強化する一方で，否定的裁可の破壊力の回避法を「見つけ

なければ」ならなかった。

4.1.6 儀　礼

　多くの動物は出会うと儀礼を交わし，また行動配列を表す。しばしばこうした儀礼（あるいは少なくとも儀礼を行う傾向）は，生物プログラムによって堅く配線されており，また指令される。儀礼は「互いに評価し」，また等しく重要なことに，社会関係を形成する仕方で互恵行動の調整を個人に行わせる効果をもっている。霊長目，とくにチンパンジーの挨拶は儀礼として役立つ。彼らが行うグルーミングもまた一種の互恵感をよび起こす儀礼のような性格を帯びている（その議論については，Goosen, 1980；Steklis, 1985；Maryanski, 1997；Marler and Evans, 1997；Goodall, 1986；Hinde, 1976；Suomi, 1997 をみよ）。人間にとって，儀礼はさらにもっと強力な感情反応を生成していると思われる。確かに，型通りの挨拶でも穏やかな肯定的感情をもたらす。肯定的な成果のおかげで，個人は次回の出会いを期待し，また別れの儀礼も同様である。儀礼は，相互作用の交流を構造化するために，相互作用の破綻を回避するために，また壊れた相互作用を修復するためにも重要である。それゆえ儀礼は肯定的感情を喚起し，リズミカルな共時化と資源交換を増加し，連帯を壊す否定的感情の喚起を軽減する。ほとんどの哺乳動物は，ある種の儀礼を用いているので，肯定的感情の交流をつくり，これによって社会結合と連帯を増進するために選択された埋め込み済みの性向を備えている。

4.1.7　社会関係の象徴化とトーテム化

　社会連帯の最後の成分は関係を道徳律によって象徴化する能力に依存する。その関係はしばしば当該集団を表徴するトーテムになる。集団を象徴化するには，象徴文化を生成する能力が必要である。象徴を用いる人たちは集団内の関係を表象する共通なトーテムへの志向を育成する。こうした象徴は，感情的意味を帯びているので道徳的である。象徴に違反することは義憤を呼び起こすが，その一方で儀礼慣行を順守し，象徴に敬意を表すことは，肯定的感情を喚起し，

集団の連帯感を増す。

　人間は明らかに集団をトーテム化する性向をもっている。このトーテム化はスポーツチームから国家，さらにその間のすべての社会構造に広がっている(Jones, 2005 をみよ)。社会構造を表徴する象徴は，同じ集団に所属しているという理由で，人びとを統一させる強力な力である。たとえ集合体があまりに大きく，そのためメンバー同士が対面的相互作用を行えない場合でも，象徴は人びとを統一する力をもっている。実際に，エミル・デュルケム(Durkheim, 1984 [1912]) は，集団内で喚起される感情を象徴によって表象することの重要性を明らかに見据えていた。なぜならトーテム化（トーテムに向けられる儀礼と共に）が大規模な社会組織のパターンの可能性を劇的に拡張しうるからである。その集団を表徴する象徴を用いることによって，互いに直接の相互作用ができないほど多数の人びとのあいだに連帯が育まれる。

　人びとの社会連帯を増進するさまざまな条件はきわめておもしろい1つの様相を表す。最後の成分——象徴化とトーテム化——を除き，その他の条件はどれも連帯をうむために文化を必要としない。それぞれが単独で，あるいはそれらの組み合わせが，個人間に強い社会結合を育成するために使える肯定的感情の交流を増し，これによって社会連帯を促進できる。またそれはヒト科のホルドがどのように組織されるにいたったかを理解するうえで有用な連帯生成の機構でもある。われわれの見解によれば，自然選択は脳を閾値（いっそう皮質に基づいて文化的象徴と発話の複合体が社会結合を生成するために使用できるようになる閾値）まで発達させるより前に，ヒト属の脳の皮質下領野を強化していた(Turner, 2000)。これによって選択は感情性を強化した（これは調整された発話や文化のために不可欠な回路よりもずっと容易な回路であった）。確かに，社会連帯の力学について考えようとすると，発話と文化は身近な集団の凝集にとって，肯定的感情そのものの喚起，対人的同調による感情の強化，リズミカルな共時化，感情的同調，互恵的交換，肯定的裁可の付与，また儀礼ほどに重要ではないということである。実際に，トーテム化は道徳性という超過分をつけ足せるが，しかしこの道徳性は，人間が相互作用をする際に明白であるよう

に，別の連帯生成の機構によって最終的に維持されるのである。

したがって選択力は，初打席でぜがひでもホームランを打たねばならないということではない。新皮質の規模を増大するために必要な突然変異を待つまでもなく，選択は肯定的感情の交流を強化するだけでよかった。その代わり，選択は感情を生成する脳の既成の皮質下領野に対すると同時に，ボディ・ランゲージ，リズミカルな共時化，感情的同調，資源交換，肯定的裁可，また儀礼によって互いに同調することのできた霊長目にすでに備わっている性向に対する小さな突然変異によって働きかけることができた。チンパンジーはこれらすべての行動性向を装備しているが，しかし人間の基準にはとうていおよばない。それでも「選択するため」の何かが備わっていた。そのため感情が弱い紐帯しかもたない霊長目にとって強い社会結合を育成するために使えるとしたら，自然選択は，ランダムな突然変異を待つまでもなく，より迅速に，しかも文化を可能にするところまで脳を成長させなくても，迅速に働きかけることができただろう。感情喚起というまったく非文化的な既存の行動を強化することが，高次の集団統合と安定性にとって不可欠であったとしたら，チンパンジーのような霊長目をいっそう適合させただろう。ホルドがより凝集的な集団になりえたので，そうしたヒト科は結果的に林地，疎林地やサヴァンナでうまく生存できたと想定できる。

この仮説が正しいとすれば，われわれはこうした進化力が脳内の皮質下にある感情中枢に作用した証拠を，ヒト属と人間の神経解剖学構造の配線にみいだせるはずである。この仮定でもっとも重要なことは，それが発話言語や文化の突然変異による出現に依拠しないということである。むしろ感情と，これが喚起する行動――今日の人間に完全にあてはまる――が，社会結合の強固さと社会連帯の水準を十分に増進しただろう。この系統の議論をもっとくわしく考察しよう。

4.2 感情と強い紐帯の神経学的構造

社会学者たちは人間頭脳の大きな新皮質を重要な構造であるとみなす。とい

うのもその規模と複雑さこそが、人間が社会関係を組織し、社会を構築するために象徴体系を創出し利用することを可能にするからである——そのため彼らは人間行動の生物学的な考察を排除する。こうした新皮質を軸に据えた見解は、社会学に特有なある種見せかけの虚像である。これによって社会学者たちは、言語と文化のための脳の能力こそが、彼らが知るに値するすべてだとみなせると了解している。文化によって生物学の重要性が消去され、社会界は文化体系の発展によって社会的に構築されるとみなされることになった。こうした「スタンフォード社会科学モデル」(Cosmides and Tooby, 1992) の要素は、本書の第1章で要約したように、過誤であるだけでなく、感情を生成する構造を看過し、そうすることで文化記号への順応を強いる「効果的な手段」を文化に与えている。かつて「過度に社会化された」人間の考えを提唱した機能理論に対する批判が社会学で流行った時期があったが、しかし進化論の視点からみると、それは事実上すべての社会学に当てはまる。社会学は文化と文化への社会化を、なぜか生物学を排除することだとみなしてしまった。

　しかし言語と文化を可能にする新皮質ははるか後になってようやく進化した脳の領野である。哺乳類（もちろん、爬虫類に由来し、もち越されたもの）進化のはるかに早い時期に進化したのは、脳の皮質下領野であった。新皮質は、脳のもっとも古生の部分——時に脳のこの部分は、哺乳類の増殖以前に基本形をすでに形づくっていたので、「爬虫類の脳」（たとえば、McaLean, 1978, 1982, 1990; Massey, 2002）とよばれることもある——を包み込んでいる。図4.1中の中間と下部でしめしたように、脳の横断面図を作製してみると、新皮質は脳の古生の領野の真上に居座っている。しかし先に述べたように、新皮質は皮質下領野を取り囲み、皮質下領野は基本的に、新皮質を突き上げているかのようである。図4.1は、これから議論していくうえで重要になる皮質下の構造にラベルを添付している。ここで興味をひくのは、皮質下のモジュールである。というのも感情はこれらの部位で生成されるからである。弱い紐帯しかもたない霊長目にとって感情こそが強い結合をつくるための原初的な基盤であった。だとすればわれわれの類人猿のイトコ、とくにチンパンジーと比べて、選択が人間

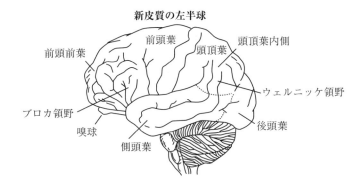

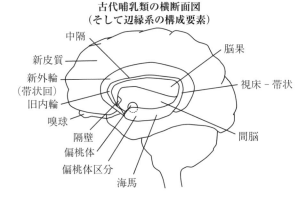

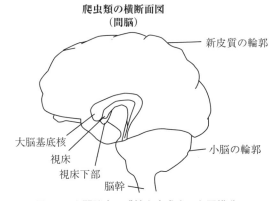

図 4.1 人間脳内で感情を生成する主要構造

表4.1 テンレックと比較した場合における類人猿と人間の脳構造の相対的な規模

	類人猿	人間
新皮質	61.88	196.41
皮質下		
視床／視床下部	8.57	14.76
扁桃体	1.85	4.48
中心内側	1.06	2.52
基底外側核	2.45	6.02
隔壁	2.16	5.45
海馬	2.99	4.87
遷移皮質	2.38	4.43

出典：Stephan, 1983；Stephan and Andy, 1969, 1977；Eccles, 1989.
注：表中の数字は，テンレックの構造を基準値1とした場合に，類人猿と人間のそれが何倍大きいかを表している。

の感情構造を変えた証拠をみつけることができるはずである。

　表4.1は，霊長目の脳の相対的な規模を測定した興味深いデータをしめしている。そこにしめされている数値は，体形規模を統計的に処理した後における測定値である。その数値は脳の規模にほぼ相関している。だとすれば，ここで重要なことは，体重を一定に保ったうえでなお明らかな脳の種々の部位の規模の相異である[2]。報告された測定値は，単純な哺乳動物，おそらく森林の天蓋に登り，そして6,500万年前頃，霊長目の系統を切り開いた最初の哺乳類に近似した動物の脳である。この哺乳類——テンレック——は常数的な測定基準を設定するために使用される。したがってテンレックの脳構造のすべてに基準値1がそれぞれ与えられる。そのうえで類人猿と人間の数値は，特定の脳構造が基準値1の何倍大きいかの値をしめしている（Stephan, 1983；Stephan and Andy, 1969, 1977；Eccles, 1989）。たとえば類人猿の新皮質は，テンレックのそれより62倍大きい。人間の新皮質はテンレックのそれより196倍も大きい。この事実は人間の新皮質が類人猿のそれよりも3倍も大きいことをしめしている。チンパンジーの脳は文化の萌芽的な形態を可能にするほど発達している。たとえばそのことは次のような事実によって証明できる。外部から分離した共同態内において身近なチンパンジーは，餌を収集する独自の方法，道具を作成し使用する方法，寄生虫病，胃腸病，その他の病気を治療し，予防するための野生植物の医薬箱をもっている（Huffman, 2007, Huffman, et al., 1997；Boesch and Boesch-Ackerman, 2000；Boesch and Boesch, 1990を参照せよ）。技能は次世代に通常受け継がれるので，共同態にとって文化的伝統を明らかに表している（Wrangham, et al., 1994；Goodall, 1986；McGrew, 1992）。しかし3倍

も大きい新皮質は明らかにもっと大きな文化を生成できるだろうし，またその相違を強調することは確かに適切である。脳の皮質下領野の相対的な規模の相違は劇的とはいえないとしても，その違いは大きい。類人猿と人間の新皮質の相対的規模の劇的な相違と比べると取るに足らなくみえるだけのことである。脳の皮質下領野の相違のいくつかについてもう少しくわしくみておこう。

　人間の脳内の重要な皮質下領野はおおむね，類人猿のそれと比べて，2倍ほど大きい。もっとも興味をひく知見は，扁桃体と関係している。これはすべての哺乳類に共通している恐れと怒りの反応を表す古い中枢である。これが人間の場合，類人猿のそれよりも2倍強も大きい。この相違のほとんどが扁桃体の基底外側核で占められている。興味深いことは，この基底外側核が，驚くことに，快楽と関係している事実である。つまり怒りと恐れの中枢に，もっぱら快楽を司る皮質下組織が継ぎ足されているのである。この知見はきわめて異例というべきことなので，若干の説明が必要である。類人猿と人間にみられるもう1つのおもしろい相違は，隔壁にみいだされる。これは扁桃体と同じく，哺乳類の古い領野であり，性交と性衝動とを連結して快楽をうむ。人間のこの領野は類人猿のそれよりも2倍強も大きい。これが興味深い疑問を提起する。すでに快楽を感じることのできた領野が，どうしてこれほど拡張されたのだろうか。類人猿はすでにきわめて性的である。しかも類人猿は高度に乱交であり，性交から大きな快楽を体験しているようである。すでに適当な相手と性的結合をすることが確実にできるかどうかにかかわらず，なぜこの基本的衝動はさらに大きな力を付加されたのだろうか。

　視床と視床下部は，脳に向かう感覚入力情報の主要な変換器である。感覚入力情報——すなわち視覚的，触覚的，聴覚的，嗅覚的——はまず，視床の別々の領野に向かう。そこで感覚入力情報は分類され，次に，新皮質の関係する脳葉だけでなく，脳の皮質下の部分にある感情中枢に転送される。視床からの出力情報はより短い距離を移動し，新皮質の適切な脳葉に届く前に，感情中枢に届く。ジョセフ・ル・ドウー（LeDoux, 1996）によってしばしば例示されているように，人の視覚皮質（後頭葉）は，棒切れが蛇でないという入力情報を受信

する前に，心拍数を上昇させ，手のひらに汗をかかせ，そのせいで森の中に転がっている棒切れを思わず飛び越えさせる。したがって感情は，新皮質がこの感情反応を生成する刺激に注目し，状況に位置づける前に，あるいは新皮質がこの感情反応を制御する前に，ミリ秒単位で喚起される。

　海馬とそれに付随する遷移皮質は人間の記憶系の部分である。遷移皮質は，ワーキング・メモリー［作業記憶］──すなわち人びとがさまざまな活動に従事し，また現在行っていることを想起するとき，数秒間だけ持続する記憶──と関係する。その一方で，長期の記憶のため前頭前葉に移送されると海馬は数年間にわたって記憶を貯蔵する。こうした記憶が海馬に貯蔵されるためには，その記憶が感情を帯びる必要がある。またその記憶を想起するためには，記憶と結合している感情が発射し，感情が再活性化されなければならない (Damasio, 1994)。海馬に貯蔵された記憶がこのように再活性化されると，その記憶は長期間の貯蔵のために前頭前葉へと最終的に移動しなければならない。この過程でもっとも興味をひくのは，海馬が新皮質──意識的思考や気持ちはここで生成される──の範囲外で感情的な記憶を貯蔵していると思われることである。だとすると人間は認知的制御がおよばない感情反応を活性化することになる感情記憶を保持している。たとえば，人が無意識な記憶系の部分を進むことに恐れの反応をしめすと，この個人は前に進まねばならないとき，どうしてこれほど不安になるのかについて欲求不満とまでいわないまでも，しばしば当惑することになる。

　脳の新皮質と皮質下の領野の境界には，帯状回皮質，つまり帯状回と呼ばれるひとまとまりの組織がある。この組織は明らかに新皮質であり，皮質下組織（これは新皮質とは異なる）から区別できるが，しかし帯状回皮質はもっと古く，またその組織はヒト科進化の期間に成長した新皮質と同じではない。前側帯状回皮質は，母親と乳幼児の紐帯，母親からの分離による乳幼児の泣き叫び，遊戯など哺乳類に独自な行動と関係している。帯状回皮質全体は，脳の新皮質と皮質下領野，とくに感情中枢の神経活動を媒介することと明らかに関わっている。だから帯状回は，感情と結合を強化する選択を受けただろうし，また多数

の感情反応が帯状回の神経活動に関係していることを明らかにしめす証拠もある。脳に関する研究が蓄積されると共に，そのデータは帯状回皮質がとくに前側部分で感情喚起に重要な役割をはたしていることをしめしている（さらにくわしい説明については，Turner, 2000 をみよ）。

　表 4.1 からわかることは，人間脳が感情性の強化のために再配線されたことの意味である。何かがヒト科に発生し，数百万年をかけて，彼らを大型類人猿よりもいっそう感情的にさせたのである。脳のこうした部分の変化は，その後における新皮質の変化ほど劇的でないとしても，その変化は相当なものであり，皮質下領野がチンパンジーと比較した場合，体重規模を統計的に統制したとしても，なお 2 倍も大きいのはなぜかについて説明する必要がある。こうした変化は遺伝作用による構造的な相違である。人間とチンパンジーの遺伝子はほぼ 99 パーセントも共通しているので，なぜ人間とチンパンジーがそれぞれの脳のこの古い領野において違っているのかと問うことには意味がある。その答えの一部は，種の遺伝子の 1 パーセントの相違が多くの変異を説明するということであるが，しかしその答えのもう 1 つの部分は，遺伝子の基礎的な対がどのように配列され，そして 1 つの遺伝子の挿入と消去が表現型における遺伝子の表現にどれほど変異をもたらすかということと関係している（Pennisi, 2002a, 2002b, 2003；Kasserman, et al., 1999）。だからチンパンジーと人間の遺伝子がほぼ同じであるとしても，その表現型が解剖学的・神経解剖学的に，きわめて違ってみえる動物をつくりだしえたのである。

　これと関連するデータは，人間と類人猿双方の脳が選択下に置かれたことをしめしている。たとえば，ASPM（情動異常紡錘型小頭症）を精査したある研究は，この遺伝子の選択（突然変異の速度を速めた場合にみられる蛋白質の進化の速度を測定する方法による）が，大型類人猿で有意に加速されたことを証明している。しかしこれは，人間につながる系統においてより顕著であった。だから脳の規模に影響をおよぼす遺伝子が選択され，大型類人猿，そしてもちろん，人間の脳をより大きくする方向へと導いた（Evans, et al., 2004 をみよ）。しかし脳の成長と，チンパンジーと人間の脳のあいだの相違が，人間の発話能

力を軸にして展開したというわけではない。どれほどの数量の遺伝子が選択下に置かれたかを測定する技法を用いれば，発話構造と関連していることが判明している最初の遺伝子が選択されたのは，今からわずか20万年前，おそらくは12万年前頃，すなわち，ホモ・サピエンスが地球上に出現した時代であった（Gibbons, 2002：1105；Enard, et al., 2002a）。脳の各領野の頭蓋腔の型を再生するための新たな技法としてMRIを用いた別の研究によって，ヒト科の化石，チンパンジー，および人間の頭蓋腔内の各領野の相対的な規模の比較が可能となっている（Falk, 2002，またGibbons, 1002の報告をみよ）。驚くべき1つの知見は，ヒト科，次に人間の脳の右側が左側と同程度に，あるいはもっと大きく成長していたことである。脳の左側には，連合神経組織と共に，ブロカ領野とウェルニッケ領野が位置している。右脳はリズム，音色，感情内容などの発話の特徴にとって重要である。こうした知見は，感情の要素——発声のリズムや音色——が，左側の脳葉の発話中枢よりもずっと以前に進化したことを示唆している。事実，こうした右側の中枢は発話の支援のためでなく，もっと原初的な言語体系——感情音素と構文法に基づく言語体系——を表しているということを，これから議論していく。

　強い紐帯は言語によってではなく，ボディ・ランゲージと，明確な発話にはならない発声抑揚に主として依拠した感情コミュニケーションによって生成された。またボディ・ランゲージを発話言語の付属物とみなすよりもむしろ，われわれはこの議論を裏返すべきである。発話は最初の言語の補完物として，おそらく人間の出現と共に現れただろう。ヒト属に最初に出現した言語は感情言語であった。類人猿は，喋る必要に迫られると，たとえば人間の訓練士から報酬が与えられるような場合，また記号言語あるいはコンピュータの絵文字といったものを与えられる場面に出会うと，言語使用の初歩的な能力を発揮する。この能力と関係する脳の領野——後頭葉，頭頂葉，側頭葉が頭頂下部葉の周辺にある連合皮質（図4.1をみよ）——が，感情言語の音素と構文法体系を生成するために選択された。発話生産と関係する発話中枢やその構造の劇的な再配線は必要なかったであろう。むしろボディ・ランゲージを読むため，ヒト科とチ

ンパンジーの最後の共通祖先にすでに組み込まれていた能力が，感情を，従来よりももっと調整された形で使用することを可能にしたのだろう。なぜなら右脳が成長し，また皮質下の感情中枢がチンパンジーの水準を超えて，ほぼ確実に，人間とチンパンジーの最後の共通祖先の水準を超えて発達すると，人間の直接的な祖先は，社会結合を育成するために「感情言語」をますます信頼するようになった。

4.3 最初の言語

　発話できるようになるはるか以前に，ヒト科は感情状態を彼らの顔や手や胴体を用いて相互に伝達し，また強い社会結合をつくるために感情興奮を活用した。この最初の言語はいつ進化しはじめたのだろうか。ヒト科がより長い時間をアフリカの平原で過ごさねばならなくなった時期——おそらく100万年前頃，というより200万年あるいは300万年も前のことだったろう——，選択はこの戦略を偶然にみつけたのかもしれない。この言語が進化するために，脳が劇的に成長を遂げる必要はなかった。というのも感情生産と関係する皮質下領野は，新皮質あるいは自律的機能ほどに空間を必要としなかったからである。そのため社会結合を強化する主要な手段として感情を用いはじめたヒト科にとって，脳の頭蓋腔の規模の大きな増加は必要なかったはずである。右脳が左脳——そこで発話が神経学的水準で生成される——と比べて相対的に成長した事実は，サヴァンナで生活するヒト科にとってとくに重要な感情の形態の統一，つまりボディ・ランゲージを読むことであったことをわれわれに教示している。

4.3.1　感情の皮質制御力を獲得すること

　感情言語の進化はおそらくいくつかの段階を経て発生したのだろう。感情は最初の段階でより大きな新皮質の制御下に属していただろう。というのもサヴァンナで生活する感情的に騒々しい霊長目はやがて死に絶えたにちがいないからである。とりわけ捕食者を嗅ぎわけられない大型の霊長目はほとんど組織されておらず，またしなやかさを備えた猫科の動物と比べて，相対的に鈍足であ

った。チンパンジーはきわめて感情的であり，危険に直面し，または果実がたわわに実った好物の樹木をみつけた時など興奮のあまりホーホーと大声を張り上げて叫ぶほど騒々しいので，危険度の高い地上の生息地で生活しなければならなくなったとき，彼らは捕食者の格好の餌食であったにちがいない。しかも彼らは危険からバラバラに逃げ去り，集団が安全な場所——実際に安全な隠れ場所があればのことだが——を目指して散らばったとしても，残された1頭のチンパンジーを狙う肉食動物の餌食になったはずである（霊長目の捕食に関する議論については，Anderson, 1974；Gursky and Nekaris, 2007 をみよ）。

　適合度を増すため，自然選択はおそらく前頭前皮質と帯状回に働きかけたであろう（Kerns, et al., 2004；Matsumoto, et al., 2003）。そうすることで，神経細胞網は感情，とくに恐れと怒りを生成する皮質下領野へと拡張された。さらに，扁桃体は恐れと怒りのための中枢であることに加えて，もう1つの機能を獲得した（そして基底外側核上に幸せをつけ足した）ようである。こうした機能は皮質的に生成された感情を前頭前皮質へと転送する作用をしている。前頭前皮質で意思決定が行われ，また記憶が貯蔵される（Damasio, 1994）。確かに，人間の合理性——選択肢を想像し，過去の経験を参照し，またこうした複数の代替可能な行為から選択する能力——の増加は，より大きな新皮質（前頭前皮質を含む）の結果であるだけでなく，情動をともなう認知に標識をつける能力の結果でもある。今では十分にわかっていることだが，合理的な意思決定は感情をともなう潜在的な行動の選択可能な系統に標識をつける能力をもたなければ生じない（Damasio, 1994, 1997）。脳の損傷が扁桃体を前頭前皮質に接続する神経細胞をひどく傷つけるか，あるいは破壊すると，個人は一般に意思決定を行うことが困難になり，とくに選択的な意思決定を行うことがむずかしくなる。したがって合理性と感情性を連続体の対極に配置する旧来のやり方は，神経学的にいえば，完全な誤りである。なぜなら合理性は，選択肢が感情的に誘発できないと不可能だからである。また認知に標識をつけるために利用できる感情が複雑であり，また精妙であるほど，意思決定は洗練される（Turner, 2000）。感情を前頭前皮質に接続する扁桃体がこの過程で重要である。だから選択は恐れ

と怒りの古い中枢を摑み取り，また快楽の領野をつけ足し，そして神経細胞網を前頭前皮質に再配線したことは明白である。そのため認知は感情の制御だけでなく，合理的意思決定のために感情的に誘発されうるのである。事実，コリンズ（Collins, 1993）は，合理性の共通の特徴が感情性であると論じている。

　ひとたび大きな感情制御が成立し，また強化された意思決定力が適合度を増すと，制御と意思決定に関係する神経学的構造は，感情のレパートリーを拡張するため，さらに選択を受けることになった。感情レパートリーの拡大は，いっそう精妙で，しかも柔軟な社会結合を育成するため，また行動を裁可するため，そして意思決定を行うために使える。事実，感情がヒト科の弱い紐帯の性向——せいぜいホルドのような構造に組織できるだけの弱い紐帯——の補償機構として社会結合を育成できたとしたら，こうした感情に対するより大きな制御力が必要である。感情の皮質制御に向けた配線にもかかわらず，現代人の感情の認知的制御はしばしば希薄である。もちろん，われわれが知っているように，喚起される感情の認知がしばしば皮質感知器をすり抜けてしまうからである。皮質制御のもう1つの副産物は不快な感情を抑圧し，認知的覚醒外にある海馬にそれらを貯蔵してしまうことである。抑圧は激しい感情を表層に浮上させること，また社会関係を壊すことを防ぐかもしれないが，しかし抑圧は感情の激しさを増し，皮質感知器を突き破る強力で新たな感情へと変えてしまう圧力釜でもある（Turner, 2007）。それゆえ一般に，強化された感情と同様に，抑圧は諸刃の剣である。抑圧はある時点で感情表現を弱め，社会関係を維持できるが，しかしこのように抑圧された感情は激しさを増し，後のある時点で社会関係を破壊しかねない新しい感情へと変えられる。個人が強い感情を抑圧することの潜在的な病理についてはいうまでもなかろう。

4.3.2　感情パレットの拡張

　幸せ，恐れ，怒り，悲しみの感情が人間（そして哺乳類）の神経解剖学的構造に堅く配線されているという意味で「原基的」であることについて大多数の研究者の見解は一致している。驚き，嫌悪，興味，予期，期待などの感情が一

部の研究者によって原基的とみなされている。ここでわれわれは，選択がより多彩な感情パレットを増進するため人間の神経解剖学的構造をどのように配線しなおしたかを再構築することについて，議論の余地のない4つの感情に焦点を合わせることにする。もっとも容易な回路は感情の大きなパレットをつくりだす方法であろう。表4.2は，こうした原基感情の変異の範囲を例示している（Turner, 1996a, 1996b, 1996c, 1999, 2000, 2002, 2007；Turner and Maryanski, 2005）。このような方法で感情を拡張することによって，感情は社会的結合をつくり，裁可を下し，意思決定を行うために使えるようになった。

しかし原基感情のパレットを拡張することには大きな障害があった。というのも4つの感情のうち3つまでが否定的な感情であるからだ。恐れ，怒り，悲しみは肯定的な社会結合の形成を強く推進するような感情ではない。そのため，原基感情の変種を拡張することによって，経験されうる否定的感情の数量が増加する。確かに，こうした否定的感

表4.2 原基感情の変種

低度の激しさ	中度の激しさ	高度の激しさ
満足—幸せ		
満足	上機嫌	喜び
快活	陽気	至福
平穏	親睦	歓喜
喜び	好意	大喜び
楽しみ	楽しみ	
反感—恐れ		
気がかり	疑惑	恐怖
躊躇い	おののき	戦慄
不本意	不安	強い不安
強情—怒り		
いらいら	不快	強い嫌悪
動揺した	失望	むかつき
じれる	けんか腰	憎しみ
気に病む	争い	強い反感
かき乱れる	敵対	遺恨
	憤り	極度の敵意
	憤怒	激怒
	悪意	
失望—悲しみ		
落胆	失望	悲憤
悲嘆	力落とし	傷心
	悄然	失望
	あきらめ	苦悩
	憂鬱	
	悲哀	
	苦痛	

情の一部は不適当な行動に裁可を下す場合に有用であるが，しかしこうした否定的な裁可は，たとえば憤怒のような否定的感情をしばしば喚起し，したがって連帯を低める結果となる。また否定的感情という標識を貼られたことの認知が意思決定を促進するということも確かな事実である。なぜなら否定的感情を喚起するような選択肢は，行動の有用な系統としては拒絶されうるからである。だからこそ否定的感情は合理性を増進できる。またこうした否定的感情の変異が多様であるほど，行動の可能な系列についての知覚と認知に貼られる標識はいっそう精妙である。しかし自然選択は否定的感情の力を緩和するための方途をみつけなければならなかった。そうすることで肯定的な感情が社会結合を育成するために使えることになるからである。重要なことはこれがどのように達成できたかである。

表 4.3 原基感情の 1 次的精巧化

原基感情		1 次的精巧化
	満足－幸せ	
満足－幸せ＋反感－恐れ	つくる→	驚嘆，有望，息抜き，感謝，誇り
満足－幸せ＋強情－怒り	→	復讐，宥和，冷静，癒し，勝ち誇り，困惑
満足－幸せ＋失望－悲しみ	→	郷愁，思慕，希望
	反感－恐れ	
反感－恐れ＋満足－幸せ	つくる→	畏怖，敬意，崇敬
反感－恐れ＋強情－怒り	→	憎悪，嫌悪，敵意，反感，嫉妬
反感－恐れ＋失望－悲しみ	→	恐怖，慎重さ
	強情－怒り	
強情－怒り＋満足－幸せ	つくる→	無愛想，懐柔，無礼，鎮静，義憤
強情－怒り＋反感－恐れ	→	嫌悪，ねたみ，不審
強情－怒り＋失望－悲しみ	→	恨み，意気消沈，背信
	失望－悲しみ	
失望－悲しみ＋満足－幸せ	つくる→	容認，不機嫌，癒し，憂鬱
失望－悲しみ＋反感－恐れ	→	悲嘆，わびしさ，安堵，悲惨
失望－悲しみ＋強情－怒り	→	憤慨，不満，不平，失望，倦怠，苦悩，羨望，不機嫌

注：この系に沿う別の概念化については，プルチック（Pluchik, 1980）をみよ。その比喩は原色と色環を混ぜ合わせているが，しかし明らかにこれは実際に起きていることではない。感情を司っている身体系同士の相互作用が，主として大規模な辺縁構造と共に，大きな感情生成に関わっている。しかしこうした感情がどのように汎化されるかについて今のところ誰も理解していない。

表4.3は，自然選択が人間の神経解剖学的構造に含まれる否定的感情の問題を，どのように打開したかについてのわれわれの見解を提示している。こうした1次的精巧化は，2つの原基感情の「混合」（その事象を比喩的に表現している）をしめしている (Turner, 1996a, 1996b, 1996c, 1997a, 1997b, 1998, 1999, 2000, 2007)。こうした感情の結合が神経学的にどのように行われたかはまだ確実に判明していない。たぶん関係しあう2つの感情が同時に活性化したか，あるいは異なるモジュールが組み合わされたために進化しえたかもしれない。自然選択が採用した1つの回路は，扁桃体の基底外側核上に快楽のための領野をつけ足したことである。ここで快楽が恐れと怒りを弱めているかもしれない。または快楽が，恐れ，怒り，幸せのあまり激しくない組み合わせによって結合されているかもしれない。この先10年後には，こうした最初の精巧化がいかに生成されたかは明確になるにちがいないが，しかし当面，われわれはそれらを，選択が否定的感情の力を緩和した1つの方法であるとみなすことにする。

　表4.3にしめした感情は，1つの原基感情の大きな量と別の原基感情の比較的小さな量を混ぜ合わせることによってつくられる感情を表している。その結果は新種の感情であり，これらが否定的感情の程度と力を弱める一方で，人間の感情喚起のパレットを劇的に拡大する。こうした1次的な精巧化は，3原色——赤，青，黄色（これら3色は他のどの色からもつくれないし，また混ぜ合わせてもつくれない）——をもつ色相環と比喩的に比較できる。青色と黄色が混ざると，新しい2次的な色彩，緑色ができる。感情相環を用いれば，より大きな量の反発-恐れが，満足-幸せと混ぜ合わされるとき，新しい種類の感情——畏怖，敬意，崇敬——がうまれるが，これらは社会結合を加増しうる感情である（感情相環のいっそう詳細な概念化については，Plutchik, 1980をみよ）。同様に，より小さな量の満足-幸せと結びついた強情-怒りは，無愛想，懐柔，無礼，鎮静，義憤のような感情をつくる。これらはすべて活動を裁可する際に用いることができる。たとえ2つの否定的感情を混ぜ合わせた場合でも，出現する感情はあまり激しくなく，社会関係にとってさほど破壊的でないこともある。それでも2つの否定的な感情が組み合わされ，または混ぜ合わされると，

その結果は，結合に反作用する高度に否定的な感情のもう1つの集合をつくりだす。とはいえ生成される感情の多くは有効な裁可として，または社会的結合を増すかもしれない同情反応を他者に喚起する悲痛な呼びかけとして作用しうる。

自然選択は，否定的感情を組み合わせるためさらにもう一歩先に進んだと考えられる。だからこそ否定的感情も集団の社会統制を増強した。とはいえこの段階は，おそらくヒト属が文化記号を用いはじめるほど脳が十分に発達した時期――100万年あるいは200万年前あたり――になって，ようやく発生したことだろう。表4.4は，原基感情の2次的精巧化とわれわれが呼んでいるものの輪郭を要約している。そこでは3つすべての否定的感情がより発達した形態で人間に独自な感情，すなわち恥，罪，疎外をうむために結合される。こうした感情は一般に，（われわれが表4.4で否定的感情を順序づけることによって強調したように）悲しみ（優位する原基感情）を多少とも異なる割合で，別の2つの感情と混ぜ合わせて生成される。だから他者がある個人の行動を無能あるいは期待外れとみなしていると本人が知覚すると，本人は恥を感じる。恥は，多くの量の失望-悲しみを（相対的な強さの順で），（自己への）強情-怒り，また（自己への影響についての）反感-恐れと混ぜ合わせることによってうまれるとわれわれは仮定している。罪は，ほとんどの場合，失望-悲しみを多くの量の怒りと恐れの相対的な強さと混ぜ合わせた感情である。罪は自己に向けられる悲しみ，自己への影響についての恐れ，また道徳律に違反した自己への怒りである。最後に，疎外は恥に似た輪郭をしめすが，しかし怒りの要素が恥よりも強く，また自己と同時に状況に向けられがちである。疎外

表4.4　恥と罪の構造

原基感情の順位	2次的な感情
	恥
1	失望―悲しみ（自己への）
2	強情―怒り（自己への）
3	反感―恐れ（自己への影響について）
	罪
1	失望―悲しみ（自己への）
2	反感―恐れ（自己の影響について）
3	強情―怒り（自己への）
	疎外
1	失望―悲しみ（自己への）
2	強情―怒り（自己への）
3	反感―恐れ（自己への影響について）

は進行中の活動から疎隔し，また疎隔していると個人に感じさせ，しかも潜在的に，自己を斥けている人びとまたは出来事に対する怒りを個人に感じさせる。恥と罪はその発達した形態においてたぶん人間に固有である (Boehm, n.d.)。というのも，それらは善 - 悪や有能 - 無能という道徳律に照らして自己を評価する能力を想定しているからである。これら2つの感情もまた重要な特質を表す。それらは苦痛であり，また無能意識および（あるいは）罪意識を回避するような仕方で行動するよう個人を駆り立てる。さらに恥と罪は自らの行為を監視し，自己に裁可を下すよう個人に仕向ける感情であり，他者を監視と裁可の負担から軽減する。疎外は社会秩序からの離反に注意を喚起する感情であり，しばしば疎外された個人を集団に復帰させる方向で振る舞うよう他者を誘導する。

恥，罪，疎外が果たしうることは，怒り，恐れ，悲しみ自体に内在している力を緩和することである。これらの感情を混ぜ合わせることで新しい感情がつくられ，またこれらの感情が次のような仕方で自己を監視し，自己に裁可を下すよう個人を誘導する。すなわち，(1)期待を適えるような有能な行動を促進すること，(2)集団の文化記号を是認するような道徳的行動を促進すること，あるいは，(3)集団への離反があり，他者からの注意が必要であることを他者に通知する行動を促進することである。その後におけるヒト属の神経解剖学的構造をこうした方法で再配線することによって，自然選択は否定的感情の変種あるいは1次的組み合わせの力を軽減し，規範や文化記号に手がかりを供給し，また離反に対して脅迫的でなく，控え目な形で反応する表現法をつくりだした。これらは社会的統制の感情であり，また個人に対する集団の力が有意に増加していることをしめしている。ホモ・エレクトゥスは地球上のあらゆる場所へ移動しつづけ，さまざまな生息地に適応したと推測できる。なぜなら恥と罪は，それらを生成する能力をもたない脳の規模の小さなヒト科にはとうていできない形で集団を維持させえたからである。どのような速度であれ，ヒト科の進化のある時点で，こうした感情の2次的な精巧化がそのパレットに加わり，また個人に社会集団を生成する大きな力を与えたのである。

人間の神経解剖学のもう1つの特徴——第6章で詳細に考察する——は，隔

壁に快楽のためにつけ足された領野，すなわち哺乳類の性的快楽のための中枢である。すでに大きな快楽を感じていた脳の領野に，なぜ自然選択は快楽のための組織を加増したのだろうか。この疑問に対する1つの可能な答えは，選択は隔壁をいっそう強く，また持続する「愛情」による結合，または同じ雄雌（男女）間の情動的な信頼状態を埋め込むための手段として用いたのかもしれないということである。そうすることで乱交が減り，また夫婦の一対は少なくともしばらくの期間，つまりより大きな脳をもつようになり，神経学的に未熟で，しかも傷つきやすい子どもたちを育児しているあいだ，結合を継続しうる。実際に，隔壁の変更は，自然選択が核家族——弱い紐帯しかもたず，また乱交をする大型類人猿にとってきわめて不自然な単位——を創出するために，どのように働いたかをしめす1つの標識であるかもしれない。これが事実だとすれば，雄雌（男女）間の長期にわたる信頼感をつくりだすことが，ホルドの全体的な連帯を増し，また核家族からなる狩猟・採集のバンドへの進化をつくりだしえたかもしれない。

4.4 進化した類人猿をもっと感情的にすることの危険

　すでに指摘したように，感情は諸刃の剣である。感情は社会結合と連帯を促進する一方で，社会結合を破壊し，連帯を衰弱させることもある否定的な激しい感情をうむ。たとえば，義憤，嫉妬，裏切り，恨み，復讐，憂鬱，不機嫌，妬みなどの感情の1次的な精巧化の多くが社会結合を破壊し，集団の連帯を低下させるよう作用する。さらに2次的精巧化も集団の凝集を低下させるように働く。恥はしばしば抑圧される強力な感情である。なぜなら恥は個人にとってきわめて苦痛だからである。また抑圧された恥は突然に爆発し，社会結合を壊す怒りの要素へとしばしば変容する。罪もまたきわめて苦痛である。罪意識は道徳律に従う矯正行動を個人に行わせる一方で (Tangney, 1991 ; Tangney and Dearing, 2002 ; Turner and Stets, 2006)，慢性的な罪意識は，罪における恐れの要素が社会関係を壊すような形で引き出される場合，不安障害を引き起こすこともある。同様に，疎外による怒りの要素は突然に爆発し，他者からの同情的

な反応を減らすような形で社会結合をしばしば壊す。実際に，大きな不平等を露わにする複雑な社会は悲しみ，恐れ，また怒りを必然的によび起こす。こうした否定的感情が抑圧された恥と結合すると，それらは義憤や復讐など激情的で，しかも変形された恥の形態を生成する。

　自然選択が適応問題に対して最適な解決法をつくりだすことは稀有である。むしろ自然選択が結びつきの弱い霊長目の結合の強さを増すための手段として，ヒト科をよりいっそう感情的にさせたことは，「かろうじて」適合度を高めるための妥協策であったかもしれない。新古典学派経済学から借用している進化論が「適合度の最大化」の議論（Alexander, 1987；Williams, 1966；Wilson, 1975, 1978）を仮定するとき，その標識を見落としている理由がここにある。事実，人口集群中に変異を保持すること（自然選択の活力源）の重要性を高く評価しているジョセフ・ロペラート（Loperato, 1989）は，「適合度の最大化」の公理の総点検をはじめている。彼は，自然選択が繁殖する人口集群における多少とも適応的な適合（すなわち生存と繁殖の成功にとって十分な程度）をうみだすように作用すると議論している。後期ヒト科と人間が核家族からなる小規模なバンドで生活していたかぎり，否定的感情の喚起はそれほど破壊的でなかった。しかし社会の規模と複雑性が最近1万年において増加しつづけると，社会はさらに激しい否定的感情の形態を次々にうみだし，これにより人間の社会はますます爆発寸前の激しい性格を帯びることになった。ジグムント・フロイトの周知の分析を利用するならば，文明が人間の不満を組織的に生成するということである。しかし原初ホルドを超えて社会構造を構築しようとするヒト科の小規模なバンドにとって，選択は適合度をかろうじて増しただけであった。しかしその後における人間社会の進化は感情的なヒト属を複雑で，しかも高度に階層化された社会構造で生活することを強いる不安定な分立状態へと導く羽目になった。

　人間は大規模な社会で生活するようにつくられていなかった。しかしこうした社会で緊張が現実にあったにもかかわらず，そこにはこの事態に対処しうる前適応がすでにあった（Machalek, 1992）。チンパンジーと，チンパンジーとヒ

ト科の最後の共通祖先とのあいだの共同態感覚は，自然選択によって，とくに社会を特徴づける象徴とトーテムが道徳的な性格を帯び，また共通な象徴への信頼を生成するとき，より大きな社会感覚へと変換されえた。共通の象徴を維持し，こうした象徴に向けて感情を充当した儀礼に従う能力がなかったとしたら，大規模な社会は，第7章でみるように，持続しえなかっただろう。

4.5　最初の言語と原型文化の出現

　神経学的な水準からすると，感情生産を司る脳の領野は，新生児の場合，聴覚言語構造にみいだされる左側頭葉に沿った領野よりもはるかに活発である。母親なら誰もが熟知しているように，乳児は数週間の内にちょっとした接触や微笑のような感情ジェスチャーに反応するようになる。乳児の発達段階ははるか太古から，たぶん大きく変わることはなかったであろう。

　感情の研究者たちは，感情の認知能力の実験で被験者に対して今なお絵画を用いがちである[3]。われわれの見解では，感情は時間の経過のなかで開示する統語法を用いているので，感情研究は多少とも連続しているフィルムかビデオを使用すべきである (Turner, 2000)。感情表現は1枚の写真で捉えることのできる瞬時の出来事ではない。むしろ感情は他者が読むことのできる特殊な感情状態をうみだす暗示的な統語法によって組織された音素配列として開示される。だから感情は，あらゆる言語要素を顕現するので準言語というべきである。あなたがこれを疑うならば，ちなみにテレビで放映される連続ドラマあるいは映画の音声を消して観てごらんなさい。あなたは即時に演技者たちの感情言語（連続ドラマでは，彼らは過剰に演技し，また感情統語法を過剰に演技するものだ）を観ることによって，物語の筋の進行を追いかけることができるとわかるはずである。あなたは時間の経過のなかでジェスチャーを凝視し，特定文化の感情言語の文法によって組織された感情を理解することができる。たとえあなたの理解できない言語が使用されている連続ドラマを観ているとしても，あなたは演技者の感情を読むあなたの能力を強化するため音声の繋ぎや抑揚を活用できる。この実習であなたがしていることは，われわれのはるか遠く離れたヒト属

の祖先がしていた事柄をまさに再現しているのである。彼らは感情を表し，統語法によって組織されたジェスチャーの配列によって互いに理解することができた。確かに，ある個人が発話によって話していることを本当に理解したいと思うならば，われわれはボディ・ランゲージを頼りにする。また電話で話しているなら，感情を「読み」，また相手の話していることが真剣であるかどうか，また話者が感じていることに真に応答しているかどうかを知るために，発話の抑揚を頼りにするにちがいない。単語や発話の背後にある気持ちを摑みかねていると，われわれはふつう不快を感じる。なぜなら感情を読むという人間の配線は古く，実に数百万年前からあったことだからである（そしてこれが，人間がコンピュータで生成された発話を好まない1つの理由なのかもしれない。なぜなら発話される単語に感情がこもっていないからである）。感情を読むことは，広く開けた地域で生活したわれわれの遠く離れた祖先の生存にとってきわめて重要な鍵であった。感情の使用は適合度を強化し，しかもより強い社会的結合をもたらした。なぜなら感情がヒト科をよりよく組織しているからである。同じことは，ボディ・ランゲージを音声言語によって過剰に演技する能力をもっている現代人にも当てはまる。

　感情言語はある意味で聴覚による発話ときわめて類似している。ある文化の感情言語を学習する機会の最良のタイミング——誕生から11歳頃まで——がある。乳児が隔離され，その文化の感情言語を見知ることができない状態に置かれると，彼らは他人の感情を読むこと，あるいは理解可能な方法で気持ちを表現することにいつも問題を抱え込むことになる。隔離がある種の自閉症をもたらすのである。なぜなら隔離が原基的で，基本的な社会結合を育成するための方法を子どもから奪っているからである。同じことが聴覚言語にも当てはまる。発話言語に露出されず，隔離された子どもたちは13歳以降に言語を学習することにつねに問題を抱え，また健常な個人として話すこともできない。ノーム・チョムスキー（Chomsky, 1973, 1980）が長年にわたって議論したように，人間の脳は言語（どんな言語でも）を学習するよう配線されている。脳の配線は発話言語のためだけでなく，他者に意味を伝えるために感情音素をつなぎ合

わせるための統語法を中心にした感情言語のためにも配線されている。確かに，人間にとってより原基的で，1次的な言語は感情言語である。なぜなら感情言語は発話言語が出現するよりも数十万年前にヒト科の進化に現れたからである（Turner, 2000）。

さらに興味をひく次のような1つの事実がある。感情言語は，チンパンジーや初期ヒト科が表した言語を超える複雑な文化形態を表した最初の証拠である。現代人にとって多数の感情要素が文化によって動かされていることは疑うべくもない。さまざまな文化にみいだされる異なる感情はその文化に独自な文法によって表現される。それでも，どの文化に属している人でも読むことのできる普遍的な感情がある。したがって感情文法にも堅く配線された基盤がある。最初の感情言語が堅く配線されたということは，大いにありうるとわれわれは考えている。なぜなら脳は，音素と統語法に組織される任意の象徴の完全な言語を可能にさせるほど大きく成長しなかったからである。後になって，文化が脳の成長によって常時可能になると，感情言語は文化の象徴体系を用いるよう拡張され，またそのように構築された。この時点において異なる人口集団間における感情表現がますます多様化した。とはいえ，発話言語の象徴体系ほどには決して多様化しなかった。感情を表現する単純な能力に加えて，感情表現のために堅く配線された基礎がある。この堅く配線された基礎もまた，同一種のヒト科の個体群を通じておそらく普遍的な方法で感情表現を導いている。これが事実であるとすると，感情言語は，文化が発達するまで待機しなければならなかったはずである。しかし統語法に組織される任意の記号を用いる文化が進化するはるか以前に進化した感情音素と文法が出現したというのがわれわれの見解である。

こうした進化についての熟慮が，感情社会学における大きな論争点の1つを説明する際に役立つ。感情は堅く配線されているか，それとも社会的に構築されたのだろうか（Turner and Stets, 2005）。この議論の双方がそれぞれの立場を支持しうる証拠固めをすることができる。というのもその双方が共にある程度正しいからである。事実，すべての感情には，われわれが信じているように，

堅く配線された基礎がある。しかしこの配線は文化的な条件づけによって変更できる。すべての原基感情は多様な文化において多少とも異なる表現様式をもちうる。さらに，1次的と2次的な感情の精巧化も，それらを経験する能力を超え，堅く配線された基礎をもっている，とわれわれは議論するつもりである。これらの感情がどのように表現されるかについては，われわれヒト科の祖先にまで遡ることのできる普遍的な基礎がある。しかしそれと同時に，文化がこうした1次的と2次的精巧化に対して原基感情以上に影響をおよぼす。事実，恥がどのように表現されるかに共通の要素があるとしても，その表現はしばしば社会文化の指令に従っている。ここで重要な点は，人間が感情的に配線されているということである。またこの配線は，文化が単語と感情状態の表現をきわめて多様化している現在でもなお通用しているというのが事実である。

　だからわれわれはこの最初の言語を，せいぜいのところ，原型文化とみなすだけである。なぜならその象徴と文法は人間の文化体系においてさほど任意ではないからである。また感情言語と聴覚言語の相違は，何が語られているかを理解できない文化に出会う場合にたちまち明らかになる。しかし，もっとも原基的な感情言語を用いはじめると，われわれは同じ方法で堅く配線されているので，相手との意思疎通が可能である。文化による変形効果があるとしても，発話言語を知らない土地で見ず知らずの他人と相互作用するとき，われわれは多数の感情言語を解釈できる。これは，われわれのヒト科の祖先がしていたことなので，われわれもそれをすることができるのだ。

4.6　むすび

　視覚優位を目指した脳の配線は言語のための前適応であった。これによって脳の能力は聴覚と触覚を視覚に従わせる十分な連合皮質を備えるにいたった。猿には，言語のための能力を生成できる十分な脳の力は実際になかったし，現在もなおそうである。しかし中新世後期に類人猿は樹上生息域の末端の餌場で常時生活するように変貌した。選択はより大きな知能にとって有利に働いた（猿の脳と比べてより大きな類人猿の脳によって明白である）。より大きな体形を

したヒト上科，またおそらくその祖先に言語能力を与えるための閾値は，それが適合度の強化に寄与できる期待を見込めたために超えられたのだろう。初期ヒト科が森林で通常生活し，また森林と疎林地やほとんど樹木のない草原地との境界線あたりで危険に遭遇して森林に逃げ帰ったとすれば，言語を可能にする脳の領野への選択は不必要だったはずである。そうであったとすればヒト科はいぜん弱い紐帯の動物のままであったにちがいない。なぜなら森林が危険からの安全な避難場所を供給しえたかぎり，彼らが十分に組織される必要はなかったからである。しかし，言語が生息地またはニッチへの適応を増したとすれば，そのための前適応はすでに選択され現前していた。

　しかし聴覚言語は，調整された発話を可能にする神経解剖学・解剖学的構造の双方において多数の変化を必要とした。自然選択によってこれらを変更するには膨大な時間が必要である。こうしたことは言語のためのランダムで大きな突然変異でありえなかった。つまり単純な思考実験は，これがなぜそうであったかを検証している。突然変異がある一頭の類人猿に突如として言語能力を与えたと想像してみなさい。またこの類人猿はいったい誰に話しかけるかと問うてみなさい。それはほとんど適合強化の価値をもたない突然変異であったはずである。なぜなら言語は言語共同体内のみで有用であり，またそれが集団におけるコミュニケーションと社会結合を促進する場合にのみ有用であるからだ。しかし喋る類人猿は意思疎通に失敗し，たぶん逸脱しはじめ，それゆえ別の類人猿によって追放されたであろう。現在では，言語を使用しない類人猿と言語を使用する類人猿が対になったとき，これらの類人猿にどんなことが起こるかを観察することによって，われわれは彼らに起こる問題を理解することができる。彼らは学習した言語能力によって意思を疎通できないのだ。

　なぜ言語が突然変異によって突如出現できないかについてのもう1つの，等しく基本的な理由がある。先に述べたように，大きな突然変異は一般に有害であり，適合度を低下する (Fisher, 1930)。さらに，自然選択は（脳の左半球の）神経学的変化と発話生産のための解剖学的変化（口唇，舌，喉頭，関連する筋肉）を行うには時間を要したであろう。それゆえ聴覚言語は突然に発生しえな

かった。もう1つの種類の言語——感情言語——は，ヒト科の進化で最初に自然選択が取り扱いうるはるかにたやすい回路だったのである。

言語を使用するヒト科をつくるために選択がただちに働きかけることのできた既存の構造はすでにあった。感情中枢は脳の皮質下領野に備わっており，これが言語の基礎能力をつくる新皮質の連合皮質と組み合わされた。選択は最初の言語——感情言語——をつくる過程に着手できた。選択はまず，ヒト科が危険に遭遇したとき，感情の皮質制御を増すことができるよう働きかけた。幾種類かの猿——パタスザル——は，きわめて静かに疎林地と広く開けた地域の境目で食料を探している。こうした事実は，その制御が適合度を強化し，選択が騒々しい感情爆発を起こす皮質の制御力を増した証拠である。いったん感情の制御が可能になると，感情レパートリーは感情の範囲と変異を増すために拡張できた。そのため広く開けた地域で生活するヒト科は，集団連帯，またこれにより集団内の個人間の結合を増加しうるさまざまな，また微妙で，しかも柔軟な結合を形成することを可能にした。この過程は200万年以上前にはじまったのだろう。また脳がホモ・ハビリスにみられるように成長しはじめると，象徴化のための能力が感情言語を増し，しかもそれに取って代わるのでなく，それを補完することを可能にした。

感情言語は，今日それが作用しているとまったく同様に，遠い過去においても作用したはずである。しかも文化によって導入される複雑さなしに感情言語が通用しえたのである。人間が結合するとき，また彼らの連帯感が増すとき，彼らは連帯を感情によってなし遂げる。最初に概説したように，人間の感情を喚起するための事実上すべての機構は，1つを除いて，文化を必要としない。すなわち連帯は集団を特徴づける象徴なしに感情的に生成できる。またチンパンジーは，すでに彼ら自身のうちに堅く配線された共同態感覚をもっているので，それにより集合的な方位性は文化を抜きにして成立しうる。自然選択は新皮質の連合皮質（下頭頂小葉の内と周辺）における言語能力に作用し，またコミュニケーションを促進する感情素と統語法をうみだすためにこれを活用した。と同時に，いっそう強固な結合をうみだすためにそれを用いた。それゆえ自然

第4章　強い紐帯の強さ　131

選択は聴覚言語をつくりだすために，数百万年も待機しなくてもよかったのだ。むしろヒト科進化の初期にあっても，自然選択は既存の言語能力を，ヒト属をいっそう感情的にすることによって皮質下の感情中枢に結びつけることができたのである (Hammond, 2003, 2006)。

　さらに，脳が感情言語のためにいったん配線されると，自然選択が文化的象徴を含む，感情素と統語法の体系を拡張するために働くことは少なかったであろう。基本的に，聴覚言語は，新皮質を拡大し，脳を側性化することによって言語を感情に便乗させることができたのである。したがって左側頭葉は発話生産に特化し，また口，舌，喉頭の解剖学的構造を再加工することによって，発話を調整することが可能になった。それゆえ，社会科学者たちが人間文化の証明とみなしている言語は，はるかに古く，あるいは堅く配線された感情言語体系の付加物というべきである。人間は有意味な社会結合を育成することを，今なおこの体系に頼っている。またこうした結合は文化によって脚色されるが，結合するための真の機構はおそらく数百万年前と同じである。文化が人間にとって独自であると同程度に，われわれの感情能力もまた独自である。地上のどの動物もこれほど多くの感情状態を生成すること，また理解することはできない。人間は互いの性向を理解するため顔と身体（また発話の単調な様態），そして一言も言葉を発しないでも行為の進行しうる行程を読み取ることができる。われわれは音声によるヒントがなくても（とはいえ，それらは確かに役立つ），2次的精巧物と同じく，原基感情の100種以上をたやすく読み取ることができる。こうした能力がわれわれヒト属の祖先の脳が成長するより前に，また文化が集団の連帯の負担を分担できるようになるよりも前に生存を可能にしたので，われわれは今なおこれを実行しうるのである。

注
1) レイノルズがチンパンジーの「カーニバル」についてくわしく報告している。レイノルズはこうした集合儀礼について観察し，チンパンジーについてもっとも驚くべき事柄の2つが発声化の数量と音量であると述べている。通常1日のうちに動物は3キロの範囲内に響きわたり，しかもしだいに強さを増していく合唱を頻繁に行う。彼らは地上にいるとき，

巨木の硬い厚板をドラム代わりに叩く。この合唱は多数の動物が遭遇するときに発生するチンパンジーのカーニバルであり，たとえ怖くなくても，さらに荒々しくなり興奮を高める。カーニバルにおいてチンパンジーは枝から枝へと渡り，また樹木を急に上下動し，枝や小さな木を揺り動かし，大声を張り上げる。こうしたことがなぜ起こるかについてわれわれがみつけた最良の答えは，こうしたすべての興奮が通常，異なる行動圏をもつチンパンジーの集団同士が同じ場所で出会うときに起きるということである。しかしそれは攻撃的な興奮を意味しない。なぜなら武力行使をともなわないからである。また時間が経過すると，すべての動物が落ち着きを取り戻す (1967：131-32)。

2) 類人猿と人間の脳構造を測定し比較するためのもう1つの技法は，脳の種々の部位の相対的な規模を算定する方法である。基本的に，この手法は類人猿の脳の全体的な規模を人間の脳と同じ規模にまで増すことと関係し，そのうえで脳の異なる部位の相対的な規模を測定する。たとえば，セメンデフェリら (Semendeferi, et al., 2002) は，前頭前皮質などの領野の規模と構造を比較し，この領野では，類人猿と比較して人間のそれが少し大きいことをみいだした。とはいえ，セレンデフェリとダマシオによるデータ (Semendeferi and Damasio, 2000) は，人間と類人猿の前頭前皮質はほぼ同じであると報告している。ホロウェイ (Holloway, 2002) は，人間の前頭前皮質は類人猿のそれと比べてわずかに大きく，その違いはおらそく4パーセントから6パーセントほどであると報告している。また脳のそうした部位の相対的な規模が，人間と大型類人猿の最後の共通祖先が分岐した後，それほど成長しなかったと結論づけている。しかしわれわれの考えでは，絶対的な規模が重要な問題なのだ。自然選択は現状維持的過程であり，高次の認知機能に向かう選択があったならば，その選択圧力はおそらく神経構造を差し置いてまで前頭前皮質を選択し，これを増強するなどといったことはなかったであろう。1つの部位を増加し，そして以前と同じように他の部位を残すよりもむしろ，新皮質全体を発達させることがはるかにたやすいはずである。高等霊長類の脳は統合された体系をしめしており，また脳の全体規模を増すことは適合にとってそれほど破壊的ではなかった。

3) Ekman (1973a, 1973b, 1982, 1984, 1992a, 1992b, 1992c)；Ekman and Friesen (1975)；Ekman, Friesen, and Ellsworth (1972) をみよ。

第5章

文化の発生

　文化体系の出現によって，根本的に新たな適応様式が成立した。その段階は，ヒト科が名称も定かでなかった長期にわたる状態から，驚異的な速度で，脊椎動物における現在の支配的な地位へと上りつめた推移の契機をなしている。しかし文化体系の発生は人間社会を，情報の遺伝的・神経的体系への依存から解放したわけでなかった。それどころか，それらは人間生活において強力な力でありつづけた。しかし今や，それらは独自で強固な新しい情報源によって補完され強化されている (Gerhard Lenski, 2005, *Ecological-Evolutional Theory*)。

　文化は，その最低水準において継続する世代によって学習され，受け継がれていく行動と慣行の集合である。この最小限の定義によれば，猿も類人猿も共に文化をもっている。なぜなら一部の学習された行動が特定の個体群に独自な伝統をつくり，しかも子孫に継承されているからである。しかしこの水準の文化は，ある個体群メンバーが共有し，また行動を方向づけ，社会関係を組織するために任意の記号を用いるという意味で象徴的でない。先に述べたように，類人猿は人間の健常な3歳児程度の水準で言語の原初的な形態を学習し，使用できるが，しかし環境中の対象を指示する任意の記号の意味を子孫に伝える性向をもっていないようだ。彼らは人間の訓練士——彼らは明らかに象徴世界で生活している——から学習するのである。ヒト属進化のある時点で言語共同体のメンバーたちは行為を方向づけ，また社会関係を組織することを目指して共有し，使用できる意味を構成するため任意の記号を用いることができるようになった。このように文化に関する最大の見方をすれば，そうした文化をもつためには，おそらく大型類人猿の脳よりもずっと大きな脳を必要としただろう。それゆえホモ・ハビリスにみられたように，より大きな脳を求める最初の一押

しによって，いっそう象徴的な文化形態が可能になった。この種の文化が適合度を強化しえたとすれば，ホモ・ハビリスは環境認知を媒介し，また社会関係を方向づける象徴への信頼の増大によって，より大きな脳に向けた選択をさらに受けたはずである。ホモ・エレクトゥス（そしてその地域的な変種であるホモ・エルガステル）が，世代を超えて伝えられる象徴体系を中心にして発達した文化をもっていたということはありうることである。こうしたヒト属の脳は，人間の頭蓋容量の最低範囲まで成長を遂げた。われわれは正確に，いつ文化が知覚，行為，社会関係を方向づけはじめたかを知ることはおそらくできないだろうが，しかし最良の推量は，ホモ・エレクトゥスが文化を使用する霊長類であったということである。

　もっとも興味深い疑問は，文化が人間のヒト科祖先に発生できるほど，なぜ脳を拡大するという選択をしたかということである。確かに，数百万年のあいだ，アウストラロピテクスの脳は，チンパンジーの脳を越えるほど大きくはならなかった。それではなぜ，ヒト属の分岐群中のホモ・ハビリスやホモ・ルドルフェンシスが突然（進化時間において）成長のスタートを切ったのだろうか。多くの人たちにとって，その答えは明白である。文化が適合度，そして多様な環境に適応する能力を劇的に増したからである。しかし文化を生成するためには，多くの障害を乗り越える必要があった。むろん，文化進化の物語の一部は，その選択がこうした障害をいかに乗り越えたかについてである。

5.1　ヒト科文化の発生にとっての障害

　ヒト属の文化は最終的に発話言語に固定された。霊長目は，聴覚優位（コウモリのように）よりもむしろ視覚優位であるので，発話進化は脳のかなりの再配線と声道の解剖的変化を必要とした。発話が出現するためには，音声が世界の属性を指示するために明確に発音され，また整調されねばならず，そして次に，視覚，また必要であれば触覚，嗅覚と統合されなければならない。この統合は容易なことでは達成できない。実際に，刺激を調整する際に，もっともたやすい方法は，視覚優位の動物から考えられるように，視覚－視覚間の形態で

ある (Cashdan, 1968 ; Rudel and Teuber, 1964 ; B. Jones, 1981 ; Abravanel, 1968, 1971 ; Rudnick, et al., 1972)。触覚から触覚への刺激調整は人間にとって二番目にたやすい組み合わせであり，聴覚から聴覚への組み合わせがもっとも困難である。視覚から触覚（たとえば，見て，次に触り，その上で「同じ事物」だと知覚すること）は比較的たやすいが，横断型の聴覚調整はさらにいっそう難題である。視覚から聴覚への横断型はとくに困難である。だから視覚優位は，どの選択肢が自然選択に利用できるかにかなりの制約を課したはずである。たとえばステビンス (Stebbins, 1969：105) が以前に指摘したように，「ある単位行動が組織化の階統のより低い水準にいったん集められて，次により高次の水準での組織化の発展において基本的な機能を遂行すると，この単位の活動と抵触するかもしれない突然変異はきわめて不利であるため，突然変異は細胞水準で拒否され，また突然変異が発生する成体の個体に現れることは決してない」。

　発話へのいかなる推移も，すべての高等霊長目に既成の視覚優位に適応しなければならなかったし，またそのため発話が出現すると，それは視覚に相反する目的のために作用するよりもむしろ，なんらかの方法で視覚イメージを強化しなければならなかった (Jerison, 1973)。こうした感覚対立の可能性に加えて，調整された発話が発生するためには，多数の神経解剖的・解剖的な変化が必要であった。発話生産と発話の理解は，主として左側頭葉上の2つの神経構造，すなわちブロカ領野——思考が順次に発話に移しかえられる——とウェルニッケ領野——発話が理解のため脳の思考過程に転送される——によってもたらされる。発話に関係するこれら2つの領野の周辺につけ足された神経回路網がある。興味深い1つの知見は，類人猿と一部の猿も，シルヴィス裂溝組織——ブロカ領野とウェルニッケ領野がそこに据えられている——に沿って，人間の脳の左半球の非対称性と同じ非対称性をしめしていることである。この知見が，ノーマン・ゲシュヴィント (Geschwind, 1985：272) に以下の見解をもたらした。すなわち「チンパンジーが保持している［認知］能力が事実上言語能力の初期段階であるとすれば，チンパンジーが人間のそれと同様の解剖学的な側性化をたどっていると推論することは理に適っている」。

そうだとすると類人猿と人間の最後の共通祖先がすでに保持していたかもしれない脳の側性化を中心にした重要な前適応があり，そのうえで方位性をもった選択が発話能力を強化するように作用できた。十分な時間を与えられるならば，脳の左半球は徐々に再配線され，そのため発話は，脳が考え，脳の思考様式に移しかえられる方法によって転送できる。ウェルニッケ領野は言語を可能にする連合皮質の近くに位置を占め，そのため発話入力情報に必要な統合の多くが，ウェルニッケ領野と後部頭頂葉の周囲の連合皮質の相互作用をとおして生じたかもしれない（先の章中の図 4.1 をみよ）。ブロカ領野は脳のもっと前側にあり，前頭葉を頭頂葉から区分する大きな組織の近くにある。これもまた理解できることである。というのも，発話は頭頂葉の運動機能と，前頭葉で生成される認知的と思量的な能力の双方の使用と関係しているからである。

こうした脳の側性化——左側頭葉が基本的に発話生産に使われている——は，おそらく数百万年を経て発生し，徐々に制御された発声表現の能力を強化し，ある時点において真の意味で聴覚に基礎をおく言語になりえたのだろう。ホモ・ハビリス，またおそらく別のヒト科の脳における適度の飛躍が左半球のこうした組織的な再配線の開始を解き明かすかもしれないが，しかし先に述べたように，ホモ・エレクトゥスの脳の発達によって，発声が言語の品質を備えたという方がより事実に近いかもしれない。それでも，先の章で引用したデータは，ホモ・エレクトゥスも，人間水準の発話能力をもちえなかったことを示唆している。こうしたデータは，人間の発話生産に必須な 1 つの決定的な遺伝子がわずか 12 万年前にようやく選択されたことをしめしている。おそらく選択は，やがてブロカ領野，ウェルニッケ領野，そして連合組織になっていくものを設計し直すことによって音声によらないコミュニケーションの能力を強化することだけに作用したのだろう。声道，口唇，舌，筋肉の必要な変化が前近代的な人間（図 3.1 をみよ）において完成されたときにはじめて，十分に調整された発話が霊長目の系統に出現したのである。

脳が成長すると，象徴能力が強化されることをわれわれは知っているが，しかし一部の社会科学者は，文化が適合度を強化するだろうから，文化の進化は

必須であると繰り返し仮定する。これと関連する解剖学と神経解剖学における有効な変更をもったとしても——そして特定の重要な前適応をもちえたとしても——，なぜこうした変更が有利であったかを知る必要がある。だからわれわれは，どのような選択圧力が象徴の使用，そして最終的に，言語，発話，文化に向けてヒト科を押しだしたのかを知る必要がある。こうした適合強化の行程に選択を行わせた6つの基本的な圧力があったとわれわれは理解している。(1)広く開けたサヴァンナの状況にいる時に騒音と感情を制御すること，(2)音声コミュニケーションによる社会性と集団連帯性を増強すること，(3)音声コミュニケーションをとおして集団による調整と手段的行為を増強すること，(4)二足歩行の発話生産に対する効果の結果としてのヒト科の保持する道具一式を拡張すること，(5)集合的組織体のパターンを象徴化し，トーテム化するための能力を増強すること，そして，(6)他者の反応と集団の道徳規範から自己をみつめ評価する能力を増強することの6つである。こうした行程のそれぞれについて検討しておこう。

5.2 サヴァンナでの騒音制御

チンパンジーは興奮すると騒々しい。したがって，疎開林で生活しているヒト科には皮質下の感情中枢に対する皮質制御を確保するための激しい選択圧力があったはずである。感情を生産する脳の新皮質領野と皮質下領野の接続が生じた。その配線がヒト科に感情爆発の制御を可能にした。前章で強調したように，この制御力の増大が最初の言語——感情言語——によって社会結合を育成するために使用できる感情パレットの拡張を可能にした。感情によって生成される騒音制御は，発話生産にとっての重要な前適応であった。ひとたび発声が制御できるようになると，選択は音声信号の制御を増大する能力に向けて働きかけつづけた (Hill, 1972)。非常に長い時間をかけてなされた発声の制御力の増加が，脳の発達によって調整された発話と文化の形成をもたらした。

この過程は，初期ヒト科が二足歩行をするようになったとき，急発進したのかもしれない。二足歩行への移行は類人猿の解剖学的構造を考慮するならば，

比較的容易な移行であった。類人猿のすべてが少しのあいだ後肢で起き上がり，歩くことができる（とはいえ，ヒト科だけが常態的な二足歩行によって別の類人猿から区別される）。低木地の草原に潜んでいるなかなか消えない捕食者の臭覚の合図を簡単に探知できない動物にとって，直立して草の上から周りを見渡すことのできる能力は適合度を増しただろう。ヒト科の歩き方にみられた初期の変化は，声道を完全に自由にすることに役立ち，きわめて多様な発声ができるようになった (Hill, 1972；Duchin, 1990)。いったん声道が細長くなると，ヒト属はきわめてさまざまな反響をともなう多くの発声を行うことができた。その結果，初期ヒト科は警報体系の器官を発達させ，これが時の経過と共にいっそう正確な発話をうむために選択されることになった。本当に，二足歩行は音響合図，そして最終的に，発話のための決定的な前適応であった。しかし選択は皮質の感情制御力をもたない視覚優位の霊長目に課せられた神経的・解剖的障壁を徐々に克服するよう作用しなければならなかった。

　この最後の要点が，先の章における議論へとわれわれを導いたのである。コミュニケーション体系としての発話が進化するためには，非常に長い期間が必要であったにちがいない。しかし広く開けた立地条件下で組織化のための圧力が強く，そのためコミュニケーションと社会結合の育成にとって手っ取り早い経路が必要であった。ひとたび堅く配線された感情言語が成立すると，それが数百万年後に進化することになる聴覚言語の前適応であった。おそらく時間の経過のなかで手を用いる信号と発声の組み合わせが感情ジェスチャーを目で見ることへと導いた (Hewes, 1973, 1975)。触覚，聴覚，視覚の合図をこのように混ぜ合わせることができると，脳は継続的に働きかけられ，そのためこうした様相の新たな水準の統合が，視覚優位によって課せられた障壁を打破できた。次に，新しい各水準の統合は選択を受けつづけ，発声が感覚様相間の横断型の統合問題を発生しなくなるところまで，脳の発達が継続した。発話はウェルニッケ領野を経て視覚イメージをつくり，視覚イメージはブロカ領野を経て発話へと転送される。

　だから脳を再配線するための激しい選択圧力がどうしても必要であった。こ

れにより意味を伝える聴覚信号が視覚イメージ，触感，臭覚と統合できた。霊長目の脳にはすでに連合皮質が存在していた。われわれが強調してきたように，その連合皮質が嗅覚優位から視覚優位への移行を可能にするように進化した。霊長目が進化した樹上の生息域を考慮すると，3次元環境を動き回らねばならない動物の視覚と触覚の刺激を統合することには明らかに選択的な利点があった。音声を視覚と触覚に統合することの適合強化的な価値は小さかった。したがって発話が出現するためには，様相横断型の連合のための新たな選択の周回が必要であった。すべての霊長目は危険に遭遇すると，初期警報のために警戒音を用いる。前章で強調したように，感情と聴覚的な合図の喚起が霊長目のコミュニケーションをおおむね表している。しかし感情と聴覚的表現の結合は広く開けた地域にいる動物にとって不利であった。なぜならこうした動物は自分を気づかせ，捕食者を引き寄せるからである。したがって発話の出現という点からすると，ヒト科がサヴァンナ地域で過ごす時間を増やさざるをえなくなったとき，激しい音声を皮質的に制御する能力を必要としたということが重要である[1]。

5.3 発話と社会性

携帯電話で話をしているティーン・エイジャーをみつめ，また耳を傾けるだけで，あるいはその点でいえば大人も同様に，われわれは発話が社会性を強化することをすぐに知ることができる。それでも，社会的結合が肯定的感情の交換によって育成され，そして感情言語がサヴァンナで生息しているヒト科にすでに備わっていたとすれば，どうして発話がそれほど必要になったのだろうか。さらに，なぜ言語は，近代社会において聴覚障害の人たちが用いているような手振りの使用による視覚形態よりも，むしろ音声形態を採用したのであろうか。というのも，発話のために必要な解剖学的な変化がこうした大きな障壁をもっていたとしたら (Maryanski, 1997)，どうして自然選択はよりたやすい行程を採用し，そして感情言語を音声によらない象徴的なジェスチャーを中心に構築できる完全な象徴体系へと単純に拡張しなかったのだろうか。確かに，霊長目は

視覚優位であり，またこの視覚言語を単純に強化し拡張したならば，それによって発声を司る解剖学的構造に再度働きかける必要が回避できたはずである。選択がいっそう面倒な行程を採用した事実は，発話言語に大きな利点，あるいはその反面で，視覚様相を中心に構築する言語に過剰な制約があったにちがいないことを示唆している。だとすれば，こうした不利がどんなものであったかについていくつか指摘しておこう。

　コミュニケーションのために視覚－ジェスチャーという言語を用いることにはいくつかの不利がある。とはいえ，こうした言語体系は聴覚様相に頼る言語系への過渡期であったかもしれない (Hewes, 1973)。広く開けた大地への適応において，ほとんどの動物は捕食者と餌物の両方を探知するため，長つづきする化学的な合図に自動的に反応できる長距離におよぶ嗅覚レセプターを用いる (Fleagle, 1988 をみよ)。視覚によるコミュニケーションが抱えている不利の1つは，こうした系統のコミュニケーションが成立するためには，比較的に近接した視覚接触が必要である。信号を送っている他者を目で見る必要があり，また視界に支障があるか，あるいは個体間に大きな距離があると，コミュニケーションが成り立たない。もう1つの不利は二足歩行と関係している。草の上から見渡せることの利点を別にすれば，二足歩行をする霊長目は武器，食料，赤ん坊などの荷物を手で携帯できる。これらすべてが適合度を強化する。手を用いて通信を行う体系は対象物を携帯する能力を制約するか，あるいは逆に，事物を携帯することがコミュニケーションを制約するかもしれない。コミュニケーションが集団を維持するうえで非常に重要になる広く開けた大地の条件下では，コミュニケーションの障害が悲惨な結果をもたらすはずである。第3の制約は，まず視界に取り込み，相手の注意を引く必要があるので，視覚は遅速な警報系である。それとは対照的に，短い音声の爆発は即時に注意を喚起し，彼らと意思を疎通しようとしている他者をみつけださせる。また強烈な臭覚情報が獲得できない危険な環境状態で，危険が迫っていることを制御された形で相手だけに通報する能力は適合度を増す。こうしたコミュニケーションの視覚系のもつ問題が視覚信号系を持続不能にしたかもしれない。視覚をコミュニケー

ションの主要な形態として用いるヒト科は淘汰されたかもしれない (Hill, 1972)。たぶん感情言語は個人を集団に繋ぎ止めるうえで十分だっただろうが，しかしコミュニケーションを強化するため，ヒト属は純粋な視覚系を超えて，その先に進まねばならなかった。選択圧力はサヴァンナで生きるヒト属に最終的に，発声，感情的な発声にも皮質による制御力を与えたが，そこには発話に向かうようヒト属を押しだすべく働きかける，なんらかの選択圧力があったにちがいない。

声の抑揚や通信内容は相互作用に感情内容の層を追加することによって，発話の社会性が強化される。確かに，発話中の順番取りによってリズミカルに共時化できるようになるのは，音声と共に身体の動作によっている。またこの音声の共時化は肯定的感情と社会連帯をうみだすため身体の共時化をもたらす (Collins, 2004)。だからボディ・ランゲージが高度に洗練され，また感情コミュニケーションを大いに強化する一方で，多様な発声を可能にする声道をつけ足すことが感情のコミュニケーション，したがって連帯を大いに強化する。

発話はまた，個人が視覚によって十分に接触できないときでも，コミュニケーションを生成する連帯を可能にする効果をもつ。たとえば，視界の遮蔽物があっても，音声の抑揚によって感情的に速やかに相手と意思疎通できる。ここで考えられる別の事例を挙げてみると，個人が互いに識別しがたい暗闇でも，集団メンバーを発話によって確認することでコミュニケーションをすることができる。実際，ホモ・エレクトゥスのようなヒト科が暖を取るために夜間に火を使うとき，火を取り囲むような社会性は，たとえ物語を聞かせるようなことをしなくても，語り合うことで強化できる。たとえば，人びとが夜間にキャンプファイアーを中心に車座になって語り合っている場合がそうである。社会性は相手の顔全体をみないでも保てるので，この特別な能力が広く開けた生息地での集団の生存にとってきわめて重要な社会結合を維持しえただろう。

5.4 発話，コミュニケーションと手段的行為

チンパンジーは食肉を手に入れる狩猟活動を調整する方法として視覚様相を

用いて静かに意思を伝えあう（Menzel, 1971 ; Stanford, 1999 ; Mitani and Watts, 2000）。視覚様相によってチンパンジーは互いの行為を調整するためジェスチャーを使える。それでも発話能力は，コミュニケーションに焦点を絞り込ませ，計画を立案し，行為のさまざまな行程の利点を裁量し，また個人の行動を調整する能力を劇的に加増する。手段的行為にみられたすべての改良——発話によって可能になった——は，広く開けた地形で生きる霊長目にとって適合度を強化しただろう。防御力が迅速に組織され，集団移動のための計画が立案され，狩猟者は獲物を仕留めるために調整できる。またその他多くの意思決定を語り合うことによって効率を高めることができる。

　発声ははじめ危険を報知するための用具であった。霊長目は樹木に潜んでいる蛇（すべてのチンパンジー，また明らかにほとんどの人間も怖がる）に対して叫び声によって警告を与える能力をもっている。だから選択を受けることのできる発声に焦点化できる最小の能力は備えていた。また危険を知らせる発声が危険の原因別に区別されると，次に危険の方向，その後には，危険にどのように対処するかといった単純な警報体系が，視覚系だけでは不十分だとわかったとき，共同態の全メンバーが理解できる対象を指示する1組の象徴が進化を遂げた。この体系が適合度を増したならば，それがさらなる選択を受けることになり，こうしたことを通じて，選択はコミュニケーションの範囲を広げるため，より多くの語彙と文法をつくりだした。このように強化されたコミュニケーションはメンバーに危険を報知し，危険への対処計画を知らせることによって適合度を増すと，その体系は計画を定式化し，多数の異なる種類の行為を調整するためにますます活用できるようになった。だから目標を指示する行為に従事するために発話を使用する能力は，ヒト属の生態的地帯における集団適合度を劇的に増進できただろう。

5.5　二足歩行，道具の使用，コミュニケーション

　先に述べたように，二足歩行は声道を開き，発話を可能にしただけでなく，多くの活動のために手の動きに自由を与えた。道具を作製し使用し，対象物を

第5章　文化の発生　143

運び，武器を使うために手を使うことができた。必要な対象物を運びながら武器を使用することのできる道具作りをする動物は，危険な生息域で生き残る可能性を高める。二足歩行は声道を広げ，これによって明瞭に表現される発話の可能性が（さらなる選択によって）増した。サヴァンナで生息する類人猿は二足歩行のおかげで道具，武器などの物資を作製し使用する可能性を増した。チンパンジーも道具をつくる。たとえばシロアリ塚に差し込む棒きれが食料を確保することに役立つ。またチンパンジーは，人間がボールを投げることができるように，石を投げることができる。これは腕渡りの能力に由来する。彼らはまた人間の訓練士によって教えられると，石を切断面に沿って割ることもできる。要するに，現生の類人猿は道具作製者と使用者として十分な知性を備えており，この能力が選択されることもあったにちがいない。ホモ・ハビリス，おそらくその姉妹種の系統が出現するまでに，ヒト科は道具の使用者になっていた（実際，ハビリスという名前は，このヒト科が道具を使う能力をもつために「手を使う人」と名づけられた）。道具に頼ることがいっそう目標指向的な行動を可能にし，次に声道を介した意図のコミュニケーションを生じさせた。

　選択がヒト属の脳を発達させると，これがヒト科の道具使用の能力も増進した。また道具使用と脳の発達の組み合わせが，コミュニケーションの象徴的形態の使用増加と結びついた。漠然とした手段性が道具を作製したことを見せびらかし，武器をつくり，また対象物を運ぶために手を使う。その手段性が発達しつづける象徴化と結びつくと，音声コミュニケーションに焦点が絞り込まれる。発話が手段的作業に焦点を合わせ，この種の発話が適合度を強化すると，その選択がさらに継続しただろう。このどれも二足歩行と対象操作のために手を自在に使うことができなければ実現しなかった，とわれわれは確信している。だから二足歩行，脳の発達，道具の使用，手段的行為，また道具や武器をどのように使用するかについての協議と計画，より効率的な手段的行為，そして音声によるコミュニケーション能力の成長のあいだには互いに上昇しつづける螺旋的な関係がありえただろう。この螺旋状の上昇効果をもつ関係は，防衛のために武器を使用し，また食料調達のために道具を利用する個人間のコミュニケ

ーションと行為の調整を促進したため適合度を強化した。

5.6　文化と集団のトーテム化

すでに第4章で強調したように，文化的象徴に頼らず，感情言語によって連帯を生成することは可能である。しかし集団がいくつかの次元に沿って象徴化されると，感情喚起と連帯の新しい地平が開けた。象徴化の1つの形態は，集団の歴史，目標，徳行の輪郭を描きだすイデオロギー，神話体系などの象徴体系の統合である。こうした象徴は超自然的な力と存在に由来するものとして集団が信頼するようになると，その象徴は神聖化される。もう1つの形態の象徴化は，その集団を対象物，あるいは言語的な標識や語句によってトーテム化することである。こうしたものはその集団を表象し，またその方向に向けて連帯を生成する儀礼が実行される。こうしたトーテムも神聖なものになりうる。実際に，集団のイデオロギー，神話体系，目標，トーテムが神聖であるほど，儀礼がこうした象徴に方位されるほど，あるいは逆に，神聖な象徴が違背されるほど，それらが喚起する感情はますます激しくなる。

第3章で強調したように，チンパンジーは誰が共同態に所属し，誰が所属していないかを知りうる基礎的な感覚によって，共同態の範囲を表象する能力をもっている。また彼らは，別の共同態の雄たちが共同態の境界を突破しようとすると，組織暴力をもって領土を防衛しようとする。脳の発達と象徴化の能力が生じると，領土だけでなく，集団を1つの全体として象徴化し，トーテム化することは比較的短い局面の展開である。ヒト属の脳が成長すると，自然選択は，連帯を促進するもう1つの感情の仕掛けをつくりだすために，共同態感覚にも働きかけた。ある身近な集団または領土内の集団の集合が，儀礼を実行する自らの特有な象徴とトーテムを用いると，それらはいっそう連帯を強める。さらに，そのメンバーは積極的に互恵的で利他主義的な行為に携わるかもしれない。というのも個体は同じ象徴に同一化し，また共同態のメンバーを支援することを，自分を支持することと同じとみなしうるからである。

個体が象徴への共通な注目を焦点化できると，リズミカルな共時化と儀礼な

どの感情生成機構はより大きな力をもつことになる。共通の象徴を目指す儀礼による身体のリズミカルな流れは感情を呼び覚まし，また象徴力を強化するが，話し合いや発声はこうした機構にもう1つの次元をつけ足す。歌唱の形による話の流れと集合的に語られる話と歌唱は経験される感情の強度を強め，したがって行動を規制し，集団連帯を促進する象徴の能力を増大する。

このように付加された感情性の地平——すなわち共時化した語りによって生成される感情，共通な，また神聖あるいは半神聖な象徴とトーテムに向けた発声をともなう儀礼——は，集団連帯を強化しただろうし，またサヴァンナで生存しようとしている弱い結合の動物にとって，身近な食料採集の集団だけでなく，共通の象徴，儀礼，また行動圏を共有するより大きな集団の集まりの適合度を有意に強化しただろう。すぐ後で考察するように，あらゆる様式の集合的な組織化を象徴化し，またこれらの象徴を表す儀礼を実行しようとする人間の傾向は，いっそう大規模な構造による統合に向かう新たな基礎を後に供給した。確かに，マクロ構造（そのなかで人びとは対面的に相互作用できない）をトーテム化する能力を欠くと，われわれが知っているような人間社会は今日存在しえなかったかもしれない。

5.7 文化と自己の出現

大型類人猿はすべて，鏡のなかの自己を認知できる[2]。それは人間，イルカ，象だけができる能力である。それとは対照的に，パンガー (Panger, 2007：670) は最近の研究において，猿は鏡のなかの自己認識テストに常に失敗したと証明している。別の知的な動物も自己を環境中の対象としてみることができるかもしれないが，しかし現在までのところ，この結論を支持する証拠はみつかっていない。大型類人猿のこうした能力は大型類人猿と人間の祖先においておそらく明白であった。その能力が適合に大きな効果をもたなかったとしたら，それは淘汰されただろう。文化がなければ自己を対象としてみる能力は適合度に多大な影響をおよぼさなかっただろうが，しかし他者によって表現される感情は，自己を感情反応の対象とみなすことを可能にするようヒト科を導きえた。選択

が，象徴的に媒介される文化が出現するより前に，他者の感情との関係において自己をみつめ，また自己を感情的に経験できる能力を前面に押しだしたことは大いにありうることだ。

　選択は象徴文化を用いて自己をみる能力に働きかけた。そのため個人は他者の直接の反応だけでなく，態度共同体という視点——すなわちジョージ・ハーバート・ミード (1934) が「一般化された他者」と呼んだもの，またはエミル・デュルケム (1963 [1893]) が「集合意識」と呼んだもの——から自己を評価する。個人が道徳律との関係で自己を監視し評価するとき，彼は罪や恥のような感情を経験し，これらの感情が期待を適えるよう彼らを動機づける。つまり人間はチンパンジーとは異なる動物になる。人間は自己を共同体の視点から評価する高度に道徳的な動物になりえたのである。自己を評価し，また恥や罪を経験できる能力が集団メンバーに対する統制力を劇的に増加させる。集団の統制力が適合度を強化し，文化が進化し，まったく新しい種類の動物をうみだしたとすれば，自然選択はこの能力をまちがいなく促進した。この動物は他者や対象を文化的象徴によって指示するだけでなく，自己を道徳的に指示し評価できるのである。

5.8　文化の進化と新しい形態の自然選択

　リチャード・ドーキンス (Dawkins, 1976) のような屈強な社会生物学者でさえも，動物がいったん文化能力をもち，また行動と社会組織を規制するために象徴体系を創造する能力を保持すると，進化は劇的に変わると認識していた。社会学者たちは，文化が進化過程をどのように変えるかに関する社会生物学者の参入にただ含み笑いをするにとどまった。しかし社会学者は，人間を他のすべての動物とまったく同じように進化した動物と考えることを回避する 1 つの方法として，人間は文化を創造し，また文化を使用する動物とみなす認識を用いる傾向をみせはじめた。ほとんどの社会学者にとって，生物進化は，人間が文化をもつや否や停止したのである。まさしく，文化は生物進化に取って代わる選択肢を供給し，ダーウィンの表現型（および基本的な遺伝子型）に対する

自然選択によって変動を説明するという重荷のほとんどを取り除いた。しかし文化進化を説明するという重荷をいったい何によって移し替えようというのだろう。文化によって組織された社会構造の進化をダーウィンの用語によっていかに説明するかについての曖昧さは，多数の「共進化的」アプローチ（たとえば，Durham, 1991 ; Boyd and Richerson, 1985）をもたらした。このアプローチは遺伝的進化と文化進化と折り合いをつけようと試み，また同時に，自然選択による進化の本質を留保している。ある場合には，こうした共進化のアプローチは生物進化と文化進化の同型性を仮定し（Runchiman, 1997），また別の場合には，そのアプローチは進化をみるための二元的な方法であると論じているだけである。

　社会の起源を理解しようとするわれわれのアプローチは，2つの型の選択過程を導入している。これら2つの選択過程は，ある動物が遺伝子記号ではなく，文化記号を変えることによって，行動や社会構造を変える能力をもつ場合に作動する。だから文化は進化分析に，ラマルク流の力学を再導入する。とはいえこれに深入りする必要はない。ダーウィン流の進化は，地理的，生理学的，社会文化的ニッチで資源を確保しようと試みる文化的な試行によって方向づけられるさまざまな型の組織体系としての社会文化体系においても作動しつづける。都市，組織体，そして人間生態学という関連するすべての分野は[3]，個人と社会単位が自らを維持するために資源を追い求めること，そして社会体系は個人と社会単位がその適合度を強化しようとするひとつながりのニッチとみなしうることを力説している。もはやそのニッチが生物的または物理的である必要はない。なぜなら象徴と象徴によって媒介された社会構造をもつ世界において，ニッチは社会単位を維持できるすべての資源でありうる——たとえば教育を受けた個人たち，可処分所得をもつ人たち，権力源泉あるいは個人または組織単位を維持しうるすべての資源である。

　こうした形態の分析は，ニッチの規模，慣性を求める社会単位の密度，革新の速度（生物界における突然変異に等しい社会文化的突然変異），また競争によって引き起こされる死亡率などの変数を強調することによって，社会文化世

界をダーウィン流の選択にいともたやすく変換できる。それゆえ人間が行動を方向づけ，作業を組織するために文化を創造し，使用するとしても，こうした社会的創造物そのものが生息地の多様性と生息地内の資源ニッチを特徴づけている環境——生物物理学的および社会文化的——内に存在している。社会における多くの力学は，個人と集合行為者がこうしたニッチで資源を収集するときにはじまる選択過程によって説明できる。このダーウィン流の分析様式は，人間社会で生起するすべてを説明できるわけではないが，しかしその分析様式は社会構造と，これらの構造を規制する文化体系の進化に大きな洞察をつけ足している。

　初期の機能理論が漠然と認識していたもう1つの選択がある。この選択は「機能的選択」と呼ぶべきものであり，またはこの代替的な選択過程をはじめて社会学の中心に据えたハーバート・スペンサー (Spencer, 1898 [1874-96]) に敬意を表して，われわれはこの種の選択をスペンサー流の選択とよぶことにする。これはダーウィン流の選択と並置できる。スペンサーもまた，ダーウィンの洞察を活用した。そのことは彼の有名な「適者生存」の語句において明白である。彼はダーウィンの偉大な書物『種の起源』よりも約10年前に，「適者生存」をはじめて詳細に説明していた (Spencer, 1888 [1851] をみよ)。しかし文化を使用する人間の最初の社会の起源を理解するうえで重要であるのは，スペンサーの機能的選択に関する黙示的な考えである。スペンサー流の選択は，ひとたび動物が言語や文化によって考え，計画を立て，そして手段的であることが可能になると，環境への適応様式が重要な点で変化すると論じるのである。人間の個体群 [人口集群] はしばしばこうした環境において生存を確保しようと努めるので，彼らは順応を要請される環境において種々な問題に遭遇する。実際に，選択圧力が諸集団に必要な順応行動をとらせる。この種の選択は，社会文化的な単位に密度と競争が低い場合に頻繁に発生する。どちらかといえば，ダーウィン流の選択が作用しうる多様性や構造が欠けている場合である。そうした場合，人口集群内の行為者たちは環境で生存するために新しい種類の構造を創設することをめぐって思案し，計画する能力を用いなければならない。たとえば，

人口集群の成長が資源の枯渇をもたらしたことを知ると、この人口集群は生産を増大する方法を——試行錯誤、借用、あるいは革新によるかどうかは別にして——発見することを求められる選択圧力に対応することになる。個人と集合行為者は、こうした選択圧力によって課せられる難題に応えるため新しい文化体系と社会構造を創造する必要に迫られる。こうした新しい社会文化体系が環境での適合度を増すと、彼らはドーキンス (Dawkins, 1976) が大雑把に「ミーム・プール」と呼んだものの内に留まることができる。

　機能理論家たちがみいだし、しかし誤った概念化をしでかしたのは、選択圧力はいくつかの基本的な力によって生成されるという事態である。こうした力が、物理学あるいは生物学によって概念化された力のように、個人と集合的行為者を特定の方法で組織させるというのである。こうした力は後の機能主義者たちによってしばしば「生存の必要性」や「先決要件」と呼ばれたが、ここで彼らは誤ってしまった。こうした力を先決条件と概念化したことによって、理論家たちは、こうした必要性あるいは先決要件を満たすために、構造がどのように働くかを発見することに焦点を絞り込んだ。こうした様式の分析から、2つのきわめて疑わしい仮定が提示された。(1)構造は自らの存在のために先決要件を満たさなければならない。(2)必要がこれを満たす構造自体を創造する（機能分析が抱えている問題に関する再検討については、Turner and Maryanski, 1979 をみよ）。しかしわれわれは微妙な、それでも重要な強調点の移動を行うことで機能分析を再建できる。

　普遍的な必要あるいは先決要件のリストを概念化するのではなく、われわれは社会構造の形成とそれを規制する文化を駆動させる有限の力があることを単純に議論すればよいのだ (Turner, 1995, 2003)。こうした力は不統合な結果に反応し、あるいはそうした損傷を被っている社会単位に圧力をかける。こうした選択圧力とはどのようなものだろうか、そのいくつかを挙げてみよう。表5.1 は、個人からなるどの人口集群にとってももっとも重要であるとわれわれがみなしているものを概説している (Turner, 1995, 2003)。これらの圧力が相対的に弱いか、それとも非常に強いかである。たとえば、人口成長や人口の多様化のよう

表5.1 社会界の力

選択圧力の生成	
1. 人口集群	社会における人口の絶対数。人口集群の成長率，人口集群の構成，人口集群メンバーの分布。
2. 生産	環境からの資源の収集，資源の物資への加工，収集と変換を促進するためのサービスの創出。
3. 分配	資源，人員，情報を空間上で移動するためのインフラ構造の構築，人口集群メンバー間で資源を分配する交換制度の構築。
4. 規制	人口集群メンバーと彼らの活動を組織化する構造的単位を調整し管理するための4つの基礎的な力――強制，管理，象徴主義，物資誘引の操作――の統合と中央集権化。
5. 再生産（生殖）	人口集群における新しいメンバーの再生産と，生命と社会活動を維持する社会文化的体系の創出と保守。

な力としての人口集群からの選択圧力は，狩猟・採集民の人口集群ではきわめて弱い。なぜならこの最初の人口集群はきわめて小さく，資源ニッチをめぐってダーウィン流の競争を引き起こすような密度と競争がその人口集群のうちにないからである。それとは対照的に，規制と生産をめぐる選択は非常に激しい。なぜなら広く開けた生息地で生存する弱い紐帯のヒト科の遭遇する大きな問題は，メンバーの活動を調整し制御し，より強固な社会結合を育成すること（規制）であり，またそうすることで，神経的に未成熟で，傷つきやすい子どもたちに安息の場を提供すること（再生産）であるからだ。どの選択圧力がヒト科，またその後における人間にもっとも激しかったかを査定することによって，われわれは最初の人間社会がどのように構築されたかに関する手がかりを入手できる。人口，生産，分配の圧力は激しくないが，しかし規制と再生産の選択圧力が人口集群を圧力下においているとすると，われわれは社会がなぜ特定の方法で組織されるにいたったかに洞察を得ることができる。たとえば狩猟・採集から園芸農耕とさまざまな遊牧生活のような単純な園芸農耕の変種への移行において，人口成長が規制と生産の圧力を上昇させ，新しい経済的，政治的組織の形態をもたらす。それゆえ選択圧力がどこに起因しているかを知ることによって，われわれは自然選択，しかし動物が社会関係を組織するために文化記号を使用するようになると出現する，ある形態の自然選択――われわれがスペン

サー流の選択と名づけたもの——の観点から，人間社会の起源と，その後における進化をよりよく理解することができる。スペンサー流の選択はダーウィン流の選択に取って代わるものではない。そうではなく，両方の選択が社会において作動し，また有意味にそれらの進化の軌道に形を与えるのである。

5.9 むすび

　文化の進化は，選択圧力が作用した多数の主要な前適応の結果である。視覚優位を目指した脳の配線は，森林生息域の辺境ニッチで生活する類人猿の知性の強化と共に，複雑な象徴的表象のための能力を目指してはじまった。現生の大型類人猿は人間による訓練によってこの能力を発達させることができる。脳の側方化は，左半球の機能の分化によって，選択が言語のために左半球に作用することを可能にした。その一方で右半球はパターン認識と最初の言語——感情言語——に必要な感情の平凡な様態のまま残された。感情言語はさらにもう1つの前適応を行った。なぜなら脳が構文法をもつ音素体系を構造化するために配線され，またこの能力が音素を単語に，単語を文法によって組織された文章へとひとつながりにすることのできる発話生産のための神経的基礎を提供した。サヴァンナで騒音を制御する必要がさらにもう1つの前適応であった。なぜなら感情爆発とこれを引き起こす騒音に対する新皮質による制御と共に，発声の皮質制御——統合された発話の必要条件——のための基礎的な配線をもたらした。さらにもう1つの前適応が共同態感覚をもち，誰が領土行動圏の部分であり，誰がその部分でないかについて知ることのできる最後の共通祖先の能力であった。こうした前適応が，音響的な表現の鋭敏さを強化することになる直接の選択を受けたが，しかしこれらの前適応はヒト属の解剖学的構造の別の部分に働いた選択による影響も受けた。

　おそらく，こうした別の部分に働いた解剖学的な選択による最大の影響は500万年から700万年前に起きた二足歩行による移動運動へのヒト科の移行であった。ヒト科がいったん二足による直立姿勢を発達させると，これの発話への適合度強化の効果を前提にすれば，彼らの声道は開かれ，また喉頭，舌，口

唇，筋肉，軟骨，骨組織の解剖的特徴に働きかけるような方法で拡張されることになった。発話生産にとっての大きな障壁は，類人猿を見れば明らかなように，取り除かれた。また二足歩行は手を自由にしたので，これによってヒト科は容易に対象物を運び，道具を作製できた。道具の作製と武器の製作が適合度を強化するかぎり，この能力は長い時間をかけて知性の発達をもたらした。より知的な動物は性能のよい道具を作製し，したがって生存する可能性が大きくなった。さらに，道具と武器は特定の目的のためにつくられるので，それらの作製は手段性を増すことになる。そして動物が手段的になるほど，選択は合理性——優れた選択肢を思い描き，それらを秤量する能力——だけでなく，そうした計画と選択肢についての個人間コミュニケーションをも増やしたであろう。

発話生産は手段的，合理的行為を強化するだけでなく，行為の統合を強化するので，それは社会性をも伸張できる。感情的な結合が文化の助けを借りることなく生じうる場合，感情を用いて語る能力は，感情言語によって提供されるもののうえにもう1つの地平をつけ加えた。さらに，発話には，対象，他者，また社会関係を象徴化する能力がともなう。この能力が発達すると，感情結合の最終の機構——集団と共同態を象徴化し，トーテム化すること——が出現した。おそらくヒト科の祖先はより大きな共同態に方位する能力をすでに備えていた。誰が共同態の部分であるか（そして誰がそうでないか）についての認知に象徴を貼り付けることは，集団と共同態の連帯を増したであろうし，またおそらくより大きな地域的個体群内部の集団単位間の交換を促進したにちがいない。

最後に，自己を対象とみなすことのできる大型類人猿の能力が，後にヒト科が文化記号との関連において自己をみつめることを可能にし，また他者の意図と反応を理解することを可能にしただろう。社会関係が緊急事態にあると，しかも動物は互いに即時的な行為によって反応できるだけだとすると，連帯は制約される。しかし他者の反応が自己を評価するために，また他者との関係において自己をみつめ，モデル化するために使用できるとすれば，社会統制と結合のための新たな基礎がうまれる。象徴的能力が発達すると，個人は自己を道徳

律の視点，すなわちジョージ・ハーバート・ミード (Mead, 1934) の用語を用いるならば，「一般化された他者」あるいは共同体の視点から評価できるようになる。そうなると個人は他者が彼の行為を監視していなくても，自らを監視し，また裁可を下すことができる。この種の自己統制——とくに他者の目に映っている自己を確認することに志向する自制力——と共に，安定した社会的結合と社会構造への信頼，およびこうした構造を規制する文化を形成する能力がいっそう大きくなる。

　もっと大きな意味で，文化は発話と共に訪れる。つまり行動を規制する道徳律へと組織された任意の象徴をつくり使用する能力の発達である。この型の文化がヒト科による社会組織化の部分になったのが正確に何時であるかを知ることはできないとしても，確かにホモ・エレクトゥスはこの行程に十分乗っていた。文化にともない新型の自然選択——スペンサー流の選択——が，ダーウィン流の選択を補完するために出現する。文化象徴を用いて考え，計画を練る能力と共に，環境からの要求あるいは選択圧力に反応して新種の社会構造と文化体系を創造する能力が出現する。進化はいっそうラマルク的になり，しかも必要であれば迅速になる。なぜなら選択は突然変異を待てないし，あるいは特性が種に分配される正規分布曲線の両端にゆっくり働きかけるゆとりがなかったからである。むしろ，問題が発生すると，個人あるいは文化によって規制される社会構造に組織された個人たちからなる人口集群は，新しい難題に対処するため行動，構造，文化を変えうる潜在力をもっている。もちろん，社会構造と文化は新しい難題への反応に硬直さを押しつけうるので，それらが変わるという必然性はないが，しかしおそらく遺伝子によって規制される生物的構造ほど強くはないだろう。

　発話能力と文化が進化するためにはきわめて長い時間——数百万年——が必要であった。なぜならダーウィン流の自然選択は霊長目に組み込まれていた多数の障壁を克服しなければならないからである。類人猿に明らかにみられるような前適応がなかったとしたら，おそらく文化を用いる動物をつくりだす選択は，過重な負担だったはずである。しかし十分な時間が与えられると，選択圧

力は以下によって課せられた障壁を乗り越えることができた。(1) 発声と視覚の入力と出力を統合する必要，(2) 統合された発話生産を可能にするため声道，舌，口唇を中心にした身体構造を変更する必要，そして，(3) 発話を脳の思考様式に取り込み，また抽出しうる領野を生成するため脳の側方化をさらに進める必要である。ダーウィン流の選択はこうした変化を実行するために数百万年の時間を必要としたが，しかしそれがひとたび整うと，文化を使用する動物のための選択と進化の性質は継続的な変化を遂げた。

こうした変化は数百万年を要したが，ヒト属（ホミニン）は生き延びることができた。なぜなら自然選択は最初に既成の感情能力，感情言語を創造するために音素を組織する既成の能力に働きかけたからである。次に，これがヒト科の集団に十分な安定と連帯を提供しえたので，ヒト科はアフリカのサヴァンナの危険を切り抜けることができた。ヒト科は社会関係を規制するために文化記号を使用できるようになるずっと以前に，感情的に意思疎通を行う堅く配線された能力を用いつづけたのである。そして今日にいたるまで，人間は社会結合を育成するためのこうした能力に頼っているが，しかし彼らは文化を用いることのできる動物だけが発達できる，きわめて複雑な社会構造のなかでそうすることができたのである。すでに第3章で描写したように，ヒト属の歴史のほとんどのあいだ，文化はホルドからわずかに離れただけの局面で，社会を規制するために作用した。この見た目には小さな局面が核家族によって構成される狩猟・採集バンドにおける人間の適合度を劇的に増加させたのである。

社会の起源に関する1つの物語は今や，後にヒト属と早期人間のあいだで進化した最初の制度体系へと移ることになる。こうした制度体系は，ホルドをもっと持続可能な社会に変容させたものであり，文化を使用する霊長目，すなわちホモ・サピエンスによるスペンサー流の選択圧への反応の成果であった。

注
1) 霊長目の聴覚系そのものが初期の警報探知系として役立つように進化した。すべての霊長目が，騒々しい音，ムシャムシャ食べているような音，あるいは葉をパリパリ囓じるよう

な騒音に瞬時に反応する。これは捕食者が近くに潜んでいるかもしれないという本能的な知識によっているのだろう。次に聴覚系が空間における対象に注意を向けるよう視覚系に警告を発する（Maryanski, 1992；Newman, 1988 をみよ）。それとは対照的に，聴覚系は通常は連続した，または滑らかな音を一般的な背景音として知覚し，霊長目はそれに反応することは少ない。聴覚系が発話のために用いられるとき，この系は皮質制御の下での言語に基づくコミュニケーションに向けた選択によって神経学的に徹底的に見直される必要があった（Maryanski, 1997）。

2) これに関連するデータについては，Gallup (1970, 1979, 1982)；Lin, Bard and Anderson (1992)；Hyatt and Hopkins (1994)；Panger (2007) をみよ。自己意識についていっそう一般的な議論については，Irvine (2004) をみよ。

3) たとえば，Hawley (1950, 1986)；Hannan and Freeman (1977) をみよ。

第6章 人間社会の発生
──狩猟・採集社会──

　狩猟・採集社会が人類史の99パーセントを占めており，その一部は現在もみいだされる。こうした社会の人たちは野生動物を捕獲し，自生している植物を採集して生活している。彼らは生存限界ぎりぎりの生活をしていたと長いあいだ考えられてきたが，しかし最近の証拠によれば，彼らはほとんど最小量の労働でそれなりの生活を営むことができていたことがわかってきた。実際に，彼らがある種の「基本的に豊かな社会」をつくっていることを実証している (Stephen Sanderson, 1999, *Macrosociology*)。

　解剖学的にみて，現代のホモ・サピエンスの出現が15万年前頃であったと仮定すれば，人間は少なくとも14万年もの長きにわたって，ほとんど狩猟・採集民であった。園芸農耕の最古の証拠は，約1万年前，中近東においてみつかっている植物と動物の馴化である[1]。たとえ園芸が普及したとしても，多くの社会は地球上の多くの場所で，また最近まで，狩猟・採集の生活様式を中心にして営まれてきた。だから狩猟・採集は，社会生活を組織するために文化を使用する大きな脳をもつ霊長目にとって持続可能な適応様式であることが立証された。狩猟・採集社会は小さな1組の基礎構造の構成を中軸に組成されている。われわれは自然選択が，どのようにこれらの要素をつくりだしたかを説明する前に，この基礎構造的な構成について再検討すべきだろう。

6.1　狩猟・採集社会の構造的要素[2]

6.1.1　狩猟・採集バンドの生態的ならびに人口誌的特徴

　狩猟・採集を営む人口集群は，資源を獲得するため決まった行動圏を遊動するほぼ30人から100人よりなるバンドに組織されていた。そのバンドは地域内の一箇所にしばらく留まり，資源が乏しくなると，バンド員はそこを引き払

い、領域内の別の場所に移動する。狩猟・採集民が移動するとき、人類学の用語を用いると、「季節による周期移動」、すなわち周回路をたどる。すでに利用した狩猟・採集の大地にふたたび戻ってくるときには、資源は十分に補充されている。

バンドは容易に分散し、その後しばらくしてふたたび一緒になることのできるきわめて柔軟な組織であった。メンバー間に対立があると、対立している当事者たちはそこを離れ、その後にまた一緒になる。資源が不足し、バンド全体を支えきれなくなると、そのメンバーはより小さな単位に分散し、行動圏内の他の場所に移動する。だから利用できる資源が採食行動とぴったり一致していただろう。多数のバンドが特定の地理的範囲内で生活し、同じ方言を話し、文化的伝統を共有していた。またバンド員は誰が身近な者であり、誰がそうでないかを承知している。資源が不足すると、彼らは自らの地域を、「ビッグバンド」共同態の外部で生活しているバンドによる侵略から防衛しただろう。それでも、人類史のほとんどの期間において、世界中の人口密度は非常に低かったので、通常、対立を回避するための十分な空間が地域的なバンドの集合にはあった。65億人［2016年現在、73億人超に達している］が生きている現状の世界と比べて、狩猟・採集時代のほとんどの期間、人口規模は地球全体で平均して1,000万人ほどであり、人口密度は明らかにきわめて低かった (Massey, 2005)。

しかし実に奇妙なことに、人口集群の膨大な成長にもかかわらず、現代人は霊長目の他の種と比較して、遺伝子の変異がきわめて小さいという事実は、われわれのすべてがアフリカのきわめて小さな生殖集団――おそらくわずか数千人の人たち――の子孫であることを教唆している。近年の証拠によって、およそ10万年前の初期の人類は絶滅の危機に瀕していたが、やがてアフリカから移動してアジアに広がり、氷河が後退すると、西ヨーロッパにも同様に拡散した。その結果、判明しているかぎり、彼らがネアンデルタール人を3万年前に絶滅に追いやったとみなされている（とはいえ彼らのあいだに交配があったかもしれない）(Witherspoon, et al., 2007 ; Gagneux, 2002 ; Kaessmann and Paabo, 2002 ; Watkins, et al., 2003 ; Long and Kittles, 2003 ; Relethford, 2001 ; Weaver and

表 6.1　狩猟・採集社会の生態学・人口誌

人口誌	
人口規模	小規模，50-80 人
人口移動	限られた領域内の周期的な移動，バンドの季節的な，あるいは時機に応じての分散，あるいは資源水準による個人や家族のバンドからの移動
成　　長	長期的な居住，出生制限，中絶，子殺し，出生間隔による安定的なメンバーの維持
生態学	
内部の分布	低い人口密度，バンドは決まった領域内で定期的なパターンを保って周期的に配置替えをする
外部の分布	他のバンドの認容，とくに同一文化をもつバンドの認容，またそれぞれの領土要求の受容

Roseman, 2008)。しかしいったんアフリカを離れると，狩猟・採集民は定住できる場所をいたるところにみつけた。彼らは水——大洋，湖沼，河川——が安定的に高タンパク質の食材を供給する豊かな地域に移動するようになると，人口集群は領域を拡大したが，しかし使い果たした。一部の定住した狩猟・採集社会が単純な園芸農耕社会へと進化すると，人口集群が 1 つの力として，次章で考察するように，人間社会の性質を変貌させはじめた。社会の人口誌学的・生態学的特徴を概説しておくことが有用である，とわれわれは考えている。なぜならこれらが社会構造と文化の形成に制約を課したからである。表 6.1 は，狩猟・採集民の生態学的ならびに人口誌的特徴を要約している。

6.1.2　狩猟・採集社会で発展した制度体系[3]

(1) **親族関係**　　バンド内の個人は，ヒト属にとって根本的に新しい型の社会構造である親族関係によって組織された。もっとも初期の人口集群はおそらく複婚による家族関係，すなわち 1 人の男性が数人の女性と配偶する形態に有利に働いたが（この議論については，Maryanski, 1993 をみよ），性比と早期の狩猟・採集民の利用できた資源の実態が，夫婦の役割関係と核家族の方向へと確実に傾斜した（しかし専門的にいえば，複婚家族は 2 つ以上の核家族から成り立っている）。それゆえ『民族誌地図』(Murdock, 1967) に収録されている現存の社

会の70パーセントが一夫多妻婚を選好するが，しかしほとんどの人口集群は一夫一妻婚の配偶パターンを保っている。核家族は結婚した夫婦とその子どもたちからなる。大型類人猿，とくにチンパンジーが乱交であると記述した第3章を思い起こすと，進化した類人猿にとって核家族が自然な単位でないことは即時に理解できるはずである。とはいえ第3章で論じたように，バンドを持続するため，また再生産と生産のための選択圧力がまったく新しい種類の構造を人間に押しつけたのだろう。これこそが家族である。社会が進化するためには，神経学的・解剖学的に未熟な子どもたちを危険から保護できる安定した生殖単位をもつことがどうしても必要であった（これについては後で手短に考察する）。

(2) 経　済　バンドと親族関係の単位はもう1つの新種の構造，すなわち経済をつくりださねばならない。食料を生産する際に分業が成立している場合にかぎり，経済が誕生した。食料を入手しようとする個人が経済活動をしていると考えると，あらゆる生活形態がその資格をもちうる。そうであれば，もっと正確な経済活動の定義が必要である。経済活動とは，(1)資源を環境から採取するため，(2)これらの資源を生産によって人間エネルギーに有用な資源に加工するため，そして，(3)有用な資源に加工された物資を人口集群のメンバーに分配するための分業である (Turner, 1972, 1997c, 2003)。現在判明しているかぎり，狩猟・採集経済は，チンパンジーのあいだで観察できる初歩的な分業形態の基で組織された。チンパンジーはほとんどいつも生きるために必要なものを自力で採集しているが，しかし雄が食肉用の動物（たとえばヒヒの子ども）を追尾する際に，彼らはしばしば狩猟行動を調整し，獲物を仲間たちと共有する (Galdikas and Teleki, 1981 : 241 ; Hohmann and Fruth, 1993, 1996 ; de Waal, 1989, 1996, 1997a)。ここにこそ経済の基礎がある。また選択圧力が，後に狩猟・採集バンドにおける男性と女性の分業をうみだすために，チンパンジーと後のヒト属にとっての共通祖先に明白にみいだせる分業に向けて働きかけたのかもしれない。

19世紀後半から20世紀にいたるまで残存していた食料採集社会の研究によ

って集積されたデータは，狩猟がもっぱら男性によって，また草木，果実，ナッツの採集がもっぱらが女性（時に子どもたちが手伝いをする）によって実行される領域であることをしめしている。採集社会に明瞭な分業があったということである。生産，すなわち食材の加工は一般に女性によって担われた。しかも狩猟・採集民によって消費される大半の食料は女性の営みによっていた。とはいえ食肉の調理は男女が一緒に行うこともあった。女性によって採集された食料は一般に家族内で分配されたが，しかし家族を越えて食料が共有されることもあった。狩猟の獲物からえた食肉は通常バンドの全員に分配された。とくに狩猟が男性同士の調整された作業をともなう場合（ある個人が捕捉した獲物を宿営地にもち帰る場合でも），獲物はバンドの全員に分配された。実際に，バンドの訪問者も，獲物の動物がうまく捕獲され，宿営地までもち帰られると，食事に招待される習わしであった。

　狩猟・採集バンドがホルドという土台から最終的に進化したことに思いをめぐらすと，狩猟・採集の劇的な変容がどのようなものであったかをわれわれは知ることができる。たとえバンドが非常に単純な社会構造をもつとしても，言語と文化が堅く配線された共同態感覚に重ね合わされると，狩猟・採集バンドは他のバンドのそれとは異なる行動圏内で，自己アイデンティティの感覚をどのように獲得したかを知ることはそれほどむずかしくない。さらに，チンパンジーが一時的な群れに加わり，また簡単に離れていけることは，誰が余所者であり，誰が身内であるかという感覚をいぜんもちつづけながら狩猟・採集民に，分裂‐融合のパターンという堅く配線された基礎を与えた。そのバンドは必要であればたやすく分散し，また十分な資源が調達できそうであれば，すぐに再集合したのである。

　喫緊の問題は，親族関係の形成であり，そして次に，核家族のみならず，最初の真の意味での経済をつくりだす分業を形成することであった。安定した集合化がヒト上科にとって自然な状態でないとすれば，安定した一対の配偶は霊長目一般にあって尋常でなく，きわめて不自然であった。それゆえ，われわれは男女一対からなる夫婦結合を創出するために作動した自然選択に焦点を合わ

せる必要がある。なぜならこれこそが父親，母親，子どもたちからなる核家族を可能にしたからである。

(3) 宗　教　　大きな脳，言語，文化をもっているホモ・サピエンスは，神聖な存在あるいは力，また個人と集合体の日常生活における出来事に影響をおよぼす超自然的な領域についての信念をつくりだした。ホモ・エレクトゥスはこうした信念をもっていたかもしれない。また彼らがこうした信念を共有し，超自然的な存在と力の効能を喚起するために儀礼的実践に携わっていたとしたら，彼らもまた宗教をもっていたことになる。ホモ・エレクトゥスが宗教を保持していたかどうか不明だが，しかしホモ・サピエンスになると，宗教が新しい制度体として出現したことは確実である。超自然的な存在への信念を発達させ，また信仰者の共同態を形成し，そして超自然的なものの力を喚起すべく工夫された儀礼的実践に携わるよう人間を仕向けた圧力についてわれわれは考察する必要がある。

　要するに，狩猟・採集は規制，再生産，生産からの選択圧力への反応として組織された。こうした力がバンド，また最初の制度体——親族関係，経済，宗教——をもたらした。次いで，われわれは過去を振り返って，これらの新しい構造的要素についてもっとくわしく分析してみよう。

6.2　バンドの進化

　バンドの進化は共進化過程の産物である。生物的側面からみると，ヒト属と現生のチンパンジーの最後の共通の祖先は共同態感覚をほぼ確実に保持していた。チンパンジーは共同態を概念化し，またメンバーと非メンバーを区別できるよう堅く配線されていたので，初期ヒト属はこの組織形質を共有していただろう[4]。この性向が約60個体からなる身近なバンドによって受け入れられたかどうかはわからないが，しかしバンドの行動圏感覚だけでなく，近接するバンドとの行動圏感覚をもつ選択が行われたことは確実である。また必要であれば，この明瞭に区切られた「ビッグバンド」の地域圏は外部侵略から防衛され

たであろう。文化の側面からみると，言語の進化はバンドの言語共同態をつくりだしただろう。バンドは共通の方言をもつことによって「部族的」な連帯感を実感できたかもしれない。この共同態を表象する別の象徴——たとえばトーテム——が，文化を共有しているバンドとの感情の同一性を増すことになる象徴主義のもう1つの層としてつけ足された。象徴を共有している個人たちのバンドあるいはバンドの集合化は共通文化をトーテム化し，またこうしたトーテムに向けて儀礼を実践できたとすると，連帯はさらに強化されただろう。これらのトーテムとそれらを取り巻く信念が神聖とみなされ，超自然的な力によって裁可されているとみなされると，そのバンドあるいはバンド共同態へのより大きな義務感が存在したかもしれない。

　象徴的表象のこうした諸層のすべては感情言語上に構築された。感情言語はヒト属の早期の進化において発達したとわれわれは考えている。この拡張された感情性が特定の領域を占有しているバンドやその集合を表象する象徴への強い信頼感をつくりだしただろう。これらの象徴に向けた儀礼の制定は象徴に「威力」を与え，個人の知覚と行為を制御する，もっと激しく多様な感情を喚起するより大きな力をもちえたかもしれない。恥や罪のような複雑な感情を経験できるホモ・サピエンスの能力がなかったとしたら，文化は確かに統制力をもちえなかった。恐れや幸せの1次的な精巧化——怪訝，畏怖，敬意，崇敬な感情（表4.1をみよ）——は，象徴に大きな力をつけ加えた。つまり怒りと満足が，悲しみや恐れの1次的精巧化である憐憫，悔恨，惨め，後悔のような気持ちをうみだすために結合されると，裁可はより大きな力と繊細さを与えられた。こうした気持ちは痛ましいものであり，また文化記号に違反した場合に矯正行動を行うよう個人を動機づける。

　上述したように，ヒト科の感情レパートリーの拡張が先行していなかったならば，文化は行動を規制する力をもちえなかっただろう。文化は，命令的な性質をともない，そして今や道徳的な文化記号に違反することを痛みと感じさせる感情的な威力をもたないと，まったく無味乾燥な教訓でしかなくなってしまう。しかも選択が類人猿とヒト科の共通祖先が保持していた共同態感覚の強化

に向けて有利に作用すると，感情的に誘発された象徴の組み合わせは 2 倍の強さを発揮する。個人たちは地域圏の人口集群の象徴を厚く信頼するだろうし，またこれらが神聖な象徴と考えられると，人口集群の領土境界は神聖な境界となり，また脅威と対決しながらも境界を防衛するよう個人たちを導くだろう。さらに，象徴を帯びた感情性がバンド間の連帯を生成するかぎり，こうしたバンド員は交換を行いやすくなり（たとえば兄弟たちは姉妹たちを妻として交換する)，または苦しい時期に互いに助け合うようになる。こうした交換が行動圏を占有しているバンド体系に感情共同態というもう 1 つの層をつけ足す。

デュルケム（Durkheim, 1984 [1912]）がずいぶん以前に，ボルドゥイン・スペンサーとフランシス・ギレン（Spencer, B. and F. Gillen, 1938 [1899]）のオーストラリア先住民の記述の解釈において確認したように，高い割合の相互作用，共通な象徴，こうした象徴に方位した儀礼のすべては感情興奮をいやがうえにも増す「沸騰」と，集団メンバーの活動を監視し裁可する感情喚起を生成する。しかしこの「外在する力」，すなわち「マナ」の感覚は，利用資源が変わると，身近なバンドの分裂‐融合を繰り返させた。この連帯は，対人的な水準，または身近で食料を入手するための群れの水準での強い紐帯でなく，むしろ共通の文化を共有するバンドのより大きな地域圏の人口集群のもっともマクロな水準でうまれる。チンパンジーとヒト科の祖先は身近で食料を探す群れの水準，あるいは集団水準でおそらく弱い紐帯しかもたなかったかもしれないが，しかし同時に共同態感覚を保持していた。この感覚が狩猟・採集の人口集群の文化を象徴化し，またトーテム化する共通な象徴への信頼をうみだし，さらに環境が必要とする場合には，集団を形成し，また分解することを可能にしただろう。共通の象徴とトーテムへの信頼は地域的な人口集群を維持し，また共通の象徴とトーテムに向けた儀礼によって与えられる連帯を失うことなく，集団を形成し，また分解することをたやすくさせたであろう。

また連帯は感情言語と文化的象徴，そしておそらく集団トーテムの組み合わせによって集団水準でも生成できただろうが，しかしこうした強い紐帯が地域圏の人口集群すべてのメンバーへの弱い紐帯を排除することはなかった。食料

を探索し，また捕食者から身を守るための結合は一時的には強かったかもしれないが，しかし弱い紐帯からつくられる地域圏的な人口集群とのよりマクロ水準の連帯感も存在したかもしれない。ある意味，強い紐帯と弱い紐帯が提供するものの内に最良の結合がありえたのかもしれない。強い紐帯は集団水準で必要な連帯を生成する。ところが弱い紐帯はある領域を占有している多数の個体の橋渡しをする。その集団は感情的結合を形成し，組み立てるが，しかし必要になれば，こうした強い結合の記憶とより大きな文化共同態に所属している感覚を保持しつつ，バンドを解散することもできる。

広く開けた大地のニッチでのヒト属の生存に不可欠であった集団水準で高い連帯を生成することは，弱い紐帯だけでは不可能だったはずである。その一方で，強い紐帯だけでは，人間のより大きな共同態への生得的な感覚と衝突し，文化を共有している狩猟・採集のバンドの特徴である協同的な交換関係よりもむしろ，食料を探す集団間に対立を生じさせたかもしれない。また後の章で考察するように，この象徴とトーテムによるいっそう大きな人口集群を表象する能力は，マクロ社会への前適応と考えることができる。大規模な社会組織化は，デュルケム（Durkheim, 1984［1912］）が強調したように，社会構造を象徴的に表象できなければならない。

6.3 家族の進化

多くの社会学者や社会哲学者は，集団一般，そしてとくに家族が人間社会組織体のもっとも「自然」で，しかも基本的単位であると論じてきた。この結論は，チンパンジー社会を初期ヒト科の弱い紐帯によって結ばれたネットワーク構造のモデルとみなし，あるいは第2章で概括した最後の共通祖先の分岐分析の結果を証拠として採用しているわれわれの見解と矛盾する。感情言語の進化は，ヒト科が捕食動物のたくさんいるサヴァンナで食料を探し，捕食動物から身を守るために集団水準でより強く，またより安定した結合を生成することを可能にしたが，しかしこうした強い紐帯は，安定した集団化をもたらすよりも，むしろ弱い紐帯からなる共同態構造の性向としばしば対立した。だからこそ弱

い紐帯しかもたないヒト科に強い紐帯を育成するため，自然選択はヒト上科の神経構造内にある多数の障壁を打開しなければならなかった。これまで強調したように，感情の強化は，自然選択がすべての類人猿の弱い紐帯という性向を補完するために促進した「解決策」なのである。

　感情は最初に，第3章で概括したホルドのような構造に働きかけた。しかしホルドは出発点でしかなかった。なぜならヒト属が開けた大地で生き延びようとしたら，ヒト属は食料を探し，また防衛のために安定した集団をつくりながら，しかもメンバーの再生産を保証しうる社会構造をつくりだせる手段を必要としたからである。さらに，ヒト属の脳が成長しはじめた局面において，いぜん生まれてくる胎児の大きくなった頭蓋腔は母親である妊婦の子宮頚を通過しなければならない。そのため胎児は神経学的・解剖学的により未熟な状態で誕生せざるをえなかった。だから乳幼児はますます長期間にわたって保護者に依存することになった。類人猿は他の哺乳類や霊長目と比較して，すでに長命な生活史をもっていたので，彼らは乳幼児が成熟するまでの長い期間にわたり養育する性向をすでに身につけていた。先に指摘したように，この行動性向はより大きな脳をもつ乳幼児の母親への長い期間にわたる依存のための前適応とみなすことができる。自然選択は類人猿に長いあいだ乳幼児を育てさせる性向をもたせた。そのため文化を可能にする大きな脳が適合度を強化したならば，自然選択はランダムな突然変異——これはいずれの場合でも危険である——を待つことなく，長期間にわたる母親と乳幼児の依存関係を堅く配線した。先に議論したように，この長期間におよぶ生活史は，資源が豊富にあった森林で生活していた時期にすでに組み込まれていた。もちろん，樹上の生息域が後退すると，こうした生活史特性は猿——第2章でみたように，ずっと短い生活史をもっている——との競合において，森林で生息する類人猿に不利に作用した。

　人間の乳幼児は非常に虚弱であるため，自然選択は乳幼児を産み育てるすべての雌の哺乳類にすでに備わっていた先天的な性向をいっそう強化しなければならなかった。しかし選択は，雌と雄との性的結合によって生まれた子どもとその雌に対する雄の愛着を育成するようにも働いた。雄，雌，そしてその子ど

ものあいだに愛着行動が生じうるためには，チンパンジーとヒト科との最後の共通祖先に堅く配線されていた乱交という性向が克服されねばならなかった。大型類人猿のすべてが乱交であった（ゴリラはそれほどでもない）。だから雌はすぐ近くにいる雄たちとひっきりなしに性交を重ね，しかも雌のチンパンジーの場合には，しばしば立てつづけに性交をする傾向をもつ。それゆえ選択は乱交という性向についてなんらかの方途を探らねばならなかったし，また多くの進化的結果と同じく，その結末である核家族は乱交傾向と性交の相手とその子どもに対する愛着行動とのしばしば容易ならざる妥協の所産であった。人間家族における成人，とくに男性，しかし女性メンバーにもみられる比較的に高率の「不倫」を考えるとき，選択がより安定した生殖単位をつくることを確実にするため，一対の雄と雌，そして彼らの子どもたちのあいだに結合を育成することが「辛うじて」なしえたことであった[5]。

　要するに，核家族は絶対に必要な妥協の産物であった。だとすれば選択は，家族を創出するためにどのように働きかけたのだろうか。ここでもその過程は共進化的であり，より大きな脳によって可能になった文化の強化をとおしてヒト科の神経解剖学的構造に直接に，また間接に働きかけた。ここで後期ヒト属と人間の神経解剖学的な直接の選択について考察しよう。

6.3.1　愛情と家族の神経学的な基礎

　ヒト科の感じることのできる感情の強さと種類が増すと，こうした感情は持続する社会単位を形成するための新たな基盤になりうる。個体はそれぞれより複雑で激しい感情を感じるようになり，その結果，彼らは長いあいだ自らすすんで一緒に生活するようになった。まず，この感情性の強化はホルドを組成するために資した。このホルドは，チンパンジーに明らかにみられる母親と息子の強い紐帯と共に，雄の友達と兄弟間の中度から強度の結合によってつくられた。ホルドはより安定し，したがって食料の採集と捕食動物からの防衛をより適切に協調できるようになった。それでもこの時点でヒト属には，雄と雌のあいだの強い結合も，また彼らのあいだに持続する生殖パターンもまだ存在しな

かった。現存しているチンパンジーと同じように，当時における成体した雄と雌の紐帯はたぶん脆弱なままであった。

　感情が強化されると，自然選択は脳の皮質下領野に狙いを定め，強固な社会結合を育成するために使える肯定的感情の喚起を増強するように働いた。扁桃体——哺乳動物の恐れと怒りのための古来の中枢——は，側頭領野の上部に位置し，快楽を呼び起こす細胞をもっている。扁桃体は成長する前頭前皮質と皮質下領野の主要な交換器になりえた。同様に，帯状回皮質は快楽を生成するだけでなく，脳の新皮質領野と皮質下領野のあいだのもう1つのパイプとして働くために拡張された。前の第4章でも指摘したように，もっとも興味をひく変化は，快楽のための多くの領野が性的快楽を生成するためにすでに作動していた隔壁につけ足されたことである。隔壁の変更は「動かぬ証拠」ではないかもしれないが，自然選択が性交をする相手に対して束の間の性快楽だけでなく，より持続する肯定的感情を強化するために働いた指標である。第4章で指摘したように，「愛情」の神経中枢があるとしたら，これらは快楽のために付加された部位と確かに関係している。しかし別の皮質下領野と，たぶん帯状回皮質の部位が異性愛に関与しているかもしれない。

　隔壁を選択することによって，性交にともなう快楽の感情を増すためのきわめて直接的な回路が選ばれた。これらの肯定的な感情が文化的象徴によってより精巧化されると，堅く結ばれた配線と文化記号の組み合わせは，おそらく乳幼児が脆弱な，少なくとも数年にわたって雄と雌のあいだにより安定した結合をつくりだせたはずである。性交相手との信頼関係は長い時間をかけてようやく進化したのだろう。脳成長の促進（したがって胎児の脆弱化）が，子どもの乳児期の局面，そして最終的に，伴侶でありつづける選択に対して有利に働く要因になったかもしれない。解剖学的にみると，現代のホモ・サピエンスが出現する以前に，狩猟・採集バンドにおいて核家族が重要な構造であったにちがいない。

6.3.2 家族の文化的な側面

　広く開けた大地の生態系が脳の発達と社会関係を組織するために文化を用いる能力を促進するよう働いたので，文化的象徴はある時点において核家族を形成することを決定づけた。男性と子どもを産む女性の婚姻と婚姻関係の解消に関する規範形態にみられる文化記号は，男性，子どもを産む女性と彼らの子どもたちのあいだの感情的な愛着のためにすでにあったすべての神経的基礎にゆるやかに働きかけた。また「愛情」の神経的基礎が象徴的に表象されると，彼らが生成する結合はいっそう強力になった。恥と罪は文化記号が適えられないときに喚起される感情であり，したがって個人が信頼に違背する思いや行動に対して自己裁可を下すとき，信頼行動を促進する。また集団内の別の人たちが信頼行動を強化するさまざまな否定的裁可を有効に使うこともできる。

　完全に近代的な人間が出現する頃までには，ほとんどのバンドは，男性と女性がどのように子どもを養育するか，またどれほどのあいだ養育を継続するかについての規則と共に，婚姻とその解消の規則を確実に保持していた。ホモ・エレクトゥスは核家族の萌芽形態をすでにもっていたかもしれない。いずれにせよ，脳が大きくなるほど，文化が核家族における主要な関係を定義しはじめた。ヒト科はすでに感情の幅広いパレットをもっていたので，これらが文化記号の効力を加増するために使用できた。彼らは恥と罪のような否定的感情を経験し，また身近な集団の他のメンバーから否定的裁可を受けることがないような記号を体得するよう個人に仕向けた。またバンドからなるより大きな共同態が象徴化され，トーテム化されるようになると，集団内での恥はその領域内のすべてのバンドに知れ渡り，したがって裁可ならびに裁可による制裁の恐怖に対して親族関係の規則に違反した個人たちの行為を統制する付加的な力を与えた。

6.3.3 家族にとっての大きな障害：インセストの可能性

　第3章で考察した近親交配に関する最近のデータは，近親者間の交配による悪影響が直接的であることを強調し，またインセストの関係によって多くの遺

伝物質が共有されるほど，近親交配の障害は劇的に重症化する（Turner and Maryanski, 2005 ［2012：107-142］をみよ）。遺伝子の 50 パーセントを共有している両親から生まれた子どもたちは高い割合ですぐにそれとわかる奇形をもち，また 12.5 パーセントの遺伝子を共有している第 1 イトコ同士から生まれた子どもも問題を抱えることになる。だから近親交配，つまり近い特定の祖先を共有している遺伝子は，有意に適合度を引き下げる。とくに非常に複雑な神経系をもつ後期ヒト属や人間のような動物では極度に適合度が低下する。核家族内のダイアド間におけるインセストの相対的な割合も興味を引くし，またいくらかの説明を必要とする。

　第 3 章で考察したインセストの議論を手短に要約しておこう。インセストに関するデータには多くの方法論上の問題があるが（Turner and Maryanski, 2005 をみよ），しかしこうした問題を考慮したうえでも，特定のパターンのインセストが現代社会において明白である。母親と息子のインセストはもっとも発生率が低い（実際，これは稀である）が，しかしこのインセストが発生すると，別のどの形態のインセストよりも，若い犠牲者，つまり息子に重症の心理障害を発症させる。ほとんどの息子はいかなる形態であれ，母親との性的な含みをもつ関係から不安障害を起こしがちである。またこの形態のインセスト（とくに性的交渉をともなう場合）は，非常に少数の事例であるが，精神障害を発症させると思われるただ 1 つのインセストの型である。父親と継娘のインセストはもっとも頻繁であり，これに続いて父親と娘，そして兄弟姉妹のインセストが発生しやすい。とはいえ兄弟姉妹のインセストの発生（思春期以前に起こりやすい）は，父親と娘のインセストよりも頻繁に起きているようである。娘あるいは姉妹に対する心理的な結果は不安障害の範囲内に留まり，精神疾患を発症させることは稀である。

　データにみられる，こうしたパターンは説明を要する（いっそうくわしい分析については，Turner and Maryanski, 2005 をみよ）。すでに第 3 章で示唆したように，説明の一部はわれわれをもっとも近親であるチンパンジーへと導く。われわれが次のように問うとき，これらのパターンは理解しやすくなる。つまりチ

第 6 章　人間社会の発生

ンパンジーは近親交配の障害をどのように回避しているのかということである。チンパンジーの性的乱交と移住のパターンが兄弟姉妹と共に，父親と娘の性行動の機会を減じている。雌にとって父親は乱交のせいで不明である。したがって父親と娘の性的関係は偶然な出来事である。しかし第2章と第3章でくわしく説明したように，これが発生する確率はきわめて低い。なぜなら思春期にすべての雌が生育集団を離れていくだけでなく，生育した共同態を離れ，二度と戻って来ないからである。この移住のパターンは兄弟姉妹のインセストも排除する。なぜなら雌が離れてしまうので兄弟は接近できない。次に，ただ1つ可能なインセストは息子と母親である。なぜならチンパンジーの場合，息子は成育した共同態に残留しているからである（これはチンパンジーだけがもつパターンである。他のすべての類人猿の種の場合，雄も雌も張り合うかのように，生育した集団あるいは共同態を離れていくからである）。チンパンジーの雄は成育した集団に残留するだけでなく，通常母親と強い紐帯を保ち，一緒に食料を探し，あるいは彼女を訪ねたりすることもある。第3章で考察したように，母親と息子を性的に遠ざける堅く配線された回避機構がチンパンジーの神経解剖的構造に組み込まれていると考えられる。

　それとは対照的に，チンパンジーとヒト科にとっての最後の共通祖先の子孫たちにおける父親，娘，そして兄弟姉妹のあいだには性的回避のための同じように強い生物プログラムはなかったかもしれない。なぜなら雌の移住が，姉妹あるいは娘と性的関係をもちうる雄の機会を減じたからである。第3章で解説したウェスターマーク効果がインセストを防止する役割を十分に果たしえたのであろう。なぜならウェスターマーク（1891, 1908, 1926）が観察したように，幼児期に身体的に触れ合うような接触をもった兄弟姉妹（遊び友達）のあいだの性的回避は，若者たちが性的に成熟した際に性的回避をもたらす。彼らが成熟したとき，彼らは互いに性的に無関心になる傾向をもつ。この効果は母親と息子と共に，父親と娘にも拡大しえただろうが，しかし成体に対するこの効果の証拠はそれほど強くない。その効果は一緒に育てられた子どもたちのあいだでもっとも顕著である。これについてのデータはきわめて明瞭である（Turner and Maryanski, 2005 をみよ)。

　また、文化の力もこうした生物的過程と交絡している (Wolf and Durham, 2004 をみよ)。インセストに関するもっとも文化的なタブーの形態は母親と息子、次いで父親と娘、そして兄弟姉妹間のタブーである。母親と息子のインセストは深層に位置している神経配線を壊すだけでなく、強力なタブーにも違反する。堅く配線された性的回避と強力なタブーとの組み合わせが、この形のインセストを起こりにくくさせる。とはいえこのインセストが発生すると、息子はきわめて深刻な心理的問題を抱え込む原因になる。それとは対照的に、父親と娘、また兄弟姉妹のインセストの場合には、ウェスターマーク効果によってつくりだされる効果を除けば、交差する堅く配線された機構がない。父親と娘のインセストを回避する傾向は純粋に文化的であるのかもしれない。したがって母親と息子の場合のように、生物プログラムがあること、あるいは兄弟姉妹の場合のように、ウェスターマーク効果によって性的無関心であることに比べて、父親と娘のインセストを回避する傾向はきわめて弱い。性的回避のための生物的要素がない場合、インセストの発生率は大きいと考えられる。またわれわれは生物的に堅く配線された回路が性的接触によって侵害されたのでなければ、インセストに起因する心理障害はそれほど深刻でないと考えられる。そうであれば、核家族内のダイアド間のインセストの相対的な発生率と、それが発生した場合における犠牲者が受ける心理障害は、生物学に基礎づけられた回避と文化的タブーによって規制される回避との共進化によって説明できる。

　今や、次のように問うことは妥当である。こうした考慮はとくに家族の、そしてより一般的に社会進化とどのように関連するのだろうか、と。その答えは簡単である。父親がいっそう性的な伴侶と寄り添い、女性の子どもが親(そして兄弟姉妹)に対する感情的な愛情の上昇によって思春期後に核家族内に残留するようになると、性的違反はどのように回避されるか、また近親交配の障害による適合低下の弊害はどのように排除されたのだろうか。同様に、これらと同じ効果は兄弟姉妹のインセストの場合にどのように低下するだろうか。兄弟姉妹と共に、父親と娘は遺伝子の 50 パーセントを共有しているので、近親交

配の有害な効果は深刻であり，また最初の子どもにとっての効果は明確に出現する。チンパンジーにも影響を与えていると思われるウェスターマーク効果は兄弟姉妹の場合に明らかであるかもしれないが，しかしおそらく父親と娘の状況ではその効果は十分ではなかっただろう。純粋に文化的なタブーが，乱交を行う雄が成熟した娘と性関係をもつことを阻止できる激しい選択圧力下に置かれなければならない。

　その状況は，自然選択が感情を強化し，とくに性交と関係する感情（人間が類人猿と比べて大きな隔壁を脳内にもっていることを思い起こしてほしい）を強めているとすれば，さらに大きな問題である。そのため乱交の性向を多少でももつ動物は，隔壁で生成されたすべての愛情対象への性的関係に対してより感情的になるかもしれない。核家族が生物学に基づく，また文化に基づく愛情，愛着，信頼による新種の結合をつくりだしたため，すべての類人猿，またまちがいなく現生の類人猿とヒト科の最後の共通祖先にも明らかであった雌の移住パターンが先延ばしにされ，あるいは多少なりとも遅らされると，父親と娘，あるいは兄弟姉妹間のインセストが発生したかもしれない。インセスト・タブーは潜在する，あるいは現実のインセストへの1つの反応であるが，母親と息子に堅く配線された性的回避に加えて，さらに道徳的な重みが加えられた。

　確かに，インセストの可能性が，核家族内の3つのダイアドの内の2つのダイアドに強力な性的回避の生物プログラムの欠如を補うため，文化を拡張する選択圧力を強めたと仮定することができる。インセスト・タブーが存在しないと，核家族は持続できない。さらに核家族が存在しないと，適応戦略としてのバンドは少なくとも存続できなかっただろう。家族は性交，配偶，生殖，未熟な子どもの養育を調整する強固な結合を生成するバンド内のミクロな構造単位である。基礎的な力としての再生産からの選択圧力は，とくに弱い紐帯と性的乱交にプログラム化されている動物にとって，生殖行動を規制するバンド全体よりも，もっと直接的な単位を必要とした。ヒト科の多くの種はバンドを基礎的な適応戦略として発達したが，しかしこの戦略は，バンドだけでは未熟な子どもの欲求を適えられないために失敗に終わった。家族が存在しないと，生殖

が問題であるだけでなく，また以下で考察するように，生産と分配に特化した制度体としての経済は出現できなかった。

6.4 経済の進化

　もっとも基本的な水準において経済は資源を採取し，これらの資源を有用な物資に加工し，この物資を分配することに携わる分業を中心に展開した。資源を確保し分配するための分業のもっとも原初的な前兆がふつうのチンパンジーにおいて観察できる。チンパンジーはほとんどいつも単独で食料を探しているが，雌たちは養育している子どものために資源を確保し分配する。こうした行動はすべての哺乳類に共通する行動なので，経済を構成しない。しかし先に述べたように，雄のチンパンジーはしばしば狩猟を行い，協同活動を行い，そして手に入れた獲物を彼らのあいだで，また成体した雌や別の雄たちとも共有している（Mitani and Watts, 2001；Stanford, 1999a）。だから狩猟・採集社会において基礎的分業を行うための，堅く配線された基礎がすでにあったのかもしれない。雌は採集し，雄は狩猟を行う。主として雄のチンパンジーが狩猟を行い（Stanford, et al., 1994；Mitani and Watts, 2001），そしてこの行動特性がチンパンジーとヒト科の最後の共通祖先において明らかであったはずである。なぜならスタンフォード（Stanford, 1999b：199）が述べているように，「チンパンジーの狩猟は，人間の狩人，またおそらく多くの点で，初期ヒト科の狩猟と類似している。チンパンジーによる狩猟は，化石記録によって石器が肉食をしていたことの明白な証拠となる以前の時代において，初期ヒト科が実行していた行動の可能な範囲をわれわれに教えてくれる」。次に，この原型としての分業が適合度を強化したとすれば，自然選択が働きかけることのできた何かがあったはずである。

　生産と分配から生じる選択圧力が，広く開けた地域で生存するヒト属を基本的分業へと押し出したのだろう。雌は乳幼児を養育する必要のために制約されるし，またスタンフォード（1999b：199）が述べているように，ほとんどの狩猟はヒト属の男性，またチンパンジーの雄によって担われる。なぜなら脆弱な

乳幼児を連れている母親が歯をむき出している哺乳動物と対決することはきわめて危険だからだ。また，20世紀まで生存している少数の狩猟・採集の人口集群において明らかなように，類人猿の生活史特性は一般に，またもちろん，とくに進化した類人猿としての人間のそれは，妊娠，養育，乳幼児期，少年期の局面が伸長したことを明確にしめしている。こうした条件下で，雌たちは宿営地の近くに留まり，子どもたちと一緒に遊動しながら採集する一方で，雄たちは食肉を獲得するため——単独で，または狩猟の群れをつくって——遠征する。野生植物源がほとんどの狩猟・採集民によって消費される食料の80パーセントを占めている（ただしエスキモー人のそれは例外である）ので，狩猟よりも食料採集を組織することがいっそう重要であっただろう。すなわち蔬菜食料源を採集する妻と母親たちのプールは女性たちの狩猟よりもはるかに効率的であったはずである。女性たちが採集に従事すると，再生産（乳幼児や子どもたちの養育と給食），生産（採集と調理），および分配（核家族内での）が達成されたであろう。男性による狩猟は，これが成功を収めた場合には，狩猟・採集民の食事に必要なタンパク質をもたらしたが，男性の狩猟は女性の採集と比べてきわめて不定期な食料源であった。

　食料をどのように獲得し，準備し，分配するかが狩猟・採集民のあいだにかなりの変異を生じたとしても，一般的なパターンはみいだせる。採集は女性と少年たち（そして時に女性だけで入手困難な場所に食材があるときに成人男性が手伝う）によって実践される。いくつかの核家族のメンバーが通常食料の採集を一緒に行う。とはいえ，食料は家族によって採集され，家族ごとに調理され，家族単位内で分配される。これとは対照的に，たとえ1人の男が獲物を仕留めたとしても，食肉は通常いくつかの家族——あるいは宿営地にいるすべての人たち——で共有される。というのも食肉は美味であるだけでなく，高品質な食材だからである。家族内の分業——女性が採集し，男性が狩りをする方法——は，家族メンバーによる採集のせいで安定した食料の流通をもたらしたが，他方でタンパク質の摂取は食肉を獲得するいくつかの家族の男性たちによってもたらされ，それはバンド内のすべての家族と友人たちと共有される。だから

食肉の狩猟はバンドの連帯を強化する源泉であり、その一方で採集は核家族を1つの明確な経済単位とすることによって性別分業を支える。また1つの自足単位としての家族は、ある地域における個人の裁量と利用できる資源しだいでバンドに留まるか、それともバンドを離れていく。経済資源がこのように用いられると、それは社会構造を維持する際に強力な力として作用する。食肉はいっそう集合体の資源となる。これに対して食肉以外の食料は家族資源である。バンドの適合度は狩猟・採集を組織している経済活動の2つの構造——バンドと核家族——の結合によって強化される。

狩猟の獲物がバンドを強化し、また領域内のバンドの人口集群の境界を強化したかもしれない。時に食肉は他のバンドと共有され、あるいはその食肉はいくつかのバンドの男たちが遠出して行う大型動物の狩猟によって獲得されたかもしれない。この場合、獲物の狩猟と分配はバンドの地域圏人口集群の感覚を強化しただろう。また食料源の交換がバンドを越えて発達すると、交換自体が地域圏人口集群の連帯を強めたはずである（Mauss, 1967 [1924]）。より大きく、いっそう包括的な共同態はすでにチンパンジーのもっとも自然な単位であるので、そのもっとも単純な形態における経済の出現がチンパンジーのただ1つの安定した社会構造、すなわち共同態あるいは地域共同態を維持するために作用したことは驚くにあたらない。事実、狩猟場がバンドの集合体によって確保され、必要とあれば、別のバンドによる侵略から防衛されたかもしれない。自らの行動圏がトーテムによって象徴化され、また実際に、超自然的な力の喚起によって神聖化されると、自分の行動圏の経済的基礎は連帯を増した宗教的象徴の出現と紡ぎ合わされる。

6.5　宗教の進化

宗教は狩猟・採集と共に出現した。何が宗教を構成するかは定義しだいであるが、これまで調査研究が実施された狩猟・採集人口集群のほぼすべてが宗教をもっていた。すべての宗教が特定の規定的要素を含んでいる。(1) 日常世界を超える神聖で超自然的な世界についての信念体系、(2) 世界には力と存在が

あり，これが経験世界で起きる事象に影響をおよぼす力をもっているとする信念，(3)こうした力と存在の力を呼び起こすことを志向する一連の儀礼の実践，そして，(4)少なくとも同じ儀礼についての信念と実践を共有している教派構造もしくは共同体である。この最小の定義を用いるならば，すべての狩猟・採集民がある程度の宗教生活を営んでいる。

　宗教はおそらく人間進化の初期に出現した制度であり，狩猟・採集民のバンド，親族関係，および経済と並んで出現したのだろう。なぜそうなったのだろうか。いかなる選択圧力が人間，たぶん後期のヒト属を，聖と俗の2領域からなる世界をもっていると概念化するよう導いたのだろうか。いかなる超自然的で，神聖な領域が世俗界における事象や運命を規定する力をもちうるのだろうか。機能主義者の議論をつくり変えるならば，これらの疑問への解答は明白である (Turner, 2003)。

　劇的に拡張した感情能力と認知能力を備えた大きな脳をもつ霊長目は，考え，しかも合理的であるだけでなく，このヒト上科は心配をし，また高水準の不安も経験できる。過去を記憶し，思いをめぐらし，そして未来を予測することもできる。こうした思考過程は肯定的な感情から誘発されるのであるが，しかし4つの原基感情のうち3つまでが否定的であり，したがって感情の1次的および2次的精巧化の多くが否定的に誘発されることを思い起こす必要がある。個人は過去，現在，または潜在的に将来について悲しみ，恐れ，あるいは怒ることもある。また満足-幸せとこれらの否定的感情の複雑な混合は非常に感情的な動物をうむだけでなく，広範囲な否定的感情を管理運営し，制御しなければならない動物でもある。あまりに大きなストレス下に置かれた動物は，脅かされるときに恐れや守勢の怒りを表さない動物と同様に，とくに適合的とはいいがたい。すでに強調したように，脳内の隔壁は恐れと怒りの古生の領野であり，身体の大きさを統計的に統制しても，人間の隔壁は類人猿のそれよりも大きい。これを大きな新皮質と考え合わせると，感情混乱の危険性は高い。確かに，たとえ小規模で，しかもほぼ平等な社会においてさえ，どのような感情が大きな脳の霊長目に影響をおよぼすかを知るためには，現代社会における多くの個人

の心理的病理をみれば十分である。感情を制御し，管理運営するための選択圧力，そして本当に，新皮質の拡大が感情を制御する一助になったとわれわれは仮定している。しかしこの制御機構そのもの——拡大した新皮質——がさらにもう１つの制御系を必要とする新種の感情的な気持ちをも生成する。

　この付加的な制御のいくらかは宗教に由来する。人びとが日常の事柄に介入する超自然的な力と存在を信じ，こうした事柄が過去，現在あるいは将来に生成されるかもしれない否定的感情を低めると，この信念が否定的な感情喚起を低下させる力をもつ。しかもこうした超自然的力に訴願することのできる儀礼化された慣行があり，儀礼そのものが肯定的な感情を喚起し，またそれと同時に，経験的世界が個人と集団のために肯定的な成果をうむ確率を増やす力を呼び起こすことができると，個人に確信させる。大きな新皮質が今ここにあるものを超える世界を概念化する個人の能力を増大するので，後期ヒト属，そして確実に人間が，超自然的な領域の力に向けられる宗教的信念と儀礼慣行を発達させたことは驚くにあたらない。こうした儀礼の実践は肯定的な感情を充填し，しかも個人が過去，現在，未来における問題について何かをやってのけた有能感を個人に与える。この肯定的な感情喚起から，個人は自ら良好な気持ちを感じるだけでなく，信者共同体の大きな連帯をも経験できる。

　宗教は社会自体の崇拝であるというエミル・デュルケム（1984［1912］）の見解はこの脈絡において考察することができる。デュルケムは図6.1中で図示したモデルを暗示的にしめし，そして同時臨場と肯定的感情の双方の喚起に起源をもつ「沸騰」が人間を超える力であると人びとによってみなされると論じた。この力がマナと概念化され，感情を喚起する儀礼が方向づけられるトーテムによって象徴化される。この出来事の連鎖から出現するのは，宗教的信念を確認するだけでなく，集団，また潜在的に，地域水準の連帯をも生成する共通の信念と儀礼慣行の集積である。宗教は人口集群の道徳律に力を与え，個人を人口集群の文化の禁止と命令に従いやすくさせる。

　社会関係を神聖なトーテムで象徴する性向は堅く配線された基礎であるかもしれない。チンパンジーの共同態感覚は，自然選択が共同態を力と存在の神聖

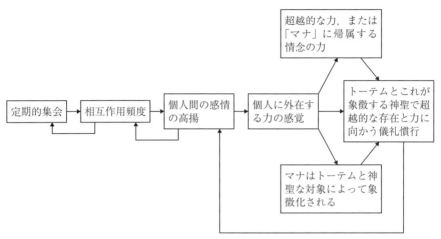

図6.1 デュルケムの宗教の起源に関するモデル

な領域を指示するトーテムによって象徴する能力をうみだすために作用する堅く配線された基礎の１つを表している。類人猿におけるもう１つのありうる行動性向は，「カーニバル」である (Reynolds, 1965: 155-173)。第３章で考察したように，地域個体群に所属している多数のチンパンジーが集会に集まってくる。それはまるで，スペンサーとギレン (Spencer, B. and Gillen, 1938 [1899]) がアリススプリングの資料からえたオーストラリア先住民の集会のようであった。彼らが参集すると，その相互作用が一種の強烈な「沸騰」をもたらしたとスペンサーとギレンによって，また『宗教生活の原初形態』(1984 [1912]) におけるデュルケムによる２次分析によって記述されている。チンパンジーは感情的に興奮すると，区切られた空間境界への連帯感が強化されるようである (Reynolds, 1965)。大きな脳をもつ進化した類人猿は文化を育てるので，チンパンジーと，ヒト科とチンパンジーの最後の共通祖先のこうした行動性向が，より大きな共同態と地域圏の個体群を象徴化し，トーテム化するために大きな脳をもつ子孫たちによって活用されたことに何の不思議もない。

この連帯感がバンドとバンドの共同態をいっそう適合させたとすると，選択

は感情的に喚起され，またこの興奮を象徴的に表象する性向を増すためにヒト科の神経構造に直接に働きかけただろう。ヒト属の認知的ならびに感情的な能力と結びついた性向をもったことによって，純粋な生物選択と社会文化力によって補完されただろう。(1)超自然的領域を意味し，表象する共通の象徴を発達させ，(2)感情そのものを喚起し，また同時に，超自然的な領域の力に訴え，そして，(3)共同態の宗教的伝統に携わり，超自然的領域を媒介する宗教の専門家をうみだし，そうした実践を時空間において制度化することのできた人口集群は，おそらくこうした宗教制度が発達しえなかった人口集群よりも適合できたであろう。宗教をもつ人口集群はいっそう統合され，凝集的であり，宗教生活を営まなかった人口集群よりも，食料の採集を調整し，また自己防衛をなしえただろう。もちろん，宗教は後世において権力と不平等を正当化するために乱用され，緊張と対立をうみだしたけれども，しかし宗教進化はその発端において，宗教の出現は不安を緩和し，また連帯を醸成する象徴主義にもう1つの層をつくるうえで重要であったにちがいない(Hammond, 2006)。

6.6　平等性の進化

　もっとも詳細に研究されてきた狩猟・採集社会のもつ1つの顕著な特徴は，一部に身分の相違があるとしても，ほとんどの食料採集社会が，平等主義の倫理を貫徹する強力な規範を開示している事実である(Marshall, 1961；Noland and Lenski, 2004：76ff)。こうした規範は，自らの行動圏内で食料を採集しながら遊動している人口集群においてもっとも際立つが，しかし彼らが水生生物をたやすく捕獲できる水辺で定住するようになると狩猟・採集民の規範は壊れはじめる。つまり定住のすすんだ狩猟・採集民は不平等のパターンをはじめてつくりだした。不平等のパターンは，遊動する狩猟・採取社会がより複雑な社会文化的形態に変容された後，すべての人間社会の一般的な特徴になった。強い紐帯と同様に，平等は，チンパンジーを含む類人猿（ただしチンパンジーの階統は猿のそれと比べて相対的に緩やかである），およびチンパンジーとヒト科の共通祖先にとって自然ではない。狩猟・採集以降の人間社会の歴史が証明し

ているように，大きな不平等としばしば衝突を引き起こす階層制は人間社会組織の一部である。だからこそ出現してくる特権と権力の最小の相違に対抗する規範を求めて遊動する狩猟・採集民のバンド員のあいだに，相対的な平等を維持しようとする圧力がつねに働いたにちがいない。

　遊動する狩猟・採集民における平等の倫理はとくに興味深い。なぜならヒト科進化のある時点において（おそらく数百万年前に遡るであろう），自然選択は，広く開けたニッチで新たに適応することを強いられたヒト上科にとって集団の組織化水準を加増する1つのありうる戦略として，支配的行動に働きかけたかもしれない。支配的な雄による調整と統制が集団員の組織化を増す1つの行程であったかもしれないが，しかし現存するほとんどの狩猟・採集民が支配を制限することに懸命になっている事実は，支配の選択が持続しうる戦略でなく，おそらく選択が階統を増すことを選んだヒト科の種にとっての袋小路であったことを示唆している。なぜ支配階統が広く開けた大地に押し出されヒト科の種の場合に失敗に終わってしまったかの理由（多数の猿の種が今なお疎開林やサヴァンナへの適応にきわめて成功を収めているにもかかわらず）は，すべてのヒト上科（類人猿と人間）が集団構造の接着剤を供給する雌の母系統による集合を欠いているからである。ヒト上科の雌は分散していくため親族の基礎になる雌の母系統が存在しない。さらに弱い紐帯と集団からの移動を考慮すると，雌も雄も食料採集の集団から離れることができ，また有力な雄に支配のための土台を与えなかった。

　チンパンジー社会では，支配されている個体が自由に立ち退けるとしても，確かに支配関係は出現している。そのため，なぜ狩猟・採集民が支配されることに抵抗したかを知ることはきわめて興味深い。従属に抵抗することによって，遊動する狩猟・採集民は制度体としての完全な政体と法律の出現の機先を制したのである。指導者が存在し，説得によって影響を行使しえたが，しかし誰も他の個体たちに実効性のある力を行使できなかった。そのため，どの個体もまた個体の集合も規則と法律を執行する権限をもたなかった。それでも狩猟・採集民が定住を開始すると，政体，法律，そして不平等が出現した。しかし遊動

する狩猟・採集民——最初の人間社会——は，不平等を増大する制度体系の出現を制限することに懸命に尽力した。

確かに，支配と統制の欠如に対して制裁措置を下す信念と規範文化が明らかにみられる。たとえば，ある個人が激しく攻撃的にでると，彼は負の裁可を受け，また攻撃がバンド内の他のメンバーに向けられると，彼は殺されるか，もしくは当該バンドから追放される (Boehm, n.d.)。個人が名誉と威信を要求しうる若干の正当性があるとしても，他の人たちは「この個人を引きずり降ろす」ようなやり方で行動しただろう。この格好の事例がリチャード・リーの民族誌的解釈にみいだされる。彼はカラハリ砂漠の遊牧民！クング族のうちに謙虚さという注目に値する教訓をみつけている。彼らの歓待を互恵化するため，リーは大きく，よく肥えた雄牛を手に入れ，それを誇らしげにクリスマスの馳走として！クング族に贈った。彼は当然にも彼らからの感謝の気持ちを期待した。ところがリーは「やせっぽち」で上物でない雄牛を買わされたとしてあざ笑われ，馬鹿にされたのだ。！クング社会では，成功を収めた狩人は決して殺した獲物を自慢することなく，つねにその達成を控え目に口にするだけである——これが社会経済的平等を強化するための！クング族のやり方なのである (Lee, 1969)。だから個人は「自慢すること」，また他者に対して権力はいうまでもなく，威信を求めることをも差し控える。実際に，ベーム (Boehm, 1993, n.d.) が類人猿と，人間の狩猟・採集民の双方について報告しているように，集団員が突出して支配的になろうとすると，個人（個体）たちはしばしば同盟を結ぶ。われわれはこの同盟が何をするためのものかと問うことができる。ヒト属とその後の人間が平等を維持し，そして支配に抵抗することに，どうしてこうも懸命であったのか，ということである。

その答えは，食料採集バンドにおける社会統制の性質に確実にみつけだせる。バンドは当該バンドと，おそらく行動圏を占有している1組のバンドに表象を与える象徴を統一することによって，また男女に相対的な平等がみられる核単位の所帯によって結び合わされている。こうした体系は指導者を必要とせず，また実際に，そのメンバーが支配を行使しない場合にうまく機能する。支配は

緊張と対立をもたらすが，その双方とも最初に広く開けた生息地で生き延びるために十分に組織しようとした初期ヒト科にとって不適応だっただろう。だとすれば比較的平等な文化が出現したことは明白である。なぜなら平等が緊張と対立を減じ，またそれによってバンドと，家族内の分業に表象を与える象徴を維持することができたからである。こうした体系はバンドが小さく，資源が不足し，あるいは対立が発生した場合，またバンドを解散することが容易である場合に有用である。人口集群が定住し，成長すると，人間は権力体系を発達させる必要に迫られた。そこにおいて個人あるいは個人の集まりは他者を統制するために権力を行使できた。小さなバンドでは，こうした体系は対立をうむ。対立は大きな体系でも同様に発生するが，しかしこの場合，権力の集中は力としての規制によって生成される選択圧力下で基本的である（表 5.1 をみよ）。遊動する狩猟・採集民にとって，核家族員ならびにバンド文化への信頼は，バンド員の規制，調整および制御の選択圧力に十分対応できた。

　不平等が出現したバンド——1 人もしくは数人が他者たちを支配する——は，やがて不適応な対立に落ち込むか，それとも当該バンド員が権力保持者によって制御されることを避けるためバンドを離れていくので解体することになる。権力がホルドの資源に対して行使される——狩猟・採集以降の人類史すべてにこれが行き渡っている——程度しだいで，不平等体系の出現は一部のメンバーを他のメンバー以上に不適合にさせ，それと同時に，発生する緊張と対立がバンド全体の凝集性を失わせ，したがってサヴァンナでバンドを維持する際に不適合にさせることになる。それゆえ不平等を増大させてしまったバンドはおそらく淘汰された。しかし平等文化を維持したバンドは裁可の後盾をえて，すべてのメンバーのために資源を確保し，またこうした資源を共有し，狩猟と防衛の双方を調整することによっていっそう適合できただろう。したがって平等文化を維持したバンドはそのメンバーを生存させえただけでなく，その文化体系を再生産できた可能性が高い。しかし狩猟・採集民が平等を維持することに努めなければならなかった事実は，平等が進化した類人猿にそう簡単に実現できなかったことを示唆している (Boehm, 1993, 2000, n.d.)。

6.7 人間社会の要素

　第3章で考察し，提示したホルドについてのわれわれの概念に立ち戻って考え，そして，ホルドを狩猟・採集民の単純な社会と比較すると，選択圧力がヒト科をどれほど前面に押し出したかを評価できる。この進化の一部は生物的であるが，しかし他の一部は，象徴体系の諸層がヒト属の感情と認知の能力を拡大するために明確に現れたので，社会文化的でもある。バンドと核家族から構成される狩猟・採集社会への移行は，たぶん後期のホモ・エレクトゥスによって実現したか，それともホモ・エレクトゥスは最初の狩猟・採集社会にわずかに足を踏み込んだだけであったのかもしれない。いずれにせよ，霊長目を組織するための新しい基盤が確立されたのである。これはバンドの連帯と，核家族の形態における男性と女性，その子どもたちからなる新しい形態の関係に基づいている。これらの変化と共に，家族内の分業を中心にした経済が出現し，また行動圏を占有するバンドといくつかのバンドの共同態の神経的ならびに文化的基礎のうえに，宗教共同態が構成された。表6.2（190ページ）は，すべての人間社会の要素を用いて狩猟・採集社会の特徴を概説している。ホルドが最終的に狩猟・採集社会の進化をうみだす基礎であったように，表6.2中の要素は，以後の諸章でみるように，その後のすべての社会形成体が構築された基礎をなしている。狩猟・採集社会は直近のポスト産業社会と同じ要素を用いて記述することができる。なぜなら狩猟・採集社会におけると同様に，弱い紐帯のヒト属を組織化するための新しい様式が出現したからである。生物進化は止まらなかったが，しかし表5.1（150ページ）で要約したスペンサー流の選択圧力によって押し出された社会文化的進化によってますます補完されることになった。

6.7.1　人間社会の諸次元の組織化

　ホルドは，最初の人間社会を組織するため，自然選択——ダーウィン流とスペンサー流の自然選択の両方——によってつくり替えられた。そうすることで，すべての人間社会の基礎次元が措定された。人間社会は，人口集群，生産，分

配，再生産と規制の力（表5.1をみよ）によってうみだされる選択圧力への対応の所産である。こうした力の数値しだいで，社会構造は変わっていく。もちろん，最初の社会進化あるいはその後のいっそう複雑な社会的構成体の進化における多数の時点で，こうした選択圧力は途方もなく大きく，そのため個人の死や社会の不適合を生じさせた。実際に，歴史は，社会がいかに複雑な形成物へと進化したかと同程度に，人口集群がどのように不適合になっていったかの記録とみなすこともできる。この13万5千年──とりわけ直近の1万年──において，こうした選択圧力がすべての人口集群を組織する構造的な骨格をつくりだした。図6.2はこの構造的骨格の主要素を概括している。

すべての人間社会は団体単位と類別単位によって構築され，次にこれらの諸単位は諸個人の対面的な出会いによって形成され，維持される（Turner, 2002,

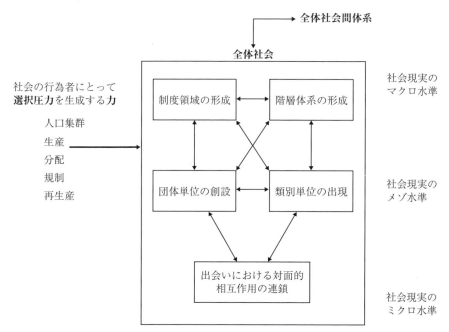

図6.2　力，選択圧力，団体単位の水準

2003)。団体単位は，その目標が参加者によって正確に定義されていないとしても，目標に志向した分業を明示する構造である。類別単位は，人びとが人口集群において個人の特徴について行う社会的区分，つまり類別化された個人の差別的な処遇によって構成される。団体単位と類別単位を結ぶ矢印線が指示しているように，分業が類別単位の区分をつくり，またその逆も同じである。たとえば，核家族（1つの団体単位）内の分業が，家族におけるそれぞれの役割によって男性と女性の類別を確立し，また再確認するように作用する。反対に，いったんこうした類別の区別が生じると，これが団体における分業の基盤になる。だから家族が存在するはるか以前に，ヒト属――すべての哺乳類と同じく――は，雄と雌を区別した。ヒト科，そして次に人間は，バンドと核家族双方を組成するため，こうした区別を活用した。これらは互いに，男性と女性の類別に新たな次元を付けたした。なぜなら家族における経済資源の採集と共に，子育ては女性と結びついているので，分業における双方の類別上の区別と位置が明らかに確立された。

　制度領域は団体単位と類別単位によって構成される構造であり，また表5.1で記述し，また図6.2の左端に列挙した力によって生成される選択圧力への反応である。直前に概括したように，わずか3つの制度の基礎的な要素が最初の狩猟・採集社会において顕在化した。もっとも際立つ要素は核家族を軸にして構成される親族関係である。経済は，家族内の分業が狩猟・採集社会のメンバーの経済的役割と対応しているので，いぜん核家族内に埋め込まれているが，しかし男性と女性がさまざまな年齢の子どもたちと共に，家族役割の外部で集合的に狩猟を行い，採集を行うとき，家族からの経済のある程度の分離がみいだされる。宗教はさらにいっそう親族関係に埋め込まれているが，しかしそれでも宗教自体にいくらかの分立がみられる。というのも，超自然的な力についての信念が行動圏内のバンドの人口集群によってしばしば保持されるからである。さらに，超自然的な力に向けられる儀礼は，シャーマンなどの宗教専従者によって指導される非親族的な実践である。またシャーマンのような宗教的専従者が出現する程度に応じて，宗教活動の分業が発達し，最終的に宗教を制度

体としてつくりあげる別個の団体単位と類別単位が進化を遂げる。

　階層制は有価な資源——物質的福利，威信と名誉，権力と権威，あるいは人口集群のメンバーによって価値を付与され，欲せられるすべての資源——を軸にして展開する。分配制度は，人口集群に押しつけられる基礎的な力からのスペンサー流の選択圧力への反応として団体単位が組織されるときに生じる制度的体系の典型的な所産である。こうした力が制度形成をもたらし，これが次に，新種の類別単位，たとえば社会階級や民族類別をうみだす不平等を生成する。そうしたいくつかの類別単位の他に，年齢，性，ジェンダーの普遍的な類別が存在する。さらに，ひとたび階層制が存在すると，年齢とジェンダーは資源の取り分に関して個人を層化するための基礎になる。

　社会は制度と階層制から成り立ち，また全体社会間の制度は2つ，あるいはそれ以上の社会間の関係から組成される。一般にこうした全体社会間の関係は各社会の制度と階層間の連結をともなう。それゆえ，たとえば貿易は2つあるいはそれ以上の社会の経済内で操業している多数の個人によって生成される全体社会間の関係であり，また政治同盟は最終的にその同盟を形成している全体社会の政治制度における多数の個人間の関係である。時には全体社会間の関係が制度領域において作動するだけでなく，階層制によって動かされることもある。ある社会の階層制内の貧困者が他の社会における機会（経済的ならびに政治的）を求めて移住し，あるいは受け入れ側の社会で生活している拡大家族の近いメンバーを頼って移動するような場合がこれに該当する。

6.7.2　最初の社会に対する選択圧力

　すべての社会の形成を促す基礎的力からの選択圧力が，開けた森林地帯，低木林地，サヴァンナで生存しようとする個人と個人たちの集合化に押しつけられたが，その激しさはさまざまであった。若干の圧力が他の圧力よりも強い力を発揮した。人口集群は最初の社会においてさほど強力な圧力でなかった。なぜならこうした社会はきわめて小規模であり，密度も低く，またジェンダー，性と年齢以外の類別単位に関して多様性をもたなかったからである。初期の狩

猟・採集民の人口集群は小規模だったので，人口集群を組織するために必要な構造的単位はバンド，バンド間の関係，および核家族を中心にした関係であり，広範囲におよぶ組織体をもっていなかった。生産の選択圧力の方がおそらくもっと強かっただろう。なぜなら生き延びようとするヒト属は食料を採集するために調整されねばならなかったからである。バンドは比較的に少人数からなる管理しやすい単位へと集約されやすく，また彼らの経済活動は男性と女性の類別と核家族内の分業によって区別された。

　家族とバンドは再生産からの激しい選択圧力を受けた。なぜなら虚弱な乳幼児と少年たちを保護するために，選択は男性，女性および子どもたちの結合を強化しなければならなかったからである。ここでの選択は生物的であると共に文化的であり，はじめに全体としてのバンドと，バンド内の特定のメンバーに対する信頼を強化する感情に働きかけた。次に堅く配線された共同態感覚と文化による象徴に働きかけ，そして配偶関係と関係する感情を増すため隔壁に働きかけ，その後に，婚姻規則と核家族内の分業を強化するよう働きかけた。バンドと核家族は分配と規制のための選択圧力への適応でもあった。なぜならそれらが生産資源を分配するため，またバンド内とバンド間の活動を規制するための構造的テンプレートを供給したからである。狩猟・採集民のバンドに宗教が存在する程度に応じて，この制度体系の出現は規制からの選択圧力へのいっそうの反応とみなすことができる。なぜならバンドと家族の文化が超自然的力によって監視され裁可されると，この文化は社会内の個人の行為を規制する強力な力となりえたからである。

　さて表6.2は，ヒト科，そして人間が新しい生態ニッチに適応するように働きかけた選択圧力によって生成された構造的次元に注目しつつ狩猟・採集社会の輪郭を要約している。人間がアフリカを離れ，また非常に弱い繁殖力しかもたなかったために絶滅寸前にあり，人口集群の人数を減らす原因になっていた状態を脱しえたのは，この構造的な輪郭が明らかにきわめて適応的であったからである。人類史のほとんどの期間を通じて核家族によって構成されるバンドが，ホモ・サピエンス（そしておそらくホモ・エレクトゥス）の生存を可能に

したのだろう。社会につねに押し付けられた力によって生成される選択圧力のすべては，バンドと家族からなる単純な構造によって管理運営されたのである。もちろん，やがてヒト科になるヒト上科の解剖的・神経解剖的特徴にあらかじめ変化がなかったとすれば，バンドと核家族は進化できなかったはずである。しかし社会形態としての狩猟・採集社会がひとたび存在するにいたると，生物進化と人間の解剖的構造への再度の働きかけはあまり重要でなくなった。バンドと核家族が人口集群，生産，分配，再生産，規制からの選択圧力に十分対応できたからである。しかし人口集群が成長しはじめると，選択圧力が一段と強まった。そのため，次章で考察するように，社会文化的な進化は生物進化よりも一段と速度を増した。

6.7.3 狩猟・採集社会の構造的輪郭

初期の機能理論家たち（たとえば，スペンサー（Spencer, 1898［1874-1896］）；デュルケム（Durkheim, 1933［1893］））が強調したように，人間社会の進化は制度体系の社会文化的な分化過程であった。こうした機能主義者たちは，類別単位が階層制の資材になったとき，これらを過少に評価する傾向がみられた。しかし後でみるように，すべての社会を構成している2つの基本構造構成体——制度領域と階層制——は，階層制が究極的に主要な制度領域によって駆動されるので共進化した。しかし狩猟・採集民にとって階層制は，表6.2で明瞭に要約したように，ほとんど目立たなかった。そのもっとも優勢な構造は親族関係であり，これが狩猟・採集社会の境界を構成したバンドによって組織された。社会間の関係は基本的に文化領域と行動圏の集合内部におけるバンド間の関係であった。それでも時に，異なる文化をもつバンドの集合間の関係があったことはまぎれもない事実である。そのため，共通の文化をもつバンドの集合は，共通の文化をもつバンドの集合間における相互作用を構成する別の社会との関係——おそらくもっとも通常の関係は貿易と紛争であった——を有する1つのメタ社会と考えることができる。

次には，人間社会のもっとも単純な核心を凌いで分化する新しい構造的形態

表6.2　狩猟・採集バンドの構造

	経　済
技術体系	土着の植物資源に関する実用知識。時には，種蒔と収穫，動物資源と狩猟，植物と動物資源の利用可能性についての季節の効果。道具——槍，掘棒，棒切れ，弓矢，籠。時には，製陶についての実用知識。
物的資本	狩猟用具，採掘用具，調理用具。
労働	明確な性別分業。男性は狩猟，女性は採集。
企業体	経済活動を組織するバンドと核家族単位。
資産	私物。たまに集合的な領土。物質的な不平等はない。狩猟の獲物をどのように分配するかについての規則は財産についての初期の定義とみなされる。
	親族関係
規模と構成	父親，母親と子どもたちからなる核家族の優位。
居住	新居住，両居住，夫方居住。
活動	明確な性別分業。男性が狩猟を行い，女性が採集を行い，家事を行う。
出自	通常は双系的，しかし遠い祖先を切り離す切頂型。
権威	平等主義的。しかしかなりの変異がみられる（一部の体系は女性を凌ぐ権威を男性がもつ）。
婚姻	インセストが禁止される。族外婚と族内婚。選択にはかなりの自由度がある。離婚はたやすく行われる。
	宗　教
信念体系	超越領域の存在と力についての概念作用。しかし宇宙論は明確に組織されていない。神話体系。明確な宗教価値体系はない。
儀礼	若干の周年的な儀礼。しかしほとんどの儀礼は，必要に応じて，特別に実行される。シャーマンがいくつかの儀礼を指示するが，しかし多くの儀礼は個人が自ら行う。
教派構造	当該バンドあるいはその核的単位から区別されるものはない。バンドが集合する場合に時折，「祭祀」が挙行される。
	階　層
資源分配	
物質的	不平等は存在しない。
威信	いくらかの不平等がある。
権力	存在しない。したがって不平等はない。
階級形成	皆無。
移動	皆無。階級が存在しないから。

のそれぞれについて考察していくことになるが，われわれは狩猟・採集社会における制度領域と階層制の要素を概括しておく（表6.2）。親族関係，経済と宗教を要約している表6.2を評定するために，ひとまずここで小休止し，これら3つの制度体の基礎的要素を定義することからはじめよう。これらをあらため

第6章　人間社会の発生　191

て定義する必要はないだろうが，しかしわれわれは人口集群，生産，分配，再生産，規制からなる選択圧力下での人間進化の行程に出現した新たな制度の要素をリストにつけ加えることになる。

(1) **親族関係の要素**　親族関係は，「愛情」もしくは性交と相関する強化された快楽（人間の場合には拡大した隔壁による）の感情状態という神経的な基礎をもつけれども，親族関係はすべての制度体系と同じく，最終的に文化規則によって組成される。親族関係の場合，その規則は家族単位の適切な規模と構成，家族の居住空間，家族活動あるいは家族内分業，夫婦の一対のそれぞれの親族（遺伝と結婚による）に対する出自計算，そして夫婦単位を形成する2人の個人の婚姻を軸にして展開する。こうした規則は，次の章で考察するけれども，狩猟・採集民のつくる各家族単位を越える親族関係の整備のための基礎となるが，しかしそれらは食料採集者たちの親族関係の構造を形成するためにも作用した。

　規模と構成についてみると，狩猟・採集民の規則は，各家族単位が母親，父親と彼らの子どもたちから構成されるということである。規則は複数の配偶者をもつ婚姻をしばしば容認している。しかし実際に，性比を考慮すると，こうした夫婦の対を越え，しかも認証された構成物は相対的にわずかしか出現しなかった。なぜなら複数の配偶者をもちうる能力はある形態の不平等を構成したからである。この不平等はほとんどの遊動している狩猟・採集民が回避しようと尽力したことであった。さらに，たまたま核家族はより大きな世帯単位を構成するために合体することもあったかもしれない。居住についていえば，いくつかのパターンが可能である。新居住制では結婚した夫婦が自由に居所を選択できる。ところが，両居住制——配偶者どちらかのバンドで夫婦が生活するパターン——への偏向もありえたが，しかしもっと顕著な傾向は夫方居住制，すなわち男性の家族が所属しているバンドで夫婦が生活を開始するパターンである。この後者の居住パターンは，サービス (Service, 1962)，ウィリアムス (Williams, 1974)，エムバー (Ember, 1978)，ラドクリフ・ブラウン (Radcliffe-Brown,

1930)，マーチンとスチュアート（Martin and Stewart, 1982）などの学者たちの見解と一致している。彼らは更新世期の狩猟・採集民は女性に偏った分散，あるいは人類学の専門用語によれば，族外婚のせいで夫方のバンドに組織されたと論じてきた。事実，これまで研究された人間社会の圧倒的多数が夫方居住と女性の族外婚を選択していた（Ember, 1978；Murdock, 1967）。夫方居住制の傾向は雄を行動圏に保持しつづけるためにチンパンジーと人間の祖先から引き継がれたのかもしれない。雌が新しい地域に移住したのである。また先に指摘したように，新婚夫婦の核家族はより大きな家族単位を形成するため，夫あるいは妻の家族（夫の家族に偏っていたが）に加わったかもしれない。家族活動の規則が明瞭な分業を生成する。男性は狩りをし，女性は食料を採集し，（それほど多くなかったが）ほとんどの家事を遂行する。権威の規則は遊動する狩猟・採集民のあいだでは明らかにほぼ平等である（とはいえ男性がふつう女性よりも高い地位をもっている）が，しかし後でみるように，いっそう定住した狩猟・採集民ほど，家父長制に向かう傾向，あるいは女性を凌ぐ男性の権威に向かう傾向をもつ。婚姻規則はほぼ近親婚を禁じるインセスト・タブーを明示している。族外婚（領域内の1つのバンドあるいはいくつかのバンドの集合外に婚出していくこと）の規則とならんで，族内婚（特定の集合のバンドもしくは親族関係のある集合内に嫁ぐこと）が存在するが，しかし一般に，潜在的な配偶相手の選択の自由度はかなりある。離婚，すなわち婚姻解消はほとんどの狩猟・採集社会では単純な儀礼をとおして簡単に行われる。

　要するに，男性と女性の性的な感情結合が狩猟・採集バンドの構造的中核として親族制度をもたらした。こうした規則はヒト上科の系統，また確かに，類人猿と人間の最後の共通祖先の生得的な乱交性向と対立する。そのため，こうした規則は人間にとって類人猿の祖先と，再生産，生産，分配のための安定した単位をつくるためのヒト上科にとっての選択圧力間における容易ならざる妥協の産物であった。次にこれらが，広く開けた地域にいるさまざまな肉食動物の脅威からこうした集団を保護するため個体主義的な類人猿を規制するための選択圧力に対応することを可能にした。

(2) **経済の要素**　　経済は資源採集，それらの日用品（もし食べるためだけであれば）への加工，また人口集群メンバーへの分配を行う一式の規則からなっている。もっとも単純なものからもっとも複雑なものにいたる，すべての経済の基礎的な要素は，技術体系，すなわち環境をいかに操作するかに関する知識，物的資本，すなわち採集，生産，分配を行う際に使用される用具，労働，すなわち採集，生産，分配を行う際の人的営為についての知識，技能，また分業，管理運営，すなわち採集，生産，分配を行う際に他のすべての経済的要素を組織するために使用される機構，また資産，すなわち特定の型の資源を制御し，「所有し」うる者についての規則である。狩猟・採集民の経済は単純であるため，表6.2で概括したように，技術体系も単純である。技術体系が発達しておらず，またすべての所有物を新しい宿営地に運ばなければならないときなど，物的資本はきわめて基礎的であり，またそのため，狩猟・採集民の場合では，物的資本は狩猟具，掘棒，調理具によって構成される。管理運営は核家族の単位からなる親族とバンドによってほとんど構造化されている。とはいえ市場の開始は，狩猟・採集民が交易をはじめる場合にみいだされる。そして最後に，資産は各バンド員の私物で構成され，また行動圏はバンドあるいはバンドの集合の共同所有物と考えられている。狩猟による獲物をどのように分配するかについての規則があったかもしれない。その獲物は濃密なタンパク質を手に入れにくい世界では，非常に貴重な私有財産の形態（たとえ一時的であるとしても）である。

　狩猟・採集民は非常に勤勉に働いたわけでないことが強調されるべきだろう。彼らは1週に12時間から15時間しか働かない。とはいえ極端な状況においては食料を入手することに困難がともない，もっと大きな労働量を必要としただろう（Sahlins, 1972 ; Lee and DeVore, 1968 ; Woolburn, 1968）。ほとんどの食料は採集によってえられた。けれども近年になって，一部の論者は食肉が以前に考えられた以上に食料全体に占める割合が大きいと議論している（Boehm, n.d.）。バンドは領土内を遊動し，一時期資源を確保するために留まり，そして資源が枯渇すると，バンドは領土内の別の場所に移動し，そして最終的に，資源が補充される時期に元いた場所に帰っていく。

(3) **宗教の要素**　もっとも原初的な水準において宗教は，超自然的な力についての信念の集合，超自然界における力と存在に向けられる儀礼の集合，そして儀礼活動を組織し，また聖的で超自然的な領域についての信念を護持する教派構造によって構成される。狩猟・採集民の宗教は一般にきわめて単純であり，精霊についての信念あるいはアニミズム，自然の力（たとえば大地，海，空），そして経験界の出来事に影響を行使する能力をもつ祖先崇拝から構成されている。その信念はしばしば漠然としており，超自然的領域に所在する力と存在が多様に解釈される。それでも，こうした超自然的な存在はしばしばいくらかの神話体系——彼らの起源についての信念と日常生活の特定の側面に影響をおよぼす力——を保持している。しかしいっそう進化した宗教とは違って，個人と霊界のあいだの明確に理解された関係を明示する超自然的存在と力の明白な崇拝対象はふつうにはない。

　ほとんどの狩猟・採集民は宗教活動を組織する明確な教派構造をもたなかった。むしろ，ほとんどの食料採集社会における宗教活動は個人だけ，あるいはバンド規模の儀式，そして親族に基礎をおいた超自然的な存在への祈願によって実践されていた。それゆえ経済と同じく，宗教はバンドと親族関係から明瞭に分化していなかった。しかしシャーマンの存在が宗教進化において重要な局面を表した。一般に信念と儀礼はいっそう複雑になることもあった。というのも，たとえ臨時の担任者であっても専従者が超自然的領域における存在と力の意志を解釈し，適切な儀礼を事前に用意し，儀礼の実践を促進するべく招請されたからである。専従者が存在するようになると，いっそう複雑な宗教的信念に向かうことは大きな跳躍ではなかった。存在と力のいっそう洗練された崇拝対象，またより安定した教派的な宗教者が出現する。すべてでないとしても，多数の狩猟・採集民の人口集群は宗教専従者の分化の水準に進化していなかった。そうではなく宗教は集合的な出来事なのだが，ここでは各人が信念を解釈し，超自然的な力に向けた儀礼に携わるかどうかを決定した。

6.8 むすび

6.8.1 原初人間社会の構造的中核

　その後におけるすべての全体社会形成が最終的に進化したのは，親族関係とバンドを軸に組織された単純な構造的基礎に由来する。先に述べたように，狩猟・採集民は一生懸命に働いたわけでなかった。その理由は，サーリンズ (Sahlins, 1968a) がかつて論じたように，狩猟・採集民が最初の「豊かな社会」をつくっていたということである。あるいはアイブル・アイベスフェルト (Eibl-Eibesfeldt, 1991：55) がこの単純な形態とみなしているように，狩猟・採集民は「レジャー中心」のライフスタイルであったからである。この原初の人間社会は，広く開けた生態系によってうみだされる選択圧力のせいで原初ホルドと比較すると明らかに大きな躍進であった。この生態系がヒト属に，そして最終的に人間に対して，新たな緊急事態に対処することを強いたのである。ヒト属にまったく脅威を感じない大型の肉食動物と生息地を共有すること，生存するために高品質の食料を必要とする大きな脳をもつ大型のヒト上科の直面した食性に挑戦すること，そして長い時間をかけて個体主義的なヒト上科をより強く組織することという社会学的な挑戦が待ち受けていた。とりわけ文化を使用する動物は安定した再生産［生殖］単位を必要とした。なぜならその動物の子どもは大きな脳をもつために母親の子宮頚を通過しうるためには，未熟な状態で早期に誕生しなければならなかったからである。その再生産上の単位が生産分業と資源の再分配にとってのテンプレートになりえた。

　要するに，ふつうに乱交を行う哺乳動物の雄と雌の結合を強化することによって，多くのことが成し遂げられたのである。より大きなバンドは繁殖を確実にするそれぞれの核家族内の成人たちに信頼しうる構造的基礎をもたらし，またバンドと家族は捕食者に対する防衛と食料採集活動を組織した。ヒト属は，猿のような組織化の利点——雄の階統制と雌の母系制——をもたないので，自然選択はまず集団連帯を育成するため彼らの感情強化に乗りだし，次に性行為に新たな肯定的感情を付加することによって，雄と雌の性的結合の強化に向け

て作用し，そして最後に，核家族の安定を促進するために必要な親族関係の規則を発達させうる文化を使用する動物をつくりあげるために，脳の拡大へとヒト科を向かわせた。と同時に，文化を使用するヒト科はバンドと行動圏を専有するバンドの集合を象徴化し，またトーテム化できた。

　不平等は最小限に保たれた——せいぜいわずかな富や威信の最小の相違が並外れた能力を備えた個人に与えられた程度であった。なぜなら不平等はつねに緊張をうみだすからである。遊動する狩猟・採集民のバンドは最初一過的な社会的形成であっただろう。個人は権力と威信の不平等な分配がバンドと家族の連帯に反することをほどなく学習できたはずである。不平等を制限せず，また類人猿の遺産である支配的性向の顕在化を許容することは，緊張，対立，内紛をもたらし，これが生存を阻害することをただちにみいだしえたはずである。それゆえ不平等に対する強力な規範が出現し，実行された。そうすることで制度としての政体の出現を阻止し，また不平等な権力に由来する必然的な階層制も食い止めることができた。

　先に述べたように，人びとが非常にきつい仕事をせず，しかも不平等を最小に留めている社会は，マーシャル・サーリンズが呼んでいるように，「最初の豊かな社会」であったことは確かである。誰一人として抜きんでて多くの物を保持していなかったし，誰も大きなエネルギーを費消しなかった。だからバンドは明らかに世界中のほとんどの生息地で長期にわたって生き延びることができた。地球上のほとんどの生息地，寒帯から熱帯にいたるまで拡がる生息地における，こうした最初の社会にさほど大きな変化は生じなかった。しかし最終的に，狩猟・採集社会の見かけの均衡は壊れた。そしてホモ・サピエンスはバンド，核家族，単純な経済的分業，控え目な宗教的な信念と儀礼，ごくわずかな不平等を中軸にした単純明快な「エデンの園」を離れたのだった。こうした利発な動物が，どうして，またなぜ，この重大な局面に踏み出したのだろうか。この局面では，人びとはもっと懸命に働かねばならず，また物質的福利，権力，威信の点で大きな不平等に堪え忍ばなければならない，いっそうマクロ規模の人間社会に向かう進化を生起させる結果に繋がったのである。

6.8.2 エデンの園からの離脱：狩猟・採集民の定住

　確実に定住した狩猟・採集民を精査することによって，今からほぼ1万年から1万5000年前のあいだに，選択圧力がどれほど強くなったのかについて考察することができる。より持続しうる定住地の成立によって人口成長が発生し，この成長が社会構造と文化を合成する選択圧力を人間社会に加えた。こうした選択圧力に耐えられなかった社会は死滅するほかなかった。一部のホモ・サピエンスの人口集群が人類史のほとんどの期間にわたって，大洋や湖沼の周辺，あるいは豊富な自然資源を採集できる地域に定住した可能性があるが，しかしこのように定住した人口集群（もしそうしたものが存在したとしても）は，地球上で遊動する狩猟・採集民に取って代わりはしなかっただろう。そうではなく狩猟・採集民は，その後の人間進化史における初期の園芸農耕社会——次章で検討する——への移行によって遊動的な生活様式を放棄することになったかもしれない。それでも定住がいつ頃はじまったかは，本当のところ定かではないのが現状である。

　最初の定住は行動圏内を遊動する移動途上での季節ごとの停留点であったかもしれないが，しかしいったん人びとが定住しはじめると，新種の選択圧力が発生した。漁撈はよりいっそう安定したタンパク質の供給源であった。そのため漁撈はより多くの人びとを扶養し，また支えた。野生の植物源もまた緑に覆われた気象条件下で豊富であったかもしれない。とはいえこれらは「採り尽くされ」，そのため若干の植物と動物の飼育への移行を開始したかもしれない。これにより単純な園芸農耕，すなわち人力で耕作する菜園の発端が開かれたのであろう。しかし純粋な狩猟・採集民として生き残った人口集群にしても，より永続的な共同態の人口成長がすべての選択圧力を劇的に上昇させただろう。

　人間の組織化における1つの力としての人口集群は広範囲な選択圧力をうみだす。もっと多くの人たちが扶養され，再生産され，調整され，制御されねばならない。だから選択圧力を生成する他のすべての力が増大したのである。生産は最初，漁撈活動を超えるほど大きく上昇しなかったかもしれないが，しかし漁撈は新しい技術体系あるいは知識，新しい形態の資本形成（たとえば漁網，

突き槍，釣り針，舟)，親族関係を越える新しい分業，経済財を分配するための新たな機構，そしてたぶん経済財を取引するための準市場をさえ導入させたかもしれない。さらに，経済余剰は新しい型の指導制——典型的には「ビッグマン」——によって課税されたかもしれない。彼らは一部の資源を強奪する権力を保持し，しばしばそれらを彼らの威信を増大する儀礼によって再分配した。このように定住した狩猟・採集社会におけるビッグマンはより大きな人口集群を規制し統制することへの圧力に対する反応であった。ほとんどの遊動する狩猟・採集民が他者に権力，威信さえも与えることに抵抗したことを思い起こしてほしい。それとは対照的に，定住した狩猟・採集民はほとんどいつも1人のビッグマンに権力を集中させた。彼は一族の忠誠，他の親族集団との同盟，脅迫と権力の実行，そして権力を獲得するための再分配による後援，あるいは何をなすべきかを他の者たちに伝える権利の組み合わせを利用した。

　ビッグマンと共に，人間組織化に新しい時代が到来した。なぜなら今や，政体，すなわち政府が制度体として出現したからである。次に，この制度体は法律，すなわち規制を制度としていっそう明示し，実行する能力をうみだした。ビッグマンと共に，最初の階層制が出現した。階層制は一部の集団メンバーに他者を凌ぐ多くの物的福利，威信，権力の保持を認めた。それゆえ人口集群が大きくなり，生産が拡大し，再分配過程が親族関係や小さなバンドから他に移ると，これらすべての変化が規制の増加に向かうもっと激しい選択圧力を生成し，規制の出現が政治指導者をもっと生じやすくさせた。同様に，規制力としての宗教もまた拡大する。そのため宗教の専従者が個人と超自然的領域において今やもっと強力な力と存在とのあいだを媒介する。また超自然的な力と交流する特別な力をもつ専従者たちにはしばしば，少なくとも威信が与えられ，しかもしばしば物質的富と権力をも与えられたため，階層化をいっそう促進することになった。宗教と政体が人口集群の社会階級への階層化に歴史的な効果をもったのである。その社会階級は有価資源の劇的に異なる持ち分をしばしばもたらした (Lenski, 1966；Turner, 1985)。

　一回り規模の大きな定住人口集群が成立すると共に，1つの力としての再生

産も強化された。とはいえほとんどの場合，親族関係がこうした圧力に呼応できた。核家族がいぜん親族体系の中核であったが，しかししばしば拡大親族関係の単位が互いに結託していた。そのため権威の階統が親族関係の系統と連動する。それゆえ親族関係は社会階層を増強する制度体系として政体と宗教を連結している。さらにもっと多くの学ぶべきことが，定住した狩猟・採集民の人口集群にはあった。経済技術はより複雑になり，新しい宗教的信念と儀礼が内面化され実践されなければならなかった。新しい形態の政体と法律は付加的な訓練を必要とした。またしばしば貿易関係と市場活動の拡張が学習しなければならない新たな技能をうみだした。しかしたとえ再生産，文化と社会構造への社会化からの圧力が増大したとしても，それでも多くのことが家族内部で主として実行されていた。

　定住した狩猟・採集民の人口集群は，資源が豊富な生息地――漁撈が放浪の必要を引き下げた――にかぎって出現しえた進化的な行き詰まりとしばしば考えられてきた。しかしそれらは，人口集群が定着し，成長したとき，どのような事態が発生したかについて，われわれに明瞭な意味を与えてくれる。人口集群，生産，分配，再生産，規制からの選択圧力が，核家族によって構成される狩猟・採集バンドの構造的な収容力を凌駕し，すべての面で上昇したのである。こうした新しい圧力下で，社会のメンバーは新種の社会構造と文化記号を開発するか，それとも不統合の結果に苦しむかのいずれかの道しかなかった。もちろん，バンドと核家族を超える社会文化的合成が起こるという保証はまったくなかったし，あるいはたとえそれが生じたとしても，それは権力の集中と増大する不平等をめぐる緊張関係を随伴しただろう。しかしこうした社会が持続し成長したとしたら，彼らは遊動する狩猟・採集社会を棄てうる能力を備えたことになる。あるいはその社会は領土を防衛するためよりいっそう政治的に組織されねばならなかった。いずれにせよ，人間社会の性質が永遠に変わったのである。新しい社会形成物は，個体主義的な類人猿に新たな制約を押しつける社会的な檻に代わったのである（Maryanski and Turner, 1992）。これにより社会内部および社会間の関係の不安定性がますます強くなった。こうした社会構造

と文化がつくりだした檻に閉じ込めることの効果が，次章で考察するように，園芸農耕社会の出現によって一気に加速したのである。

注

1) 解剖学的にみて，現代人の出現の時間推定は，アプローチの方法と使用する分子データによっていくぶん異なる。およその日付は13万年前から19万5000年前の範囲である（この議論については，Garrigan and Hammer, 2005；Relethford, 2001；Smith, et al., 2007 をみよ）。最初の園芸農耕民に関する議論については，Moore (1985) をみよ。
2) 狩猟・採集社会の記述は以下の文献によっている。Sanderson (1999a, 1999b)；Roth (1890)；Hose and McDougall (1912)；Radcliffe-Brown (1914, 1930)；Spencer and Gilen (1938 [1899])；Steward (1930)；Holmberg (1950)；Childe (1951)；J. Clark (1952)；Elkin (1954)；Goldschmidt (1959)；L. Davis and Reeves (1990)；Goodale (1959)；Turnbull (1961)；Washburn (1961)；Service (1962, 1966)；G. Clark and Piggott (1965)；Lenski (1966)；Lee and De Vore (1968, 1976)；Sahlins (1968a, 1968b, 1972)；Coon (1971)；Bicchieri (1972)；Earle and Ericson (1977)；Rick (1978)；Tonkinson (1978)；Lee (1979)；Winterhalder and Smith (1981)；Hayden (1981)；Hultkrantz and Vorren (1982)；Riches (1982)；Schrive (1984)；Johnson and Earle (1987)；Hart, et al. (1988)；Howell (1988)；Lenski, et al. (1991)；Binford (2001)；Boehm (1993, 2004a, 2004b)；Cashdan (1980, 1983)；Gardner (1991)；Hart and Pilling (1960)；Headland and Reid (1989)；Kaplan and Hill (1985)；Kelly (1995)；Lee (1979)；Marlowe (2003, 2004, 2005)；Mithen (1990)；Stiles (2001)；Tanaka (1980)；Maryanski (1994)；Washburn (1961)；Wiessner (2002, 2005)；Woodburn (1982)；Nolan and Lenski (2004)；Olsen (1991).
3) これまで研究された狩猟・採集民に関する素描によって，彼らを更新世期の食料採集者の生きた化石とみなすというわけではない。昨今における食料採集社会のすべてがきわだつ特性（どの社会もそうであるように）を保っているが，しかしわれわれは，彼らが多くの点で有史以前の食料採集社会の生活の仕方と並行していると確信している。なぜならこの自給自足の生活様式は，可能なかぎり小規模な集団，遊動する生活様式，「分裂－融合」の分散パターン，またその他の組織上の特徴を必要とするからである。すなわち自助努力と個人主義，平等な意思決定過程，政治的不平等の不在，経済交換における互恵原理，祖先崇拝に基づくアニミズムと宗教，厳格な性別分業（男性が狩猟，女性が採集）などの特徴がみいだされる。人間を霊長目とみなす比較研究については，Bailey and Auger, 1989 をみよ。
4) ゴリラもまたチンパンジーと共に地域的もしくは共同態的水準の組織化を共有している。ゴリラは2次林，つまり再生林内の地上でほとんど生活している。また捕食圧力を考慮すると，ゴリラは比較的に安定したバンドに組織されている。こうした多数のバンドがほぼ25平方キロの共通行動圏を共有している。集団間の訪問とバンドの比較的にたやすい出入

りの移動は，平穏な生息地において，ゴリラ集団が違う集団のメンバーとを繋ぐ弱い紐帯による，大きくつくられた共同態ネットワークの分節体でしかないことをすべてが物語っている（Emlen and Scaller, 1960；Imanishi, 1965；Goodall and Groves, 1977；Reynolds, 1966：444；Maryanski, 1987）。

5) 選択はどのような特性であれ，完璧ではありえない。それは厳密にいえば，目前の環境への有機体の適応と関係している（Ridley, 1996：338 以下をみよ）。

第7章

園芸農耕[a)]の台頭

> 個人は安定と安全を確保しようと努める。また社会は永続性の錯覚を助長するかもしれない。確実さの探求は絶えず継続するだろう。また永遠への信念は揺らぐことなくもちつづけられよう。しかし他のすべての現象と同様に，社会は絶えず変化し，これを避けることはできない。変化はまぎれもない事実である (Kingsley Davis, 1948, *Human Society*)。

ほぼ4万年前，あるいはもっと前に，狩猟・採集民が植物の栽培を理解していたことをしめす証拠がある (Kabo, 1985；Harlan, 1975；D. Harris, 1977)。狩猟・採集バンドのメンバーは種子を集め，また宿営地を離れるとき，その種子をその辺りに蒔いたかもしれない。彼らは植物採集のため周回して元に戻ってきたとき，植物が採集できるほど十分に育っていることを願い，また期待したはずである。しかし種子，植物，耕作との関係についての彼らの明白な理解にもかかわらず，狩猟・採集民は，約1万年前まで野生植物（そして動物）を馴化しようとはしなかった (Blumer and Byrne, 1991；Flanery, 1986；Miller, 1992；Byrne, 1987) [1)]。

狩猟・採集民が種子を蒔いて菜園をつくることを知っていたと考えると，彼らはなぜ植物を栽培すること，また村落に定住することに抵抗したのだろうか。現在までつづいている狩猟・採集民が最良の解答を与えてくれる。菜園で働くことがあまりに重労働に過ぎ，また自由と移動をとても制約するという理由しかみつからない。ボツワナの!クング族は，どうして耕作をしないのかと問われて，「この世にこれほど豊かにモンゴンゴのナッツがあるのにどうしてわざわざ植物を植えなければならないのか」と答えている (Lee, 1968：33)。あるいはサヴァンナで生活しているハザ族は，近隣の園芸農耕民によって育てられた

甘藷芋やその他の耕作物をうらやましいと思うが，しかしそれでも，その耕作にともなう面倒には値しないと感じているという。実際に，菜園の面倒をみている誰もがそれが重労働であることを承知している。1週間に15時間が通常の作業時間であるような食料採集社会の人びとにとって，植物は野生で，まるでエデンの園でのように採集できるのに，どうして硬い土石を砕き，種子を蒔き，(雑草，害虫，他の動物から守り) 菜園を絶えず養生することに精魂を傾けねばならないと思うだろうか。さらに，スティーブ・K・サンダーソン (Sanderson, 1991：391) が指摘しているように，働かねばならなくなったとき，人間 (すべての霊長目と同じように) は，「最小努力の法則」に同意するだろう (Zipf, 1965 をもみよ)。増大する労働負荷は「人びとがふつう回避したいと望むこと」であると，サンダーソンはわれわれに思い起こさせる。

　遊動し，寛ぎ，しかも本当に「豊かな」生活様式を放棄する狩猟・採集民にとって，基礎社会力としての生産によって引き起こされた選択圧力は強かったにちがいない。人びとは村落に定着し，しかも自由選択によらず，必要に迫られて耕作をはじめざるをえなかった (M. Cohen, 1977；Mann, 1986；Sanders, 1972；Lewin, 1988；Johnson and Earle, 1987)。園芸農耕制，すなわち人力以外の動力の便宜をもたない菜園の開始は，狩猟・採集をもはや続行できない生態的地域にいるバンドにとって絶望的ともいえる移行であったにちがいない。植物を栽培すること，最終的に動物を家畜にすることは，いっそう多くの食料を供給し，より大きな人口集群を給養できただろう。前章で指摘したように，過剰人口が園芸農耕の台頭の1つの根本要因であったのだろう。人びとが河川，湖沼や大洋の辺に定着すると，その人数は狩猟・採集によって扶養できる限界を超えて成長したのだろう。そうなるとバンドは，たぶん何千年も前から理解していたけれども，採用する気持ちなど毛頭なかった技術体系を実行に移すことを強いられたのだろう。人力を使用する園芸農耕への移行についてのもう1つの説明は，狩猟技術の改良であったのだろう。その技術改良が大型の食用になる動物を絶滅させ，またそのあげくに小さな獲物まで取り尽くし，さらに小さなバンドをつくっていた狩猟者たちを園芸農耕民になるよう仕向けたのだろう。この

シナリオによれば，人口集群はそのメンバーが資源を徐々に消耗し，飢饉や飢えに見舞われたとしても，安定を保ちえたのだろう。また彼らが新しい狩猟場への移動を阻止した他の人口集群あるいは生態的障害に取り囲まれていたとしたら，バンドは技術体系を刷新するよう努めるか，それとも死滅するほかなかった (Lenski and Lenski, 1987 : 131)。

しかし考古学的記録は，その場合でも，狩猟・採集民たちが徐々に専業の園芸農耕へと移行したことをしめしている。園芸農耕制が彼らを村落に定住させたのである。ジョンソンとアール (Johnson and Earle, 1987 : 63) は，「農業と牧畜は静かな生活様式を可能にした経済革命でなく，長期にわたる，しかもきわめてゆるやかな移行過程を辿りながら出現した」と論じている。人びとは当初，困窮時に備えて穀物を備蓄するために一時的な集落をつくったかもしれないが，それでも彼らは遊動する狩猟・採集の生活様式を維持していた。たとえば，メゾアメリカ［スペインが植民地をつくる以前の，メキシコ中部からホンジュラスやニカラグアにかけて，オルメカ，マヤ，アステオ，テオティワカンなどの，アメリカ文化が栄えた地域］における初期の集落に関するデータは，家族が複数の箇所に住居をもっていたことを示唆している。同じことがペルー領アマゾンのマチゲンガ族の世帯にもあてはまる。そこでの集落は主として資源不足への反応として出現した (Johnson and Earle, 1987 : 67)。こうした人口集群は園芸農耕にみられた制度体系と階層制をうみだしはしなかった。その代わり，彼らは狩猟・採集の中核的構造，とくに核家族，またバンドのような構造を維持しながら，資源が不足した場合の備蓄場所として居住地を活用した。

継続する居住地を利用するパターンは，もっとも困難な生息地域で生存している食料採集者のあいだで長い期間にわたり継続したかもしれない。これらを社会文化的な前適応の一種とみなすことができるだろう。生産と分配の選択圧力がいっそう強まったとき，個人行為者や団体行為者は園芸農耕へ完全に移行するよう迫られただろう。この移行は，それらの人口集群が狩猟・採集民として園芸農耕にいたる中途にあったので比較的容易だった。新しい経済技術は必要なかっただろうが，しかし人口集群の規模が成長すると，分配，再生産，規

制のための圧力がホモ・サピエンスを権力，法律，宗教，村落，慢性的な紛争，そして階層制を中心にした最初の社会文化的な檻を築造させるまで上昇し，しかもそうすることを強いた (Maryanski and Turner, 1992)。なぜならそれぞれの新しい制度体系が核家族とバンドによって供給された基盤から分化すると，階層制も成長し，こうした新しい制度領域が個体主義的で，移動を志向する進化した類人猿を檻のなかに閉じ込める新たな基盤となったからである。

しかし園芸農耕民を規制したもっとも拘束的な檻は，相対的に自律した核家族と拡大家族からなる親族関係を，核家族間の親族関係に基づくリニージへと変更したことであった。そのため園芸農耕社会は権力，経済，宗教，そして階層制を軸にした新たな檻の基礎づくりに着手したけれども，その檻を築造するうえでの最大の難関は，最初の園芸農耕民の構造的基礎である親族関係の精密化によって課せられた。なぜなら多数の人びとを領地内の村落内と村落間で組織しなければならなくなると，規制，分配，生産の選択圧力が上昇し，したがって園芸農耕の初期段階において，親族関係の精密化を必要としたからである。こうして大規模な親族関係のネットワークが定住した園芸農耕民の適応戦略になったのである。

だから園芸農耕制への移行がどのような理由によって引き起こされたとしても，その移行が全体社会進化の行程を劇的に変えることになった。ひとたび園芸農耕制が広く採用されると，これが資源の枯渇をもたらしたからである。粗放農耕は土壌の栄養分を損耗するため，彼らはもっと肥沃な土地で菜園をつくるため頻繁に移動することを強いられた。また園芸農耕民は定住したが，しかしそれでも狩猟と採集を継続したので，彼らはたやすく収穫できる植物を取り尽くし，もっと重要なことは彼らが必要なタンパク質を供給する野生の動物を捕獲し尽くしたことである。ユーラシア大陸において家畜化が可能になると (Diamond, 1997)，タンパク質の代替供給源は屠殺することを予定して動物を飼い育てることで確保された。ところが世界の多くの地域で家畜に適した動物がいなかった。

園芸農耕民が肥沃な土地を探し，あるいは栽培作物を補完する狩猟と採集の

ために新しい土地を求めて移動すると、彼らは別の食料採集の人口集群をその地域から追い出すこともあっただろう。しかし園芸農耕が普及するにつれて、地域の人口密度は、最後の狩猟・採集者が生き残るために園芸農耕を採用せざるをえなくなるまで上昇しただろう。だから園芸農耕制に起因するある種の雪だるま効果がみられた。いったん雪だるまが転がりはじめると、この変容は加速した。というのも園芸農耕の人口集群は、追い出されることになった狩猟・採集民よりも大きかったし、また彼らは紛争のためにより政治的に組織される傾向をもっていたからである。そのためほとんどの狩猟・採集民が同じく変わりはじめ、政治的により組織されないと、園芸農耕民に対して有効に対抗できなかった。

7.1 園芸農耕を突き動かす選択力

先に述べたように、狩猟・採集からの遷移に拍車をかけた最大の力はほとんどの場合、人口集群であった[2]。ひとたび人口集群が成長しはじめると、生産、分配、再生産、規制などすべての力が強化された。給養しなければならない人数が増加すると、これにより新しい生産様式を求める選択圧力が生じる。より多くの人びとを給養するために生産が成長すると、分配圧力も増加する。人口集群、生産、分配からの圧力が上昇すると、規制——調整と統制——の選択圧力も強くなる。そして人口集群がこうした圧力に反応すると、新しい制度体系がうまれ、しかもそれらはそれ自体の文化記号をもち、次いで、すでに学習すべき多くの事柄があったので、社会力としての再生産の強度を増した。

こうした力のそれぞれが人口集群に対する選択圧力を強化したので、その力はそれぞれを新しい水準に引き上げながら互いに関わりあった。だからその選択圧力は園芸農耕の進化に雪だるま効果をもたらし、最終的に農業への転換（人力以外の力を利用する農耕）をもたらした。図7.1は、こうした力相互の直接的、間接的、また逆向きの因果効果の概略をしめしている。人間の全体社会進化の原動力になったのはこうした諸効果の合成である。人口集群が小規模なままであると、効果の合成に含まれる力学は爆発しない。しかしひとたびホモ・サピ

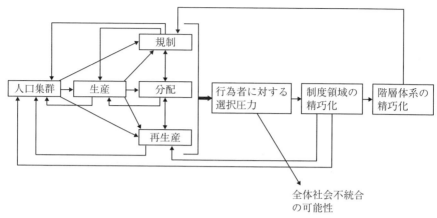

注：すべての矢印線は正の効果である。

図7.1　力，選択圧力，そして社会構造の精巧化の間で相互に高まる効果

エンスが村落に定着し，人口集群が成長すると，そうした因果連関に含まれる力学的な潜在力が顕現し，社会構造と文化記号の複合度を増したため，さらに大きな圧力が人口集群にのしかかった。いっそう複雑な体系が出現するためには何千年もの時間が必要であったが，しかしこれらがやがて農業へと進化し，次に農業が産業主義へと進化し，最後に産業社会がポスト産業社会に変貌を遂げると，社会進化の各段階間の時間幅は縮減した。図7.1に要約した力が圧力を加増し，個人行為者と団体行為者がこうした圧力に反応すると，社会進化は速度を上げ，しかも劇的に加速したのである。

　こうした社会文化進化の加速は，ある意味で機能理論がかつて論じたように（たとえばParsons, 1966），社会の適応力の増進とみなせる。確かに，社会の複合度が増すにつれて，適応力は上昇した。それでも複合化は，規制――あるいは分化した社会文化体系の調整あるいは統制――の問題も増加した。しかもこうした圧力が適応的である保証はどこにもない。事実，やがて正当に評価するように，政体と法律の進化は，宗教の進化と共に，あらゆる不平等を逓増するように作用し，次に，対立と社会的不統合の可能性を高めた。それと同時に，

人口集団間の紛争行動が頻発した。これらすべてが人間社会の不統合の歴史的な可能性を上昇させたのである。現状において，この不統合の可能性は経済的ならびに地政的な対立の双方に関与している高度技術社会においても起こっており，したがってわれわれは選択圧力への反応がより適応した社会を必然的にもたらすと仮定すべきではない。確かに，地球上での社会史は，文字通りの意味で，内部緊張と対立，対外紛争，そして生態劣化と大災害の歴史である。しかも社会進化はつねに複合度を増すわけではない。なぜならヨーロッパの暗黒時代が証明しているように，人間社会はローマ帝国滅亡後に「退化した」のである。それほど劇的ではないけれども，旧世界と新世界双方の諸社会といくつかの帝国は生き残るため，より単純な技術体系，文化的観念，また政体を採用するよう人口集団を仕向ける方法を採用したために崩壊した。こうした事態の展開が今日起こりえないと仮定する根拠はどこにもない。たとえば，いっそう複雑な社会秩序が瓦解した世界の多数の地域ですでに勃発しているように，世界の経済体制が稀少資源をめぐる対立と，人口集団が互いに反目する戦国時代への後退という結果をもたらすとすれば，こうした事態の展開が現代において起こりえないと仮定する理由はない。だからわれわれは，選択圧力が必然的に直線的な進化を導くと仮定した初期の進化論者や機能論者の過誤を繰り返すべきではない。それどころか，こうした選択圧力のそれぞれが社会の潜在的な不統合点になりうる。したがって図7.1に表した因果連関は，社会文化的複雑さが社会，また社会体系の崩壊と低下を加速することもあることを表している。

7.2 園芸農耕社会の人口誌学と生態学

園芸農耕社会の人口規模は，耕作地の隣接している村落群内で生活している約150人から，より大きな居住地を取り囲んでいる耕作地のいっそう集約的な形態を採用している10万人超まで，かなり広い分布をみせていた。確かに，一部の園芸農耕社会は，中国の場合のように何百万人にも達したが（中国は犂耕をもっていなかった。なぜなら水稲耕作は犂耕を必要としないからである），しかし他の点で産業化以前の中国は農業社会であり，したがっておそらく園芸

農耕社会とみなすべきではないだろう。80人から500人の範囲内の小規模な園芸農耕民の人口集群は，表7.1で「単純な園芸農耕」社会とよんでいるが，5千人から6千人を，しかし潜在的には数十万にも上りうる大きな園芸農耕人口を「発展した園芸農耕」社会とよんでいる。予想どおり，こうしたより大きな人口集群は，表7.1で概説しているように，単純な園芸農耕社会よりもはるかに大きな選択圧力を駆動させる力の点で力学的な因果関係を表すことになる。

単純な園芸農耕社会で掘っ立て小屋に居住している半ば自律的な村落は周囲を耕作地に囲まれていた。とはいえ，親族関係規則と政治同盟によって連結された親族関係の結合が——また村落間の交易も——みられた。いっそう発展した園芸農耕社会における村落の規模はさまざまであり，そのため一部の村落は交易センターとして，また別の一部は地方行政と宗教の中心地としての機能を担った。通常，政都があり，そこでは政治指導者や宗教指導者が住居を構え，またしばしばこの都市が主要な交易センターでもあった。

すべての園芸農耕民が遭遇した最大の経済問題は，資源の枯渇と環境劣化であった。耕作活動は土壌を損耗させ，その繁殖力を低下させるのでしばしば荒廃をもたらす。そのため園芸農耕民は新しい耕作地への移動を余儀なくさせられた。資源が枯渇すると，園芸農耕民の人口集群は環境劣化を加速する気象変化に対してきわめて脆弱であり，しばしば社会の消滅をもたらした。またより大規模な社会の場合，単純な園芸農耕への，もしくは一部に，狩猟・採集制への退化もみられた。たとえば，マヤ人とインカ人の連合は，アメリカ南西部のアナサジ族と同様に，気象変化のために衰滅した（Diamond, 2005）。

園芸農耕社会が遭遇したもう1つの問題は紛争である。少数の村落から構成されるほとんどの小さな園芸農耕社会は，近隣の人口集群と断続的あるいは慢性的な対立状態にあった。これに対して，より大きな人口集群はしばしば紛争によって，また組織された軍隊を派遣し，他の人口集群を征服することによって成立した。次に，より多くの社会が統合されると，紛争の結果として糾合された別の社会とのあいだに慢性的な紛争のパターンがその後も継続した。最終的に，1つの社会が他の社会を征服するか，あるいは等しくありうることだが，

双方の社会が破壊され、そして（あるいは）不統合と脱進化を結果することで、紛争が終結することもあった。しかし同時に、紛争という事態は、社会構造と文化の構成を表7.1の右欄に記したように、より複雑な形態に向かわせる要因でもあった。より大きく多様で、しかも好戦的な人口集群は規制と統制のためのきわめて強力な選択圧力をうみだし、これが次に、政体の拡大、宗教信念と教派構造の精巧化、そして法律の分化を制度領域として引き起こす原因になった。それと同時に、人口集群が成長すると、経済が複雑になる。その結果、技術水準が上昇し、物的資本や貨幣のような流動資本の水準が高くなり、親族関係外部に市場のような新しい管理運営のための機構が誕生し、しかも私有財産と共有財産の定義が明確になる。本章の表7.1から表7.7の縦列を読み下していくと、単純な園芸農耕社会と発展した園芸農耕社会のあいだの相違が最終的

表7.1　園芸農耕社会の生態的特徴と人口誌

	単純な	発展した
人口誌		
人口規模	80-5,000人。しかしふつうは、100-150人。	500-100,000人。しかしふつうは、5,000-6,000人。
人口移動	半永続的な居住。土壌が肥沃でなくなると移動する。時にはより持続的な中心地または中心「都市」がある。	半永続的な居住。周辺での移動。中心都市での永続的な居住。そこからの移動。移動運動が一般的になる。
成長	可変的である。一部の社会は安定しているが、他の社会は成長する。	資源の限界まで成長しがちである。
生態的特徴		
内部分配	自律した小村落。周辺に園芸農園がある。時に、村落間の結合／同盟（政治的対立による）の形成と解消。村落間をつなぐ歩行路の利用。村落間にはほぼいつも親族結合がある。村落間に相互連携があるとしても、領域の規模は比較的小さい。	大きな村落。しばしば中心都市と経済的、政治的に結合されている。村落は小道によって繋がれているだけでなく、整備された道路によって繋がれている。より大きな数の領域が村落-都市のネットワークとして結ばれている。親族関係がほとんどつねに村落間をつなぎ、また政治的ならびに経済的連結の基礎である。
外部分配	他の村落あるいは村落ネットワークとの絶え間ない戦闘。他の村落や社会とのいくらかの通商と交換。	外社会との絶え間ない戦闘。外社会とのかなりの数量の交易と交換。

に人口誌的力——とくに人口集群の規模——への反応をどれほど反映しているか，われわれは理解できるはずである。しかし領土内における民族的な多様性のような他の特徴が，規制，生産，分配，再生産の力から生じる選択圧力を強化した。

7.3 園芸農耕社会の新たな構造形態 3)

園芸農耕社会への進化を革命とよぶとすれば，それは誇張である。なぜなら農耕への移行はきわめて長い時間をかけて間欠的に発生したからである。しかしその人間社会の特徴および将来の進化に対する効果は大変革というに相応しいものであった。なぜならすべての社会の制度的中枢が園芸農耕と共に出現したからであり，この中枢部分の分化によって，階層制も出現したからである。それゆえ，園芸農耕社会は事後のすべての進化のお膳立てをしたのである。

7.3.1 親族関係の精密化

ここで思考実験を行い，次のように問うてみよう。すなわち，狩猟・採集の人口集群は，より大きな定住人口集群に応化するため，社会の構造的および文化的な複合度をどのように増強したのだろうか。生産，分配，規制，再生産の圧力はいったいどこで激しかったのだろうか。狩猟・採集民は2つの基礎的な社会構造，すなわちバンドと核家族だけをもっていたことを明証している。とはいえ共通文化を分有しているバンドの集合，すなわち「ビッグバンド」をこれらの2つの基礎的構造につけ足すことは可能であろう。選択圧力がより多くの人びとをいっそう複雑な社会体系へと組織するための1つの方法をみつけることを目指して，単純な園芸農耕社会の組成へと押しだしたのだとすれば，村落に定着しはじめた狩猟・採集民は，少なくとも当初，高い水準の経済余剰をうみだせなかったはずである。したがって彼らは社会的成長と複合度をともなう経済を組織できる団体単位としての複雑な組織体あるいは官僚制を創出できなかった。だとすれば，彼らはいったいどのように対応したのだろうか。

その論理的（そしてもっとも利便な）行程は，親族体系を精密化することで

あっただろう．なぜならこの体系において別の核家族にいる親族員間の分業と連結がすでにできていたからである．バンドも複数の核家族の集合（その一部は親族関係をもつ）から，住まいの周辺で露地栽培を行う村落への変貌が起こった．親族関係の精密化は個体主義的なヒト上科にとって自然ではないが，現生の高等霊長目のいくつかの種の特徴の1つは，変化する環境について学習し，適応する驚異的な能力をもっていることである．人間霊長目は，とくにマカクザル［ニホンザルを含む］と共に，新しい生息地に移動し，そして変化を求める環境圧力に反応して組織構造を調整した点で傑出している．

人間の場合，家族のいずれか一方，すなわち男性かそれとも女性の家族が出自の系統として認知されるという単純な規則によって，驚異的に複雑な構造的基礎がつくりだされた．次に，この規則は，個人がどこに住むか，個人が誰と生活するか，誰が誰に対して権力をもつか，誰が誰から相続分を継承するか，誰がどのような仕事をするか，誰が誰と結婚するか，そして結婚の解消はいつ，またどのように成立するかに関する付加的な規則をもたらした．父系規則は家族の男性側を優位にするのに対して，母系規則は女性側を優位にする．ほとんどの狩猟・採集民は双系的あるいは共系的であり，そこでは家族の両側が等しく重要であるが，しかし同時に，夫婦が意思決定においてより多くの自律性をもっている[4]．しかし園芸農耕社会における出自は一般に単系的である．すなわち夫婦家族のどちらか一方を優先する．そこではほとんど男性の側が強調される．それゆえ，その出自規則をひたすら強化し，それを単系の形状に変換することによって，有給職からなる官僚組織という資源をもたない社会において複合的組織あるいは官僚制に匹敵する機構をつくりだせる．出自規則が整うと，親族体系の他の規則も予測可能になる．先にしめしたように，出自は核家族内および核家族間において誰が誰に対して権威をもつかを規定し，居住規則を制限し，結婚した夫婦がどちら側の村落で，どちら側の親族集団と一緒に居住するかを特定し，どのような家族メンバーが同居するかに指針を与え，世代にわたる私有財産の相続を決定し，出自規則によって関係している家族内と家族間における分業を特定し，そして結婚とその解消を制約する．

表7.2中の単純な園芸農耕民について要約した親族関係の要素の列を読み下していくと，親族関係規則が典型的に出自規則からどのように由来しているかを知ることができる[5]。たとえば，出自規則が父系的であれば，その規則が家族の男性側に特権を付与する可能性が高い。この体系では，居住規則は夫方居住である（男性側の親族のいる村落に居住する）。それはまた，ある核家族が村落内により大きな家族を形成するために他のどの家族といかに結合すべきかをしめし，メンバーが男性側をたどって関係する家族のリニージをつくりだす。それはより大きな親族体系内のさまざまな年齢と地位からなる男性と女性と共に，男性と女性のあいだの分業を特定する。それは，それぞれの核家族内で，またリニージやリニージからつくられるより大きな単位（クラン，胞族，半族）と共に，各核家族内およびリニージにまたがって，誰が権威をもつかを規定する。居住規則は男性または女性が（親族の集合化を超えて同盟を結ぶことを指示する規則をもつ）利用できる資格をもつ婚姻相手の特定のプールをしばしば表し，また資産がどのように継承されるかをも子細に指示する。

図7.2にしめしたように，この規則の集合は，官僚制の組織図のようにみえ

表7.2 園芸農耕社会の親族関係

	単純な	発展した
規模と構成	核的単位と結ばれる核的単位。	核的単位の結合。しかし一部の再核的単位化が明白である。
居住	父方もしくは母方，しかしほとんどは父方。	居住規則は解体しはじめる。とくに中心都市への移動が発生する。しかし父方居住の偏向は継続する。
活動	経済，地域社会，政治，宗教，そして家事における明確な性別分業。	単純な体系と同じ。
出自	単系的，一般に父系的，これがリニージとクラン水準，時に半族に組織されている。	男性支配。
権威	男性支配。	男性支配。
婚姻	インセストは禁止されている。かなりの族外婚と族内婚。解消は容易である。	インセストは禁止されている。族外婚は減少する。族内婚は親族関係と同様に社会階級の基礎になる。

る社会構造の出現を可能にする。核家族は一部には拡大家族，しかしもっと正確にいえば，リニージと名づけられる，より大きな単位に組み込まれる。リニージは集合してクランになり，クランは集合して半族に結合される。社会はしばしば2つの半族に区分される（図7.2に描かれていないが，下位のクラン，下位の半族，胞族，そして兄弟［姉妹］の仲間会がある）。早期の園芸農耕民がより大きな人口集群を維持しうる複雑な構造を創出するための選択圧力にどのように反応したかを知ることができる。彼らは核家族の要素を取り上げ，それに多様な課業をさせるため，——あたかも近代官僚制あるいは複合的な組織体が働いているかのように——より大きく，またもっと複雑な親族関係に基礎をおく関係構造へと拡大した。親族関係図が組織図のようにみえる事実は，偶然の一致ではない。それらはいずれも，より多くの人を組織し，彼らの活動を調整するための規制からの圧力への社会文化的適応をしめている。

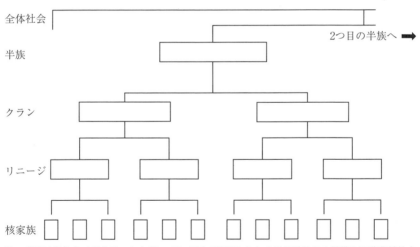

注：半族は社会を二分する。したがってこの図で描写したものは相対的に小規模な園芸農耕社会の半分のみを表している。核家族はリニージを形成するために集合化され，次にこれらがクランを構成するため集合化される。クランは2つの社会の1つに位置づけられる。若干の社会におけるもっとも複雑なパターンは下位のクランと下位の半族を含むが，しかしその組織体の形態は同じである。すでに明らかなように，この形態は官僚制の階統に近似している。この事実は，親族関係の形成が官僚制の機能的な等価物であるので，とくに驚くことではない。

図7.2　単純な園芸農耕社会の組織基盤としての親族関係

複雑な組織体と出自規則によって構成される親族体系のあいだには大きな相異があるが，しかし親族体系から抜け出すことはできない。マックス・ウェーバーは個人を統制し，感情表現を制限しうる合法的な水準の官僚制の能力を指示するために，「鉄の檻」「鋼鉄の檻」または「鋼鉄の包囲」などさまざまに翻訳された語句を用いた。しかしウェーバーの官僚制の描写は，単系出自体系と比べて，いくつかの点で脆弱にみえる。第1に，合法的な官僚制は，人びとがどの組織体に参加するかに関して労働市場である程度の選択肢をもっている。第2に，人びとは1日の終わりになるとその組織体を離れることができる。第3に，感情は対立を回避するために中立であるべきと想定されている。第4に，権威体系は階統的であるが，それは一般に親族の権威と同じ広がりではない。第5に，官僚制下で個人は，親族関係における出生順位上の地位ではなく，実績と技量に基づいて昇進できる。親族関係を軸にしてつくられた官僚制のようにみえる構造と比べて，官僚制はヒト科にとってより居心地のよい場所のようにみえる。個人はどの組織に参加するかを選択できるいくらかの自由裁量をもち，ある組織体から別の組織体に移動する選択肢をもっている。単系出自集団は取捨選択の自由を認めない。それどころか，個人は昼夜を分かたず親族と一緒に居なければならず，年長の親族の権威に服従しなければならない。また個人は義理関係からなる親族統制に服さねばならない。個人は親族あるいは恩義のある親族と一緒に労働を遂行しなければならない。また個人はその他にも親族の濃密なネットワークの拘束の檻に献身的に溶け込まねばならない。こうした体系では感情が激しく駆けめぐる。なぜなら，それはいかなる官僚制よりもはるかに拘束的な檻であるからだ。ヒト科は強い感情性を配線されているので，親族関係の檻はきわめて大きなストレスである。親族の檻に閉じ込められると，誰もが複雑で広汎な否定的感情を呼び起こす。そのため単系出自体系をもつ社会にはしばしば対立，確執，その他の暴力行為が鬱積する。親族関係の檻がヒト上科のメンバーにとってきわめて不自然な組織単位であることだけは確かな事実である。
　核家族は乱交を行うヒト科に押しつけられたきわめて激しい圧力下で進化し

たが，しかしこの構造が乱交を減らしえたとしても，それは遊動する狩猟・採集バンドにおける自由と移動を劇的に制約したわけではなかった。核家族がリニージ，クラン，半族に覆い包まれると，個体主義と移動性に対する制約は増大する。個人は親族の網の目に囚われるのである。狩猟・採集社会の核家族内で個人はそれでも遊動的でありえた。彼らは自分で選択すれば親族を含めて，他人から離れることができた。男性は狩りをするために離れ，女性は採集の際に離れることができた。次いで，狩猟・採集民の核家族（そして後でみるように，現在のポスト産業社会の家族も同様に）は選択肢をもっている。しかし単系出自において個人主義と空間の自由な移動の選択肢は厳しく制約された。男たちは狩りをし，あるいは戦地に従軍するとき，また女たちは作物を育てる際に独りでいられるが，個人に対して権力と権威をもつ親族や義理の親族の勢力圏から逃れることはきわめて困難であった。たとえ彼が権威をもたなかったとしても，親族が空間的に間近で，しかも絶えず互いに作用すると，頻繁に緊張関係が生じた（身の上相談に寄せられる手紙が現代社会において十分にその証拠をしめしている）。

　要するに，親族関係の檻は定住型の生活様式に魅せられた園芸農耕の人口集群によって絶対に必要とされたために構築されたのであった。先の章で検討したビッグマン制は，定住した狩猟・採集民にとって選択圧力に対応するためのさほど制約のない方途であったが，しかしこれは園芸農耕に付随した規制を求める選択圧力に対応するには明らかに不十分であった。新しい規制の仕組みが要請され，そしてこうした圧力に対応するための最速の行程は，不可避的に発生する緊張関係にもかかわらず，親族関係を精密化する仕方であった。強化される親族関係の檻は村落内と村落間に暴力をともなう確執と近隣人口集群との慢性的な紛争状態を誘発した（親族関係の檻において抑圧された怒りを転嫁する1つの捌け口であった）。

　単純な園芸農耕民と発展した園芸農耕民の親族体系を比較すると，早期の園芸農耕民の複雑な親族体系が急速に瓦解したことがわかる。こうした瓦解の根拠は一部には，親族関係は一定の規模を超えて多人数の個人を組織する課題を

担うには不適切であるという事実に由来する。新しい種類の団体単位が，発展した園芸農耕社会において多数の人びとを組織するために必要な発達途上の制度構造を構築するためにうみだされた。親族関係の没落のもう１つの理由は，人びとがいくらかの自由を獲得しようとする尽力によって，親族の檻に代わるものをたぶん探し求めたということであろう。たとえ個人が政治的ならびに宗教的指導者たちに従属するとしても，また個人が階層制の制約のなかで生きることを強いられるとしても，この種の制約は親族関係の檻よりも，進化した類人猿にとってたぶん好ましいものだっただろう。権力の檻はそれほど制約的ではなかった。その檻は，親族による終日におよぶ監視と統制に比べれば，一定の自由を容認している。そしてそれが——そのあらゆる乱用にもかかわらず——親族の檻よりも選好されたことは驚くにあたらない。

　しかし人間が園芸農耕に移行したとき，親族関係の精密化がなし遂げたことを忘れるべきでない。親族関係は，確かに制約であったが，しかしその制約は必要不可欠であった。さらに親族関係は最終的に分立し諸制度に分化していくことになる新種の活動のための構造的基礎を供給した。経済活動についてみると，親族関係は技術，資本，労働，資産を調整するための主要な管理運営の構造を供給した。親族関係は，村落生活と共に，労働と資本が生産活動に関係するよう導き，また同時に，経済生産物の分配機構を提供した。出自規則によってしめされるように，親族間の階統的関係は，ビッグマン制が規制の選択圧力に対応するうえで不適切であると判明したとき，早期における政体を確立した。親族関係規則は誰がどの親族員の権威に服従すべきか，またどの程度服従すべきかを規定した。この行政府の早期のテンプレートを用いることによって，親族に基づく政体によって生成される緊張関係にもかかわらず，社会秩序を維持することができた。その後，政体が親族関係から分離したとき，それはこのテンプレートの要素を頻繁に留めていた（たとえば，発展した園芸農耕社会，農業社会，そして一部のポスト産業社会においてさえ，王と女王の継承パターンはその痕跡を留めている）。

　親族関係規則は，係争者に対して判事と陪審員として誰がその席に着く権利

を保持し，また誰が刑罰を執行し，あるいは誰が損害賠償を行うかということと並んで，法規則にテンプレートを供与した．政治的権威を保有する親族指導者は，判事や立法者として法的権威を保ち，しばしば別の身分の高い親族員と協議した．こうした親族が弁護士と同等の権能を担い，そしてさらに別の親族員が「裁判」を運営した．親族関係によって供給される権威と規則の階統がなければ，初期の法制度は複合的になりえなかったであろう．

　親族員の祖先崇拝が，宗教信念についての初期の基礎を園芸農耕社会に与えた．さらに超自然的な力に向けた儀礼を主導した宗教専従者は，親族関係上の位置に基礎をもつ権力をしばしば与えられた．その一方で，親族制度内におけるさまざまな人生の通過儀礼が多数の宗教信念と儀礼の基盤になった．より複雑な宗教形態が発展した園芸農耕制に出現する以前，最初の教派構造はしばしば親族単位と同じ拡がりをもっていた．それゆえ経済，政治，法律の場合と同様に，親族関係は制度体系としての宗教の精密化にも最初のテンプレートを供給したのである．

　最後に，教育は早期の園芸農耕制下では親族関係に埋め込まれており，より広い文化，宗教信念，政治への社会化のみならず，各世代のメンバーが経済上の役割を果たすに必要な技能の社会化にも寄与した．教育は発展した園芸農耕制下において親族関係から分化しはじめたが，しかしすべての制度領域への基礎的社会化のために親族関係を活用する方法は，教育団体単位によってかなりの程度まで置き換えられ，さらに社会の人口集群の大多数にまでその置き換えが進んだのは，産業化以後のことである．だから親族関係は，今から100年をわずかに越える程度までの，ほとんどの人類史において，個人を当該社会の社会文化的形成物への社会化に向けた再生産圧力に関わる負担のほとんどを担ってきたのであった．

7.3.2　政治の出現と，その後における国家の台頭

　(1) **権力の4つの基盤**　　制度体系としての政治は，以下のような意思決定を行う指導者の出現を軸にして展開する．(1) 個人行為者と集合行為者双方の

活動をどのように調整するか,そして,(2)資源をどのように動員し,分配するかの決定である。指導者が効力をもちうるためには,彼らが権力を統合し,あるいは他の行為者に何かをさせる能力をもたねばならない。権力統合には4つの基盤がある (Mann, 1986；Turner, 1995, 2003)。第1の基盤は強制的であり,指導者と彼の同盟者たちが他者を統制するために強要あるいは権力行使を実行できる。たとえば定着した狩猟・採集民のビッグマンは権力を獲得するために,また他者に要求を命じるために権力を頻繁に利用した。たとえ指導者を選出するための機構として民主制の装置をもつ近代国家でさえも,最終的に警察と軍隊からなる強権力によって支えられている。社会における他のすべての行為者よりも大きな力を動員する能力をもたないと,政体は安定しないし,また効果的でもない。権力の第2の基盤は管理運営的である。政治は意思決定を行い,命令と指令によって決定事項を執行し,また必要とあれば,決定に服従させるための手段を装備しなければならない。これらすべての活動が管理運営的な構造を必要とする。たとえばビッグマンは,定住した人口集群のメンバーが彼の決定に服従することを確実にするため親族員と「隠密」との連携による組み合わせを活用した。また必要になれば,こうした親族員と同盟者が決定に服従するよう人口集群のメンバーに強制力を行使しえただろう。親族関係が存在する園芸農耕社会において親族員間の階統的関係図(図7.2に描かれている)は決定を下し,服従を監視し,強制力を執行するための管理運営構造としての役割を担った。その後における国家の進化は,基本的に親族関係に基づく構造を官僚制構造に置き換えはじめ,そして最終的に発展した園芸農耕社会においては親族体系をいっそう官僚制化した国家に置換した。権力の第3の基盤は物資誘引の操作である。指導者たちは彼らの意のままに行為者たちを行動させるために有価な資源を給付するが,しかし指令に服従しない者から資源を没収する処罰を科した。ビッグマンは人口集群のメンバーたちから物的余剰のいくらか,あるいは全部を取り上げる権限をしばしば保持していたが,しかし「寛大さ」の洗練された表現を通じてその資源をメンバーたちにしばしば還付することを義務づけられた。単純な園芸農耕民の親族に基づいた政体は,しばしば指導者

が権力を掌握し，また他者が命令に服従することを正当化するため親族集団規則とイデオロギーを活用した。宗教信念もまた単純な園芸農耕社会において権力を正当化しはじめた。そのため指導者はあたかも神であるかのような存在，あるいは少なくとも，神の代行者とみなされ，その指令は超自然的な存在の希求を体現しているため服従されねばならなかった。

表7.3　園芸農耕社会の政体

	単純な	発展した
意思決定と指導力の集中	村落水準での族長は，他の親族員，またおそらく宗教専従者との協議のなかで意思決定を行う力をもつ。時には，最高族長がおり，彼は，村落の族長と協議しながら，より大きな村落ネットワークのために意思決定を行う。	明確な君主や族長が時に，地方の村落／族長と協議しながら，すべての共同体と親族単位に関して意思決定を行う。
権力基盤の統合		
物資誘引的	首長は親族単位の経済生産物を上納させることができるが，しかし彼の権力を強化するやり方でそれらを再分配しなければならない。	君主や族長が地方のエリートたち（彼らは村落や親族員を統制している）からの服従を誘導するために使用できる発展した租税体系。
象徴的	族長による再分配に由来する威信。親族出自と権威規則。これらが指導者を指名し，また超越的な存在と（あるいは）力によって裁可される。	君主や族長に付随する威信。しかし再分配の期待は薄く，むしろ地位への期待や儀式によっている。宗教信念が君主や族長の正当化のために重要となり，しばしば親族規則（出自と権威）よりも重要になる。
強制的	族長は同盟者や親族によって強化される強制力をもつ。	劇的に上昇する強制力。しばしば親族と非親族員の補充兵からなる身分軍隊。高度に発展した体系では職業軍人と軍隊。
管理運営的	首長や最高首長は同盟者と親族員から構成される幹部をもつ。リニージ，クラン，そして時に，半族が決定のための管理部門をつくる。	親族関係は管理運営のより官僚制的な機構に置換される。しかし親族と村落の指導層はいぜんとして管理運営の重要な部門である。

表7.3にしめしたように，権力の4つの基盤は単純な園芸農耕制から発展した園芸農耕制への移行において多少とも異なる形状をしめしている[6]。強制力は，単純な園芸農耕社会にあっては親族員によって，そして高度に発展した大きな園芸農耕社会では専門的で，しばしば官僚制化した軍隊によって行使された。管理運営のための行政は，半族やクランのような親族単位の指導者であった首長あるいは最高首長によってほとんど執行された。その執行は出自規則によってつくられる親族上の身分階統に依拠していた。権力の物資誘引の基盤は経済余剰を手中にし，この余剰を再分配することを軸に展開した（これはいずれにせよ行き詰まるか，もし再分配されなければ台無しになる）。こうした「寛大な」行為が指導者に威信（権力の象徴的基盤），そして社会の物的余剰を指図するための誘引として用いつづける現行の権利を与えた。それとは対照的に，いっそう発展した園芸農耕社会では，耐久財，あるいは少数の事例では，貨幣または貴金属のような有価な財貨がエリートの特権，国家官僚制，そして常備軍の必要を満たすために課税対象とされた。再分配はきわめて差別的であり，一般に別のエリートたちに再分配された。単純な園芸農耕社会における権力の象徴的基盤は，首長の威信（再分配活動によっていた）のみならず，出自規則によって設定された権威体系を支える親族規則とイデオロギーを中心に展開した。その一方で，いっそう発展した園芸農耕社会では宗教信念がますます権力を正当化する象徴となっていった。

　すぐ後で議論するように，社会の輪郭を規定するのはこうした権力の基盤部間の形状である。抑圧的な管理行政構造によって支えられた強制力を頼りにする政体は，物資誘引と象徴に依拠する政体とは非常に異なる。単純な園芸農耕社会では，経済余剰の再分配によって指導者に与えられる威信は，親族指導者による黙示的な脅威と並んで，もっとも一般的である。しかし人口集群が成長すると，政体は本物の国家に近づきはじめた。そこでは，(1)管理行政のための官僚制が親族に基づく管理行政構造に取って代わりはじめる。(2)官僚的に組織された非親族からなる常備軍が権力の強制的な基礎として親族単位に取って代わりはじめる。(3)1組の宗教信念がますます勢力を確保し，指導者に権力

の象徴的基礎を与える。そして，(4)税制と官僚的に組織された租税徴収請負制は，国家の指導者が他のエリート，また時に，あまりエリートでない行為者に支援を与える資源を供給する。

(2) **政体に向けられる選択圧力**　狩猟・採集民は他者が自分たちに何をなすべきかを命令すること，あるいは大きな威信をもつことを頑なに回避した。したがって，個人行為者と団体行為者を規制するための新しい方法をみつけだす非常に激しい選択圧力が園芸農耕社会にあったにちがいない。ビッグマン制は，定着した狩猟・採集民の規制問題として間に合わせの方策であり，またおそらく園芸農耕社会における親族に基づく政体への移行であった。しかし同時に，ビッグマン制は規制に由来する選択圧力に対処する課題に対応できなかった。ビッグマン制はいくつかの構造的弱点を抱えていた。その制度はビッグマンの特異なカリスマ性に依存した。つまり特別な同盟を形成する彼の能力，忠誠心を集約できるような方法で再分配を操作できる能力，脅迫と現実の強制力の差別的な行使，外部の人口集団との同盟を締結し，あるいはそれらからの侵略を防ぐ能力によっている。ビッグマンが死亡すると，一般に継承の危機が生じる。対立と競合が新しい指導者を選出する際に生じる。この点で人口集団が不統合に向かうこともある。それゆえ早期における園芸農耕社会への選択圧力は，正当化された権力を継承しうる明確な能力を備え，より安定した指導力の構造を目指すことになった。園芸農耕民が出自規則を精巧にしはじめたのは以下の構成体をつくりだすためであった。(1)村落内の親族単位間に権威の階統を生成すること（たとえば，クラン，リニージ，核家族），(2)指導者に威信を与える資源を分配するための親族関係に基づく制度を生成すること，そして，(3)親族関係による執行構造をつくることである。

　人間が定住し，人口集団が成長しはじめると，協調と統制という問題が増加した。もはや対面的な裁可だけで対立を調整できなくなり，また対立が勃発した際に解決することは容易でなく，権力が必要とされた。早期の園芸農耕民はどんなに気がすすまなかったとしても権力を統合せざるをえなかった。そうで

きなかった人口集群は内部紛争か，それとも政治的に組織された近隣からの侵略によるかどうかにかかわらず淘汰されたにちがいない。いったん定住すると，防衛すべき土地と領土がうまれる。進化した類人猿としての人間は，行動圏を防衛するための努力を調整できる人物に指導力を掌握させることに何の問題もなかった。社会の領域と規模の増加にともない，いっそう持続する指導力が耕作地を分配し，これらの耕地を養生するため労働力を使役し，余剰を再分配することを保証するために必要であった。そうすることによって共同体のメンバーすべてが生存し，耕地が生産力を失ったとき，新しい土地への移動が調整できた。親族関係は単純な園芸農耕民に，国家官僚制と機能的な等価物を与えたが，しかしいっそう発展した園芸農耕制への移行が発生すると，本物の官僚制国家がより大きな規制力に向かう選択圧力の上昇によって出現した。

したがってひとたび権力統合がはじまると，いっそうの権力統合が必須であった。現生するチンパンジーのイトコとしての人間は，階統が適応的であるとわかると，それを受け入れがちであるが，しかし権力基盤のそれぞれの統合がはじまると，権力者たちはより大きな権力を獲得するために己の権力を行使したため，権力基盤の強化はより継続的になる。もちろん，後でみるように，権力は社会における不平等水準，また人口集群全般にわたる階層の程度を増し，そして階層は必然的に緊張と対立をうみだした。皮肉にも，不平等はエリートたちに対立を制御するための圧力をうみだし（彼らの特権を守るため），それがもっと大きな権力の統合をもたらし，より大きな不平等と階層化を引き起こした。ある時点で，資源の不平等分配をめぐる対立が社会を覆いつくし，社会を不統合にさせる。つまり国家の出現が階層を中心にした力学を発動する。実に皮肉なことに，国家はさらにいっそう階層化を強化する規制の選択圧力を上昇させることになる緊張関係を一貫してうみだすことになる。

(3) 別の制度領域からの選択圧力　制度領域はすべての社会形成を促す力への反応として出現した（表5.1をみよ）。さらに各領域が分化すると，これらが別の制度領域に対していっそうの選択圧力をもたらす。政体の場合，経済，

親族関係，宗教——園芸農耕社会において分立した活動領域——の分化のすべてが権力を統合し，政治制度領域を分化することによる規制の選択圧力を強化した。一方でこうした圧力は制度領域間の互恵的な因果効果の相互交換とみなしうるが，しかし他方で別の制度体系に課せられる1つの制度体系からの選択圧力とみなすこともできる。たとえば，園芸農耕社会における経済の分化は基礎的な経済要素——技術体系，資本，労働，資産——を組織するための経営管理上の新たな選択圧力をうみだす。これらは基本的に規制——経済領域自体の内部からだけでなく，政治権力の統合——のための新種の選択圧力であった(Parsons and Smelser, 1956；Turner, 1972, 1997c, 2003)。政体が正当化され，しかも確実に運営されるようになると，物資誘引を操作し，指令を受理し，決定を執行できる正当性は，政体がいくつかの前線基地で経済の企業経営的職能を遂行することを可能にした。労働が資源採集，生産，分配に利用できたことは確実である。政体は資産を規定し，また必要であれば，資産の定義を押しつけることもできた。政体は誰がどの種の資産に権利をもつかを定義することもできる。政体は課税し，また租税を補助手段として再分配しうる能力によって，特定の行為者に利用できる資源採集，生産，分配のための資本を選択的につくりだすこともできる。また政体は技術革新ならびに技術を応用できる方途を促進することも，また阻害することもできる。

　政体が経済における技術体系，資本，労働，資産の統合を促進すると，経済は潜在的により大きな人口集群を成長させ，給養することができる。次に，経済は新しい技術体系，資本形態，より専門化した労働および新しい資産の類型の規制に向けて政体に対する選択圧力を増大した。この互恵的な循環が開始すると，経済は自己完結的になり，また長期的には，経済と政体双方の規模を拡大した。しかし政体の存在は不可避的に不平等と階層化を加増するので，園芸農耕社会における政体の出現が革新的な行為者あるいは企業経営を行う行為者の意欲を削ぐこともあった。経済余剰に重税が課され，エリートの特権を支えるため，権力の強制的ならびに管理運営的な基礎を維持するために用いられ，またこうした権力の基盤が保守的イデオロギーを宣伝するために使用され，あ

るいは必要に応じ，エリートへの後援を正当化するために宗教から保守的なイデオロギーを借用するような仕方で用いられると，政体は革新活動と企業経営的活動にとって阻害要因をつけ足すことになる。そうなると資本が経済から引き上げられる。政体が他の社会との対立に関与すると，資本は軍事力を支えるためにさらに経済から流出していく。と同時に，革新は軍事目的に傾くだろう。現代社会におけるこうした連関はしばしば「産軍複合体」とよばれるが，それは，ずっと以前にハーバート・スペンサー（Spencer, 1874-96）が議論したように，政体が分立して制度領域となったときに出現した連関である。

親族関係についてみると，園芸農耕社会における政体は，親族規則，とりわけ出自規則によって供給される構造的骨格を基盤にしてつくられた。これが親族単位——核家族，リニージ，クラン（そして下位のクラン），胞族と半族——の内外に権威を確立するために用いられた。これらが順に人口集群全体を包摂した。と同時に，こうした複雑な親族ネットワークが構成されると，これが維持され，有効に働くことを確実にするため，その基盤のすべてに沿って権力統合に有利に働く規制に向かう新たな水準の選択圧力が生じた。しかしより大きな権力が統合されると，制度領域としての政治は単純な園芸農耕社会においても親族関係から部分的に分化することになった。そして，ひとたび政治が部分的にも分化すると，権力のいっそうの統合が政治を親族構造から大きく分立させた。発展した園芸農耕制が出現する頃までには，政治は親族関係から明確に分立し，宗教信念あるいは政治に固有な信念を用いて象徴的権力を統合しつつ次のようなことを実行に移した。物資誘引を操作するため課税力を駆使すること，親族員でない担任者から構成される官僚制を創設するための税収財源を充当すること，また親族関係から独立した強制力を創出するため同じ財源を出動することを実行した。だから親族関係は人口集群のメンバーを規制するため，また皮肉なことに，親族の檻に閉じ込められたときに必然的に発生した緊張関係を処理するための選択圧力をうみだした。しかし権力を統合する過程がはじまると，その過程は継続し，そして最終的に，政治は分立した制度領域として分化した。

宗教についてみると，園芸農耕社会には，宗教と政治の相互依存関係に由来する緊張がつねにあった。権力を統合すると，政体は宗教信念を権力の象徴的基盤として利用した。次いで政体は信念を維持し，超自然的な力に志向する儀礼の実践を組織した教派構造内の行為者にますます依存することになる。宗教は，政治権力に挑戦できる自らの権力基盤をもつことになった。もっと基本的に宗教は，政体が自己正当化を行うために用いる象徴を制御できた。さらに，信者たちに重い負担をかける程度に応じて，宗教教派構造は権力の物資誘引の基盤を有し，また潜在的に権力の強制的基盤（傭兵あるいは常備軍）を保持することもできた。教派構造は，成長するにつれて権力の管理運営的な基盤をも固めた。台頭しつつあった国家権力への対抗勢力のこうした源泉は政体内のエリート層に通用しなかった。エリートたちは権力の宗教的基盤を吸収し，あるいは服従させるためにさまざまなことを行った（このことは園芸農耕社会のみならず，現代の産業社会にもあてはまる）。事実，権力の対抗勢力としての宗教の潜在力は，政治的行為者たちに宗教信念に頼らず，それに代わる象徴的な力をみいださせる意欲を駆り立てた。つまり，教派構造が動員できるよりも大きな強制力を整備すること，宗教の軍事力を非合法化しないまでも制限すること，宗教教派構造を規制できる管理行政構造を構築すること，そして大きな政府への宗教の依存度を増す徴税規則を用いることである。こうした制限は，政体が宗教以上に物資誘引を操作できる多くの税収の確保を保証しただろう。要するに，政体に権力の象徴的基盤を供することの最初の効果によって，宗教が政体にとって権力の対抗勢力であった事実が，一般に世俗的な基礎を軸にした権力の統合をもたらし，次にこの過程が政治を制度領域として拡張したのである。

しかし政体がその基礎を統合することに失敗すると，宗教は時に覇権を掌握し，種々の神権政治の形態を帯びた政体をつくりあげた。そうなると宗教と政治の制度領域として分化は低下する。さらに政体がいつも有効であるという保証はない。政体が社会における行為者を規制するために権力を行使できないと，その扉は，国家を統制できるほど十分組織され，また財政基盤をもてるほど教

派構造に開かれた。強制力と管理運営力に頼りすぎる政体，そして物資誘引の戦略的行使によって主要な行為者を有効に取り込めなかった政体，また法律によって世俗的な正当性の基礎を築けなかった政体は，当然にも解体に向かった。世俗的な政体が民衆に不公平な徴税を課し，階層の緊張生成的効果を減じるために資源を人口集群の幅広い分節体に再分配し損じると，行政は権力の象徴的要素を失い，その強制力と管理運営的基礎に頼らざるをえなくなる。これは必然的に財政と物資誘引を用いる能力を破綻に追い込む。結局のところ，財政と正当性の危機の組み合わせがこうした政体を呑み込み，国家の崩壊を引き起こし，これにより国家を巻き込む宗教教派の門戸が開かれる。それゆえ政体は宗教領域に属している行為者，教派構造，信念への依存を低減する独自の権力的基礎を追求したが，園芸農耕社会におけるこうした営為はしばしば失敗に終わり，せいぜい部分的な成功を収めただけであった。現代世界の多くの部分において明らかなように，宗教教派構造との関係における国家の問題はいぜんとして継続している。

7.3.3 法律の台頭

　狩猟・採集民のあいだで，法律は劣勢であった。なぜなら定住した狩猟・採集民を除いて，権力の現実的な統合がなかったからである。しかし指導者が存在し，決定を下し，服従を監視し，決定を執行するようになると，制度領域としての法律の構造的枠組みがただちにつくられた。狩猟・採集民は規則をもっていたが，しかしほとんどの場合，これらの規則は対面的関係で規制され，またバンド員によって非公式に実施された。時に個人は係争を解決するため仲裁に乗り出し，したがって法制度における法廷の機能を遂行したが，しかし執行はつねに説得によっていた。ところが園芸農耕社会において権力が統合されはじめると，法体系の要素すべてが前面に現れた。すなわち法の大系化，係争を解決し逸脱行動を処置するための裁定機構，新法を制定する立法能力，法執行ならびに裁定を下された係争がその結果である。

　法律は2つの一般的な型から構成される。すなわち社会関係を規制し，逸脱

第7章　園芸農耕の台頭

表7.4　園芸農耕社会の法律

	単純な	発展した
法大系		
実体法	いちじるしく多様である。家族，資産，契約を制御する規則のかなり複雑な体系から，親族関係と日常的な挙動と儀礼規則を越え，些細な規則にいたるまで。	家族，資産，契約，その他の民事問題を制御する規則の複雑な体系である。その一方で個人，親族集団，またその他の団体行為者，発展途上の国家，あるいはとりわけ，完全に発達した国家に対する関係を特定する法大系もある。法律は頻繁に宗教書記官によって成文化され，規則体系として法典に編成されがちであった。宗教的な禁止と命令は法の重要な要素である。
手続法	非常に多様である。しかしほとんどの体系は，当事者たちが係争を助言者や仲裁人にもちこむことによって，また地方の族長あるいは長老やエリートの評議会にもちこむことによって，どのように解決するかについて了解している。	係争をどのように解決すべきかに関する明確な規則がある。規則は当事者たちが国家の代理人によって制御される裁判所への控訴を行うかどうかを明瞭に特定している。
立法	族長や評議会は係争から生じる新しい規則を教唆できる。	最高族長，君主，評議会，そして時には，宗教指導者の評議員が新しい規則を制定する。拘束力と，強制力をもち，その規則が執行され，強制された。判事また政治指導者による裁決は新たな判例をつくることを行う。したがって新法になる。時には，宗教エリートが国家によって受託され新法を制定することもあった。
裁判所		
判事	族長は受容されうる妥協に到達するため係争の助言者あるいは仲裁人の役割を遂行する。	親族の指導者，地方の族長，最高首長，また君主がすべて判事として任務を遂行する。いくつかの体系では常勤の判事が在任した。
陪審／評議員	長老あるいはエリートが助言者もしくは仲裁人の役割を担う。彼らは係争について妥協案を作成することに資する。	地方水準での長老の評議員，地域圏水準でのエリートの評議員が陪審の役割を担う。時には，宗教の評議員が宗教教義に関して決定を課す。
弁護士／代理人	単純な係争の当事者たちの親族は親族の要求を助言者や仲裁人に代行させる。	係争者たちは親族あるいは法律の専門家を代理人に立てる。
裁判制度	最高族長や評議会は時に，親族の主張と地方の族長によってなされる決定に対して「控訴審部」の役割を担う。	地方，地方圏裁判所，また控訴審部の相対的に明確な体系が，それぞれの裁判所のエリートと共に，地方の族長，地域圏の政治指導者，そして最高族長あるいは君主から構成される。一部の体系では，宗教裁判所が世俗的な裁判所と共に存在する。秘密結社，商人，その法の行為者の集団のさまざまな法廷がある。刑事裁判と民事裁判が分化している。
法律／裁判所の裁定の執行	親族と個人の抗争や暴力をともなう復讐は法体系外でしばしば発生する。「救済」を示唆する裁判——そして判事——はいぜん通常である。とはいえ族長や評議員はすべての当事者が受け容れることのできる妥協に到達するように尽力する。執行の多くは恥辱を与え，無視等を含み，また罪人たちを望ましからざる者として処置する。	救済は今や事実上なくなる。法の枠外での抗争や復讐はいぜん頻繁に発生するが，しかし台頭しつつある国家によって許容されることはない。相互に受け容れられる妥協に到達する努力はいぜん継続するが，しかし最終的には，強権力が法と裁判所の裁定を執行するために使用される。

行動を特定する実体法と，実体法がどのように裁定され，執行されるかを指示する手続法の2つである。かつて法律は成文法をもたなかった。なぜなら単純な園芸農耕社会はふつう書字をもっていなかったからである。しかし法律はより広汎な文化の部分であり，一般に人口集群のメンバーによって広く理解されていた (Malinowski, 1922; Gurvitch, 1953; Moore, 1978; Hoebel, 1956; Turner, 1972, 1974, 1980, 1997c, 2003)。法裁定は申し立てを聴聞し，法に準拠して申し立てを解釈し，次に過失，損害賠償，法律違反を冒した者の処罰について決定を下す第三者によって実施された。遊動する狩猟・採集民において，この「法廷」機能は敬意を払われている長老たちによって時に遂行されたが，しかし判事としての彼らの決定は，第三者の決定を執行できる権力——民意の力あるいは個人の暴力行為を越える力——をもたなかったので，拘束力に欠ける状態にあった。定着した狩猟・採集社会のビッグマンは拘束力のある決定を下すことができた。だから法廷の発端はこの社会にある。しかし親族単位内およびその間における親族指導者たちや長老評議会の出現と共に，裁定が発展したのは園芸農耕社会においてであった。こうした指導者と評議会は立法機関でもあり，状況が必要とすれば，新法を制定することもできた。表7.4は，単純な園芸農耕社会から発展した園芸農耕社会における法律の進化を要約している。

　単純な園芸農耕社会において，法律はいぜん親族関係に深く組み込まれていたが，しかし政体がより発展した園芸農耕社会に進むと共に，親族関係から分立した。また法律も，親族関係から分立し，台頭しつつある国家に組み込まれることになった。法律がある程度の自律性を確保しえたのは発展した農業社会と初期産業社会においてであった。とはいえ，立法と司法の要素はいぜん国家によって遂行された（現在も遂行されている）。同様に，法廷は深く政体に組み込まれ，政治エリートからほとんど自律性を獲得していなかった。

　法律は，政体を分化させることになったのと同じ選択圧力下，つまり社会関係の規制要求を分化させるため，園芸農耕社会において出現した。大規模な社会はもっと複雑であり，係争を裁定し，逸脱を統制するための第三者機関を必要とした。社会がもっと大きく，いっそう分化すると，社会関係は複雑さをさ

らに増した。したがって係争と逸脱の可能性はいっそう大きくなった。単純な園芸農耕社会では，親族を基礎にした政体はこうした規制の要請におおむね対応できたが，しかし人口が増加し，個人行為者と団体単位行為者の双方における関係の多様性が増幅すると，法律の要素——法律の成文体系，法律を制定するための立法府，係争に裁定を下す法廷，裁定の執行——すべてが，まず政体の拡大として，そして次に，分化していく法体系のいっそう自律的な活動として明白になった (Turner, 1974, 1980)。

　法律の進化は，政体が宗教によらない権力の象徴的な基盤を追求したときにしばしば加速した。宗教性の要素をいぜん留めていたが，法律は基本的に世俗的であった（宗教エリートが政体の指導的地位を統制しないことが条件である）。法律自体が，社会における宗教エリートの権力を弱体化する象徴的な権力の世俗的な基礎を提供する可能性をもっている。法律がこうした効果を政体におよぼしうるには，法律の成文化がとりわけ必要であった。というわけで高度に発展した園芸農耕社会においてはじめて，法律を成文化できる能力が出現し，また政体を正当化する力として作用する権能を明らかにもちえた。しかし法律と法廷が係争を有効に裁定し，逸脱を統制し，裁定を執行することが少なくとも公正であると認知されるとき，法律が政体を正当化できるようになる。一般に法律は単純な園芸農耕社会において，また発展した園芸農耕社会においても，この効果をもちえなかった。しかし発展した園芸農耕社会において法大系はいっそう整備された。法廷は積極的に裁定に関与した。また，国家の強制力をもつ軍隊が法裁定の執行に携わり，それゆえ社会関係の管理に積極的に関わった。法律が必要とみなされ，おそらく「正しい」（少なくとも部分的に）とみなされるようになると，それが政体に象徴的権威を付与した。それでも法律はそれを制定する権利をもつエリートの側を必ず偏重し，また不平等をも正当化した。それゆえ，法律は階層制において高い地位と低い地位のあいだの緊張関係の火種であった。そのため単純な園芸農耕社会において権力の強い象徴的基盤を政体に供する法体系の能力が侵害されていた。

7.3.4 宗教の拡張

表7.5が要約しているように，宗教は園芸農耕社会においてますます際立つにいたった。単純な園芸農耕社会において，信念は超自然的な力，そしてこの領域で生きている存在と力についての明瞭な考え方を伝えている。とはいえ，その崇拝対象はこうした超自然的な力と存在の組織化についてある程度の曖昧さを留めている。しかし信念はそれぞれの存在と力についてかなりの数量の神話をもっている。このように拡張した神話体系にもかかわらず，宗教信念に含まれる明瞭な価値前提の集合が存在しなかった。儀礼はすでに周年的になり，1年の特定の時節に挙行された。儀礼は戦争と豊穣とを結びつけている。通常シャーマンがおり，シャーマンがこうした儀礼を介して共同体員を導いた。それでも多数の儀礼は親族体系内で個人によって，あるいは集合体によって挙行された。明瞭に区別された教派構造の端緒もみられた。俗人と宗教専従者のあ

表7.5 園芸農耕社会の宗教

	単純な	発展した
信念体系	存在と力の超越的領域についての概念作用。超越的な存在について世界論への明確な組織化はみられないが，神話体系はかなりある。明示的な宗教的価値体系や道徳律はない。	存在と力の超越的領域についての概念作用。超越的領域の諸水準，また神々や力の階統的な神殿への組織強化。往々，明示的で大きな神話体系。明確な価値と道徳律の形態での指示。
儀礼	明確で規則的な周年儀礼があり，これは通常，個人か，それとも親族集合によって挙行される。また時にはシャーマンによって挙行される。	しばしばシャーマンによって，またより複雑な体系では，専任の僧侶によって挙行される規則的な周年儀礼。これが宗教の専従者による儀礼活動の統制を仲介する。
教派構造	宗教活動に専念する明確な構造がある。(1)一般の参加者，一般の組織者と後援者，執行者，宗教家（シャーマン，呪術師，超越者との媒介を司る特別な能力をもつ者たち），(2)超越者のさまざまな側面を表す明確な象徴と工作物，そして時に，(3)教派のメンバーたちが宗教活動を挙行するために集う特別な建造物や場所。	宗教活動に専念する明確な構造がある。(1)宗教指導者（しばしば専従者）と信者の役割を担うしだいに不活発になっていく大衆信者とのあいだの明確な区分。(2)宗教専従者間の階統。(3)精巧な象徴と工作物。これらは超越界の各側面をしめしている。(4)宗教専従者が一般信者のために宗教活動を挙行する専門特化した建造物と場所。

いだに明確な区分が出現し，超自然的な存在を表象する明示的な象徴とトーテムが成立し，また宗教活動を執り行う特別な建造物と場所も存在した。

　さらに発展した園芸農耕社会における信念は超自然的領域における力と存在を一貫して崇拝対象として結合しはじめ，この領域における力と存在に水準と階層が出現した。神話はいっそう洗練され，一部の社会では，価値前提と道徳律の明示的な一覧が信念体系の一部になる。多くの儀礼が周年的であり，重要な儀礼活動を運営するようになった宗教専従者によって導かれた。高度に発展した園芸農耕社会において宗教専従者は，司祭や超自然的な力への接近を独占するにいたった。教派構造がしばしば高度に発達し，それは司祭と俗人の明示的な区分のみならず，象徴，人工物，トーテムで飾られた寺院に収容された宗教専従者のあいだの権威の階統を表した。こうして今や，僧侶階級の身分の高い者と俗人のあいだには威信と富のかなりの不平等が存在した。そのため宗教エリートと政治エリートのあいだの緊張と対立の可能性がますます大きくなっていった。

　なぜ宗教は，狩猟・採集社会におけるように単純でなく，園芸農耕社会において成長しはじめたかについて問う必要がある。どのような選択圧力が信念を精巧にし，専従の宗教担任者をうみだし，宗教の実務者の階統によって管理される儀礼活動のためのいっそう洗練された場所を築造することに作用したのだろうか。彼らは人口集群全体におよぶ権力と影響力の点で政治的エリートとしばしば競合関係にあった。その答えの一部は再生産の力である。文化体系の拡張によって，この体系の主要素が超自然的な力によって裁可されているとみなされるようになると，個人はこの体系の信念，価値，規範を学習し，次の世代に引き継がせようとする。制度体系が分化すると，人びとは超自然的な力が彼らの行動を監視し，この領域における存在と力が彼らの遂行を裁可する用意を調えていると信じるようになる。すると彼らはこれらの新しい領域における役割を正しく学習し，実践するようになる（Swanson, 1960；Luckmann, 1967；O'Dea and Avaid, 1983；Goode, 1951；Durkheim, 1912；Turner, 2002）。再生産を保証するに際して，宗教は権力としての規制から生じる選択圧力に対応した。規範，

信念，価値が超自然的な力から指令されているとみなされると，個人は権力に服従しがちであり，したがって制度領域を維持できる。園芸農耕社会における宗教のもう１つの重要な効能は増加する不平等を正当化することであった。階層化は不可避的に緊張関係と潜在的な対立をうみ，次に階層が権力としての規制からの選択圧力を強める。不平等が単純な園芸農耕の形態から発展した形態への移行において増大すると，宗教信念と儀礼が不平等を神によって裁可されたとみなされ，ますます正当化された。特権の保持者はこの特典をもつに価するとみなされた。発展した園芸農耕社会が成立する頃までに，個人がこのように裁可された不平等を受け入れたとすれば，彼らは死後に，あるいは後の化身においてよりよい生活をえられるという希望を与えられた。それゆえ，マルクスは宗教を「大衆のアヘン」とみなす考えを主張した。なぜなら宗教は彼らに虚偽の約束のもつ悲惨さを受け入れさせたからである。そして狩猟・採集民にとってそうであったように，宗教は社会における不安や不確実さを軽減する作用も果たした。そこでは社会構造の精巧化がほとんどの人を新たな恐れ，悲しみ，怒りの源泉によって傷つけたが，宗教だけが少なくともしばらくのあいだそうしたものを鎮静しえたのである。それゆえ，その優れた技術にもかかわらず，園芸農耕社会は狩猟・採集バンドよりもはるかに多くの不確実さをうみだした。とくに園芸農耕の社会構造と文化が，進化した類人猿から絶えず自由と選択肢を奪い去り，彼らを単純な制度において親族関係の檻に，またいっそう進化した体系において権力の檻に服従させると，そうした不確実さが宗教拡張の圧力をうみだした。

7.3.5 新しい経済

　園芸農耕社会は，それが意味している経済的変革のゆえにその名称を与えられた。霊長目としての人間はより遊動的な経済活動の形態に適応したので，食料を確保するため行動圏内を動き回った。ところが今から12万年から13万年前にそうした移動を断念して人間が定住するに至ったことには，人口集群と生産からの激しい選択圧力がまちがいなくあったことを意味している。そのため

個体主義的な霊長目が人力だけを用いて耕作に従事しなければならない過酷で，しかも座ったままで動きの少ない辛い仕事をする羽目になった。園芸農耕の出現——人力エネルギーだけを用いて作物の耕作を行うこと——は，ホモ・サピエンスにとって新奇なことであった。また進化する別の制度領域と同様に，経済もまた1つの檻を意味した。その檻は，絶えず雑草をむしり，その他の手入れをしなければならない耕作地に囲まれた村落生活であり，主として女性たちによって担われた。男たちにとってそこでの生活は，狩猟を継続し，したがってより広い領分を移動しえたので，たぶんいっそう安楽な移行であったはずである。ほとんどすべての園芸農耕社会の男たちは周辺の人口集群との紛争に明け暮れ，したがって経済的な辛苦の多くから自由であり，細工仕事（武器や装

表7.6 園芸農耕社会の経済

	単純な	発展した
技術体系	動物を集めること，農耕をすること（植栽，収穫，貯蔵，製粉，穀物の調理），道具作り（最初は石器，後に金属），製陶（窯を使用する。これは後に，焼き鈍し，精錬，鋳造，最終的に，合金に繋がる）に関する実用的知識。	動物を集め，飼育し，栽培すること，そして輪作，金属を用いた道具の製作（古代の陶磁器のような例外もみられる），陶器製作，冶金，そして石造建築についての実用的知識。
物的資本	道具，製陶，住宅，貯蔵庫，物々交換（ほとんどの場合そうである）で用いられる譲渡可能な事物。不安定な経済余剰。腐敗しやすい物財の保存技術の欠如。	道具，製陶，住宅，貯蔵庫，城壁都市。流動資本，または貨幣，安定した経済余剰の発端。これは交換で使用されるか，貯蔵される。
人的資源	明確な性別分業（女性が菜園の育成仕事のほとんどを担当する）。専門化した職業としての「商売」。武器製造，製陶，大工，船大工。一部には戦争捕虜の原初的な奴隷としての使役。	明確な性別分業。商売と職種の専門化水準の上昇。とくに石工職，金属細工，紡織職人，皮革職人，陶磁器職人，船大工，大工職，商売。戦争捕虜を奴隷として使役する頻度の上昇。
企業経営	地域社会／村落構造。村落における親族単位が主要な組織構造である。とはいえ指導者／首長はしばしば園圃などの資源を分配し，村落員，時には少数の商売人に，再分配するための生産物のうちの若干を譲渡する。	地域社会構造。親族関係と首長が村落水準での主要な組織構造である。指導者と首長が資源配分に関わる。本職の商売人の増加。大規模な中心都市では商人と市場が主要な企業機構になる。

飾品を製造した）に従事することができた。この労働は基本的に耕作地を養生することよりもおもしろく，また退屈することもなかった。

　表7.6が概説しているように，技術体系，物的資本，労働または人的資本，そして企業経営の水準は，発展した園芸農耕社会が出現すると，劇的な変化を遂げた。より大きな社会への成長が最初の一歩を踏み出すと，つまり村落への定住がはじまると，もはや避けがたいことであった。いっそう継続する居住地の形成によって，一部の園芸農耕民のあいだで人口集群が成長しはじめた。そのため人口集群，生産，規制からの選択圧力が増幅した。だから構造的なテンプレート――園芸農耕に従事し，また軍事的動員によって領土を防衛すること（どれほど穏当であっても）に携わる共同体――が整うと，選択圧力が互いに影響し合うことによって構造的複雑度は増幅した。

　動物を集め，馴化するための技術（ユーラシア大陸ではじまった），穀物生産を増やす技術，大地を耕作し，また穀物を脱殻するための新たな道具，陶器を造る技術など新しい技術体系によって適合度が強化された。この製陶技術は素朴な溶炉を結果的にもたらし，それが最終的に金属を燃焼し，融解し，鋳造し，合金を製造するための新技術を編みだした。物的資本の新しい形態が経済余剰をつくりだすことを可能にし，特化した交易と工芸細工を実現し，そして最終的に発展した園芸農耕社会において貨幣を用いる市場の拡張がみられた。人的資本，つまり労働が園芸農耕活動の面でいっそう熟達しただけでなく，さまざまな工芸細工技術――武器製造から小屋や家屋を建て，船舶を建造する技術――の面でも発達を遂げた。単純な園芸農耕社会における共同態と親族関係が最初の企業経営機構であったが，政体と指導者の台頭が技術体系，資本，労働集約的な技術を組織化する新しい企業経営機構の役割を担った。そして最終的に，表7.7の記述がしめしているように，また単純な園芸農耕社会と発展した園芸農耕社会の双方における物質的な不平等がきわめて明瞭に立証しているように，園芸農耕社会は，1人の個人がもち運べる多数の対象物を凌ぐ私有財産という観念の成立を告知したのである。なぜなら人びとが定着し，新しい形態の資本，いっそう特化した専門的活動のための企業経営機構を活用しはじめ

表7.7 園芸農耕社会の階層

	単純な	発展した
資源分配		
物質的	中度の不平等。首長，宗教専従者，親族単位の族長，一部の工芸専門家や最高首長が余剰な物資（食料，住居，武器，土地）を受け取る。しかし政治指導者に対する再分配の要請が物質的不平等を緩和する。	高度の不平等。首長，宗教エリート，最高族長，軍事エリート，成功を収めた工芸細工の職人，そしてとくに君主と彼の廷臣が余剰な物資を受領する。富の蓄積がさらに多くの物質余剰をため込むことを可能にし，また再分配要求は後退し始める。
威信	中度の不平等。族長，首長，親族集団の族長，シャーマン，無双の戦士や熟達した工芸細工師が名誉と尊敬を受ける。	君主，彼の廷臣と親族，地方の首長，一部の工芸細工師，そして宗教，軍隊，行政機関のエリートがかなりの名誉と尊敬を享受する。
権力	中度の不平等。幹部を擁する族長が服従を強制し，また余剰資源を収容する権力を保持する。族長と地方の首長がとくに経済領域において村落活動を規制し，管理運営する。	高度の不平等。君主と彼の軍隊がかなりの強制力を保持し，しかも労働，資産，その他の余剰を十分に発達した租税徴収制を通じて収用する。また君主，村落首長，最高族長，そして親族族長を連結する安定した官僚的階統がみられる。
階級形成	十分ではなく，一部で同質的な身分への移行がみられる。首長や宗教上のエリートたちとその他の者たちとの明確な区分がみいだせる。支配的親族集団（リニージやクラン）が存在すると，親族集合化にある程度の区分がみられる。また時に，村落間の格差。1つの村落が他の村落を支配する。人口集群の大多数が単一の階級を形成する。親族集団，性別，年齢，そして時に，工芸細工師が突出するが，しかし社会階級上の区別をうみだしはしない。	身分階統におけるいくつかの同質的な下位人口集群。政治指導者とその親族は，宗教専従者，軍事エリート，また経済の専門家たちが特別な下位人口集群をつくっているのと同様に，特別な集合体を構成する。奴隷が存在する場合，1つの別個な階級を構成する。人口集群の大多数は単一の階級を形成する。そのため親族集団，性別，そして年齢が目立つ特性である。しかし異なる階級を形成することはない。工芸細工師や他の経済的な位置が識別可能な階級を構成する。また民族的な区別も階級形成の新たな基盤をつくりだす。
移動	低水準	低水準

ると，つくりだされる私有財産の総量は幾何級数的に増大し，したがって誰がどの形態の資産を，またどの程度の資産をもつ資格を有するかについての定義が必要になった。

私有財産と交易が政治と法律に向かう選択圧力をうみだす。なぜなら私有財産は所有と分配，それらを使用する能力の双方に規則がなければならないからである。私有財産が集合的に所有され，人びとが次の宿営地に運んでいける物だけに限られるかぎり，権力の集中と私有財産についての観念はまったく必要なかった。しかし生産と分配が園芸農耕社会において増加すると，事実上，生産され，建設され，あるいは使用されるすべての事物が，誰がこの製品を管理し，接近しうるかに関する規則を必要とした。要するに，物質主義は園芸農耕制と共に成立し，物質主義と私有財産が階層化をもたらしたのである。

7.3.6 不平等と階層化

　階層制は有価な資源の不平等な分配によってつくられる。それぞれの制度領域が資源——貨幣，権力，威信，安全，感情，知識，あるいは制度領域内でつくられ，また使用される資源——を分配する。また制度領域はこれらの資源をある領域の団体単位内で役割を演じる者たちにふつう不平等に分配する（図7.1，をみよ）。個々人が同種・同水準の資源を分有していると，有価資源の全般的な分配における構造的な等価物が一般に彼らを多くの点で同等にさせる。これらのうちには資源の支出と消費のパターン，信念，態度と世界観，居住場所，作法，そして事実上，資源の持ち分と関係するすべての行動や信念が含まれる。表7.7がしめしているように，個人は相対的に同質の下位人口集群あるいは階級を構成することになる。彼らがメンバーを再生産すると，一般に階級の同質性が保持される。階級と階層を交差する移動が一部の階層制において可能であるが，しかし移動率は階層によって大きく異なる。園芸農耕社会の場合，移動率は国家，宗教と経済がますます個人を檻に閉じ込めてしまうと，決して高くなかった。しかしわれわれの一般的な目的にとって，階層制は有価な資源の不平等な分配によってうみだされる相対的に同質な下位の人口集群あるいは階級の階層体系と定義できる。ここではさまざまな程度で，体系内の階層間の個人移動率が明らかである。

　制度の分化と成長は最終的に不平等と階層制を増大させた。これは狩猟・採

集民が阻止することに懸命に努めた大事であった。しかし経済が生存に必要以上の資源余剰をうみだすと，この余剰分が不平等に分配された（Lenski, 1966；Turner, 1985）。権力が政体に統合されると，指導者は経済余剰に課税し，そして強奪する行為能力をもつようになった。その一方で彼らは認知される不平等の不正に対する不同意を抑制した。超自然的な力への儀礼的な訴願を媒介する宗教信念と専門化した司祭が出現するとただちに，彼らは大きな威信を蓄え，しかも経済余剰の水準が増すと，他者に勝る物的利得を確保するためにこの特別な権力を使用できた。彼らはエリートの特権をうみ，維持するために政治的権力の使用を正当とみなし，また合法化するため，政治エリートと「不浄な協調関係」を結んだ。
　支配行動自体は現生のチンパンジーとゴリラにも存在するので，それらは人間とこれら大型類人猿の最後の共通祖先の行動レパートリー内にあったにちがいない。支配は階層化の１つの形態であるが，しかしチンパンジーとゴリラは，狩猟・採集民と同様に，資源を貯蔵することができない。狩猟・採集民はおそらく攻撃行動によって哺乳動物の残飯を手に入れるが，彼らは資源を容易には保存，移送できないので，ほとんどいつも即時に獲物を消費しなければならなかった。狩猟・採集民は支配に向かう傾向を抑制した。なぜなら彼らは規制の選択圧力に抵抗したからである。それとは対照的に，園芸農耕民はこうした傾向を顕わにした。なぜなら大きな人口集群が権力の統合を必要としたからである。経済が経済余剰を生産し，貯蔵できるようになるにつれ，ホモ・サピエンスにおける支配の再出現が必然的に不平等と人口集群の階層化をもたらした。しかし餌を探している群れからたやすく離れていく類人猿（彼らは権力の檻を不幸せと感じる）とちがって，園芸農耕民はまず，親族関係，村落，そして耕地によって檻に閉じ込められてしまったが，しかし領土を越える強制力を動員する政体の能力によってますます檻に封じ込められる仕儀にいたった。歴史的にみると，個人はいつも居住地を移動したけれども，個人が分配体系の底辺にいる場所を離れていくことは生存をむずかしくさせることであった。それでも，国家が発展し，資源を徴発し，また強奪するために権力の基礎を使うようにな

り，しかも領土を保持しつづけるために統制力を維持するようになると，権力の檻を抜け出せる個人の選択肢は減少した。移住することがあったとしても，また1つの檻を抜け出せたとしても，個人は通常，別の檻に収容されたのである。そのため彼らは階層全般において自らの場所を変更することがむずかしくなった。

　園芸農耕制と階層化によって，普遍的な類別（年齢，性）を超える別型の類別単位が成立した。社会階級上の位置が新種の類別単位になった。そのため個人はそれぞれの資源持ち分と，社会資源の所与の分け前をもつことによる行動特性に従って処遇されることになった。個人がある領土権力の檻を逃れて移住し，別の領土の檻に収容されると，類別単位として民族性が出現する。異なる文化的背景をもつ人たちが互いに遭遇すると，民族的階層化のパターンが資源を不平等に分配するための新たな基盤になる。こうした過程は，別個の園芸農耕社会の政体が周辺の人口集群を征服し，奴隷制などの支配パターンに彼らを服従させようとするので加速される。これらすべては民族の顕在性ならびに階層化が民族的次元を表す確率を高める。

　階層化によって，その後のすべての社会形態の基本的な輪郭が変更させられた。この段階での社会は分化した制度諸領域によって築くことができた。一方で階層化は，人口集群，生産，分配，規制，再生産からの選択圧力への反応であり，また他方で資源を不平等に分配する要因でもあった。だから制度が分化すると，資源分配における不平等の新しい基礎が階層化のより複雑なパターンをつくりだし，またそれを先導した。制度領域はメゾ水準の団体単位（集団，組織体，地域社会）から最終的につくられる。これに対して，階層制は類別単位（階級，民族，ジェンダー，年齢）から構築される。制度分化と階層化に内在する力学が作動しはじめると，その力学が社会における団体単位と類別単位双方の数量と多様性を加増する。その結果，それらが資源を不平等に分配し，これによって社会を層化する新規の，また多様な方法をも生成する。こうした力学が園芸農耕社会ではじまると，それらが一時停止することはなかった。制度は分化しつづけ，また資源を不平等に分配しつづけた。その一方で階層制が

複雑さを加増しつづけた。

7.5 むすび

　園芸農耕制によって，その舞台はさらに複雑な社会形態へと進化しはじめた。アフリカのサハラ以南，アマゾンの雨林地帯，またニューギニアのような世界の多くの地域において，その生態的特徴は，複雑な園芸農耕社会がどのようでありうるかに限界を設定した。土地生産力，飼育することのできる動植物の利用可能性，気象や他の生態学要因がより複雑な社会形態の発展を制約した（Diamond, 1997）。ユーラシア大陸，あるいは南北アメリカの広大な大地の別々の地域圏において，その生態的特徴が制度分化と階層を支えるに十分な経済余剰を生成できた。園芸農耕制の出現後，5千年から7千年のあいだに，大きな都市内の居住地，複雑な制度領域，そして明瞭な社会階層あるいは身分を際立たせる園芸農耕社会が成立した。なぜなら人口集群が定住しはじめると，行為者に選択圧力を生成する諸力間の力学的な交互作用が発動しはじめ（図7.1），社会構造と文化を精巧化することを行為者たちに強いることになった。多くの人口集群がこうした圧力に反応できなかったし，また別の人口集群がその生態的な生息地に適応するにはあまりに大きく，複雑に過ぎた。さらに別の人口集群は階層化をめぐる緊張関係のせいで不統合になった。また，多数の人口集群がもっと強力な周辺の人口集群によって征服された。それゆえ，その先の道は園芸農耕社会の残骸で汚されていたが，しかし比較的に短い期間——ホモ・サピエンスが地球上に出現してきた期間のうち5パーセント未満の期間——のうちに，園芸農耕社会は農業社会に置き換えられはじめた。そして，こうした新しい社会はより大きく，より力学的な経済を創出するため人力以外の動力源——畜力，風力，水力——を使用し始めた。この経済がいっそう多くの余剰をうみだした，制度的な分化と階層化をさらに推し進めることになった。

　人口集群の圧力はこれに適応しようとしたので，断続的であったとしても，革新をもたらしはじめた。いったん生存の基礎的様式が整うと——つまり定住の地域共同体が園芸農耕に従事しだすと——，人びとは動植物をどのように馴

化するかを学習した。彼らは土地を耕す犂のような新しい形態の資本と結びつく畜力の利用を真剣に学習した。彼らは陶器を造るため窯を使用することを真剣に学んだ。この知識を用いて，彼らは鉱石や貴金属を，宝石から武器を経て園芸農耕具にいたるさまざまな物財に加工し，鋳造した。彼らは石を成形し，壁や建造物を造る能力を獲得した。こうした新しい技術体系が進化すると，経済余剰がより大きな人口集群を給養し，これが人間社会の複雑度を増進する選択圧力を発動した。今や大文明が出現したが，それは規制の選択圧力が政体の地政的制度を圧倒すると崩壊し，しかしまたその上に新しい政体を構築しえたのである。

　要するに，狩猟・採集バンドは，第2章で描写した原初ホルドから劇的な変動を遂げたため，最初の人間社会の類型と考えられるが，しかし本物の定住社会の起源は，すでにわれわれが知っている園芸農耕制からはじまったのである。社会は進化せざるをえず，選択圧力に対応できないとただちに不統合に向かった。次に，革新と制度構築によって新しい場所に新しい社会を構築することが不可避であったとわれわれは確信している。初期の進化論者たちは人間社会の方向性を単線として強調するきらいがあったが，それでも彼らの論述の基本は正しかった。なぜなら複雑さの基底的な水準が存在すると，それは社会構造を精密にするため個人行為者と団体行為者を動かす選択圧力を始動させる。行為者たちはつねに環境に適応しようとするため，社会進化はなお自然選択——ダーウィン流とスペンサー流の双方——によって駆動されるが，しかし今や環境は，人間がつくりだし，彼らが適応しなければならない社会構造と文化からも構成されるようになった。社会がより大きく，いっそう複雑に成長すると，それは人口集群，生産，分配，規制と再生産を中心にした選択圧力を生成する。したがって社会環境は生物圏，あるいはこの領域における他の社会に限定されることでなく，制度分化と階層化によってつくられる環境にもおよぶ。これらすべての環境が個人としての人間，また団体単位における役割の担い手としての人間に選択圧力をかけるので，社会をもっとさらに複雑にしていく。この事実は農業社会の進化にみることができ，そしてそれが産業化とポスト産業化の

基礎を形成したのである。

注

1) 栽培と家畜化は互いに関連のある用語であるけれども，園芸農耕（あるいは早期の農業）の起源を考察する際に区別することが重要である。野生植物もしくは栽培植物を種子，球根，若い茎から栽培することができる。しかし栽培植物（あるいは動物）は人間の手によって遺伝的に変更されている。その野生種と違って，育て，再生産する点で人間に相対的に依存することになった（Blumer and Byrne, 1991 をみよ）。現在までのところ，考古学的な記録は，中近東，とくにラヴァント南部（ヨルダン渓谷）地域でほぼ 1 万年前，家畜化の最初期の明確的な起源がたどれると報告されている（McCorriston and Hole, 1991; Bar-Yosef and Kislev, 1989; Miller, 1992）。

2) なぜ狩猟・採集民が定住生活の様式に移行したかについて言及した理論は多数ある。その合意点は，ほとんどの狩猟民は，おおむね人口圧力を含む特定の力のために，作物栽培を採用することを強いられた（M. Cohen, 1977; Binford, 1968; Lewin, 1988）。食料供給に関する人口誌的な圧力が人口集群の実際の増加によるか，それとも定住している人口集群の資源の縮減によるか，そのどちらによってもたらされたかを認識することは重要である。エスター・ボサラップ（Boserup, 1965）がとくに強い影響力をもっている。彼女によれば，人口成長は人間社会進化のどの段階においても農業生産性の増強を目指す技術革新の引き金になったという意味で原動力であったのである。ロベルト・カルネイロ（Carneiro, 1967）は，より大きな人口集群がいっそう複雑な組織化と相関していることを立証した。

3) 園芸農耕と共に進化した新しい構造的形成体についての記述は以下の文献によっている。Gordon (1914); Malinowski (1922); Landtman (1927); Childe (1930, 1952, 1953, 1960, 1964); Herskovits (1938); Diamond, J. M. (1997); Goldschmidt (1959); Leach (1954); Schapera (1956); Sahlins (1958); Murdock (1959); von Hagen (1961); Mair (1962); Chang (1963); MacNeish (1964); Hawkes (1965); Gibbs (1965); Lenski (1966); Mellaart (1965); Price and Feinman (2004); Parsons (1966); Fried (1967); Chagnon (1983); Heider (1970); Goldman (1970); Flannery (1973); Bender (1975); Service (1975); Sanderson (1999a, 1999b); M. Harris (1978); Kirch (1980, 1984); Earle (1984); Mann (1986); Miller (1992); Johnson and Earle (1987); Lenski and Lenski (1987); Lenski, et al. (1991); Bates and Plog (1991); Nolan and Lenski (2004); Bellwood (2004); Fagnan (2005).

4) 双系体系はほとんどつねにこのような方法で系譜の先端を切りつめている。すなわちその体系は親の両側やその他の親族の権力と権威を制限している。なぜなら両側が重要であり，そしてその夫婦に影響の期待をもつとすれば，対立はその家族の両側の親族間に不可避的に発生するからである。

5) 親族体系に関する基本的な議論については，Keesing (1975); Schneider and Gough (1961); Fox (1967); Pasternak (1976); M. Ember and Ember (1971); C. Ember, et al.

(1974); Graburn (1971); Bohannan and Middleton (1968) をみよ。
6) 園芸農耕社会の政治形態についての基本文献としては, Schapera (1956); Mair (1962); Sahlins (1963); Fried (1967); Lenski (1966); Parsons (1966); Carneiro (1967, 1970); Cohen and Service (1977); Calaseen and Skalnick (1978); Murra (1980); Sanderson (1999a, 1999b); Haas (1982); Kirch (1984); Mann (1986); Lenski and Lenski (1987); Nolan and Lenski (2004); Johsnon and Earle (1987) をみよ。

訳者注

a) 園芸とは, 本来「園藝」と書き, 「藝」は「植える」こと, つまり園藝は「(植物を) 園に植える」という意味である。

第8章

農業社会

国家権力は結局のところ，暴力を行使する力である。その強制的裁可（制裁）は他のすべての裁可を覆すことができる。たとえ国家権力が集中的な疎外と危険な叛乱を引き起こすとしても，人間が回避したいと望む最終的な問題としての国家の属性が社会秩序の残余を形成する力を権力者に付与する（Randall Collins, 1975, *Conflict Sociology*）。

　人間が安定した村落に定住し，穀物を育て収穫しはじめると，人口集群は社会力としての生産，分配，規制からの新しい選択圧力を生成しつつも成長を遂げた。園芸農耕を行う多数の人口集群は，こうした圧力に対応できなかった。そのため，そうした人口集群は多数の考えられうる破砕帯に沿って不統合に陥ったにちがいない。その1つの破砕帯は単純な飢餓，もう1つは死であり，そして（あるいは）より適切に組織された他の社会の者たちによる征服であった。さらにもう1つの破砕帯はペストであった。こうした不統合の原因は，トーマス・マルサス（Malthus, 1798）のつとに有名な「四騎士」［訳注　世の終わりに白馬に乗ってやってくる邪悪］（すなわち，戦争，疾病，ペスト，飢餓）である。人口集群の規模が利用可能な資源を越えはじめ，そして（あるいは）制度体系が選択圧力の上昇に反応し損うと，こうした不統合源がひっきりなしに発生しはじめる。

　こうしたマルサスの懲らしめに立ち向かう1つの選択肢が技術革新である。現在から5千年から7千年前，大きな革新が中近東地域において人口収容力を拡張し，環境から資源を採集し，より多数のメンバーを給養しうる社会を構築することができた。こうした革新が最終的にユーラシア大陸とアフリカ北部に普及した。表8.2に挙げた技術体系は，園芸農耕制から農業制への移行過程で

発生した劇的な変化を要約している。こうした技術体系が達成されると，これは他の経済要素——物的資本，労働，企業経営体，私有財産制——もまた変化し，農業社会における経済規模を拡大した。

　農業社会を規定する特徴は，(1) 人力以外の動力——畜力，水力，風力——の応用，そして，(2) 畑地耕作のため犂を用いたことである。最初は人力（鍬の延長物）によっていたが，しかし人間が一部の動物を家畜にするようになると，犂と畜力とが組み合わされた。耕作するための新しい能力によって，園芸農耕制と関連する2つの問題，すなわち狭小な耕地での絶え間ない雑草取りと土地の劣化が克服された。土地の栄養分が深く潜り込み，人力による鍬では届かなくなると，土壌が劣化し，結局のところ雑草が耕地一面にはびこる。ところが，犂はより深く掘り，栄養分が地面に現れるように掘り返し，また同時に，雑草が埋め込まれ，腐敗すると，土壌に補給される腐葉土になる（Nolan and Lenski, 2004 : 141）。さらに，犂に繋がれた動物は自らの糞尿を肥料として背後に残していく。この犂という基本的な大躍進によって別の決定的な革新も到来した（Childe, 1930, 1951, 1952, 1953）。すなわち，運河と側溝を利用する人口灌漑，輪作，堆肥，採鉱，製粉，道路建設，発酵，選別的な動物育種，航海，操舵術，車輛，煉瓦製造，モルタルとセメント，初期の冶金学，文書化，数の表記法，太陽暦などの採用である。その後2千年にわたって革新は減速したが，それでもわずかな革新があった。たとえば金属精錬，都市に給水するための水道橋の建造，十進法などが含まれる。後でみるように，こうした技術革新の減速は，大きな余剰を生産できる経済によって開放された新しい社会構造と密接に関係していた。すなわち，人口集群の階層化を劇的に拡張した国家権力と宗教権力の前例ないほどの大きな統合であり，それは次に革新を起こそうとする誘引と機会を摘みとってしまった。

　図8.1は，権力の檻が親族関係の檻に取って代わる際における農業社会の基礎力学を概説している。権力が統合され，中央集権化されると，経済によってうみだされる経済余剰の多くは，権力の管理運営的ならびに強制的な基礎と共に，エリートの特権を財政的に支えるために強奪され利用される。こうした政

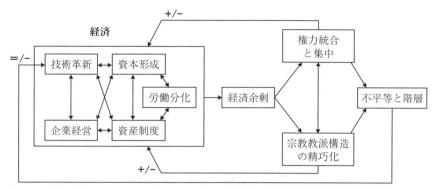

注：別の表記が描かれていない場合は，矢印はすべて肯定的である。
解説：+/＝は，増加，次に，横ばい状態になる。+/－は，増加，その後，低下する。＝/－は，小さな初期効果，次に低下する。

図 8.1　農業社会における経済余剰，権力統合，階層制，そして技術革新の低速化

体構造の変化が起こることで，不平等と階層化が増進した。経済余剰はまた宗教領域内に新しい社会階層を創出することによって直接的に，また資源の貯蔵を正当化する権力の象徴的基礎を政体に供給することによって間接的に不平等を助長した。また，経済の拡張は労働の分化，資本の多様化，技術管理の相違，資源を不平等に分配する市場のような企業経営体の選別的な利用，特権者のための私有財産権の成文化によって，階層化を直接に増進した。経済においてこのように分化していく力の効果が有価な資源を貯蔵する行政府と宗教領域における行為者の権力を増幅した。結局のところ，階層化の増進は，技術体系，資本形成，市場のような企業経営体，また経済内部において技術と資本を拡張できた私有財産の革新のための意欲を減退させた。技術革新の減速にもかかわらず，人口成長が継続すると，その結果は社会的不統合と脱進化をもたらすマルサス流の一連の懲らしめであった。

したがって後でみるように，農業社会は産業化への進化の直線的な行程ではなかった。それどころか権力と階層化の檻は，社会の成長と停滞のパターンを繰り返した。確かに，今からほぼ3千年から700年前において農業社会の構造が劇的に変化することはなく，ある政体が構築されたが，そうした政体は宗教

や法律と共に，やがて対立をうみ，また，不平等と経済における主要メンバーによる革新の意欲を削いでしまったため不統合に陥った。事実，エリートたちはしばしば変化と革新に対して抵抗を顕わにした。というのも新しい富の源泉が創出されると，彼らの権力が侵害されるからである。しかし変化に抵抗する際に，彼らは生産性，彼らの特権を支えるために課税される資源プールを侵害した。そのため全体社会の崩壊と不統合が加速することになる。

8.1 農業社会を突き動かす選択圧力

農業社会の形成を促した選択圧力は，すべての社会メンバーを動かしてきた選択圧力と同じである。すなわち，人口集群，生産，分配，規制からの選択圧力である。図8.2はこれらの選択圧力を生成する力を配置している。人口集群と生産は互いに上昇する周期をしめす。生産が技術革新を伸張すると，より大きな人口集群を給養することができる。人口集群が成長すると，それが生産拡大のための選択圧力になる。この周期のある時点で，力としての分配の選択圧

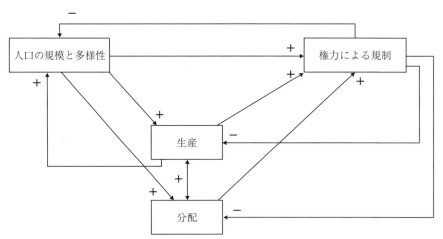

解説：−は，選択圧力の強さを弱める。＋は，選択圧力の強さを強める。

図8.2　農業社会における行為に対する選択圧力

力が加増する。より大きく，しかも分化した生産は，領土の周辺にいる人びと，資源，情報を動かし，またその人口集群のメンバーに財とサービスを分配する交換体系のためのインフラ構造の開発を必要とする。農業社会の領土は一般に征服の結果として拡大した。人口集群のメンバーを組織する居住地間の距離が拡がると，分配の新しいインフラ構造——道路，運河，港湾，貿易センター——が必要になる。分配のためのインフラ構造が整備され，これが財貨やサービスの交換のために貨幣と信用を使用する市場という新たな機構を開設する。それと同時に，その機構を開発するための圧力をもうむ。分配のインフラ構造がひとたび整備され，貨幣と信用を用いる市場が成立すると，社会進化力としての分配圧力が非常に激しくなり，多様な集合の個人行為者や団体行為者を含む領土周辺への人員，情報，財やサービスを移動させる新しい方法をみつけるよう個人行為者や団体行為者を突き動かす。インフラ構造は市場を促進し，より力学的な市場を拡大するよう圧力をかける。狩猟・採集社会と園芸農耕社会（そして放牧あるいは牧畜のような園芸農耕制の変種）の両方が，市場交換と共に，分配のインフラ構造と交易を保っていたが，人間社会組織の力としての分配が，全体社会進化を駆動する人口集群，生産，規制と同様に，強化され，また重要になるのは，ようやく農業社会の成立後のことであった。

　その間に，生産される財やサービスは大幅に増加した。そして大きな割合の人口が都市に居住するようになり，しかもすべての制度領域における労働と団体単位の専門化の結果として，すべての個人あるいは団体単位が自らを維持し，また再生産するために必要な資源を自力で生産することがむずかしくなった。彼らは自己が所有する資源を必要な別の資源と交換する必要に迫られた。そのため貨幣と信用を用いる分配のインフラ構造と市場が拡張しつづけた。分配のインフラ構造と交換機構が増殖するにつれて，分化あるいは専門化が加速した。専業者たちによって生産された資源が市場を介して，別の集合の専業者たちによって生産された資源と交換される。したがって市場とインフラ構造は分化を生成する機械であり，また貨幣と信用を用いる市場は，本章と次章で論じるように，この点できわめて力学的であった。

要するに，人口集群の成長，生産，分配に由来する選択圧力は互いに刺激しあう。生産と分配の増加はより大きな，いっそう遠方の人口集群を視界に入れることになった。人口集群がますます大きく，しかも分散するほど，財とサービスの生産の増強と，分配と交換のインフラ構造の拡張への圧力が激しくなった。これが次に，成長し分散する人口集群を取り込むことになる。このように互いに上昇しつづける圧力のすべてが専門化した経済業務に携わり，また分配のインフラ構造を活用する人口集群を劇的に増殖し，交換体系が調整と管理の選択圧力をうみだす。こうした圧力が，権力の4つの基礎の統合を招来すると共に，種々の程度で領土を防衛し，インフラ構造の造成計画を財政的に支え，平和を維持し，逸脱を制御し，貨幣を発行し，契約を履行し，分化し，またいっそう力学的な経済の別の必要を満たすため，権力の中央集権化をもたらした。人口集群，生産，分配からの選択圧力下での経済成長は，政体の拡大をもたらすだけでなく，また政体における権力の管理運営的，強制的，物資誘引的，象徴的基礎を贖う経済余剰をもうみだした（図8.1をみよ）。ひとたび政体がこうした基礎を軸にして権力を統合し中央集権化すると，政体は人口集群を組織するための制度領域と階層化を規制する大きな能力を獲得しただけでなく，経済から資源増加の要求をうみだした。経済行為者が政体の要求を実現しようとするかぎり，その要求はしばらくのあいだ生産と分配の拡大の選択圧力へと変わるかもしれない。実際，主要な経済行為者は，税制に基礎を置く政体を増強するために特定の経済活動に従事する際に財政支援（権力の物資誘引の基礎から）をしばしば受け取っている。

　図8.1中の非線型的な逆因果関係が矢印線（＋／−）によってしめされているように，ある点で農業社会の政体におけるエリートたちは利益供与をすべての主要な経済行為者にとっての物資誘引として用いる能力を（浪費，軍事的冒険主義，汚職腐敗のせいで）失ってしまうかもしれない。租税が生産拡大の意欲を削いでしまう結果になる。ほとんどの場合にそうだが，特権の欲求が満たされることは稀であり，そのため政治指導者（宗教ならびに経済の指導者と同様に）は自らの権力を経済余剰の収奪を加増するために悪用する。さらに，階層

化は緊張関係の原因であり，この緊張は権力の管理運営的ならびに強制的基礎による財政出動によってのみ抑制できるが，そうすると経済成長を支援する物資誘引の基礎が損なわれてしまう。農業社会は他の社会の資源に接近するため頻繁に軍事行動を起こし，またそうすることによってエリートの特権を支えようとする。そのため征服された反抗的で，階層化された人口集群を管理するために必要な資源が権力の物資誘引と象徴的基礎から流出したことを知ることになる。

要するに，生産，分配，規制の力が農業社会における経済，政治，宗教の制度領域の成長およびそれらの内部での分化を推し進めると，こうした力が長い目でみると，人口集群を規制する能力を低下させるような構造をつくりだす。制度領域と階層制が選択圧力の複合化への反応として出現し，それらが個人の動機づけを強めると，こうした圧力の誘発度が変わっていく。農業社会におけるこうした過程は，歴史的にみると，それらの圧力に対応するための政体と宗教の能力を越えて，規制的選択圧力を上昇させる構造的条件をつくりだすような仕方で政体と宗教をつくり替えるように働いた。有効に規制する能力の不足は，政体のエリートと宗教エリートが階層制内部の緊張関係を悪化させ，再生産と分配を拡張する経済行為者の意欲を削ぐような仕方で経済余剰を消耗するとき，いっそう顕著になる。農業社会が不統合に陥ると，規制の選択圧力はさらに高まり，交替しうる政体の形態が出現しないかぎり，人口集群の不統合はさらに加速する (Chase-Dunn, 2001；Chase-Dunn and Hall, 1997；Goldstone, 1990)。

8.2　農業社会の人口誌的ならびに生態的特徴

農業社会の人口誌的ならびに生態的特徴は人口集群，生産，分配，規制の選択圧力によって形成される。きわめて大きな規模の社会が出現しはじめたのは農本主義においてである。結局のところ，この成長は累積的であったけれども，マルサスの四騎士のうち1つあるいは複数が人口集群の周期的な減少をもたらした。諸社会が戦争や交易を通じて接触することが多くなると，疾病はある社会，または社会を越えて蔓延した (Crosby, 1986；Diamond, 1997)。同様に，ペ

ストは穀物に壊滅的な打撃を与え，園芸農耕社会を再生不能にさせるほど資源を枯渇させはしなかったけれども，一部の人たちを飢餓状態に突き落とした。また慢性的な戦争と帝国を建設しようとする野望は，男性人口のかなりの部分を殺戮し，また同じく女性や幼い子どもたちも侵略してきた軍隊によって暴行され，時に殺害された。それゆえ，より大きな人口集群が農本主義下で支えられたとしても，こうした社会の構造は成長と停滞の循環を繰り返した。

　農業社会において領土は劇的に拡張された。その規模拡大は侵略によっていた。事実，人間社会史における最大の帝国は農業時代に出現した。こうした帝国のいくつかの残滓が今日でもなお，インドや中国において明白である。モンゴル人，ローマ人，ムーア人，ギリシア人，ケルト人などの農業帝国は消滅するか，あるいは故国に撤退して衰微した。力としての規制にほぼ起因する恒常的な不統合の圧力をともないつつ，農業社会の規模は比較的短期間の内に途方もない変異をしめした。たとえばローマ帝国の最終的な没落は，小さな王国が今日の西ヨーロッパ社会に統合される以前の数百年間，西ヨーロッパにおける人間社会の規模を縮小した。同じように，モンゴル帝国の崩壊は，現代中国を構成しているひとつながりの小規模社会の乱立をもたらし，また中近東には前植民地社会が出現した。

　それでも人間社会の進化においてはじめて数十万人，また一部には数百万人からなるマクロ社会が実現した。こうした社会における経済はより大きな人口集群を給養し，より大きな領土に資源を分配することができた。もっとも重要であるのは，権力基盤が社会をたとえ一時期にでも，調整し制御するために統合することができたということである。

　社会内部では居住地がいちじるしい成長を遂げた。都市の数は数千にも達した。そのため，人口集群，資源，居住地を接続し，情報を移転し，また居住民を接続するための分配のインフラ構造の整備が進んだ。明確な居住パターンが農本主義にともなって出現した。小さな村落と町部が地域の主要都市に接続された。そこでは行政と市場活動が興隆した。結果的に，こうした主要都市がさらにもっと大きな首都に接続された (Nolan and Lenski, 2004 : 159)。資源は大

都市，とくに政治的，経済的，宗教的エリートが居住している首都に流入する傾向がみられた。政治秩序は地方都市，そしてそこから村落や町部へと拡がった。多くの農業社会は大規模な在地領主の封建的なパターンを構成していた。そこでは在地領主が小農民や小作農民を支配した。そのため経済余剰の何割かが王侯または専制君主に，そしてその残余が在地領主によって収納された。政治命令がこうした封建制において専制君主あるいは王侯から発せられた。しかしこうした体制はきわめて不安定であった。なぜなら在地領主は専制君主や王侯や王族の管理行政を担う官僚制からの政治指令に憤懣を抱きつづけたからである。

　人口成長が村落や農園すべての人びとを給養しうる能力を超えると，都市への移住がはじまった。ほとんどの個人は生まれ育った故郷の周辺に留まったが，それでも多くの人数が新たな機会を求めて都市に移住した。さらに別の社会や地域出身の人びとが頻繁に社会に転入した。そのため文化と民族の多様性が増した。また分業が農本主義を劇的に強めた。地域全体が特殊な活動に専門化し，多数の工芸細工と交易の専業者がそれぞれの町部や都市内で操業した。たとえば1313年におけるパリの租税台帳は157におよぶ業種を記載していた。こうしたパターンはその時代のヨーロッパや世界中のほとんどの（当時における）大都市にあてはまることであった。もちろん，こうした状況は，たとえ発展した園芸農耕社会でもついぞみられなかったことである。専門化が特定の水準に達すると，それが，先に述べたように，さらなる専門化を実現する形で市場，貨幣，信用を拡張する役割を担った。

　最後に，地政的な帝国に加えて，経済地理的体系が農本主義と共に発展した。高値をつけうる資源の遠距離貿易，たとえばヨーロッパとアジアのあいだの香辛料貿易が新しい種類の経済地理的体系をうみだした。これが農業世界のほとんどの部分で繰り返され，さらに進化した産業技術とより力学的な市場とが共に生起する前触れの役割を果たした。遠距離貿易が輸送技術と資本投資（船舶，港湾，道路，運河），新しい企業経営体（貨幣，小切手，手形交換所，信用を用いる市場），サービス（保険，銀行，経理），そして私有財産の新たな定義の

表 8.1 農業社会の生態的特徴と人口誌

	単純な	発展した
人口誌的特徴		
人口規模	数千人から数百万におよぶ。	数百万人から数億人におよぶ。
人口移動	いくつかの永続的な居住地がある。組織に属していない一部の農民と職人たちの中心都市，また市場町への移住。中心都市の居住民は人口10万を超えるまでに成長した。しかしほとんどの農民は在地の支配者，身近なまたは地方圏のエリートたちによって支配され，土地に縛られた。	多数の永続的な居住地。中心都市や市場町へのかなりの量の移動。都市の居住者が100万人に達することもあった。多くの都市は単純な農業社会と比べて大きく，10万人都市が多くみられるが，しかし都市中心地に居住する人口は全体の10パーセントに満たない。
成長	比較的に高い人口成長率。そのため人口密度が劇的に増加した。戦争と疾病が人口を減少をさせることもあったが，長期の傾向は人口拡大に向かった。生産増加の大きな需要があったが，しかし後にこれは停滞した。	若干の成長がみられるが，しかし高死亡率（疾病，穀物の不作，飢饉などの災害）によって抑制される。一部の社会の人口は高死亡率のため減少することもあった。
生態的特徴		
内部分配	村落と市街地。その周辺には農業生産の土地区画がある。村落と市街地（とくに市場町）を互いに，またこれより大きな中核都市あるいは中心都市に繋ぐ道路が整備された。こうした都市には政治と宗教のエリートたちが居住している。時には，灌漑水路，運河のような大型経済計画がみられる。これらは中央集権化した国家によって実施される。高水準の人口を維持するために利用される大量の土地。結果的に，支配エリートは富，特権，政治統制を維持するため，経済余剰を収奪する。	村落と市街地。その周辺には農地がある。村落と市街地は政治的および経済的に首府に連結される。したがって村落からの資源流通は経済活動を統制し，規制する1つの国家権力を反映する。しかし帝国が拡張すると，こうした連結は維持しがたくなる。その一方でこれは村落と市街地にいくらかの自律性をもたらす。地域圏の経済特化が空間パターンをさらに複雑にする。田園の農業部門と都市の通商部門の分離がいっそう明瞭になる。
外部分配	紛争が政治的に地域圏を少なくともしばらく結合する。帝国建設は対外接触の顕著な形態となる。統合された領土は隣接する領土の征服を謀る。他の「諸社会」との交易や通商も明らかにかなり増大する。	戦争と帝国建設が通常である。結果的に，帝国内の領土間，または国家／帝国間の交易と通商が増加する。

発展を刺激した (Braudel, 1977, 1982)。対外貿易の多くが地政的な帝国建設のパターンに便乗したが，独立の経済地理的体系が，とくに政治権力の弱い時に出現した。北部ヨーロッパの封建制下で広がり，同時に北海諸国の内部におよんだハンザ同盟は，広大な地域に拡大する地政的制御が存在しなかった時期に貿易を規制した市場における主要な行為者によって創設された経済地理的同盟であった。貿易を規制する法律を制定する能力は，統合され，中央集権化された権力のないまま社会の生態的構造を劇的に拡大した。

それゆえ農業社会は，社会の規模と対外的社会体制の規模の点で，発展した園芸農耕社会と比べて大きな変化を遂げていた。より大きな人口集群はさまざまな規模の居住地を越えて分布し，もっと複雑な分業によって標識を与えられた。したがって社会の規模は権力の統合，市場と貿易の拡張，大都市地域の興隆，社会間における地政的帝国と経済地理的貿易の出現によって拡大した。表8.1 は，農業社会における人口誌的および生態的変動を要約している。

8.3 農業社会における新たな構造形成 [1]

8.3.1 経済組織体

新技術体系の開発，物的資本の類型，企業経営体，私有財産の形態のすべてが表8.2 で要約した農業経済の特徴をつくりだす作用を果たした。こうした変革は資源を調達し，財やサービスを生産し，経済生産物を分配する水準を増加した。経済余剰の水準が幾何級数的に増大すると，エリートたちはこの余剰の大半を権力によって統合し，特権を資金的に賄うために収奪した (Lenski, 1966；Turner, 1984)。

生産性が向上すると，新しい企業経営体が出現した。市場，国家免許をもつ団体，農園，初期の準工場，工芸品の生産に携わる家産制的家族，特定の工芸細工品と交易を管理するギルド，経済紛争を処理する法律と裁判所など，すべてが技術体系，資本，労働，私有財産を調整する能力を高めた。そのため経済余剰の水準が劇的に増加した。こうした新規の企業経営体のいくつかは力学的であった。なぜならそれらが調達，生産，分配を増大するように作用したから

表 8.2 農業社会の経済

	単純な	発展した
技術体系	放牧した家畜を集め，畜力による犂耕を行う。灌漑水路，堆肥，航海，車両，車両への車輪の応用，牧場，畜産，製陶，冶金，書字，数学記号，太陽暦の採用。革新の割合は高い。しかし政治経済がより発展した体系で活動を囲いはじめると，停滞する。	単純な農業社会の技術体系に加えて，鉄の融解や精錬についての知識が格段に進展する。その他の革新には，馬具，木材の旋盤加工，螺旋状の刃，スクリュー，印刷機，時計，紡績と紡織，風車と水車の技術体系。
物的資本	犂耕，役畜，木材，陶器，時には，鉄製具，穀物の貯蔵と製粉の大規模な装置，道路，そしてしばしば灌漑計画。もっとも重要なことは貨幣の使用である。	単純な農業社会の資本に加えて，金属具の使用普及が資本形成の重要な増加をもたらした。また貯蔵，輸送，製粉のための大型の装置の開発。より精巧かつ広範な道路と灌漑開発計画。軽「産業」が新規の動力源（水力，風力）によって実現された。もっとも重要とみなせることは，貨幣が経済に完全に統合されたことである。
人的資源	専業の貿易業者が普及すると，分業が劇的に進展した。年齢，性別による分業が継続する。多数の商人や「貿易業者」がいる。「自由労働」と，労働市場でサービスを「販売する」職人がいる。	分業のいっそうの進展。農民は奴隷制や農奴制によってより強く拘束されるが，しかし自由で，組織に所属しない労働者も増加する。土地所有権や小作権を喪失した者たちが労働者として雇用される。都市の労働市場において自由な労働を売るような事態が生まれる。もっとも顕著な分化の軸は商人／貿易業者と工芸職人のあいだにみられる。100種または200種の職種が通常みられる。
企業経営体	親族関係と村落構造は主要な企業経営体としては低下し，企業経営の新しい政治的・経済的形態によって補完される。領土の政治統合は権威と資源流通の階統をつくりだす。市場の拡張は生産を刺激し，労働，財やサービスを分配するための新しい方法をうみだす。商業，銀行業と保険業の開始。そして初期の工芸細工師のギルドが際立つが，しかし最初の企業構造は家族であり，家族はより大きな親族構造に連結されなくなり，国家によって強く取り込まれる。しかしそれにもかかわらず家族は経済活動を組織する重要な単位であった。	企業経営体としての親族関係と村落が農村地域において隷属的な夫役義務に置き換えられる。政体は貧困者から富裕者への，農村から都市中枢への資源の流れを保証する主要な企業構造になる。交換媒体として貨幣を使用することによって市場の劇的な拡張がみられる。領土の全領域において交換される財やサービスの交換数量の拡大とその所要時間の短縮（実際に，商人たちの結合の大きなネットワークは帝国の範囲を超えて，また確かに，社会中に，あるいは帝国内の地方圏へと発展する）。工芸細工職人や商人はますますギルドに組織され，これによって彼らは活動を調整し，また特権を確実にする。法律は契約や責務の履行を規制し始める。
財産	私有財産の明瞭な体系。これが高水準の不平等をもたらす。ほとんどの物資は貴族と教会によって所有される。一部の物質的蓄積は商人，銀行業／金融業者，工芸細工職人によって行われる。しかし大多数（すなわち小農民）にとって，ほとんどの余剰は国家や宗教エリートによって収奪される。非常に明瞭な区分をもつ階級制が成立する。それぞれの階級は下位文化をもつ。支配階級（宗教と軍部のエリートを含む）は他の個人たちから明確に区切られる。人口の大部分は政治決定に対して発言力をもたない（ただし周期的に発生する反乱の場合は例外である）。都市のマイノリティは農村の大多数とは異なる。識字者と非識字者のあいだの区分はますます大きくなる。さらに，さまざまな専門職の間に際立つ階級差がみられる。とりわけ職人，工芸細工師，商人／貿易業者と，おそらく奴隷のあいだの階級差は大きい。	私有財産制の確立。これが高水準の不平等をもたらす。これは単純な農業社会の場合と同様であるが，しかし専制君主の余剰を収奪する権力強化と，富の蓄積を可能にしうる新たな貿易／商業の職種の拡大によってある程度変化する。きわめて明瞭な階級分裂をもつ階層体系をつくりだす。これは単純な農業社会と同様であるが，いくらかの変更がみられる。職種の数量の増大はエリート農民（そしてまだ存在しているとすれば，農奴）間の階級拡大をもたらす。工芸細工職人，商人，場合によれば農民の一部は貴族の一部によって所有される富を凌駕する富を獲得する。国家官僚と軍人たちの数の増加。貴族の家臣たちが階級を追加する。彼らは富，権力（あるいは少なくとも，影響力）を獲得できる。

である。これに対して他の企業経営体はいっそう保守的であり，経済成長を制約した。たとえば貨幣や信用を用いる市場は基本的に拡張するが，ギルドや農園は新しい技術，労働，資本形態，私有財産の定義を制限することに躍起になった。すべての経済要素を一新し，拡大しうる新しい企業経営体が成立しなければ，農業経済は社会メンバーを窒息させないまでも，停滞させることになる。国家，および国家と宗教の限定的な階統強化によって，保守勢力の増強が農業社会で発生した。

　しかし国家や別の企業経営構造の台頭は，出自規則によって組織された親族関係の檻を破壊し，次にこれが親族関係の階統的重層による支配から個人を解放した。とりわけヨーロッパにおける家族はいっそう核的単位に収縮した。家産制的家族——ここでは親族員と雇用された使用人のいく世代かが工芸作業に従事した——でさえも，旧来の単系的な出自制と比べて拘束力を弱めた。さらに家族は市場で財やサービスを販売する自営業を営むことができるようになった。これは一定の自由を個人に確保させ，また市場活動によって利益をえようとする革新的な個人の可能性を増した。さらに，個人は賃金と引き換えに労働を売ることができた[2]。また家族は徒弟制，手工業，商業活動を頻繁に運営したが，それでも代替的な構造——特許会社，親族によらない企業，ギルド——が出現し，ますます労働，資本，私有財産，技術を集約しはじめた。こうした代替構造が出現すると，親族関係は経済の主要な企業経営体という状態から移行し，生産と分配よりもむしろ再生産にもっぱら携わる消費単位に変わっていった。

8.3.2　国家形成，帝国建設，そして国家の崩壊

　官僚制国家は発展した園芸農耕社会において明らかにみられるが，しかし国家の規模は農業経済の生産性向上によって拡大した。国家の頂点に君臨する世襲専制君主制がもっとも通常の形態であった。この形態は統制と規制の機能を遂行する管理運営的官僚制と強制的官僚制を整備していた。それと同時に，こうした機関とエリートたちの特権を支えるために経済余剰に租税が課された。

表 8.3 農業社会の政治

	単純な	発展した
意思決定と指導力の中央集権化	君主やその他の貴族からなる世襲君主制は，軍部当局，管理行政官僚，そして時には，宗務官からなる国家官僚制に組織される。	世襲君主制が強制的な国家官僚制へと組織される。専制君主によるはるかに強力な中央集権的な統制に適した形へと，君主と貴族の関係を変えはじめる。貴族の意思決定の委任権は低下する。
権力基盤の統合		
物資誘引	君主は課税方式に従って貴族の領地から経済余剰を引きだす。課税方式と専制君主のエリートへの荘園安堵の操作は忠誠を操作するための通常の戦術である。	成長する国家官僚制，軍隊，公共事業，および地政活動を支えるための，農民，貴族，商人／職人に対する重税負荷。社会統制機構としての利権供与，特許付与，またその他のエリートへの助成。これは公共事業（道路，船舶，港湾，その他のインフラ構造事業）への戦略的支出と結び合っている。
象徴的	貴族の威信はそれ自体に由来するとしても，しかし正当な権力としての宗教に強く依拠している。地政的成功は服従の象徴的操作の重要な源泉となる。正当性の源泉としての再分配は強調されなくなる。	貴族自身の威信。正当化の源泉としての民衆への再分配の完全な放棄。正当化の宗教基盤をめぐる宗教指導者との緊張の増大。「国民性」，「民族性」，その他の世俗的な象徴の力への信頼。
強制的	君主の軍隊，村落や都市の警察，また貴族の軍隊による強制力の高い能力。	完全に専門職化した軍隊を保有する君主の強制力の非常な強化。貴族の軍隊に依存しない，町部や村落の警察体制。
管理運営的	専制君主，貴族，軍隊と労働者たちの，また君主の家臣や，時には宗務官たちの封建的な関係体系。	封建的な関係体系への信頼は継続するが，しかしより強く国家官僚制によって支配が行使される。それは官僚制によって直接に（法律，裁判所，軍隊によって），または他のエリートたちへの特権供与によって間接的に行われる。

自前の管理運営的および強制的能力をもつ在地領主が存在したにもかかわらず，国家はますます中央集権化した。専制君主と農園の在地領主たちは自らの特権に必要な資金を調達するため彼らの土地で小作人を使役した。しかし専制君主は王室の特権を支えるための追加収入を確保し，管理行政活動と軍事活動の資金を捻出するため，しばしば富裕な商人や，金融のように主要なサービスを提

供する商人を頼るようになった。専制君主は租税徴収を官僚や地方官吏におおむね請け負わせた。彼らは徴収金を専制君主に納付する前に，頻繁に横領し着服した。だから租税請負制は腐敗し，きわめて非効率な制度と化し，そのため専制君主と王族は財政危機に襲われた。こうした危機は，軍事冒険への膨大な出費，富裕な高利貸しへの利子支払い，重税への抗議と抵抗（小農民，時に貴族による），そして貴族と，専制君主に金を貸し付けている金融業者双方への利権供与によっていっそう悪化した。図8.3は国家が崩壊にいたる過程に関するジャック・ゴールドストン（Goldstone, 1990）によって開発された成果を要約している。

ゴールドストンは国家崩壊の主要因は，財政破綻，専制君主に抵抗するエリートの決起，荘園領地から都市地域に移住した大衆蜂起，そして外部社会との戦争の激化の組み合わせだと強調している。しかしゴールドストンによれば，国家崩壊のもっと直接の原因は，国家が自らの困難に遭遇する1世紀以前に起

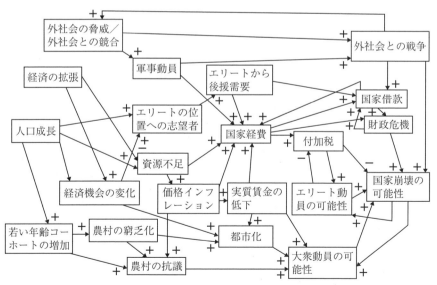

図8.3 ジャック・ゴールドストンの農業社会における国家崩壊のモデル

きた人口集群の成長にはじまっていた。図8.3における矢印線が表しているように, 一連の出来事が過剰人口を引き起こした。(1)資源不足, これが価格インフレ, 競争, 外部社会との戦争に影響をおよぼす。(2)エリートの地位に昇ろうとする野心的な人物の増加。(3)実質賃金の低下。(4)農村の窮乏化と農地の転換により, 若者, また本来的に反抗的な勢力が移動する人口誌的変化。(5)農民の抗議行動。(6)反抗的な農村人口集群の都市地域への移住。(7)利権供与をめぐるエリート間の競合の激化。そして, (8)一部エリートの没落と非エリートの上昇移動。長いあいだに, これらすべての要因は——エリートの不満(反専制君主的行動を起こさないまでも), また農民と都市大衆双方の決起動員の増加と相まって——, 国家の財政危機を引き起こした。それゆえ国家権力とそれがつくりだした檻は, エリートと非エリートの双方にとって確かな制約であったが, この檻はゴールドストンのモデルにみられるように, いくつかの行程の結果として長い目でみれば実に不安定であった。人口集群, 生産, 分配が国家台頭の選択圧力をうみだすとしても, また国家が特権や, 権力の管理運営的, 強制的, 物資誘引(利権供与による)の基礎を資金的に賄うために経済余剰を収奪できるとしても, 農業国家は一般に, マルクスの周知の言葉を使うならば, 「自壊のための種子」を蒔いていたのである。

　国家は世襲的専制君主の継承(園芸農耕制からの旧制の単系出自制の残滓)によってかなり長期間にわたって継続しえたが, しかし戦争がその国家の弱点を頻繁に露呈した。農業国家の政治指導者たちは征服によってもたらされる威信を蓄えるため, また別の社会と人口集群の資源を獲得するためにしばしば戦争を引き起こした(Weber, 1968 [1922])。事実, ハーバート・スペンサー(Spencer, 1874-96)がずいぶん前に議論したように, 社会進化は戦争によって牽引されたのである。彼は自身の有名な語句「適者生存」を用いてこれを表現した。彼はこの語句を, いっそう組織された, またより生産的な社会が通常, 戦争に勝利を収め, 被征服民と征服した領土がよりよく組織された社会の制度体系に同化されるとき, 社会の複合度を増やすことに注意を向けるために使用したのである。国家権力と同様に, 帝国建設はそれ自体の内部力学と弁証法を

顕わにする。ひとたび領土が征服されると，より大きく，いっそう多様になり，しかもしばしば反抗的な征服領土の新たな従属民によってうみだされる選択圧力が，農業国家の物流負荷を加増する。新領土は統治されねばならない。征服と勝利者の戦利品によってうみだされる新たな不平等もまた管理されねばならない。より拡大した領土は，領土を統治するために必要な情報，資源，また人員をどのように確保するかという新しい問題に直面する。こうした負荷のすべてが権力の行政管理的，強制的，象徴的，物資的誘引の基礎に膨大な圧力をかけた。また時に，これらの負荷はあまりに荷重であった（Turner, 1995；Chase-Dunn and Hall, 1997；Sanderson and Alderson, 2005）。国家はより大きく，いっそう多様な，しかも遠方の人口集群を規制する能力の限界をあっさりと越えてしまう。国家は気づいたときには内部脅威に曝され，国家がそうした内部脅威を処理しようとすると，規制に勢力を注ぐため，国家は個人と団体単位に重税を課すことになり，そのため国家は権力の象徴的基盤（国家の依拠している基盤），利権供与を求める元来反抗的なエリートと征服領土内のエリートを手懐ける能力，また征服領土内の自前の行政官吏を賄う能力を損なうにいたる。

　こうした物流負荷の問題は，帝国が成長するにともない不可避的に増大し，すでに拡張した帝国が別の新興の帝国と遭遇するとき二重の負担を抱え込むことになる。犠牲の多い小競り合いか，それとも最終決戦を行うかどうかは別にして，国家にとって物流負荷は幾何級数的に増加していく。また外敵の存在がしばらくのあいだ国内に連帯をうみだすとしても（Turchin, 2003, 2006），敗戦は，マックス・ウェーバー（Weber, 1968［1922］909-50），そして後に，セダ・スコチポル（Skocpol, 1977）の両者が論じたように，指導者たちの威信と正当性をただちに壊す。権力が象徴的基盤を失ってしまうと，権力の他の基盤の弱点がもはや取り繕えず，これにより財政破綻，軍部の動揺，官僚のさらなる腐敗，専制君主と王族に対するエリートの決起，また非エリートたちの大衆動員が引き起こされる。最終的に，国家は崩壊し，帝国はその故国に戻って崩壊を余儀なくされる。

　こうした力学は，帝国がいかにして築かれ，それがどのように崩壊したかに

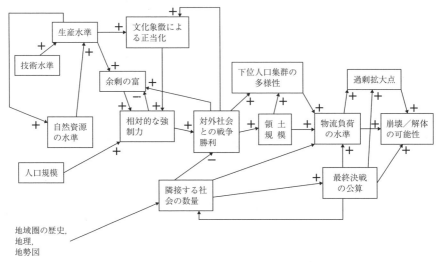

図 8.4 ランドル・コリンズの地政学モデル

ついてのランドル・コリンズ (Collins, 1986) の分析を基礎にしながら，より形式的なモデルに整理できる．辺境の利点（後部と側面を防御する山脈や大洋のような自然の要塞）を有する社会は，周辺社会と比較して恵まれた資源と相まって，典型的に隣国との戦争で成功を収める．しかし帝国の規模と地理的範囲が増大し，そして征服され，憤慨しつづける民衆の人数が増加すると，辺境の利点をもって拡大した帝国の初期の利点は失われる．国家の力が外部に拡がり，そして拡大した国境周辺に敵を結集させることになると，辺境の利点は低下する．帝国がより大きな軍隊と領土を統治するために大規模な管理行政構造を賄えないと，資源の利点は低下する．他のすべての帝国が技術体系と組織構造を複製すると，軍事的な利点は低下する．また本国から遠く離れることはより大きな領土中に資源，部隊，情報を移動するためのインフラ構造に大きな負担をともなう．そして最終的に，帝国の拡大は別の強力な帝国との対決をもたらす．これはせいぜい恒常的な小競り合いのために資源を消耗するか，それとも最悪の場合，いっそう強力な帝国との戦いに敗北を喫する破目になるかもしれない．

農業国家が建設され，そして崩壊していくのとまったく同様に，農業帝国は建設され，やがて崩壊していく宿命にある。ローマ帝国のように，一部の帝国は信じがたいほど長期にわたって持続したが，しかしほとんどの農業帝国は1世紀ともたない。なぜならスペンサー，ウェーバー，コリンズによって概括された力学が作用するからである。

8.3.3 親族関係の再度の核単位化

家族は進化した類人猿にとって自然な単位ではない。まして出自規則によっ

表8.4 農業社会の親族関係

	単純な	発展した
規模と構成	大きな家族単位がいぜん存在するが，しかしより大きな親族構造の出現頻度とそれへの組み込みは低下する。家産制家族（男性支配と非親族の労働者を含む）が出現する。	工芸細工職人と商人の場合，家産制家族の頻度が高い。大家族は農民にいぜんみられるが，政治的な夫役のパターンが親族結合を壊す。
居住	明瞭な規則は力を失いはじめる。しかし子孫たちは両親の側に残り，あるいはその世帯に含まれる。	明示的な規則はほとんどないが，しかし農村地域の夫役のパターンが移動を制限する（とはいえ土地をもたない放浪農民が明らかにみられる）。都市地域では家産制的な世帯が多くの経済活動を組織している。
活動	すべての活動において性別と年齢別の分業がある。	単純な社会と同じ。
出自	双系的で，遠い祖先を断ち切る形。	「王族」は別にして，リニージは重要でなくなる。双系的で遠い祖先を断ち切る形になる。王族と貴族のみが出自規則を頻繁に用いる。
権威	男性支配，家産制的単位ではかなりの男性権威主義が認められる。	男性支配，とくに家産制家族においてそうである。
婚姻	インセストは禁止される。族内婚と族外婚の規則は低下する。婚姻解消は認められるが，しかし経済的にむずかしく，また正式には稀である。	インセストは禁止される。貴族の少数の場合を除き，族外婚と族内婚は低下する。また婚姻の解消は認められるが，実際に行うことはむずかしく，正式に実行されることは稀である。

て構築された親族員による締めつけの厳しい檻はまったく不自然である。家族の檻は園芸農耕社会における人口成長にともなって上昇した規制の選択圧力として止むをえずつくられた構造であった。発展した園芸農耕社会，次に農業社会の経済において，より多くの経済余剰を生産しうる非親族による企業経営体が新しい技術体系，労働技能，資本形態，私有財産制を調整できるようになった。この余剰が規制機構としての国家を財政的に支えることになると，規制圧力への反応としての拡大親族関係はもはや必要でなくなる。親族関係は再生産の選択圧力への反応であった過去の状態へと立ち戻りはじめた。というのも別の制度領域が資源調達，生産，分配（経済），規制（政治と宗教）の選択圧力への反応となりえたからである。親族関係の檻は今や狩猟・採集民に明確にみられた核的単位構造へと脱進化できた（表8.4を表7.2と比べることによってわかる）。

しかしこの再度の核的単位化は単系出自に由来する旧規則の残滓を留めていた。とくに家族内で権力を分配する方法にその残滓がみてとれる。家父長制は園芸農耕時代を経て現在にいたるまで強く継続している。女性の労働は園芸農耕時代全般において貶価された（そして産業的人口集群の多くの場合にいぜん継続している）。さらに，ヒューバー（Huber, 2007）が実証したように，女性たちが長い期間にわたって赤ん坊を養育し，乳児に母乳を与えるため，出生間隔を開けることを余儀されたため，彼女たちは不利であった。授乳はまた女性を世帯内に繋ぎ留め，政治的指導力の役割から女性を閉め出した。だから脱進化は狩猟・採集民の核家族における男女間の相対的な平等に回帰するという点に関しては不完全であった。ジェンダーの一方に特権を与える規則と伝統は，たやすくは破棄されず，そのため再度の核単位化は夫と妻の関係を平等にさせはしなかった。実際に，女性は経済の「働き手」であったが（女性は狩猟・採集社会においてそうであった），ジェンダーのいっそうの平等に向かう進化の兆しがみえはじめたのはようやくここ数十年のことである（Blumberg, 1984；Chafetz, 1990）。

8.3.4　世界宗教の出現

　園芸農耕社会と農業社会の双方において出現した国家は，権力の象徴的基礎の少なくともある部分を宗教信念に頼っていたが，こうした信頼は教派構造とその指導者たちの指標であると共に，こうした教派構造が権力の掌握をしようとする際の刺激であった。より大きな生産性とその結果としての経済余剰はより精巧な構造だけでなく，こうした構造における階統的な分業を支えるための確かな物的基礎を確保することを可能にした。書字，その後における印刷機の発明によって，書字記録や宗教教義をうみだす能力をもたない社会では決してできなかったような形で，信念の成文化が達成された。

　しかし農業時代の宗教を特徴づけたのは，宗教の本質と教派構造とを変えた一連の宗教的な叛乱峰起であった。信念に顕れたもっとも劇的な相違は，園芸農耕社会と比較して，超自然的な存在と力の崇拝対象の激減である。ユダヤ教，キリスト教，イスラム教にみられる一神教——唯一神あるいは唯一の力への信仰——へと向かう明瞭な趨勢がみられた。ヒンズー教は，その支脈である仏教がそうであるように，曖昧であるが，より複雑な崇拝対象をとどめた (Swanson, 1960)。哲学的ヒンズー教はいっそう一神教的であり，「一神」の考え方を保っていたが (Wallace, 1966：94)，しかしサンスクリット・ヒンズー教は込み入った神々の神殿を護持した。それらがもっと複雑な神殿を保持したとしても，農業社会の宗教において神話体系は目立たず，いくつかの神話に焦点が絞られた。たとえば，神殿における神々と他の力の起源についての創造神話である。それゆえ，多数にのぼる超自然的な力の込み入った関係性についての解釈は，世界中に拡散した農業社会の宗教において徹底的に切り詰められた。

　信念体系もまた別の新しい要素の特徴を保持している。超自然的な領域を理解することの可能性，また死後の世界で生きる可能性さえも想定されている (Bellah, 1964)。こうした信念のもう1つの特徴は価値体系であり，これが各個人にとって適切な道徳的行動を指示した。人びとがこれらの価値によって救済されるとすれば，超自然的な世界あるいは社会においてもっと望ましい位置への再生であるかどうかにかかわらず，彼らは来世でより良い生活を享受できる

かもしれないという期待をもちえた。

　信念体系のこうした推移は，世界宗教の革命的性格を映しだしている。世界宗教はある社会のメンバーに拡がり，また他の社会に伝播し，そして最終的に世界中に拡散した[3]。世界宗教は分配のインフラ構造，諸社会間を連結している経済地理，また社会間における政治的接触を増進した地政学的過程に便乗できた。ある社会が1つの地域圏で経済的あるいは政治的に優位を占めると，その宗教もまた支配的になる傾向をもつ。しかしキリスト教の布教が立証しているように，分配のインフラ構造の存在は，キリスト教の教義を受容する都市中

表8.5　農業社会の宗教

	単純な	発展した
信念	超越的な存在，時には超越的な力の領域についての明確な考え。比較的に明白な神殿がある。超越者によって裁可され，聖職者の特権と支配的エリートの権力を正当化するために用いられる価値と道徳律と共に，神話体系がある。	超越的なものと自然的なものの明確な分離。しかし神殿は「普遍宗教」を選択したために没落する。普遍宗教は世界における唯一神と唯一の力を布告する。神話体系も没落し，また単純化される。道徳律と価値は単純化した宗教教義の明確な部分となる。エリートたちの宗教的な正当化はいぜん顕著であるが，しかし宗教は「ふつうの人たち」に訴えかけようとする。普遍宗教の普及にもかかわらず，宗教は内容の点で地方化した呪術や妖術の信念を残している。
儀礼	規則的な周年儀礼。専従の聖職者によって教唆され，導かれる。経済生産の聖職者（資産所有によって直接的に，また経済余剰に対する儀礼化された権利によって間接的に）によってかなり統制される。	規則的な周年儀礼。専従の聖職者によって導かれるが，しかし一般信者に訴えかけるよう単純化され，また工夫された儀礼。聖職者はいぜんとして主要な資産保有者であるが，しかし，しだいに経済的ならびに政治的領域から切り離される。その代わり，此岸と彼岸における生活を改良しうる力／神に方向づけられる。
教派構造	専任の，官僚制的に組織された聖職者を支える信仰のための壮大な寺院に所在する明確な構造。信仰のための明示的な象徴，場所，そして時間がある。教派経済のみならず，社会的および政治的活動をも頻繁に統制する。	壮大な寺院／教会における明確，かつ官僚制化された構造。信仰の時間と場所が特定されている。象徴は単純化される。教派はいぜん財産を所有し，政治的影響力を行使する。しかし政治の舞台では影響力を失う。大規模な普遍宗教が存在する一方で，異なる信念と儀礼をもつ小さな教派がうまれる。しかしこれらの教派も支配的な宗教の要素を採用しがちである。

流階級と結びついて，この宗教が古代ローマ帝国に浸透し，服従を強いる地政学的な働きかけなしに普及しえた (Mann, 1986)。キリスト教のような世界宗教は，信念に内包されている価値と儀礼の実践に固執することが，個人が神と接触することを可能にするという約束を与えた。個人が此岸の生活において有徳であるならば，彼らは神の超自然的な彼岸の世界で生きることができるだけでなく，世俗世界においても恩寵を享受することができるというわけである。

こうした世界宗教が伝播していくと，その教派構造はますます大きくなり，その構造における分業はより複雑に，またより階統的になっていった。さらに，教派構造は，興隆している世界宗教の中心的な教義を壊すことなく，地元の信念要素を組み入れながら，そのシャーマン的ならびに共同体的な構造を頻繁に取り込んできた。表8.5は，単純な農業社会と発展した農業社会における宗教の変化を概括している。これらの宗教を園芸農耕社会の宗教と比較することによって，宗教進化の規模拡大が理解できる。

しかし宗教の規模と権力の可能性が成長すると，それは政体における権力統合にとって1つの挑戦である。教派構造は，政体における権力の象徴的基礎となる鍵を握っているだけでなく，権力の物資誘引的，管理運営的，強制的基礎をしばしば掌握した。この潜在力，そしていくつかの実例では，宗教の対抗権力の実際の基礎は，教派構造の権力を限定しようとする政治指導者によっても，失われなかった。政体が権力の基礎を確保する1つの方法は，宗教権力の基礎を制限しながら，なお権力の象徴的基礎として法律に頼る方法である。

8.3.5 法体系の成長

法律の進化は政体の進化と連動した。結果的に，双方の制度領域は規制を求める選択圧力への反応である。政体が正当化の基礎となる代替肢を求めた反応の結果として，法律が国家と社会メンバーの関係をより特定することになった。係争に裁定を下すことのできる裁判所を設置すること，また裁定事項を執行すること，重要な行為者を保護できる強制力を用いることによって，法律は政体を規制し，管理する権限を次々に取得した。法律が有効であるかぎり，国家に

表 8.6　農業社会の法律

	単純な	発展した
法大系		
実体法	非常に多様であるが，しかし明示的な規則はある。しばしば以下の事項について成文化されている。(a) 何が犯罪と定義されるか，(b) 個人，親族集団，その他の団体行為者間の関係はどのようでありうるか，(c) 国家の権限と行為者の国家に対する義務とはどのようなものであるか。	単純な農業社会と同じであるが，しかし成文法大系の割合がより大きく，またより体系化される。とはいえ法律の大系化の程度は非常に異なる。宗教法は世俗法と並んで存在しうる。法律は人口集群の一般的価値を具現する広範な法的条件をますます反映するが，しかしより一般的にはエリートの文化と利害を反映している。
手続法	係争をどのように解決するか，また当事者たちは裁判所にどのように不平不満を提示しうるかについて明示的な規則がある。裁判所の廷吏がどのように行動すべきかについて若干の規則があるが，しかしこれらはその重要度と裁判所の廷吏による遵守を導く能力の点でさまざまである。	単純な農業社会と同じであるが，しかし当事者たちにとって規則はより複雑であり，またより大きな拘束力をもつ。
立法	都市，地方圏，また国家水準の官吏は命令を布達するある程度の権限をもつ。最終的に，立法を行う権限は君主およびエリートたちの評議会にある。時に，公開討論，エリートたちを代表する別の団体が存在し，また立法機能をもつかもしれない。裁判所の決定はますます法律の部分になる。政治的なエリートによって制定された法律と裁判所で生成された法律の割合は非常に多様である。	単純な農業社会と同じであるが，しかしエリートたちの公開討論が新法をつくることに活発に関与する。また産業化以前の発展した段階において，非エリート代表の立法団体が多数の体系における慣習法の重要な要因になる。裁定は多数の体系においてますます慣習法の重要な法源になる。
裁判所		
判事	あらゆる水準の政府の政治指導者は判事としての役割を担っているが，しかし専任の判事の一団がおり，彼らは法律の専門教育を受けている。	君主とエリートの評議会が判事として役割を担う最高水準を除けば，裁判所は専任の専門職によって構成される。しかし地方水準では，判事が非常勤であるかもしれない。しかしすべての判事が，実体法と手続法の双方について専門教育を受けている専門家によって構成される。
陪審／評議員	陪審はいぜんとして地方，地域圏，また国家水準でのエリートたちの評議会によって支配されがちである。	単純な農業社会と同じであるが，しかし非エリートや仲間たちから構成される特別陪審の出現が明らかである。
裁判体系	地方，地域圏，そして高水準（最高）裁判所の体系が創発する。	比較的一貫した裁判所の組織化。高等裁判所への控訴手続きについての明確な規則がある。君主（女王），および彼の評議会を頂点に据える。
裁判所の官僚制化	法廷活動の拡張が人員の数量と分化を促進する。これにより裁判所の官僚制化が進行する。	裁判所の完全な官僚制化。
法律／裁判所裁定の執行	法律および裁判所の裁定の執行はしだいに常勤の代行者によってなされる。抗争や復讐は執行官によって処罰される。なぜなら彼らは刑法に違反しているからである。	単純な農業社会と同じだが，しかしその執行は地方，地域圏，国家水準でますます複雑で，しかも公式的な体系となる。執行代行人は警察官，執行官，軍隊としてますます官僚制的に組織される。国家は強制力の正当的使用と独占を要求し，したがって強制力を行使する他のすべての行為者を処罰する。多くの執行はその性格上行政管理的である。国家の官僚制的な拡張は社会の個人や団体行為者たちの行為や取引を監視し，また統制する。

正当性を与えることができた。これに対して，法律，裁判所，執行活動がエリートの特権を支えるか，それとも（あるいは）腐敗し，無効であると，法律は緊張と対立の可能性を増長した。表8.6が概括しているように，法体系の各要素の規模そのものが農業社会において劇的に拡大した。とくに発展した農業社会において激増した。

　より複雑に分化した社会において，膨大な量の相互交流が社会力としての規制から強い圧力をうみだした。制度領域と社会階層の内外におけるさまざまな個人行為者と集合的行為者それぞれの新たな関係は活動を規制するため法律を必要とした。たとえば，市場取引，契約，納税義務，国家と教会の関係，私有財産，婚姻とその解消，刑法犯罪，抗争など多くの活動が法律を必要とした。ほとんどの農業社会における法律は規制を必要とする新たな関係を処理するための特別な立法によって制定されたが，しかし古代ローマ帝国は代表的な法制度上の新機軸を切り開き制度化した。これがローマ市民の関係を特定する法律の形式的な体系である。エジプト，ペルシア，ギリシア，日本，インド，中国，および中近東における小規模な都市国家が法律体系を保持したが，しかしそのいずれもローマ法ほどの体系的な特徴を確立できなかった。中近東の一部の地域において，高度に体系化したイスラム法が出現し，現在もなお継続している。しかし一般に，農業時代における法律はいっそう世俗的であり，国家権力を増強するため，宗教的布告の対案として使用された。

　農本主義の結果として，大きく成長した立法府が法案を審議できるようになると，立法は変化を遂げはじめた。ギリシア，そして後には，ローマにおける都市国家のようないくつかの場所において，立法者が選挙によって選任された。とはいえ，投票は完全に民主的とはいえなかった。それどころか，立法者は人口集群一般を代表してもいなかった。それにもかかわらず，潜在的な立法者間に競合がみられた。このテンプレートが以後千年間にわたり，民主制の進化に舞台を用意することになる。

　裁判所は単純な農業社会において定時制的であった。しかし係争に裁定を下す必要が法体系の拡張をもたらし，裁判所は常設になった。さらに，地方裁判

所から国家の最高裁判所にいたる，いっそう統合された体系が成立した。裁判所が体系的になると，より整合性のある法体系が制定された。イスラム法とローマ法という例外はあるとしても，それらはいくぶん特別な方法によって制定された。

　農業時代を通じて，国家は法の執行機能を担い，そうすることで国家はより大きな強制権力を統合できた。さらに国家が強制力を有効に使用することができ，そして公衆がそれを合法的な状態であると認知すると，法律と司法による裁定を執行する権力の拡張が政体の象徴的基盤を強化した。法律と法に基づく裁定が法の順守と執行を監視することを要求すると，裁判所と法律の拡張は権力の行政管理的基礎を加増した。さらに法律と裁判所と共に，権力の物資誘引の基礎を統合する能力が現れた。なぜなら法廷は課徴金を課し，また行為者に租税，関税，罰金を課すために使われたからである。

　すべての法体系に共通する大きな問題は，政体からの制度的自律性の程度をめぐる課題であった。自律性はほとんどの農業社会における政治体制と同じく，高度に中央集権化した政治体制においてつねに困難であった。法体系はエリートが特権を確保するためのもう1つの機構でしかなかった。それでも，立法者が異なる構成部分を代表し，競争によって選出されることになり，法体系が拡張し，法律の専門家たちによって法律が成文化され，解釈されることを要求するようになり，法廷の人員（判事，弁護士，管理職員，司法執行者）が整備されると，こうした力のすべてが法体系の行為者たちを政治エリートから切り離すよう作用した。政体はまた裁判に影響をおよぼすことを別の障壁によって阻止された。すなわち，廷吏に要求される知識，法的活動を組織化する官僚構造の規模，係争に裁定を下すことに関する経済における非政治的エリートからの要求である。こうしたことが決定を下し，執行する際にいっそうの公正要求をうみだした。しかしながら農業社会において法体系はいぜん政体と強く癒着していた。そのため法体系は腐敗し，非能率で，しかもエリートの特権を支持しがちであった。しかし法体系は高度の自律性を達成できなかったとしても，法律と政治の明確な分化はみられた。近代社会における法体系全体の基本的なテ

ンプレートはすでに整っていたし，また産業化への転換期にあった発展した農業社会における規制強化の要請に反応する準備はできていた。

8.3.6 独立した制度領域としての教育の出現

人類史のほとんどの期間，再生産からの選択圧力に反応するための個人の教育は，家族における社会化によって実行された。園芸農耕社会においてカリキュラムに基づく明確な教育を実施する制度独立の萌芽がみられた。工芸細工職人のための徒弟制と，さまざまな経済，政治，行政，軍事，宗教の役割のための専門的な訓練があらゆる教育の団体的単位を必要とし，これが徐々に教育制度に引き継がれた。それでもほとんどの教育は親族関係内部で行われるか，それとも実地訓練の形態を帯びていた。制度領域としての教育の基本的な要素は明白であった。形式化した教育，明瞭なカリキュラム，カリキュラムの修了を表す儀礼的な儀式が整備された。一部の社会では学校構造の整備が，政治，宗教，経済の領域において，また医療，芸術，あるいは技芸などの新興の制度領

表8.7 農業社会の教育

	単純な	発展した
指導	すべての通商と工芸細工における徒弟 - 親方制による教育。エリートの子どもたちの家庭教師による指導。読み書きを教える一部の学校。士官学校。親族による商業教育。僧侶のための宗教教育。少数の事例では，発展途上の専門職と職業にかかわらないエリート教育のための高等教育の構造がある。	単純な農業社会と同じ。しかし初等教育の普及が際立っている。エリートのための中等学校と，専門職のための大学の創設（法律と医学）と，職業とかかわらないエリートの訓練。エリートの子どもたちのための家庭教師による指導はいぜん優勢な教育のための方法である。聖職に就くため，あるいは政府の官僚制に地位を得るための教会学校が存在する。
科目	指導方針によるけれども，経済技術，読み書きの能力，経理，軍事技能，宗教信念と儀礼，通商と工芸が教えられた。	単純な農業社会と同じであるが，しかし初等，中等，大学水準の学校は，書字，数学，歴史，言語，地理，古典文学を中心に指導された。
通過儀礼	徒弟制，軍事訓練，宗教修行の修了を標示する儀式。	単純な農業社会と基本的に同じであるが，しかし若干の学校構造は成績，試験，進級制を採用していた。

域の教育において出現した。

　書字と，多数の制度領域における新しい官僚制の発展によって，教育の要求は自ずと増大した。政治（行政，軍事），法律（弁護士，判事，立法官），宗教（司祭，教派管理者），経済（計理士，銀行家，保険ブローカー），医療（医師）において職能を遂行する人たちを訓練する必要が生じた。ところがこうした公式教育は農業社会において総人口のごくわずかな部分にしか届かなかった。というのも，ほとんどの人たちは識字力をもたなかったからである。それでも教育のテンプレートは，表8.7の2列目にしめされているように，進化した農本主義への移行において明確にみられた。

8.3.7　その他の新しい制度領域

　親族関係，宗教，経済，政治，法律，教育は社会進化の制度的中枢であるが，しかしそれらだけが農業社会において明らかに分化した制度ではなかった。こうした別の制度をここでくわしく考察することはしないが，われわれは少なくとも進化した農本主義において重要性を増した，いくつかの明白な制度領域に言及する必要がある。こうした多くの新興の領域は，宗教に由来する新しい制度体系の分化をともなっていた。

　(1) 科　学　　人間は早くも狩猟・採集社会の早期において宇宙を説明しようと努めたが，しかしその考究がいっそう組織的になったのは発展した園芸農耕社会と早期の農業社会においてであった。その考察は，組織的に収集されたデータに照らして評定された理論原理やモデルを用いて経験世界を理解しようとする探求を中心にして展開した。農業時代のほとんどの期間，科学は他の制度領域と同化していた。著名な家族はその威信を高めるため他のエリート家族と競って科学者を雇用し，邸宅に住まわせた。こうした場合，科学は親族関係と階層化の付属物であった。政体が科学的探究を支援することもあった。これは他の社会との競争のなかで政体によって使用される武器などの技術製品としばしば関係していた。高等教育が後期の農本主義下で出現したとき，新興の大

学も科学的研究に携わりはじめた。宗教でさえもが科学を振興した。確かに，最初の科学者は天文学に携わり，「天体」を記述し，作図し，理解することに努めた。発展した農本主義の到来によってはじめて，科学と宗教の対立が激化し，これは今日もなお多くの社会において継続している。

(2) **医　療**　狩猟・採集バンド，同じく園芸農耕社会において，初期の「祈祷治療師」は病気や傷害を治療するための実用的な技法を学習し，この意味で，彼らは最初の医師であった。この実用知識の多くが宗教の象徴主義や儀礼の実践と結びついていた。多くの社会においてシャーマンと祈祷治療師は同一人であった。しだいに祈祷治療師の専門知識が世俗的になり，宗教の教派構造外の学校あるいは準学校での適切な訓練を受けることになった。この過程が継続し，やがて医療の制度構造が出現した。医療と科学は，制度として最初に出現した時期に宗教教派構造に埋め込まれており，互いに結託してはいなかったが，それらが宗教の教派構造から外部に移ったとき，一方の進化が他方の進化を加速した。科学が人体に適用されると，有用な知識を医療に提供した。その一方で，医療の世俗化が身体の機能に関する世俗的で，体系的（科学的）知識の必要性をうみだした。これら２つの制度構造の組み合わせは今日では広く普及しているので，これがその発端においてそうでなかったことを認識することが困難なほどである。

(3) **芸　術**　人間は少なくとも最近４万年のあいだ，また確実にそれ以前から，単純な洞穴彫刻から洞窟絵画にいたるまで，審美的な方法で世界を表象しようと努めてきた。科学や医療と同じく，芸術は多くの場合，宗教の一部分であったし，また宗教教派とその信念を中心にして展開した。宗教が芸術市場を創出し，そのため初期の芸術，文学，演劇および工芸がしばしば宗教的な主題に取り組んだことは驚くにあたらない。政体による富の創出もまた芸術を振興し，芸術は政治エリートの権力と威信を象徴するような方法で頻繁に利用された。後になって，政体の外部に富が蓄積されるようになると，芸術作品は審

美的価値のためだけでなく，それぞれの新しい領域におけるエリートの威信を手に入れる手段として購入された。確かに，階層制におけるエリートと上流階級は芸術家たちの取り合いでしばしば競い合った。別のエリートたちは自らの富と威信を高めるため科学者たちを取り合った。制度領域の分化が農本主義によって加速されると，審美的に表象しようとする機運が高揚し，芸術家の活動の表象物をこうした領域で求める顧客が増加した。それゆえ，芸術家の役割は農本主義の時期に完全に制度化されることになり，おそらくはじめて，分化した制度領域内部で多様な活動に携わるエリートたちの権力と特権を象徴化し，またトーテム化しようとする動きが高まった。

8.4　不平等と階層の強化

人間が構築したすべての全体社会類型を比較してみると，不平等は農業社会において最大であった（Lenski, 1966；Turner, 1984）。富，権力，そして事実上，

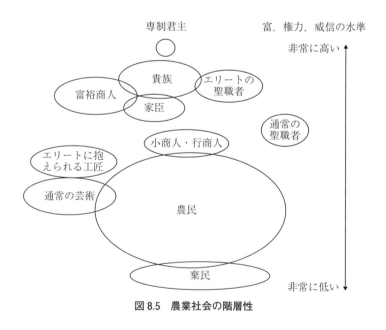

図 8.5　農業社会の階層性

すべての有価な資源が専制君主，貴族，また宗教の教派構造に極度に集中した。人口集群の大多数が小作農民であり，彼らは貴族が領有する領地内で使役された。多数の小作農民は消耗品として定期的に農地から追放された。しかし分化した制度領域において劇的な分業の増大があったせいで，階層制はいちじるしく複雑になった。多数の新人芸術家の工芸品を取り扱う商人が現れ，これらの取引に関わる個人は相対的に小さな所得を得たに過ぎないが，しかしなかには大きな成功を収めた画商もいた。それゆえ，図8.5は農業社会に現れた階層制をしめしているが，その相対的な所得と威信によって区別される2つの階級の芸術家と工芸品取引業者がいた。同じことが都市地域で遥増する商店と事業所についてもいえる。一部は零細で，周辺的で，ごくわずかな所得と威信をえたに過ぎなかったが，他の一部は成功を収め，いくつかの事例では，大変な成功を収め，巨万の富を築き，これによって専制君主や貴族と交流することもできた。聖職者も多数の階級に区分された。高い身分の聖職者は権力と影響力の点で（たとえ富をもたないとしても）支配階級の一部であったが，しかし政治的支配階級とは違って，彼らの領地は教派構造によって領有され，管理された。別の聖職者たちは階層制の低い地位に甘んじた。というのも彼らは社会における権力の中枢から離れて，人口集群の圧倒的多数を占める人たちの必要に関心を向けたからである。家臣や専門家たちも1つの階級として出現した。こうした個人たちは奉仕に対して実質的な代償を受けていた。彼らとその家族はしばしばきわめて裕福であった。

図8.5で描写した階級のメンバーたちは，それぞれ共通の文化によって支えられ，また同じような行動，類似の生活様式，相互作用と内婚の頻度によって全般的な階級制度において構造的同等性をもっていた。個人や家族はとくに，富裕な商人の娘たちが財政的に行き詰まった貴族の家族の息子たちを虜にすると，その婚姻を通じてより高い階級に移動した。また個人や家族は富を獲得する就労と精進によってより高い階級に移動した。同じく頻繁に，個人とその家族は下層階級に没落し，あるいは十分な所得がえられなければ，小作農民に舞い戻ることもあった。貴族階級もまた権力と富の点で非常に入り組んでいた。

表 8.8　農業社会の階層

	単純な	発展した
資源分配		
物質的	非常に大きな不平等。ほぼすべての物的資源が貴族と教会によって所有された。若干の資源蓄積が商人，銀行家／金融業者，工芸細工職人になされたが，圧倒的多数（小農民）にとってすべての余剰は国家と宗教エリートによって収奪された。	単純な農業社会と同様に，非常に大きな不平等が存在した。しかし専制君主による余剰収奪のための権力の増強と，富の蓄積を可能にする新規の貿易／商業職種の拡大によってある程度の変化がみられた。
威信	非常に大きな不平等。君主と宮廷，ならびに宗教と軍事のエリートたちがかなりの威信を享受した。高位の行政官と弱小貴族はある程度の威信をもっていた。地方の交易専門業者と工芸細工職人が，その他の技能労働の担い手と共に，村落／町部水準で敬意を払われていた。	非常に大きな不平等。貴族，軍部，そして宗教教派のエリートたちが高い威信を享受した。台頭してきた文人エリートに取得可能な威信。地方水準以外において成功した工芸細工職人と商人に割り当てられる比較的小さな威信。社会のほとんどの成員は威信も名誉も享受できない。
権力	非常に大きな不平等。君主はかなりの強権力を有する軍隊と共に，資源を監視し，規制し，統制し，そして収奪する行政官の能力によって強化された。	非常に大きな不平等。君主と軍隊（種々な警察代行機関と共に）は強大な強制的権力と社会のすべての部門に対する行政管理的統制を保有する。
階級形成	非常に明瞭な階級区分がある。それぞれの階級が自らの下位文化をもつ。支配階級（宗教と軍部エリートを含む）は人口集群の他の部分から区別される。人口集群の大部分は政治的決定に発言権をもたない（周期的に発生する叛乱の期間は除く）。都市のマイノリティは農村の大多数とは異なる。識字能力をもつ少数者と識字能力をもたない大衆との断裂は大きくなる。さらに加えて，さまざまな職業専門家，とくに職人，工芸細工職人，商人／貿易業者には高度に際立つ階級区分がある。	単純な農業社会と同じように，非常に明瞭な階級区分があるが，いくつかの変化がみられる。職種の増加はエリートと農民のあいだの階級差の拡張を可能にする。一部の貴族の富を凌ぐ富を獲得することが，一部の工芸細工職人，商人，農民にとって可能になる。また増大する国家官僚，軍人，そして貴族の家臣が階級数を増し，彼らが富，権力（あるいは少なくとも影響力）とある程度の威信を獲得する。
移動	移動は少ない。ただし特別の武力をもつエリートや経済エリートは例外である。	移動は少ないが，しかし拡大する軍部，経済，宗教領域は単純な農業社会と比べてより多くの機会をもてる。

専制君主は一般に富裕な貴族の家族の何倍も大きな富を保有した。貴族家族のあいだでの富の水準の変異はきわめて大きかった。一部のエリート家族は没落し，商人や家臣よりも資産を保有していなかった。その一方で，別のエリート家族は領地の小作農民の労働から富を取得し，また増やすことができた。

こうして農業社会は非常に大きな不平等を露わにした。そのためもっとも有価な資源は専制君主と貴族家族と聖職者からなる支配階級の掌中に握られた。それでも，新しい要素が農業時代において階層制につけ足された。階層制の複合度の増加である。制度領域が互いに分化し，次に各領域内の分業がいっそう複雑になると，物質的富，威信，権力にきわめて多くの変異が発生した。やがて次に，それらが階層制をもっと精妙かつ屈強につくりあげた。実際，人口集群のほとんどのメンバーはいぜん小作農民であったが，しかし経済，宗教，政治，法律，教育，医療，さらに科学における新しい種類の専門活動は，農業社会においていっそう複雑な階級集合の誕生を可能にした。その結果，個人と家族は種々な量の物的富，威信，権力を要求できた。

すでにその頃には，一方で小作農民と追放者たちと，もう一方で支配階級のあいだに，中間階級が誕生していた。経済が社会進化の後の段階において拡張し，新しい制度領域が互いに，また内的に分化しつづけると，階層制のこの中間部分が成長を遂げた。この階層が支配階級から少なくとも資源の一部を引きだした。不平等は産業社会の到来後にも高いまま維持されたが，しかしマルクスによる階級の両極分解の予測に反して，その真逆の事態が出現した。農業社会における不平等の全般的水準はその頂点から後退したものの，しかし階級制はさらに複雑になっていった。

8.5 むすび

マックス・ウェーバーは，農業構成体から産業社会への推移がいくつかの出来事の独自な共鳴によって引き起こされたと論じた。それとは対照的に，カール・マルクスは封建社会の形成物の矛盾が内部崩壊を起こしたのであり，資本主義は封建社会構成体から必然的に進化したとみなした。おそらくマルクスは

ウェーバーよりも正しかった。とはいえ,農業社会は統合の諸局面を経て,次に,内部および外部の対立から崩壊する傾向をみせた。農業社会はしばらくのあいだ自己貫徹的な機械のごとくであったが,しかしその浮沈の成り行きにかかわらず,農本主義の時代に進化した社会構造は自己変革的でもあった——マルクスのいう「矛盾」という見方ほどでないとしても,そうした矛盾が文化と社会構造のさらなる合成が生じうる基盤を確立したといえる。

　経済における新しい技術体系が,農業時代を通じて間欠的に,また徐々に蓄積されつづけた。たとえば,非生物エネルギーをいかに単純な機械に繋ぐか,より硬い金属をいかにして錬成するかについての新たな知識が産業化への移行に基礎を据えた。同様に,貨幣や金融手段が国内交換と対外交換においてますます繁用されるようになると,資本形成もまたゆるやかに変化した。新しい型の団体単位——銀行,保険業,会計制度など他の単位は貨幣を管理し,処理し,使用する事業に携わる——が,私有財産からより多くの利益をえるために投資できる流動資本へと富の定義を変える形で成長した。この商業革命は,現実の産業革命以前の数百年のあいだに生起したが,しかし産業主義は,資本がいかに形成され,いかに資源を調達し使用するか,財やサービスをいかに生産するか,また財とサービスをいかに分配するかの方法に変化が生じなければ確立しえないことであった。労働もまた熟練し,しかも多様化した。等しく重要なことは,自由な労働者が農園から都市地域に移動し,自らの労働をすすんで市場で売るようになったことである。自らの労働を商品として取り扱うことに慣れた労働者のプールがなかったとしたら,産業主義は繁栄しなかっただろう。企業経営体の構造もまた単純な農業社会から発展した農業社会の形態へと移動する過程で進化した。労働市場で労働者を募集する官僚制が出現した。親族関係に頼らない社会形成における要素を経済の要素にいかに組織するかについての団体単位のテンプレートがつくりだされた。技術体系,資本,労働,私有財産を調整するため,貨幣や信用を用いる市場が農業社会の都市センターで使用された。こうした市場の力学がなかったならば,産業主義は成立しえなかった。最終的に,産業主義に先行した数百年間に,法律が私有財産の定義を整合化し,

またそれが貴族の範囲を超えて広い範囲の行為者にどのように保持され，購入され，また売却されうるかについて整備した。私有財産の定義のこうした拡大がなかったならば，新しい種類の経済としての資本主義は出現できなかったであろう。

親族関係における西欧家族の再度の核単位化が，個人ならびに家族全体をさらに流動化させた。また単系出自集団の制約から離れた個人たちは，自由な労働者として，また貿易，工芸，芸術における新たな起業者として市場に参入できた。親族関係が日常生活の多くを統制し，親族単位の各メンバーに幅広い義務を負わせているかぎり，親族関係は自由な市場によって稼働する経済に反作用しただろう。自由な市場では，技術体系，資本，労働，私有財産，貨幣が交換でき，そして経済活動が利潤に志向する構造単位——たとえば，親族関係によらない官僚制や初期の工芸工場——によって組織された。それゆえ核家族の存在は資本主義の興隆において基本的な要素であった。西欧の農業経済における新しい企業経営体の出現，また国家の興隆は，親族関係の檻を不必要にさせた。その檻を抜け出す好機が与えられると，進化した類人猿としての人間は，親族関係をいっそう核的単位の形態へと再構造化することに無上の喜びを感じたはずである。

政体にあっては，国家の出現が人間活動に対する親族関係の支配を打破しただけでなく，富をつくりだす経済需要をうみだした。農業用地は，文字通りに，多くの穀物を生産するだけであり，たとえそれが公開市場で売買されうるとしても，富を封じ込めているに過ぎない。そのため土地は，貿易や投機的な経済活動が富を増やすことができるほどには富をうみだせなかった。さらに，収穫物の多くがその土地で就労した小作農民に分配されたので，余剰な富，しかもかなりの部分が自ら富をうみだすことはなかった。なぜならそのほとんどが消費され，したがって市場に出荷され，利潤や流動資本に変換されることがなかったからである。確かに，余剰は特権のために費消され，あるいは専制君主に租税として納付された。政体が権力の基礎を支持し，そして（あるいは）財政的危機を回避するために以前にもまして資金を必要にすると，国家は新興のブ

ルジョア階級に頼ることになった。国家が商人，また商業活動を推進する財政サービスを受けている商人家族への依存度を強めると，政治は市場活動による富の蓄積を促進しないまでも，それに対して寛容になった。その過程で，政治はいっそう流動的な形態の富の必要をうみだした。こうした形態の富はより大きな財源を政体に与えうる投機的な市場だけがつくりだせるのであり，荘園領地の生産物に税金を課すことによって達成できることではなかった。政治エリートが流動資本への接近が土地不動産に課税するよりもはるかに優位であることをひとたび見つけると，富の蓄積，商人，またとくに抜け目のない貴族たちの利潤志向的な活動の行く手を阻むようなことが，彼らによって行われることはなかった。すべてはその不統合な潜在力によるのであるが，国家の周期的な財政危機もまた，課税対象になり，あるいは貸付けを受けることのできる新たな富の形態の創出を助長しないとしても，政府はそれを大目にみたのである。その結果，国家財政の危機は，産業主義が訪れる以前に，経済の多くの部分を資本主義へと転換していた。

　宗教の場合，成長する教派構造が農業社会を変容させた。多数の社会にとって，宗教の教派構造は富を退蔵し，その莫大な土地所有によって教派はしばしば資本家の役割を担い，市場で販売される商品を生産するために聖職者や小作農民の労働を使役した。そのため教派とそのエリートの富が増殖した。実際に，宗教，とりわけキリスト教は農業社会における最初の利潤志向的な官僚制の1つであった。宗教的信念もまた世俗的ならびに神聖な世界への人びとの志向性を変えた。ウェーバー（Weber, 1905）のプロテスタンティズムに関する周知のテーマが議論しているように，宗教信念が，富の蓄積を導く行動に対して大きな効果をもつことができるような形で個人の動機づけを変えてしまった。宗教信念が世俗世界における経済的成功を神聖な，しかも自然世界における将来の予兆であると個人に実感させるかぎり，こうした信念は伝統的な信念を破壊するように作用し，親族関係の檻のなかで利用できない，あるいは荘園領地によって課せられる檻のなかで利用できない新しい選択肢を提供した。進化した類人猿としての人間は，いっそう多くの選択肢をもつことをきわめて望ましいこ

とだとわかっていたし，個人主義と移動性を増進するいかなる信念も強化したはずである。人びとは今や経済の舞台での主導権と成功を超自然的な力によって裁可されたものとみなすことができた。プロテスタンティズムはたぶんこの効果を個人の動機づけと行動に与えたであろうが，新大陸の宗教もまたこの結果をもちえたのかもしれない。こうした信念が企業経営活動による富の蓄積を積極的に促進しないとしても，それらはこうした活動を禁止しないか，あるいは「罪深い所行」とはみなさなかった。拡大する市場において好機が利用できるようになれば，宗教は，とくに教派構造が租税や「寄進」を通じて，この富に接近できるときには，その進路を阻むようなことはしなかった。確かに，政体と同じく，宗教エリートは個人やその家族による富の蓄積を彼らの特権を支えるための教会収入のもう1つの源泉とみなしたのである。

　新興の他の制度体系もまた，準備が整うと，内的に自己変革を遂げる構造的基礎を確立した。科学は知識の探求であり，エリートたちがその知識が威信のみならず，権力や富に変換できることを学ぶと，彼らは新たな経済技術，ならびに彼らの強制力のための新しい軍事技術を開発するため科学を後援した。しかしこうした経済的ならびに政治的な応用がなかったとしても，科学は自己変革的であっただろう。なぜなら知識の1つの水準はより優れた理論とデータ収集の技法によってうみだし，さらに多くの知識の探求を促進したからである。これらすべてがエリート一般の世俗的志向を増進し，そして時に，彼らに富をもたらし，あるいは権力を統合するために用いることのできる技術と資本を提供したのである。医療はその一般医と患者にとっての効果の点で本質的に変革的であり，また世俗的である。なぜなら身体機能に関する理解が疾病や傷害を治療する能力を増進すると，新しい知識が患者によって要求され，したがって一般医によって求められた。医療が実務に就いている当事者たちの威信と富を増進すると，これらの資源はこの分野に参入する一般医にとって，また身体と生命に関する世俗的知識の基礎を拡大しようする研究者にとっての誘引である。次に，これが健康と病気の意味解釈についての宗教の独占を減じる。そのため科学と同じく，医療は，世俗的な利潤と富の追求に専念する新興の資本主義体

制を支えるような形で世俗的な知識の割合と用途を増やしていった。

　農業社会の変化する生態的特徴と人口誌的特徴もまた，新しい社会構成体を支える構造的基礎を生成した。都市地域が成長すると，これが社会内部および社会外部からの移住の誘因になった。これにより大量の自由労働と新しい経済の専門家が創出され，これが次に労働，サービス，財貨市場の成長を促した。確かに，都市人口集群の存在は市場が拡張することを保証した。そのためこうした都市居住者は農村地域から食料などの資源を確保でき，また彼らの経済的産物がさまざまな都市地域内部とその間で，またさらにさまざまな農村共同体間で流通した。

　こうした都市のインフラ構造が整備できないと，資本主義はそう簡単には出現できなかった。分配のためのインフラ構造は農村地域から都市地域への財貨の移動，そして工芸細工師，職人，最終消費財を農村地域の在所に運ぶ移動を促進するために開発された。この最初の分配のためのインフラ構造が市場取引に関係する大量の人員，財貨，サービスの移動に対応するため拡張された。さらに，分配のためのインフラ構造は技術や資本が社会中を循環すること，また別の社会から流入することを実現した。これによって人間社会の新しい経済組織の様式としての資本主義の可能性が増大した。

　農本主義の人口誌もまた事後の進化に影響をおよぼした。いっそう大きな人口集群を給養し，住宅を供給し，維持する必要は，社会力としての生産と分配の圧力をうみだした。そうした社会力の効果が長い時間をかけて技術革新，新しい形態の資本形成，そして新しい企業経営体を可能にした。これらすべてが資本主義に向かう経済に変化をもたらした。さらに，社会中──農村地域から町部や地方都市を経て大規模な都市センターまで──に分布したより大きな人口集群もまた，階級上の位置と経済の専門化によっていっそう多様化した。人びとが社会に流入すると，もしくはその社会がより大きな領土を統治すると，その人口集群は民族的に多様になる。この種の多様性はより複雑な分業と階級制の結果であると共にその原因であり，これが次に，いっそう移動する個人や家族にとって新しい経済機会をうみだした。個人がこうした機会を摑むと，彼

らは市場と，企業経営体として作用する団体単位の性格を変えることになった。最終的に，こうした変化が全体として新しい経済組織の形態をうみだすまで成長した。

　だから制度領域の分化，階層の構造，農業社会の生態的特徴と人口誌的特徴変化が転換点に到達したとき，経済組織は農業様式から産業的，そして資本主義的様式への移行を長い時間をかけて達成したのである。産業資本主義，次に，産業社会主義（つまり国家資本主義）への移行が地球上を駆けめぐったが，その移行は革命的な推移というほどのものではなかった。というのもそれは，園芸農耕経済から農業経済への移行がひとたび達成された後，農業社会内に徐々に蓄積された変化の結果にほかならないからである。こうした変化が産業資本主義を発生させることのできるところまで蓄積を重ねるのに１千年の歳月が必要であった。おそらく，農業社会と全体社会間体系が出現し，人間社会を資本主義に向かわせたが，しかしすぐに壊滅し，また再建するのに，数世紀とはいわないまでも，数十年は必要であった。しかしこうした浮沈にもかかわらず，その長期的な趨勢は農業社会が自らを変革し，経済組織の産業的様式に舞台を設定することであった。

　農業社会におけるこうした変革のほとんどは，その社会の構造に内在する過程によって育まれたが，しかし特殊な変動に向かう歪みもあった。なぜなら変動が人間性といっそう両立可能であったからである。拡大親族関係の檻は，それが必要とされる場合にかぎって持続しうるが，しかしいったんそれによって社会生活を規制する必要がなくなると，人間はそれを簡単に放棄した。とはいえ，その残滓というべき要素は残留している（たとえば，核家族における家父長制と貴族やエリートにみられる富と権力を移転するための出自規則の使用である）。国家，封建制，宗教，そして階層化を軸に展開した権力の檻は，もちろん，進化した類人猿にとって天国ではなかったが，しかしそれは相対的な意味で受け入れられただろう。なぜなら支配のパターンがわれわれの類人猿のイトコにみいだせるからである（したがってチンパンジーと人間の最後の共通祖先にみいだせたはずである）。本当に，狩猟・採集民は，いかなる個人であっ

ても，ただ他人に勝る権力を制限することに必死になっていた。支配を求める性向の弱さはたぶんわれわれの種の本性の一部である。たとえ権力の統合が人びとを新たな形で檻に閉じ込めたとしても，政体の進化は都市地域の興隆をもたらした。ここでは市場が進化し，個体主義的な類人猿としての人間が移動できる新しい社会的ニッチをもちえた。確かに，選択肢と機会は制限されていたが，しかし個人は，園芸農耕社会や親族関係の檻が許容していたよりもはるかに移動できる多くのニッチをもつにいたった。ヒト上科のヒト属のメンバーとしての人間は移動し，社会的な檻によって制約されない個人でありうる機会をいつも選択した。権力の檻は多くの制約をともなったが，それは親族関係の檻の扉を開錠した。われわれが農業社会において徐々に蓄積された変化を調べると，それらは人間が移動し，制約の少ない新たな社会的ニッチをみつけるためにより多くの選択肢をつくりだす傾向をもっていた。もちろん，人間性がこうした変革を直接に引き起こしたのではないが，しかしわれわれヒト上科の本性は，それらが発生したとき，それらを受け入れさせた。そのため特定の行程に沿った変化を受け入れる性向は微妙であるとしても，しかし持続的な社会進化を推し進めたのである。

　初期産業資本主義の悲惨な様相にもかかわらず，それは多くの人びとに農業社会におけるよりも多くの自由を与えた。そのため人間は，マルクスが予言したようには，資本主義に対して叛乱を起こさなかったが，しかしそれでも諸個人が彼らの遺産を行使できるように，ますます多くの自由に向かうべく資本主義を前面に押しだした。人間性におけるこうした偏向が社会進化への恒常的な選択圧力として働いた，とわれわれは確信している。なぜならその偏向は個人が移動的であり，また自由な選択を行うことを認める社会構造の調整を促進したからである。猿がわれわれの直接の祖先であったとしたら，権力の檻と母系制による単系出自の檻はおそらく，猿の本性によって抵抗されるよりもむしろ，いっそう強化されただろう。しかし人間は猿ではない。われわれはヒト属であり，したがって集団構造による過剰な統制に抵抗し，可能であればいかなる時でもいかなる場所でも，われわれの本性が実現するような方向に社会的形成物

を変容させるべく，諸々の制約を設けるのである。

注

1) 農業人口集群の記述は以下の文献による。Maryanski and Turner (1992); Lenski (1966); Nolan and Lenski (2004); Childe (1953); Kramer (1959); Mellaart (1965); Eberhard (1960); Sjoberg (1960); Clough and Cole (1941); Blum (1961); Curwen and Hart (1961); Wolf (1982); Bloch (1962); McNeil (1963); Woolley (1965); Moore (1966); Bender (1975); Hammond (1972); Postan (1972); Anderson (1974); Moseley and Wallerstein (1978); Tilly (1975); Johnson and Earle (1987); Sanderson (2001); Sanderson and Alderson (2005).
2) こうした体系における市場の記述については，Oates (1978), Braudel (1982) をみよ。
3) すべての「世界宗教」について読みやすい文献としては，Mathews (1991); Yates (1988) をみよ。すべての世界宗教の詳細については，エリアーデ (Eliade, 1987) によって編纂された 15 巻本をみよ。

第9章
産業社会とポスト産業社会の台頭

　個人主義は役割集合の複合化という状況において力強く成長する。制度が徹底的に分化し，人びとが自らの行動を内的性向から区別できるような社会において，制度は自己，自身の行動，思考について自省する人間に独自の能力を十分に発達させる。人びとが意識を明瞭に表現できるほど，自らを動物界——皮肉なことに，人間は動物界に属しつづけている——から区別できるのだ (Rose Laub Coser, 1991, *In Defense of Modernity*)。

　親族関係の檻や権力の檻からの避難場所として考えるとき，初期産業資本主義は進化した類人猿にとって期待のもてる目的地とは映らなかった。確かに，利潤を貪欲に追求する者たちによって起業される新興の工場に働き口を求めて人びとが都市地域に転入したとき，新しい都市階級の状況はひどく残忍なものであった。フリードリッヒ・エンゲルス (Engels, 1958 [1845]) によるイギリスのマンチェスターについての記述は，19世紀中期における新しい檻の恐るべき現実を活写している。

　　おびただしい汚物，ゴミ，吐き気をもよおすような糞便が，よどんだ水たまりのあいだに，いたるところに散らばっており，そこから発散する悪臭が空気中にたちこめ，一ダースもの工場の煙突からでる煙によって空気は曇り，重ぐるしくなっている。ぼろを着た子どもや女がたくさん，このあたりをうろついており，彼らはゴミの山や水たまりに住みついている豚と同じくらい不潔である。[……] この荒れ果てた小屋に住み，こわれて防水布をはりつけた窓や，割れ目のあるドアや，くされ落ちかかった入り口のうしろに，あるいはさらに暗くてじめじめした地下室のなかに，このわざと閉じ込めたかのような空気のなかの，かぎりない不潔さと悪臭のあいだに生きている種族——この種族こそ実際に人類の最下層のものであるに違

いない (1958 [1845] : [1990 ; p.71])。

　人間は権力の檻から抜け出せたとみえたかもしれないが，しかし実際に人間は都市の堕落と危険な工場という，さらに過酷な経済の檻に自らを封じ込めただけだったのかもしれない。あるいは封建領地の生活でえていたある程度の確実さが，低賃金でこき使われる労働市場に取って代わっただけかもしれない。というのも工場での仕事を求めて競争する労働者が町中にあふれていたからである。だからマルクスとエンゲルスが資本主義を解体するための，またその対案ともいうべき，もっと安全な共産主義の魁になりうる知的正当性をみつけようとしたことは至極当たり前であった。しかし皮肉なことに，現実に出現した共産主義国家は権力の檻を再生産しただけであった。その一方で西欧における自由市場の資本主義はほとんどの人たちに民主制と相対的な繁栄をもたらした。とはいえ，われわれは開発途上にある世界の多くが，エンゲルスが記述した19世紀半ばにおけるマンチェスター——スラム街，不潔さ，圧倒的な貧困——を再現していることを片時も忘れるべきでない。

　前章の「むすび」の部分で指摘したように，資本主義は数百年のあいだ，技術体系，資本，労働，私有財産を組織する際に，少なくとも一部の行為者に方向性を与えた市場，自由労働，利潤志向の動機づけとして発展してきた。産業化に欠けていた要素は，人間労働のプールによって操縦される機械に非生物の「熱エネルギー」源を結びつけることであった。この形態の経済生産性への移行は不可避であった。なぜなら農業社会における企業経営者が風力と水車を機械にすでに繋ぎはじめていたからである。だから必要であったのは，新しいエネルギー源——化石燃料——であり，これがかつて多数の労働者によって動かされていた大型機械を駆動することを実現した。その工場は，農業時代に穀物を脱穀し，木材を製材する風車や水車から比較的小さな段階を越えるだけで達成できた。しかしひとたびこの段階が化石燃料を動力にした機械によって凌駕されると，その変革の効果は親族関係の檻の最後の痕跡までも消し去り，そして後に，民主的でない国家によって生成された権力の檻，宗教の教派構造，そ

の結果としての階級制をも壊すことになった。しかし権力の檻は，マルクスが予測したようには，共産主義の出現によっても「衰退し」なかった。社会力としての規制からの選択圧力は，複雑に分化した都市と階層化した社会に強く滞留した。確かに，選択圧力は長い時間をかけて産業社会において強化された。国家はより民主的になり，また拘束的でなくなった。しかしわれわれは一部の論者（Fukuyama, 1989, 2006）によって宣言されたけれども，「歴史の終焉」を宣言することに慎重でなければならない。なぜなら権力の檻は一部の産業社会において高度に拘束的であるからだ。それでも，資本主義に内在する力学は進化した類人猿としての人間を檻に閉じ込めることを軽減した。

9.1 産業社会とポスト産業社会の生態的・人口誌的特徴

産業技術によって可能になった生産の拡大によって，人口集群は成長する。医療技術と健康管理（医療制度が分化した結果として）の進展にともない，高出生率と乳児の高死亡率という農業社会にみられた再生産のパターンは変化した。乳児死亡率が低下すると，高出生率と乳児死亡率の低下（そして死亡率全般の低下）が初期産業社会における急速な人口成長を引き起こした。しかし産業社会にあって大家族は新たな重荷であった。というのも勤労所得だけで大きな所帯を都市では支えきれなかったからである。時の流れと共に，人口転換が発生したと考えられる。この転換は，核単位化した家族が乳児死亡率の低下に呼応して出生率の低下傾向に適応したときに成立した（Malthus, 1798；Boserup, 1965；Lopreato, 1984）。事実，多数の産業社会，とくに西欧におけるポスト産業社会における出生率は，人口の置き換えに必要な出生率を下回っている。それでも再生産のパターンと賃金によって家族を支えるという現実への適応の時間的なズレが，産業化に向かうすべての社会に人口規模の膨張をもたらした。さらに，いっそう発展した産業社会は発展途上にある社会の人口集群に機会を提供できるとしばしばみなされる。そのため労働力は働き口を求めて社会に（合法的また違法的に）流入しがちであり，結果的に当該人口の絶対的規模の増大をもたらした。また多数の移住者が農村地域の出身であったため，彼らは一般

に，農業社会にみられた高出生率のパターンをいぜん保持している。こうして全人口集群に占める移住者の割合が増加する。移住はまた社会の民族的な多様性をも増加する。これが新しい類別単位をうみだし，しばしば民族的階層制における緊張と対立の新たな破砕帯になる。

　産業化と財やサービスを分配する市場は，人びとを都市の中心地に引き寄せる。工業生産は，効率的であろうとして，しばしば規模の経済に頼らざるをえない。したがって大人数の労働者を大規模工場内の機械にはりつけて働かせるため工業都市に引き寄せることになる。ポスト産業化は小規模，高技術による生産，あるいはさまざまな新しいサービス提供への推移とみなされる。しかしそれでも大規模な工業生産単位はいぜん都市に立地し，またそうした単位が十分に大きくなると，そこに新しい都市地域が造成され，結果的にさらに多数の人たちを都市と都市周辺に立地する郊外へと引き寄せることになる。次に，産業化によって，都市に居住する人口集群の割合が有意に高くなる。実際に，生産の産業モデルの普及は，人間社会組織化における新しい閾値を超えており，現在では世界人口の圧倒的多数が，われわれの種の歴史においてはじめて都市地域で生活している（Massey, 2005）。

　都市化は，大規模な生産と分配を実現するだけでなく，経済成長を積極的に促進する。都市人口のほとんどは必需品を市場で購入しなければならない。そのためかつてないほど分化した個人と団体単位に財やサービスを販売する市場の規模拡大と多様性が生じた。市場が成長し，分化すると，市場はサービス部門の拡張においてより多くの人びとと団体単位向けのニッチ——財やサービスを分配するため市場に必要な仲買業，金融業，保険業，広告業，管理業務などのサービス業——をつくりだす。こうしたサービス部門で就労する労働力の割合が農業労働力とブルーカラー労働力として就労する者たちの総量を凌駕すると，ポスト産業社会が成立する。この閾値を多数の社会が1970年代の早期に超えた。賃金および俸給労働者が所得を市場で消費すると，彼らは自らの嗜好と欲求に見合うさまざまな財やサービスの大きな需要をうむ。人間はその中核においていぜんヒト科であるので，購入において選択肢をもちうる能力は，個

第9章 産業社会とポスト産業社会の台頭　291

人主義的に進化した類人猿の多様な欲求を満たすために市場と生産における需要を分化させる。それゆえ貨幣は個人が使用する資源とサービスにより多くの選択肢をもたらし，また信用がその混合に加わると，人びとは全額を支払わな

表9.1　産業社会とポスト産業社会の生態的・人口誌的特徴

次元	産業社会	ポスト産業社会
人口誌		
人口規模	数百万から十数億人超におよぶ広い範囲。	産業社会と同じ。
人口移動	急速な都市化。人口の70-90パーセント超が都市地域に居住する。	都市化の継続。その結果として，準郊外地域をつくりだす傾向がみられる。
人口成長	医療技術が死亡率を低下させると，人口の急速な成長が始まるが，しかし人口成長が最終的に緩和し，安定するのは他の社会，とくに産業化されていない社会からの移民による。	安定した人口，また一部の事例では，現実の，あるいは潜在的な人口減少がみられる。移民が人口成長あるいは安定化をしだいにもたらすことになる。
生態的特徴		
内部分配	道路，鉄道，空輸の広範なネットワークによって連結される大きな都市地域と郊外。農村と小さな町部の人口減少。大規模な民営農場または国営農場の操業のせいで小規模な家族農場は衰退する。輸送，コミュニケーション，生産資源を供給する大型公共事業。	産業社会と同じだが，しかしコミュニケーション資源や空輸への依存がみられる。マスメディアと瞬時に行われるコミュニケーションが，所属していない集団や類別への代償的な同一化の新たなパターンと共に，弱く，しかも間接的な結合の大きなネットワークをつくりだす。農村人口，小さな農業町，家族経営の引き続いての減少。輸送と生産的インフラ構造を維持することが，人口集群に財政負担を負わせる。
外部分配	戦争は農業社会におけるそれよりも短期間で終結する。軍事技術と武器がきわめて破壊的であるからだ。産業化の初期局面における帝国建設。しかし帝国は最終的に崩壊する。膨大な量の対外貿易と通商。社会間における経済同盟の結成。非産業諸国からの高水準の搾取。世界規模の階層パターンの確立。	戦争は頻繁に発生するが，しかし軍事技術の莫大な破壊力のせいで，戦争は短期で終結し，また開発の進んだ地域に拡がらない傾向がある。主要な軍事力にかわる代理紛争，あるいは民族／宗教間の地域的紛争でみられる。また高度な通常兵器が使用される。戦争はもはや帝国建設をもたらすのでなく，むしろ既存の帝国崩壊の一部である。ゲリラ戦闘やテロリズムが地域紛争における軍事戦術として増加する。

くてもそれらを購入でき，将来の所得を当てて借用できるようになる。この力学がさらに，以下でもっとくわしく分析するように，財やサービスの市場と生産を分化させる。

　産業化，ポスト産業化，分配のインフラ構造の拡張，また分化した市場は，社会内部の人口誌的および生態的特徴だけでなく，社会間の関係をも変える。とくに武器市場が地球規模に拡大し，社会内部の対抗分子が対立に踏み出すための強制力，あるいはその他の社会における軍部あるいは軍事行動に関わる強制力——奇襲やテロ行為——を手に入れると，戦争と征服は社会間の関係に甚大な影響をおよぼしつづける。帝国の力学は産業主義においても発生する。ソビエト連邦のような地政学的な帝国が多数の共和国や民族の下位人口集群を規制する収容力を超えるまで成長したが，ソビエト連邦は結局のところ，1990年代初頭に崩壊した。また領土を統治する強制力，あるいは少なくとも別の社会のもつ資源への接近は，現在まで継続しており，それは，たとえば最近のアメリカ合衆国の中近東における活動によって例証される。しかし武力紛争が引き続き存在しているとしても，社会力としての分配は，社会間の関係の性質を変えるインフラ構造とグローバル市場の設立をもたらすことになった。

　分配のインフラ構造の発展——たとえばコンテナ船，貨幣や信用のコンピュータ取引，人員，情報，資本の迅速な地球全体に広がる移動——は，多数の前線基地に沿って全体社会間関係の新たな形態をつくりだした。資本は光速スピードで世界を駆けめぐる。サービスは他の大陸の人たちに外部発注される。ジェット機は音速に近い速度で飛行する。しかも大量の財が，農業社会あるいは初期産業社会において要した時間の何分の１かの所要時間で，船舶，また必要であれば，飛行機で搬送される。

　速度，時間，空間が強く圧縮されると，財やサービスは迅速に移動し，そして社会間に新しい種類の地理経済的関係がつくられる。社会内部における経済人の政治統制は，彼らが世界規模の団体単位に組み込まれるにしたがって低下し，世界資本主義を規制し，国家間の貿易を調整するための新たな種類の選択圧力がうまれた。世界銀行や世界貿易機関のような新しい種類の調整機関は，

世界政府の存在しない現状において，規制のための選択圧力に対応する効果の点でいえば過去のハンザ同盟にきわめて類似している。戦争は社会が互いに着手しうる代表的な方法の1つであるとしても，しかし分配のインフラ構造と，この構造を使用する市場の劇的な拡張が社会間の人員の移動，財とサービスの移動，資本移転を増加している。こうした過程が開始すると，社会間に新しい対外関係がうまれる。ただしこれらが将来においてどのように進化していくかは不明瞭である。それが威圧的な対立をもたらし，世界経済の破綻，または少なくとも一部の社会の脱進化を引き起こすかもしれない。またそれらは，移民と移住がつねに生成する緊張関係を加速するかもしれない。

次に，産業社会とポスト産業社会の生態的および人口誌的特徴が社会力としての分配の選択圧力下で変化すると，社会発展は次の局面というべき新たな時代を迎える。分配は人間進化の狩猟・採集時代あるいは園芸農耕時代のいずれの局面においてもひとびとを突き動かす主要な力でなかったことを思い起こしてほしい。力としての分配は農業時代により強くなった。そして今日，分配は他のなににもまして生産と規制を動かす力となっている。

9.2　産業社会とポスト産業社会における新しい構造形成

9.2.1　産業社会とポスト産業社会の経済 [1)]

表9.2 は，産業社会とポスト産業社会における技術体系，資本形成，労働，企業経営体，私有財産に現れた変革を要約している。こうした変革のいくつかは園芸農耕社会で確認された社会的構成物の拡張を表しているが，しかしそれらの格段の発展は最終的に産業的な突破口を切り開く転換点に到達した。その他の変革は累積的であるよりも，むしろ革新的であり，そして旧来の社会構成体のさらなる発展と結びついた。産業化への移行が経済を基本的に変え，そして次に，すべての制度領域の構造と階層を変容させた。その変化はいくつかにまとめることができる。(1) 機械と化石燃料の組み合わせを実現した技術体系，(2) 工場制の台頭，(3) 合理的‐依法的な官僚制，そしてもっとも重要といえることは，(4) 市場の拡大である。こうした変革的な集合のそれぞれについて簡

表9.2　産業社会とポスト産業社会の経済

	産業社会	ポスト産業社会
技術体系	機械を無生物エネルギー源に繋ぐことはより効率的な燃料の探索である（化石燃料への大きな依存をうみだす結果となった。水力発電，原子力発電，また限定的な応用であるが，太陽光発電によって補われる）。またすべての生産部門の機械化をもたらし，また新しい社会的技術——工場制，作業ライン，企業形態——と新しい生産技術（とくに新しい素材［金属，合成物質］）と，新しい機械（工作機械，ロボット），新しい輸送様式（列車，船舶，自動車，航空機），また情報を保存し，加工し，伝達する新たな能力の双方をうみだす。技術革新は教育制度，科学機関，世俗化した価値と信念，経済的／政治的競争，団体と政府による研究と開発，そして法律（たとえば特許）として制度化される。	産業社会と同じ。ただし新素材（とくに合成物質）をつくるための方法を開発すること，生産過程において情報（ロボット，コンピュータ，コミュニケーション・ネットワーク）を用いること，そして輸送の時間と経費を抑えることが強調される。革新の制度化が推進され，ますます世界水準の経済競争によって突き動かされる。
物的資本	資本形成と蓄積が激増する。これと並行して貨幣が道具，機械，工場，そして大規模なインフラ構造事業計画（輸送，エネルギーとコミュニケーションを中心に展開する）といったものを輸入，構築するために用いられる。資本は私的部門か，国家に集中する。新たな機関——債券，株式，金融市場——が以前にもましてさまざまな源泉——租税，年金基金，投資信託，個人投資家，団体投資家を含む——に由来する資本を集中するために用いられる。	産業社会と同じ。ただし資本形成と蓄積が増大し，ますますグローバルになる。多国籍企業，外国政府，民営の投資企業が含まれる。
人的資本	分業が劇的に分化し，また複雑になる。ただしその一方で，第1次産業（農業，石炭採掘やその他の基礎生産部門）は衰退し，第2次産業（圧搾機，工場，建設業），そして第3次産業（サービス業，小売業，銀行業，保険業，健康管理，警察，社会福祉，政府，経営）が主流になる。女性の家事以外の経済役割が増加する。また労働力の割合として自営業が低下する。教育資格によって規定される専門職化によって導かれる労働は，労働市場による経済的位置にますます配分されるようになる。	分業は，第2次産業から第3次産業へのいちじるしい推移に沿って，複雑度を強化する。この強化は第2次産業部門の多数の規格化された活動が情報加工を行うコンピュータと組み合わされた機械によって駆動する。女性は世帯外の労働力としての割合を増やす。自営業は衰退しつづける。教育資格と労働市場が労働者を経済的位置に配分するための基準として増加する。

第9章　産業社会とポスト産業社会の台頭

	産業社会	ポスト産業社会
企業経営体	世帯と家族は事実上すべての統合機能を失う。ただし継続している家族経営体，市場，企業体，法律，国家は主要な企業構造となる。結果的に，一部の体系では，法律と国家が優勢であり，もう一方では私企業が優勢である。	産業社会と同じ。ただし格段に分化し，多岐にわたる市場（労働，貨幣，財貨，債券，貴金属など）がある。大企業，より広範な法体系，市場や企業に対する国家規制の強化。国家規制と結びついた市場利用の増加。これはすべてのポスト産業社会において明白である。グローバル市場，世界水準の金融，意図的な経済同盟（パートナーシップ，合弁事業，株式購入，政府間の共同合意協定）がますます明白になる。
資産	ほとんどの物財と労働は財産として算定され，貨幣価値によって評価される。農業社会と比べて不平等は低下するが，それは以下の結果である。生産性の増強（分配をゼロ・サム・ゲームでなくする方策）。特権者と非特権者間の政治的，経済的，社会的闘争の出現。しかしかなりの物的不平等が存在する。階級としての貴族は事実上消滅する。とはいえ一部の体系では，象徴として，また若干の事例では，かなりの富の保有者として存続しつづける。エリート，高学歴者／俸給を受ける専門職，小企業経営者，ホワイトカラー労働者，ブルーカラー労働者，そして貧困者の間には，行動様式，文化，所得，そして権力と威信の源泉にきわめて明白な様式的な相異がみられる。しかし異なる階級メンバー間にかなり所得額の重複がみられる。（農業社会と比べて）高い（個人的および構造的の双方）移動率もまた，堅固な階級障壁の維持に対して対抗する。農村人口が小規模なせいで緩和される農村と都市間の文化的な相異は持続しない。民族的ならびに都市－郊外の相異は農村－都市の区別よりも顕著になる。	産業社会と同じ。ただし文化資本（資産として売りだせる教育資格の形態）が階級区別を表徴し，いっそう突出する。事実上すべての物資，労働活動，また文化的象徴は財産として，あるいは財産権として定義され，貨幣価格によって評定される。物的不平等は産業社会と同じであるが，ただし未熟練と熟練とのあいだの，またとくに情報と識字に関する亀裂の拡大は産業社会と異なる。

潔に考察しよう。

(1) 技術体系と機械資本　　化石燃料は機械を動かす蒸気を発生する。蒸気がエネルギー源として人力，畜力，風力，水力への依存を減じた。燃料は水温を上昇させ，労働集約によって動かしていた機械を，蒸気で運転するための大量の動力をうみだせる。その後にエネルギーをつくる新しい方法が出現したが，化石燃料をどのように使用するかについての知識がひとたび確立すると，それは機械のいっそうの発展を推進した。機械が製造されると，これらの機械はこれを運転し，またより効率的に改良するための新たな技術体系を確立した。こうした相乗効果の産物が，金属への接近を可能にする採鉱用の強力なポンプや掘削機の製造をも可能にした。次に，そうした金属がよりすぐれた機械を製作し，改良された機械を運転するより改善された燃料を精製するために使用された (Cottrell, 1955)。機械によって構成される物的資本と，機械を購入するために運用できる資金が増大すると，新しい技術体系が，とくに製造業者が互いに競争し切磋琢磨することによってうみだされた。たとえば，初期の溶鉱炉は原鉱を金属に加工した。しかしこうした溶鉱炉が使用されると，平炉と転炉のような革新が鋼鉄をつくることを可能にした。これがいっそう優秀な機械や産業社会の物的インフラ構造——たとえば建造物や橋梁——と共に，鋼鉄が加工できる多様な形状と形態によってつくりだされる大量の新しい生産物をうみだすために利用できた。いったんある製造業者が鋼鉄を製造する能力を獲得すると，他のすべての製造業者もその技術体系を採用する。そうしなければ業者は倒産に追い込まれた。同様の過程を経て，新たな動力源——電力，ウラン，加水分解——が発見された。そのすべてが前例のないほどの多彩な生産物を製造できる動力駆動機械を増強した。そのため環境からエネルギーを採取する大きな能力によって，生産規模と人間社会のすべての次元における規模が飛躍的な成長を遂げた。

技術体系，燃料，機械資本のあいだのこうした相乗効果が競争市場によって加速された。市場支配といわないまでも，市場の占有率を互いに競う利潤志向

的な資本家たちによって，革新のための誘引が新しい技術体系，新しい動力源，そして効率的な新しい機械，資本家たちの団体単位に競争上の優位を与える新製品がつくりだされた。技術体系，機械資本，および製造過程が（特許によって）私有財産という定義下におかれたので，これは革新のための大きな誘引となった。なぜなら革新は私的に保護されるべき資産と考えられるからである。これが革新者に長期にわたる競争上の優位を与え，あるいは彼らがその革新を市場に出荷すれば，それが彼らに付加的な利潤をもたらした。

　こうした市場競争力と共に——これについてもう少し子細に精査する必要がある——，科学の制度化が技術革新をさらに推進した。経済における団体行為者の研究開発や政府出資による科学を推進するための学術団体に関わっているか，あるいは高等教育機関に関わっているか，いずれにせよ団体単位の発展は物理界ならびに生物界（そして程度は低いが，社会界）の理解を推進し，新しい知識が機械と生産物をつくるための技術に応用される。ポスト産業主義の到来と共に，「巨大科学」(de Solla Price, 1986) が経済行為者たちの，また多くの事例において軍事行為者たちの技術開発に組み込まれた。そこでは理論と周到な経験的分析による確実な知識の蓄積が経済行為者に利潤をもたらし，また政治行為者が権威の基礎を確立すると，これがしだいに認知されるようになり，科学の制度化が技術革新を継続する。しかし技術開発が軍事目的のために資金供給を受けることになると，軍備施設が整備され，しかも頻繁に秘匿されるので，経済における技術革新の速度が低下するようになる。

　(2) 工場制　　産業化は技術体系，物的資本（機械と資金の双方），労働，私有財産を，(1) 生産に必要な資源，(2) 輸送のインフラ構造，および，(3) 貿易センターの近域へと集中化した。主要な企業経営機構は工場制であり，これが新しい燃料とエネルギー源を都市地域の労働者によって運転される機械に繋がれた。労働は台頭していた労働市場で雇用され，市場で販売される製品を生産する大規模な構造上の機械の付属物と化した。

　こうした新興の工場制は階統的に組織され，労働を厳格に監督するよう構造

化された．工場群が整備されると，管理機能が官僚制化された．こうした体系が多数の労働者と機械の組織化を実現した．と同時に，それが，(1) 技術体系，資本，労働を調整するために必要なサービス機能，(2) 最終製品の市場出荷を調整するために必要な管理構造を整備した．工場制をうみだした原動力は利潤である．マルクスが力説したように，この利潤は，日々の工場労働によって自らの再生産に必要な最低限の賃金を手にした比較的に未熟練の労働力プールによって動かされる大規模な機械の効率性から引きだしえたのである．初期の工場は，エンゲルスが的確に記録したように，実に悲惨な場所であった．そこで労働者たちは長時間にわたり煩わしく，また身の危険を感じるほど近くにある機械に張り付いてあくせくと働かされた．初期産業化の期間，工場は安価な労働と大規模な機械の集積をともなう規模の経済の利点を活かして成長した．これにより工場所有者の利潤は大きく膨らんだ．

　工場制は徐々に多くの方面で進化を遂げた．労働者たちが意思決定者に影響力を行使できる民主的な政府と結託した労働組合の台頭によって，工場の条件はいくらか改善された．賃金，1週あたりの労働時間，福利厚生と安全面での改善がなされた．より民主的な政治制度への移行にともなって労働者たちは政治的決定，立法，法裁定にも影響力を行使できるようになった．これらすべてが工場の搾取的性格を減じる作用を果たした．事実，産業化を最初に実現した社会では工場の状態と労働の福利が大いに改善された．初期の産業化社会において発生したのと同じ問題の多くが，現在産業化を進めている多数の社会でみいだされる．確かに，初期に産業化をなし遂げた社会の企業は，賃金，福利，安全，環境整備の費用を引き下げる手段として生産を開発途上社会に海外発注している．それゆえ企業が利潤に志向するかぎり，賃金，収益，環境整備，安全規制のすべてが利潤を引き下げる費用と定義され，したがって費用の低廉な社会に生産を移転する誘因をうみだしている．

　工場制におけるもう1つの変化は高度に専門化した生産に携わる小さな生産単位を軸にして展開している．ポスト産業化によって大規模な工場で使用される高度に専門化した生産物需要が専門化した製品――たとえば大規模工場で使

用される圧延鋼材，部品，交換可能な構成部品，機械化された機具などの産物——の市場をつくりだした。同様に，上流階層向けの高価な商品が，高賃金，高収益，小規模な工場での小さな生産操業の費用を埋め合わせている。工場制にみられるさらにもう1つの趨勢は国外で製品の部品を製造し，それを最終的に組み立てるために先進社会の高賃金の支払われるプールに移入させる方法である。さらにもう1つの趨勢は，工場がしだいに自動化され，従来では労働者もしくは単純な機械に頼っていた多くの機能がコンピュータ制御による機械によって操縦されている。その効果は労働力を減らし，結果的に生産者の費用を引き下げる。そのため現状では，工場は産業ロボットや機械資本その他の形態を操作するコンピュータを中心にして管理運営されている。

　すでに現在では，初期産業主義の工場制は，ポスト産業社会にあって少ない労働を雇用し，機械に指令を出す情報技術に依拠する体系に置換されている。さらにポスト産業社会における製品の非常に大きな割合が，情報関連の製品（たとえばコンピュータ・チップ）であるため，その生産は通常情報を操作できる機械を必要とする。だから労働に比して機械やロボットの稼働する割合が飛躍的に増大している。

　(3) 合理的-依法的な官僚団体単位の成長　　工場制に随伴する構造は管理運営という課題を遂行するための官僚制機構である。銀行業，保険業，広告業，マーケティング，エンジニアリング，経理，その他多くのサービス業務など，サービス生産が生産力のある産物になったとき，合理的官僚制が経済全般に普及した。官僚制は必要なサービスと管理運営の業務を遂行するため労働，資本，技術体系を調整する目的でつくられ，ひとたびこれが整備されると，官僚制的な人間社会の規模はいちじるしく拡張した。官僚制は経済（そして同じく他の制度領域）において多数の個人を調整できるようになった。そのため資源調達の規模，生産される製品とサービスの数量と多様性，商品とサービスの分配が増大した。官僚制が存在しないと，社会力としての規制からの選択圧力に反応する人口集群の能力は限定される。

ところが官僚制からの逆因果効果もある。官僚制はすべての経済的，事実上すべての制度上の産物の増加にフィードバックし，またその増大を可能にした。しかし官僚制は，それが過度に階統的であり，また経済の主要部門を管理するようになると，革新を阻害する。さらに政治や宗教の官僚制が経済（およびその他の制度領域）の官吏の行為を管理するようになると，それらは技術革新の速度，生産の効率性，市場力学の低下をもたらす。旧東欧陣営とソビエト連邦は，国家官僚制がいかに経済活動を損耗させたかの格好の事例である。

経済やその他の制度領域への官僚制の普及は，きわめて大規模な労働市場をうみだし，それにより分配の力学が加速される。次に，この力学が経済のみならず，あらゆる種類の市場における需要全体の水準に投資できる資本量を増加した。市場需要とこの需要に応えるための生産が増大すると，より多くの人員を雇用する多くの官僚制が形成され，これによって経済領域における貨幣流通が拡大した。

初期の官僚制は，マックス・ウェーバーの理念型[2])によって描写された基本型に従っていたが，しかし技術革新が目標となったポスト産業化において，権威と規範統制は創造と協業の割合を増進する努力によって緩和された。ポスト産業化と，分配のインフラ構造のグローバル化にともない，生産と「裏方」サービス業務双方の海外発注が発生した。そのため労働は官僚組織体内においてますます独立した委託業務とみられるようになった。なぜなら労働者の仕事が外注されるようになり，彼らは別の官僚制で働き口をみつけなければならなくなったからである。それゆえ，ポスト産業主義における官僚制は人びとの生活を全般的に包み込めなくなり，したがって労働者は仕事の安定，医療保険，介護や退職などの問題に対処するための戦略を自力で準備するよう迫られる。この新興の官僚組織体系によってうみだされる不確実性の水準は否定的な感情——怒り，恐れ，悲しみ——をうむけれども，個人はもっと多くの選択を行うことができる。これは工場や官僚制による緊縛した管理よりも人間の類人猿の祖先といっそう両立しうる状態である。

初期産業化の2つの特徴——工場制と官僚制——に内在する不確実性は個人

を奮起させ，起業に向かわせることもある。この戦略は資本主義経済における流動資本と多数の高水準な財政サービスの組織化によって促進される。事業を立ち上げることは将来への不安をともなうけれども，人間が経済においてこの形態の期待を追求する事実は，なにが彼らを動機づけるかについてある事柄をわれわれに語りかける。すなわち，社会文化的な檻によってさほど拘束されない進化した類人猿でありたいとする欲求である。また，檻がどうしても必要であるならば（事業の場合にはつねにそうである），その檻は個人もしくは家族によってつくられる檻である。自分でつくった檻は，親族関係，政体，宗教，工場，官僚制によって押しつけられた檻よりもヒト上科にとってはるかに魅力的である。

(4) 力学的な市場の台頭　ヨーロッパにおける貿易振興についての分析において，フェルナン・ブローデル（Braudel, 1977, 1982）は，「低次」の市場と「高次」の市場を区別している。その区別はおおむね市場の進化に対応している。最初の市場はほぼ相対の物々交換であったが，その後に相対の貨幣交換が登場した。次に，行商人や工芸品生産者が出現した。彼らは製品をつくり，それを貨幣と交換した。そして時に彼らは顧客に掛け売りもした。こうした基盤からはじまって，貨幣や信用で販売するものの，しかしもはや自分では製品を製造せず，持続的に営業する商店が誕生した。こうした形態の市場がすべての農業社会に存在し，ブローデルの分析によれば，これが低次の市場を構成した。この種の市場が重要な2つの突破口を切り開いた。つまり，一般的な価値の象徴としての貨幣の使用と信用の拡大である。貨幣と信用によって，物々交換にともなう制約が取り払われた。買い手は価値の具象物としての通貨を使用することができるので，売り手が欲している財をもっている必要がなくなった。貨幣取引が選択肢を増やし，自分が欲している品物と引き替えに，自分がもっている品物をすすんで交換してくれる別の行為者をみつけなくても，自分の選好を実現できる能力の劇的な増大がみられたため，進化した類人猿が貨幣取引を好んだことは当たり前である。売り手と買い手が出会って価格について談合でき

る相対的に自由な市場において貨幣や信用がなかったとすれば，資本主義は成立できなかったろうし，たとえ資本主義は成立したとしても，産業主義は出現できなかった可能性が高い。

　ブローデルによれば，市場進化の次の局面は，大量かつ多様な財が貨幣を使用し，信用を拡張することによって交換される市場あるいは相対的に安定している市場の出現である。次に，持続する定住地あるいは市場町や都市が成長した。そのすべてで低次の市場が開催されたが，しかしこうした大きな定住地が新たな種類の製品をうみだしはじめた。つまり金融サービスである。こうした中心地で，銀行業と貨幣は製品あるいは財となり，他のすべての財と同じように，市場力に従ったが，しかしそれらが市場活動のすべての水準において力学を劇的に増進した。ブローデルの描写における高次の市場の最終段階は，個人取引市場の発展であった。そこでは業者や金融サービス組織体が，買い手と売り手の長い連鎖の向こう側で頻繁に行われる投機的でハイリスクな「投資」に携わった (Braudel, 1982；Verlinden, 1963；Moore, 1966；Hall, 1985；Mann, 1986；Wallerstein, 1974)。この種の市場が市場活動の範囲，金融商品とサービス（たとえば銀行業，保険業，会計事務，卸売業），インフラ構造（たとえば船舶，道路，港湾，荷馬車，倉庫，卸売市場）を拡大した。市場がこの水準の複雑度に到達すると，それは産業資本主義が成立しうる重要な基盤を提供した。しかしこうした市場は投機的であり，暴落することもあった。それらが暴落すると，その影響は下降して低次の市場に波及し，資本と通貨の流通に莫大な損害を与えた。

　(5) メタ市場の台頭　　ランドル・コリンズ (Collins, 1990) はこの種の投機的市場をメタ市場と概念化し，これが産業社会とポスト産業社会の主力になった。図9.1は，コリンズの議論を概説している。メタ市場は低次の市場において交換媒体を交換する。たとえば，貨幣はほとんどの市場において交換媒体であるが，しかし通貨市場（一種のメタ市場）で交換される財になりえた。別の例を挙げると，株式は経済活動における資本をつくるための交換媒体であるが，し

第9章 産業社会とポスト産業社会の台頭　303

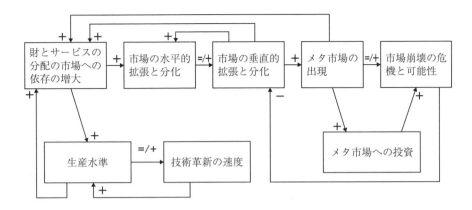

解説：＋は増加。
　　　−は低下。
　　　＝/＋は，最初の効果はほとんどなく，後に増加。

図9.1　ランドル・コリンズの市場とメタ市場に関する暗示的なモデル

かしそれはまた株式市場（メタ市場）で交換される商品であり，また抵当権は市場における生産物である。そこで人びとは建造物を購入する資金を調達するが，しかし抵当権は「一括りにされ」，メタ市場で抵当物件として販売される。事実，ある市場で交換されるいかなる交換媒体あるいは製品も，メタ市場で新種の商品として販売される。

　メタ市場はそれ以下の市場と比べてつねに投機的である。そのためその市場は過剰投機によって暴落することもある。メタ市場の形成を推進するのは高収益の見込み（しかしこれはつねにハイリスクな期待）である。個人も団体単位も高収益に引き寄せられる。しかしメタ市場が暴落すると――たとえば主要銘柄の株式，通貨，担保物件，財市場がある社会で暴落する――，その効果は市場階統を下降して影響をおよぼす。というのも低次の市場で購入のために利用できる貨幣が縮小するからである。すべての市場が後退すると，労働は所得源を喪失するが，それは市場で購入する手持ちの資金をもたないことを意味する。それゆえ資本主義は，たとえ崩壊しないまでも，つねに市場低迷の可能性をも

っている。メタ市場が現在では確実に地球規模に拡大しているので，あるメタ市場での暴落は世界中の他のメタ市場に即時に波及する。あるいはある1つの社会で通貨が暴落しただけでも，投資家たちがこの通貨に投資したメタ市場が落ち込み，または暴落すると，すべての通貨市場やこれを下落に追いやった別のメタ市場にまで影響がおよぶ。

　多くのさまざまな市場とメタ市場の重層化が資本主義を高度に力学的にさせている。膨大な数量の財貨，サービス，金融商品が巨大な富，したがって経済における多額の投資資本をつくりだしながら循環する。技術革新が投資を誘発する。とくに技術が特許を取得し，技術市場で売買される場合にそうである。ひとたび技術革新の市場が成立すると，経済（また他の制度領域）における新規の団体単位が，これらの革新技術を利用しうる新種の革新とサービスをうみだすために出現し，労働を雇用する。企業経営体としての市場の効果を表9.2で要約したが，しかし図9.2は力学的な市場経済の他のすべての要素に対する効果，そして採集，生産と分配のための諸要素を組織する構造を描出している。

　図9.2がしめしているように，人間によって動かされる機械を化石燃源に結びつける工業技術が出現すると，フィードフォーワード［正方向送り］し，またフィードバック［逆方向送り］する一連の力学が発動する。これらが工場制，官僚制，市場の発展を加速する。市場分化の規模と水準が工場制と官僚制の拡張に対して逆の因果効果をもち，これが採集，生産，分配の知識と技術の水準と共に，採集と生産の水準にフィードバックし，またその水準を高める。市場は，ウェーバーが予測したように（マルクスの予測とは対照的に），階級制の分化と，ますます多くの制度領域の分化と強く相関する。市場は個人と団体行為者双方がどれほどの所得と富を受け取りうるかを規定し，それゆえ資源を不平等に分配し，多様な社会階級をつくりだす。と同時に，市場はまた制度領域にとっての富，各制度領域を構成している団体単位における担い手に分配するための機構をつくりだす。類別単位の別の階級とメンバーは市場において異なる需要をうみ，これが市場のいっそう多くの分化を引き起こす。同様に，多様な制度領域内で分化した団体単位は，種々な熟練労働，投下資本，サービス，

第9章　産業社会とポスト産業社会の台頭　305

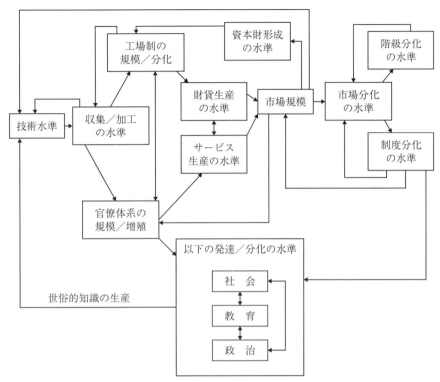

注：すべての矢印線は正である。
　　この線は資本主義の力学を表している。

図 9.2　産業資本主義の力学

財の需要をうみだし，これらが次に，すべての市場の分化と規模を拡大する。市場が成長し分化すると，それらは財とサービスの重要度を増し，次に工場制と官僚制の成長と分化を刺激する。制度領域の分化は，官僚制の必要をうむだけでなく，この分化は，科学，教育，政体が技術革新を目標とみなすようになると，技術開発を促進する。技術体系が特許登録され，商品化されると，もう1つの市場が創設される。そしてこうした市場が発達すると，技術開発からの利益の可能性が革新への誘引となる。

　図9.2中における因果の正の矢印線がしめしているように，こうした過程は

高度に力学的である。図中の各変数の値の増加は他の変数を直接に，また間接に加増し，また図中の右側から左側へと移動する逆の因果連結の場合も同様である。しかしこうした同じ肯定的な連結がすべての変数の低下のパイプとしても作用する。たとえば，メタ市場が暴落すると，すべての市場の取引量が低下する。これはそのモデル中の肯定的に連結されているすべての変数の値を引き下げる原因になるからである。それらを非常に予測しにくくさせるのは，産業的およびポスト産業的経済における要素間の連結の性質による。なぜならどの点における変化も他のすべての点に反響し，その後ふたたび逆の因果連結によって回帰するからである。

(6) **力学的市場に特有な問題**　資本主義下における市場はいくつかの特有な問題を表す。先にしめした１つの問題は，資本主義の不安定性の問題である。市場はピラミッド状にメタ市場の階統に組み込まれている。メタ市場は過熱した投資によって暴落し，その他の市場や経済全体を下降させるところまで投機的になる。世界中で市場化された金融派生商品――高度に投機的な投資（たとえば先物商品，株式，通貨）が他の商品で丸損することを防止するために組み合わされる――の出現は，投資される金融商品がいくつかのメタ市場の暴落をもたらす見込みをそれぞれ増やすことになる。たとえば，通貨が大きく下落すると，世界中の金融市場が影響を受けるだけでなく，株式や先物商品が金融市場から借り入れられた資金で購入されていると，３つすべての金融手段とそれらを交換する市場が暴落する。

　資本主義市場における第２の問題は，上述した激しい振幅がなくても，市場が経済成長期と停滞期の周期傾向をもっていることである。多数の周期があり，短期の景気循環（５年から７年周期）から数十年も継続する長期の循環もある。下降循環は資本投資の低下，失業の増加，税収の減少，財やサービスの需要低下をもたらす。こうした下落は大きな景気後退または経済不況へと雪だるまのように膨らむ。これは経済だけでなく，他のすべての制度領域に損害を与える。と同時に，階層体系における種々の階級間に緊張と対立がうまれる。景気後退

が主要なメタ市場の暴落を引き起こすと，社会内部のみならず，しばしば社会間のすべての構造に与える効果が一段と深刻になる。

　自由市場のもう1つの傾向は，採集，生産，分配の部門内において寡占状態，秘匿される権力ネットワーク，独占をうみだすことである。競争の低下によって，価格が上昇すると，貨幣や資本が市場で運用できなくなる。さらに，市場が統制されると，革新のための誘因が低下する。なぜなら寡頭独占者を脅かす新技術が市場に導入されないからである。

　さらにもう1つの問題は上述したことの裏返しである。市場が競争状態を続行すると，激烈な競争は，生産者が収益をえられなくなるところまで価格を引き下げることになる。生産者が収益をえられなければ，彼らは生き残ることができない。彼らはダーウィン流の闘争を過酷な形で経験し，やがて淘汰される。だから市場はダーウィン流の選択をしばしば制度化する。マルクス（Marx, 1967［1867］）が注目したように，本当の意味で競争が存在している市場における「収益低減」はすべての経済行為者をその市場から蹴落としてしまう。すると仕事をみつけられない労働者に，また財やサービスの買い手をみつけられない資本家に危機が訪れる（Applebaum, 1978をみよ）。この過程は，ある生産者が倒産すると，これが供給業者を閉鎖に追い込む原因になり，多数の人びとの仕事が奪われ，そのため他の市場で購入する能力を減退させていくというように連鎖反応を引き起こす。これが次に，別の雪だるまを膨らませる結果になる。

　さらに別の問題は，利潤動機によって突き動かされる自由市場は，詐欺，汚職，労働者の悲惨な状態，また環境悪化の定番だということである。詐欺は不正なやり方で所得を増やすことによって収入を直接的に増やせる。ところがその一方で，悲惨な労働条件と環境悪化は収益低下の経費を回避する結果として頻繁に生じる。同じ利潤動機が労働と利潤志向的な団体単位の経営側とを衝突させることになる。なぜなら労働費用が高いほど，利潤に回る貨幣が減少するからである（これはマルクスが強調した点である）。

　このように潜在している問題のすべてが政治と法律からの規制の選択圧力をうみだす。マルクスの予測の多くがまちがっていた。なぜなら彼は政治と法律

はつねに資本家の利潤追求を支持すると仮定し，それゆえ内在する問題のすべてを資本主義経済に固有なものとみなしているからである。彼が十分に評価しなかったことは，統制と規制のための選択圧力がとくに急務なので，政体はこれに反応せざるをえないということである。マルクスはまた，政体が資本主義の進展によって，いっそう民主化されることを完全には理解していなかった。それゆえ，誰がどのような政治的決定を行うかに関して，非エリートがかなりの権力を手に入れることについて，彼はまったく理解していなかった。民主化の結果，規制の選択圧力が自由市場に特有な問題を緩和するような行為を政治的意思決定者に行わせる。ただし，だからといって，そうした問題が消えてなくなるわけではない。なぜならそれらは自由市場における利潤志向によって駆動する経済体制の一部だからである。

(7) **変動の原動力としての市場** マルクス（Marx, 1967 [1867]），ウェーバー（Weber, 1922：63-212），ゲオルグ・ジンメル（Simmel, 1889；1978 [1907]）は，初期の他の社会学者たちよりも，市場の変革的な効果を認識していた。ウェーバーとジンメルはおそらく市場の分析においてマルクス以上に精確であったが，しかし3人すべてが，市場は社会構造と文化だけでなく，個人の志向と動機づけをも変えることを理解していた点で，市場力学の理解に重要な貢献を果たした。ここではウェーバーとジンメルに焦点を合わせることにする。なぜなら2人の分析は類似しており，また社会進化に対する市場の効果についてのわれわれの理解を深めうるからである。

図9.3は，ウェーバーの市場，貨幣，権力と法律の潜在的なモデルを要約している（Turner, 1991）。人口集群において貨幣によらない交換媒体に対する貨幣交換の割合が増加すると，信用の拡張が可能になる。貨幣と信用は効用計算を実行する能力と趨勢を大いに改善し，次に市場活動の速度と数量を増加する。貨幣と信用によって国家の規模が拡大できると，その権力のすべての基礎に沿って公務員を雇用するための流動資源がすでに存在しているからである。政体が資本と貨幣の流通に依存するようになると，政体は市場の合理的な規制にま

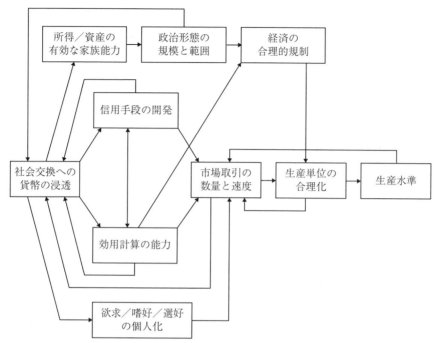

注：ウェーバーのモデル中の矢印線はすべて正である。
図9.3　ウェーバーの貨幣と信用の分析

すます関与することになる。この規制が非営利団体を凌ぐ利潤志向的な生産単位の増殖を促し，市場交換の速度と数量にフィードバックし，また交換媒体としての貨幣の割合を増やすようフィードバックし，それゆえこれらの力学的な過程をいっきに加速する。市場取引で貨幣を用いる団体単位が増加し，国家が市場を合理的に規制すると，政治と経済における行為者の人数の増加は官僚制をうみだす。政体がその運営資金を獲得するため富を生成する市場を合理的に規制し，経済行為者は信用と貨幣を用いる市場において利潤を最大化しようとするので，合理的‐依法的な官僚制が普及し，あまり合理的でない原則によってつくられた官僚制に取って代わる。政体が経済を規制すると，それは管理運営的ならびに権力の物資誘引の基礎を拡大するだけでなく，同時に権力の強制

的基礎を支えるための資源を保有しているので，市場を規制するため法体系を運用しはじめる。

　ジンメルはウェーバーの潜在的なモデルについていくつかの洞察を加えている。そのことは，図9.3 と図9.4 のモデルを比較することによって理解できる（Turner, 1991；Turner, Beeghley, and Powers, 2002 をみよ）。貨幣が交換に浸透すると，それが価値の自由市場における計算速度と交換速度を増す。この点に関してジンメルとウェーバーのモデルは同じである。しかしジンメルはいくつかの興味深い精密な推論を行っている。その1つは，貨幣を使用する市場が普及すると，価値総額の水準が人口集群のメンバーのあいだで累積するという考えである。彼の議論は，個人が自らにとって有価な財やサービスを購入するた

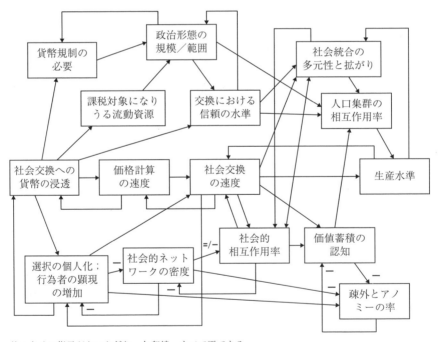

注：とくに指示がないかぎり，矢印線，すべて正である。
図9.4　ジンメルによる社会関係に対する貨幣と信用の効果についての分析

めに貨幣を手放すとき，彼は購入によって手放す貨幣量よりも彼にとって大きな価値を獲得すると期待できるので貨幣を手放すというわけである。そうであれば，長いあいだに，その人口集群のすべての人たちに購入が個人に有価なものを増やしているという感覚を与えることになる。次に，価値を増やしているという感覚が，貨幣と市場で生成される不安と疎外の結果をも緩和するよう作用する。

　ジンメルのモデルにおけるもう１つの議論は，貨幣が交換と市場に浸透すると，それが人びとを「個人化する」よう働くという考えである。なぜなら彼らは今や自らの嗜好を表現するための中立的な媒体──貨幣──をもっているからである。彼らはもはや伝統，あるいは他者が交換したいと欲している財をもつ必要に縛られない。個人は基本的に自らの嗜好に合わせて購入を特注できる。個人化が発生すると，この過程が貨幣の使用を加速し，これにより市場交換の速度が加速する。間接的には，この交換速度が各個人に価値を累積しているという感覚を強化する。しかし個人化は１人の個人がもっているさまざまな結合の数量を増やすが，しかしこれが親密性の一般的な水準を引き下げ，次に疎外と不安の割合を増加する。ところがこの効果は，多様な集団間の弱い紐帯が貨幣を使用する市場交換を増加し，したがって人びとにとって価値を増殖するという事実によって緩和される。

　ジンメルは，ウェーバーよりもいくぶん明示的に，貨幣が交換に浸透すると，貨幣を規制する必要が生じると論じている。貨幣は購買力を失うことを防止できるような形で鋳造され，保護されねばならない。なぜなら貨幣が現在，また将来の交換において価値をもたらすと信頼できないと，市場で購入しようとする個人意欲を減退させるからである。貨幣のもう１つの効果は，政府がその規制に既得権をもっていることである。なぜなら政府はその権力の基礎を財政的に充当するため貨幣を使用するからである。政府が貨幣を鋳造し，維持することができれば，貨幣の購買力の安定性が政府を正当化するための重要な象徴的基礎になる。と同時に，これが政府に物資誘引を操作する流動資源を与えることになる。

ジンメルはいっそう一般的な要点を理解するところまで踏み込んでいる。すなわち，貨幣が購買力を堅持しうるならば，貨幣は政治のみならず，社会の制度体系全般に拡がる信頼感をうみだす。個人が市場における将来の交換において価値を担う貨幣を信用できると感じるようになると，この信頼感は政治，別の制度体系，および他の人びとに拡張される。この信頼が確固としたものになると，これが市場における交換の速度と数量を増加させる。なぜなら個人と経済団体の行為者は，これらの交換が現在と将来に価値をもたらすと確信できるからである。

　最後に，ジンメルは，こうした相互に関連している力学が多数の行程をたどりながら，社会における社会分化の水準を増すと議論している。1つの行程は行為者の個人化に基づいている。次に，行為者は多様な弱い紐帯を形成し，すすんでさまざまな団体単位に参入し，個人的な欲求を達成する集団所属を確かに要求する。こうした過程が社会的分化を増進する。なぜなら人びとはもはや狭い範囲の団体単位に所属する伝統に縛られていないからである。もう1つの行程は市場を介して作用する。市場は需要に反応し，また需要が貨幣の使用によって個人化されるので，市場における需要の多様化は，行為者の欲求を達成するために形成しようとする多様な団体単位にとっての誘引をうみだす。団体単位がそうなると，全般的な社会分化の水準が増加する。最後に，貨幣が政治権力を統合し集権化するために用いられると，いっそう分化した構造を規制するための能力が増加する。分化は，政治と法律が調整と管理の機構として作用しないと，統合と共に，同程度の不統合をもたらす。

　だからこそ，貨幣，信用，金融商品を使用する相対的に自由な市場の出現は，社会進化における真に変革的な力学である。市場で使用される貨幣，信用，金融商品は，政治と法律の進化を加速した。こうした力学が経済のすべての要素を拡大した。その力学は市場における需要を通じて独自で多様な嗜好を表現しうる個人化を実現した。またそれが新種の団体単位のための資源をつくりだし，次に，団体単位と類別単位の社会分化と共に，それらが組み込まれている制度領域と階級制をもたらした。

そのため産業化が進行し，最終的にポスト産業主義へと推移すると，市場はますます変化の原動力になりえた。市場が嗜好や需要を資源ニッチへと変換すると，団体単位も——経済だけでなく，他の制度領域も——そこへ移動することができた。また市場は，経済における団体単位と個人だけでなく，政治と法制度，また同時に，他の制度領域を支えるための課税対象になりうる富をうみだした。力学的な市場は貨幣に象徴的な価値をいくつかの点で与えた。その1つは，貨幣価値が相対的に安定し，個人が自己欲求の少なくともいくらかを実現するに足る貨幣をもてると，拡散的に信頼をうみだす能力がえられることである。もう1つは，貨幣は社会の象徴——他のどのトーテムとも同じようにしばしば崇拝される一種のトーテム——になりうることである。それが個体主義的なヒト上科のマクロ水準での連帯を促進し，政治と法律の制度領域を正当化する——これがマクロ構造の規制と統合にとっての基本である。

「クール」で一般化した交換の媒体として，たとえそれがトーテムの役割を果たすとしても，貨幣は，「ホット」な交換媒体——たとえば愛情，権力，信用，忠誠などの象徴媒体——と比較して，制約を緩和する (Luhmann, 1982)。一般に，貨幣はそれ自体として価値をもたないし，家族あるいは教会のような社会単位の特定種類の部分でもない。だから貨幣はそれ自体感情を喚起しないし，愛情，忠誠，信用や権力がそうであるように，社会構造への信頼を強要することもない。多数の状況で使用できる一般化した媒体としての貨幣は，それを使用できるさらに多くの型の社会単位の分化を（市場を介して）推進する力として作用する。また一般化した媒体としての貨幣は，愛情，信用，忠誠がそうであると同じように，社会単位への強い信頼を発達させるよう人びとに働きかけることもない。多数の初期の社会学者は貨幣の社会や個人に対する最終効果を懸念していた。たとえば，マルクスは疎外の分析において，ウェーバーは合理的-依法的な官僚制によって課せられる鉄の檻の冷酷な性質についての懸念において，あるいはジンメルの貨幣によって媒介される関係における疎外の増大についての懸念においてそうであった。しかしわれわれは貨幣の効果を選別するために単純な疑問を問うことができる。つまり進化した類人猿は，そもそも何を好む

かである。

　大型類人猿は，第2章で検討したように，広い地域的な個体群内で弱い結びつきを形成するものの，個体主義的であり，また移動を繰り返す。人間は，貨幣と信用を軸に展開する市場力によってますます駆動される社会で今や生きてゆくほか手段をもたない進化した類人猿である。この社会はヒト上科の視点からみると，多数の長所をもっている。交換と価値の象徴的媒体としての貨幣によって，個人は参加する集団に多くの選択肢をもちうる。貨幣を手に入れ，また手放すこともできるので，個人はいっそう移動しやすい（個人はどの集団あるいは場所に縛りつけることもない資金をもっている）。個人はこの貨幣を分配のインフラ構造を超えて旅立つための資金として使うこともできる。個人は貨幣を用いて住みたい場所を手に入れ，また社会関係を形成する集団を選択できる。最近150年にわたって社会学者が，資本主義の悪魔——疎外，利己主義，アノミー，搾取，辺境性，無関心な挙動，冷徹，共同体感覚の喪失——と断定したすべての病理にとって，これらのものは，公平にみて，進化した類人猿が自由と引き替えに支払っても構わない代償なのかもしれない。

　感情，家族，強い結びつきが，弱い紐帯，個体性，移動性という旧来の類人猿の性向に対する選択圧力によってさまざまな形でつくりだされた。人間が両方向——一方における個人性と弱い結びつき，また他方における強い結びつきと集合的連帯——に牽引されたことは事実である。ほとんどの社会理論は，人間の系統に沿って進化していく過程でヒト属に加重された性向による欲求を強調するきらいがあるが，しかし今なお大型類人猿とわれわれとは古く，しかも原基的な欲求の集合を共有している。われわれが市場によって駆動され，分化し，移動しうるポスト産業社会（個人が親族関係と権力による檻に閉じ込められていない社会）を見据えるとき，こうした社会は，社会科学者によって園芸農耕社会や農業社会について頻繁に理想化された描写よりも，ヒト上科はずっと気に入るはずである。これはわれわれが次の章でさらに考察するテーマである。実際に，人間が狩猟・採集に舞い戻ることはありえない。これは通常さらに大きな選択の自由と個人主義を可能にするが，しかし産業資本主義とポスト

産業資本主義は，親族関係や権力の檻よりも，人間にとっての類人猿の祖先とはるかに両立しうるのである。

9.2.2 ポストモダン社会は創発しつつあるのか

人文科学と社会科学双方における最近の多くの文献は，市場の普及が人間を新しい進化段階，すなわちポストモダン状態に向かう軌道に乗せていると議論する。産業化とポスト産業化は社会を新しく，また基本的に異なる型へと進化させた（たとえば，Crook, Pakulski, and Waters, 1992；Harvey, 1989；Lash and Urry, 1987；Lash, 1990；Seidman and Wagner, 1992；Touraine, 1988）。ポスト産業経済によって構築される社会形成のための新しいポストモダン状況を区別する確かな標識が何であるかについて明快な合意は成立していないが，しかしいくつかの仮定される趨勢は，新しい社会類型，すなわちポストモダン社会をうみだし，あるいはその過程へと収束していくというのである。そうだとすると，これらの趨勢とはいったいどのような過程をたどるのであろうか（Allan and Turner, 2000）。

(1) **商品化**　高度に分化した市場において，事実上，すべてが商品に加工され，また市場価格をつけられる。利潤動機によって駆動する市場は，歴史的に市場力から免れてきた社会生活の諸次元を商品に替えている。たとえば，気分，自己，ライフスタイル，価値，信念，伝統などがそうである。これらが現今では商品に転換され，市場で販売される。ユルゲン・ハーバーマス（Harbermas, 1976 [1973], 1979）の見解によれば，「生活世界」は個人，利潤動機によって駆動される団体単位，金融商品によって侵略され，「植民地化され」てしまった。そのためすべての事物——人びと，関係，行動，活動，象徴，思考，理念が売買され，あるいは合理的 - 依法的な官僚制の鉄の檻に閉じ込められ施錠されている。ある社会あるいは社会の分節体の文化的象徴は，これらが矮小化する形で取りあげられ，商品に変換され，市場に出荷されている。この過程において象徴は社会的行為を規制する勢力と権力を失ってしまう。

商品化はメディア過程において加速される。この過程が個人に象徴，ライフスタイル，行動，伝統，嗜好，他人の選好への接近を可能にする。またこれが人びとの文化の諸要素への市場需要をうみだす。メディアはまた，最終的に生活世界の商品化を引き起こす新たな商品の必要と欲求の恒常的な上昇をもたらす。商品としての象徴が社会構造を浮遊し，人びとの行為を喚起し，そして規制する。そこで象徴は，その意義を失い，消費欲求を上昇させることに役立つもう1つの産物でしかない。

(2) **文化の重要性の増進**　文化的な象徴が商品化され，マスメディアがこうした象徴を大勢の視聴者に映しだすと，それらは身近な集団，身近な場所，身近な時間との繋がりを喪失すると同時に，個人にとって重要な象徴となる。現実の集団と繋がりをもたない象徴は，個人に安定した意味と方位性を与えることができない。その代わり束の間の流行とマーケティングの戦略に従って絶えず変化する象徴の集合があるだけである。それは一過的で，いとも簡単に捨てることのできる意味をもつだけである。価値，信念，伝統は，そのトーテムへの具象物と同様に，絶えず市場を漂っているが，しかしそれらがかつてそうであったように，社会的世界における連携や一貫性を与える能力を欠いている。だからある1つの文化が規制力を喪失するとしても，それはメディアと市場で個人が利用できる一連の象徴に盲従している個人にとってはますます重要になる。

(3) **個人の重要性の強化**　個人が集団の象徴を買い入れ，次に廃棄できるとき，また，会員権を市場で購入することによって所属集団を変えることができるとき，そして社会構造と場所をたえまなく移動することができるとき，所属集団の意味は低下する。ジンメルが論じているように，個人主義の行き過ぎがみられるが，ポストモダニストたちは，ジンメルの地点を超えて，さらにその先に進んでいる。個人の重要性は現に集団や他の団体単位の重要性を凌いでいる。この種の個人主義がひとたび生じると，個人主義は自らに奉仕するより

多くの商品の自己陶酔的な消費を助長する市場過程を煽りつづける。

(4) 低下する自己の安定性　　個人主義が確立し，個人が自己を飾り立てるために使える理念，象徴，または対象に実際に曝されると，自己の安定性は低下する。皮肉なことに，個人は非常に自意識的，そして過剰なまで自己中心的になるが，しかし自己定義に一貫性を与えることのできる安定した自己概念を形成する能力は低下の一途をたどる。安定し，しかも一貫している自己概念に代わって，一括りにされた自己が出現する。しかもその自己たちはしばしば市場で手に入れることができる。その自己たちは一過的であり，別の自己にたやすく取って代わられる。われわれはそうした自己をインターネットのチャットルーム，またはオンラインゲームの「セカンドライフ」などのサイトでみつけることができる。自分は流行とファッション性を求めて購入した衣装を身につけるが，流行らなくなるか，あるいは飽きたら捨ててしまう。

第10章で強調するように，新しいポストモダン状況の描写に含まれる漠然とした批判はむしろロマンチックに潤色された過去についての見方に基づいている。マルクスの疎外の概念，デュルケムの利己主義とアノミーの見解，ウェーバーの鉄の檻における人生の幻滅，そして古典的な理論家によって提起されたモダン社会の別の多くの「病理現象」と同様に，ポストモダニストたちの漠然とした批判は，人間性（類人猿としての）についての歪んだ見方，また産業化していない社会をロマンチックに描写する見方によって苦境に追い込まれている。こうした歪曲や想定された病理よりも，もっと根本的であるのは，そのように仮定された新しい社会形成の現実についての描写である。われわれは次のように問うことができる。ポストモダニストたちが「ポストモダン状況」として仮定するものは経験的真実であるか，と。早速，われわれはポストモダン批判における要点の経験的な妥当性について再検討してみよう。

果たして，すべての象徴が商品化されているだろうか。市場の拡大と高水準の商品化にもかかわらず，象徴はいぜん個人にとって大きな意味をもっていると思われる。象徴は，ポストモダニストたちが主張しているような滑稽な方法

によってお金で買われていないし，また捨てられてもいない。宗教性の復活は，人びとが彼らの人生に意味と目的を与える古い象徴を採用している事実をしめすに十分な証拠である。次に，ポストモダニティの描写に含まれる別の批判についても評定してみよう。

　文化は過去よりも現代においていっそう重要なのだろうか。世界中の人間がいっそう多様な型の文化に曝されていることはまぎれもない事実であるが，しかしこの事実は，そうした文化が商品として買われ，また売られているとみなすこととは別の問題である。個人は今なお彼らの文化の価値，信念，規範，伝統をかつてと同様に保持していると思われる。それどころか，彼らは世界中の文化の多様性についてますますコスモポリタンになっている。確かに，産業化を経験し，また地球規模の市場に移動している後期農業社会の人口集群と遊牧民たちは，彼らの文化を新しい経済的・地政的な現実に適合させなければならないが，しかしこれは文化を，もっと重要で，またあまり安定しない一連の自由に浮動する象徴とみなすこととは大きく異なる過程である。日本人がこよなくマクドナルドのハンバーガーを愛しているからといって，それは彼らが日本の産業化の過程で進化した日本文化を破棄してしまったことを決して意味しない。おそらく文化は過去と比べて同程度に重要なのである。

　産業社会とポスト産業社会において個人主義は増進しているだろうか。市場がこの効果をもっていることはまったく疑うべくもない。しかしこの効果は社会学の古典期の代表的な理論家たち全員によって注目されてきたことであり，したがって個人主義はポストモダン状況ではなく，むしろ初期モダニティに存在した状況である。たとえ人びとがもっと個人主義的になるとしても，彼らはあいかわらず主要な団体単位——家族，友人ネットワーク，近隣地域社会，宗教組織，また仕事場にさえ——に愛着をもちつづける。個人主義の進行が団体単位への愛着を激減したという見方は，都市住民や家族の生活に関するデータが明らかにしめしていることとは違う（Fischer, 1982）。

　最後に，人間はナルシストではないにしても，自己中心になりたがり屋（reflexive junkies）なのだろうか。彼らはつねに自己に思いをめぐらすが，決して

それを「1つに統合しよう」とはしない。人間はこれまでもつねに自己中心的であった。自己中心的であることは結局のところ，人間であることの重要な証の1つである。社会化に関するデータによれば，個人は少年期までに中核的な自己の概念化を獲得する傾向をもつ。この概念化が知覚と行動を方向づけている。市場と分化によって変化したものは，弱い紐帯による所属関係と人びとが演じる役割の網状組織が増幅したことであり，そのデータは，個人が多様な団体単位のなかで演じる主要な役割ごとに状況的なアイデンティティをもちやすいことをしめしている。しかしこうした多くの状況的なアイデンティティは，人びとのより持続的な自己概念化に統合される傾向をもち，したがっていっそう複雑であるが，それにもかかわらず，ほとんどの人の場合に統合された自己をつくりだしている。中核的な自己概念化の周辺で層化されている複雑な役割アイデンティティが，ポストモダニストたちの仮定とは対照的に，ほとんどの個人の自己概念化に安定性，一貫性，制御力，予測可能性を与えている。

　要するに，われわれはポストモダニストの多くの主張がおそらく経験的に誤っており，彼らが社会進化の新しい段階を発見できなかったと結論づけることができる。ポスト産業社会は，経済，宗教，地理経済学，地政学のいっそうの変化によって変貌を遂げるが，しかし新しい社会形成を現状において弁別することは困難である。グローバル化が新しい社会類型をつくりだすかもしれないが，しかしこうした新しい社会形成の効果が，ポストモダニストたちが提起し，また（あるいは）予見したものであるとみなすことは疑わしい。

9.2.3　政治の民主化

　20世紀半ばの進化論的理論家の一部は，政治民主制が完全なモダニティの最終要素であると主張することによって，一種の歴史終焉論を提起したことは広く知られている（たとえば，Parsons, 1966, 1971）。この種の主張は極端ではあるけれども，人間社会における政治の本質における重要な変革を把捉している。主要な政治指導者たちの民主的な選出という方法の採用が事実上すべてのポスト産業社会で劇的に増進している。民主制は産業的である大多数の社会に存在

するが，しかしそうした社会の多くは民主制のあらゆる装置——大統領や議員の選挙——をもっているにもかかわらず，人びとは実際に，誰が彼らを指導することを願っているかについて発言権をもっていないので，半民主的状態に留まっている（たとえば，中華人民共和国，シンガポール，イラン，北朝鮮の人民）。それでも，われわれが1つの趨勢を予測するとすれば，それは少なくとも，多様でしかも力学的な市場を保持する社会に向かう，つまりいっそう民主的な構成体に向かうだろうということである。

　市場は，政治指導者がどのように選出されるかに関して民主化の効果をもっている。なぜなら市場は力学的であるため，市場が相対的に自由であると，これは個人や団体単位による売買に選択権を与えるからである。行為者たちが交換関係において相対的に自由な選択権をもっている場合，彼らは政治指導者の選出においても同じことを要求しはじめる。不同意を抑圧し，公開選挙を回避する政体は，個人や団体単位の行為を監視し統制するために権力の強制的ならびに管理運営的な機構をおおむね動員してきた。そうした政体は象徴的正当化の基盤として完全な市場過程に敵対する極端なイデオロギー——たとえば，中国の文化大革命の背後にあるイデオロギー，または中近東のいくつかの国にみられる過激なイスラム教信念の利用——をしばしば用いる。イデオロギーがいちじるしく狭義に焦点化され，しばしば反資本主義的であり，また国家が市場活動を刺激するための物資誘引を無視するほど，強制的，管理運営的な権力を統合し集権化してしまうと，経済は停滞する。そのため国家は標準生活水準以下で——産業的世界とポスト産業的世界からみて——生活することを強いられている人口集群を統治するため，より大きな権力統合を必要とするかもしれない。進化した類人猿としての人間が，政治指導者の選出を含めて，事実上すべての行動領域でより多くの選択肢を選好することは明白である。類人猿を祖先にもつ人間にとって，こうした拡張は政治を民主化するための圧力の穏便な行使である。ところが大量の強制的，管理運営的，またイデオロギー的な権力基盤の統合がこうした圧力に対抗的に作用することはいうまでもない。それでも社会の指導者たちが現代の資本主義下で経済を成長させ，市場のいっそう自由

な操業を許容し，実際にそうしているならば，民主化の圧力がいっそう強まることは必定である。たとえば，今日の中国における民主制の水準を20年前のそれと比較すると，その変化は劇的であるが，しかしいぜん完全とはほど遠い。旧ソビエト連邦陣営がさらにもっと好例を提供している。なぜならこの陣営のほとんどが今では民主制を施行している（ただし民主制の装置はあるものの，

表9.3 産業社会とポスト産業社会における政治形態

	産業社会	ポスト産業社会
意思決定と指導力の中央集権化	専制君主の消滅（ただし一部の社会には名目的な君主が在任している）。公僕による中央集権化した国家官僚制。これは任命制，立法者や執行の意思決定者の選出と結びついている。しかし政党の数と選挙候補者の自由度は非常にさまざまである。	産業社会と同じ。ただし立法と執行の指導者が選挙によって選出される民主制は劇的に成長する。候補者間の真の意味での競争の程度はさまざまである。政府の立法，行政，司法機関の中央集権化のパターンは多様である。
権力基盤の統合		
物資誘引的	累進的な所得税（また時には，富裕税）と租税の広汎な体系。これに取引税と財産税とが結合している。別々の下位人口群ごとに課税する操作，ならびに特定の人口集群への税収の再配分が，権力の物的基礎を操作するための共通な基盤になる。福祉国家が出現する。	産業社会と同じ。ただし租税補助と租税支出を通じた租税ならびに再分配の，より複雑な体系をともなう。また人口集群の特定部分への租税出動と直接的な財政支出。福祉国家が拡張する。ただしその規模と範囲にかなりの多様性がみられる。
象徴的	宗教的象徴への信頼の低下と，世俗的象徴への信頼の増大。イデオロギー，公民権，憲法と法律の原則，福祉活動のイデオロギー，ナショナリズム，地政的な活動と関連する信念体系。	産業社会と同じ。ただし象徴の世俗体系への信頼のいちじるしい増大。
強制的	職業軍隊と警察の高度な能力が戦術的に使用され，またかなりの程度で，法律によって制約される。	産業社会と同じ。強制的行為に対する法的制約はきわめて明白である。
管理運営	すべての制度領域を事実上統制する膨大な国家官僚制。教育資格によって証明される専門職によって幹部が構成され，彼らはまた公務員の昇進制によって規制される。	産業社会と同じ。行政体系によって従来隔離されてきた活動を「私化する」。いくらかに営為をともなうが，しばしば失敗する。

民主制の現実を証明するものはごくわずかである）。その一部は今ではEUへの統合を求めるに十分なほど民主化されている。

表9.3は，産業社会とポスト産業社会における政治の輪郭を要約している。民主化によって権力の基礎は以下のような特徴をしめす。(1)権力の強制的基礎の最小使用，あるいは高度に選択的な使用，(2)法体系からの象徴による正当化，(3)広汎な管理運営的官僚制への依拠（その職員は経験に基づいて募集され，昇進する，またその幹部はしばしば指導者に対して責任を負う），そして，(4)人口集群の幅広い分節体のための税制と再分配政策による物資誘引の広範な操作，である。

産業社会とポスト産業社会における政体は，4つの権力基盤の中央集権度に幅広い変異をしめす。やがて脱集権化が起こるが，もっぱら管理行政的な官僚制への大きな権力集中と物資誘引への大きな信頼のあいだを往ったり来たりする循環がある。それでも権力にある程度の集権化がみられる。政体が分権化しすぎると，政体は社会力としての規制の選択圧力に対応しきれない。社会が外部と内部の脅威に遭遇すると，権力の強制的規制と管理運営的規制の集権化が生じる。脅威が後退すると，権力の脱集権化が自由市場に特有な力学をいっそう刺激しがちである。

民主化した政体のジレンマの1つは，立法，行政，司法の権力の要素間に均衡を保つことである。権力は行政部門にいっそう集中しがちである。次いでこの傾向は，法律を制定する選出議員とこの法律に従って裁定を下す法廷が自律的でなくなることを意味している。しかしこれが民主形態を含む，すべての政治でみいだされる傾向であるとしても，時に管理運営的，強制的官僚制の非常に高い水準における権力の過度の集権化に対して抵抗するよう選出された立法府の議員ならびに高等裁判所の判事たちを動かす対抗運動がみいだされる。なぜなら力学的市場に依拠する社会において個人や団体単位は，自由の過度な制限に対して抵抗をしめすからである。産業社会とポスト産業社会の政治民主制下の政体は，極度の脅威下（「敵対国」などの「危険状態」）においてのみ，権力の中央集権化と，市民と団体単位の選択肢の制限をしばらくのあいだ正当化

しうる(たとえばアメリカ合衆国はテロリズムによってうみだされた9・11事件への対応において愛国者法を施行した)。

したがってこうした政体の側面は，経済活動を組織するために，団体単位(企業経営体，労働組合，産業団体)と結びつきながら，自由市場を活用しようとする経済からの選択圧力の結果である。このような経済は，法律，順法状態を監視する行政組織，また特定種類の経済活動と市場取引を促進する物資誘引による規制のための選択圧力をうみだす。抑制的な行政官僚制と結びついた強制力を用いることは，一方で狭く，また極端なイデオロギーによって権力を正当化し，物資誘引を制限すると共に，経済の広汎な部分における技術革新を減少させてしまう。これらは革新をもたらし，富を創造する自由市場の力学を押し潰す結果になり，したがって経済の国内総生産を成長させる形で技術体系，資本，労働，私有財産を用いることのできる企業的団体単位の形成を阻害することになる。

9.2.4　統合的機構としての法律の影響力強化

初期の機能理論家たち(たとえば，Durkheim, 1963［1893］；Spencer, 1874-96)と共に，われわれが強調したように，資源を分配するための主要な手段として市場を用いる大規模で，高度に分化した社会体系は，規制のための強い選択圧力をうみだす。こうした圧力は政体だけで運営できない。なぜなら規制のための官僚制をめぐる個人と団体行為者間にとてつもなく多くの事案が山積するからである。事案が飛躍的に増加すると，法大系，司法制度，また法体系の基でさまざまな行政機関と執行機関のすべてを拡大せざるをえない。そうなると，立法とその執行が政治内部にいぜん組み込まれているとしても，制度領域としての法律が政治からますます自律していく。産業社会とポスト産業社会における法体系の要素が表9.4で概括されている。

(1) **法大系**　産業社会とポスト産業社会における法律は，地方の条例と国家法の複雑なネットワークを中心にして発展する。不法行為法と刑法の双方が

表9.4 産業社会とポスト産業社会の法律

	産業社会	ポスト産業社会
法大系		
実体法	4つのパターンの1つに従って組織された成文法。(a)公民法、(b)慣例法、(c)社会主義者法、(d)宗教法。各型は犯罪を指示し、行為者と国家の関係を特定し、行為者間の関係を媒介する規則をもつ。すべての体系は、これらが「市民文化」の表現をもたらすと、大衆とエリートの文化価値と伝統の混合を反映する一般的な前提条件を明示する。	産業社会と同じ。ただし「市民文化」、広汎な法的前提条件、また選出の政治的圧力の組み合わせが実体法の大系化に多くの制約を課す。
手続法	法体系におけるすべての機関がどのように行為をするか、また係争者が法廷で事案をどのように準備し提示するかを特定する明確な規則体系。その体系におけるすべての行為者の権利と義務を特定する手続法。手続法は実体法の定式化を導くために頻繁に使用される。	産業社会と同じ。ただし手続法は実体法をいっそう制約することになる。
立法	政府のほとんどの水準で、選出された代表者が新法を制定する。しかし「選挙」における自由と選択の程度はさまざまである。代表団の性質は異なるが、しかし選出された立法者の2つの機関が合同して立法を行う。民法体系を除き、裁判所の決定も法体系に貢献する。	産業社会と同じ。ただし選挙はいっそう自由である。積極的で多様な政党のために、潜在的な候補者たちによって広い選択の幅が用意される。
裁判所		
判事	判事と政治家の位置上の分離が強まる。しかし判事は国家によって制約されており、またその逆も当てはまる。教育、経験、能力による判事の専門職化。しかし判事が選出される(ふつう地方水準)体系では、判事の政治からの分離と専門職化の双方が低下する。法体系によって判事は自律性と権力を保持している。慣習法体系で最大の権力を付与されるが、民法や社会法ではさほどの権力をもたない。	産業社会と同じ。ただし判事は政治や宗教の権力からいっそう自由である。
陪審	対等陪審、判事、専門家の陪審による審理が通常になる。これによってエリートによって支配されていた陪審が置換される。助言者やエリートたちの評議委員会は主要な法廷機関として消滅する。	産業社会と同じ。
弁護士	法務職の完全な専門職化。そのための試験制度と統括団体。	産業社会と同じ。
裁判制度	地方、地方圏、そして国にいたる裁判所の階統。最高裁への控訴体系。刑法、民法、軍事の明確な区分(時には、海事裁判所がある)。	産業社会と同じ。
裁判所の官僚制化	裁判所の完全な官僚制化と専門職化。教育資格、試験、配置と昇進のための公務員制度。しかし判事が選出されるような場合には専門化は弱体化する。	産業社会と同じ。
法律/裁判所の裁定の執行	地理的な管轄の区分(たとえば地方、地方圏、州、国)ならびに機能(捜査、強制、諜報活動)による分化。完全に専門職化されている執行機関はしばしば政治領域の積極的な既得権になりがちである。	産業社会と同じ。ただし手続法がいっそう行使される。執行機関と手続き上の制約を課してくる裁判所/立法者とあいだの対立が頻繁に生じる。こうした対立は警察、保安官、州警察官やその他の執行機関を政治的圧力団体にさせる。

発達するが,しかしおそらくもっとも急速な発展は行政法の成長にみられる。これは一方で国家官僚制と,他方で個人と団体単位のあいだの関係を規制し調整する。法律を大系化するいくつかの取り組みは,とくに慣習法の判例が決定された時にはじまるが,しかし法律の継続的な立法と多くのさまざまな裁判所による法解釈は,法大系がどのように組織されるかを制約する。上級裁判所の裁定は,上級裁判所の裁定と一貫しない法律を未然に防ぎながら,法律の大系化を可能にすると共に,上級裁判所の裁定と重複する別の法律をいかに解釈し適用するかに,ある程度の指針を与える。法律が制定され,成文化され,上級裁判所の裁定によって統合されると,法律は社会の広汎な文化や政体からかなりの自律性を確保する。法律の制定,裁定,執行は順次専門職に引き継がれなければならない。なぜなら法律の複雑さが訓練を積んだ専門職を必要とするからである。立法者の専門職（彼らは高い割合で弁護士である），判事,執行機関さえもが,法律の専門職でないものから切り離される。

　ほとんどの政治的民主制は,憲法,あるいは慣習法の判例の集合を整備しており,これらが正義の一般原則,個人と主要な団体単位間の適切な関係,および国家と国家でない行為者間の関係を適切に処理する。こうした広汎な法律上の信条が法の制定,裁定,執行に必要な指針を提供し,これによって法律にある程度の一貫性が与えられる。こうした法大系,とくに広汎な憲法理念に公式に明記されている価値が,権力の象徴的基礎を政体に与えるうえできわめて重要である。

　(2) **裁判所と法律に基づく裁定**　　逸脱と事件をめぐる係争の頻度が必然的に裁判所の増設と分化を促した。最高裁判所から都市や町部の地方裁判所へと下降していく裁判所の階統が成立する。また裁判所の専門化——行政,刑法,軍事——があり,裁判所の人員もいっそう専門化した。すべての法体系の抱えている慢性的な問題は処理しなければならない膨大な事案件数である。すべての事案に裁定を下すには裁判所もまた裁判所の人員も不足しがちである。そのため刑法事案のきわめて高い割合で裁判所外部での司法取引の交渉が行われ,

また別の事案は拘束力のある仲裁によって処理される。

(3) 執　行　　法律と裁判所による裁定の執行は高度に専門化した機関によって処理される。地方自治体を基礎にした警察，州警察もしくは管区警察，国家の行政官僚や軍隊の主要な一翼に付属する連邦警察，裁判所内の秩序を維持する法廷警察，あらゆる水準の収監所の刑務官などである。こうした執行機関は階統的な官僚制の一翼であり，また多数の社会においてその人員は労働組合に加入している。きわめて多数の執行機関がいつも抱えている問題は競争意識と対立をもたらす管轄区域間の縄張り争いである。さらに大きく面倒な問題は，執行機関の自律性の増強と執行活動における手続法上の違反を秘匿する官僚制化した機関の体質である。それでも，ほとんどのポスト産業社会において，明示的な手続法が存在し，これが執行機関の強制権力を制約している。それが強制権力の濫用を監査するための内部手続きを明記し，また違反者を起訴する行政裁判所に権限を与えている。強制権力に対するこうした抑制はしばしば貧弱で，しかも効力を欠くが，しかしそれらは時に強制権力の濫用を阻止する作用を果たす。

　複雑な法体系が整備できていないと，ポスト産業社会は安定せず，また力学的な市場における多数の関係を調停する社会では法大系，裁判所，執行機関は従来にも増してますます複雑になる。ソビエト連邦の崩壊はその問題の明白な実例であり，法体系が国家の民主化と資本主義と自由市場の導入によって出現する新たな事案を処理できるよう構造化されていないと，その問題が表面化する。資本主義を活性化させる取り組みはその当初において悲惨であった。なぜなら私有財産，契約，国家と経済行為者の関係を明記する法大系がほとんど整備されていなかったからである。そのため，10年の長きにわたるロシアの混沌と腐敗が現実問題となり，その結果は現在もなお明白である。それとは対照的に，中国はもっとゆるやかに自由市場経済に移行した。そのため法大系と裁判所がそうした法を整備すべく進化し，もっと有効に作用しうる時間的なゆとりがあった。しかし，ほとんどの産業社会とポスト産業社会の場合，大きな強

制力に依拠している国家権力の継続的な中央集権化は，中国に資本主義が普及すると共に将来に大きな問題を投げかけるだろう。だが長い時間にわたり，関係の複雑さが規制に対するいっそう強固な選択圧力をうみだし，法体系の拡大と自律性がポスト産業社会における事案の莫大な数量と多様性を処理するための唯一の機構となっている。

9.2.5 核家族に回帰する長い冒険旅行

　政体，法律，市場，官僚制の出現によって園芸農耕社会に単系的親族体系をうみだした選択圧力は低下しつづけた。規制，調整，管理運営の選択圧力に対応できる農業社会のそれを超える代替的な構造が現に存在している。事実，農業社会の時代において継続して精密に仕上げられた親族体系の残滓が，現在ではこうした代替構造に道を譲った。したがって経済における事業経営構造に残存している親族関係，政治などの制度領域における官僚制の代行に対する圧力が存在したのである。この親族関係の檻は進化した類人猿にとって自然でなく，確かにわれわれの行動性向に逆行していたので，そうすることができるようになるや否や，人間はこの社会構成体を手離したことは至極当然であった。再度の核単位化への過程は農業社会の時代全般をとおして進行した。単系出自体系の最後の痕跡は親族と非親族の労働者を組織した家産制家族であった。

　表9.5は，産業社会とポスト産業社会における家族の基礎構造を要約している。農業社会における家族のおそらくもっとも重要な変化は，狩猟・採集社会でみられた平等なパターンへと向かう権威規則の移動であった。家父長制はポスト産業社会の核家族にも存在しているが，しかし女性の労働市場への大量参加が，物的資源に対する制御（狩猟・採集社会におけるように），その結果としての権威の平等を要求する権利を女性に与えた（Blumberg, 1984；Chafetz, 1990）。しかしそれでも，すべての研究は，就労している女性たちが家事労働の分担分よりずっと多くの部分を担わなければならない現状を実証している（Hochschild and Machung, 1989）。したがって狩猟・採集社会の核家族に回帰する冒険旅行はいまだ完了していない。

表 9.5　産業社会とポスト産業社会の親族関係

	産業社会	ポスト産業社会
規模と構成	拡大親族関係は事実上消滅した。ただし種々な民族的な移民／事業体や農業部門にはなお拡大親族関係がみられる。出生率の低下は家族規模を核的単位に縮減した。	産業社会と同じ。ただし標準的な家族規模は低下し，子どもをもたない家族数が増加している。
居住	新居住。労働市場の機会に応じて移動する自由をもつ。多様な家族居住は，貧困な下層階級，民族的移住者，また農業部門においてのみ一般的である。	産業社会と同じ。
活動	女性が家事とは異なる労働市場に参入し，子どもたちが仲間文化に統合されると共に，性別と年齢別の分業はますます漠然とする。	産業社会と同じ。ただし性別と年齢別の分業はいっそう漠然とする。性別に関して，また程度は低いが，年齢別に関して平等主義への萌芽的な趨勢が認められる。また家族外での活動が全家族員で増加する。
出自	単系的な出自は，遠い祖先の世代が断ち切られるせいで双系制になるため，事実上消滅する。	産業社会と同じ。
権威	いぜん男性が支配的であるが，しかしそれは明瞭でなくなり，また決定的でなくなる。	なお男性支配であるが，しかしかなり漠然とし，また平等に向かう趨勢がみられ，あるいは少なくとも，男性と女性が権威を共有する。
婚姻	インセストは禁止される。内婚と外婚に関する明示的な規則はない。婚姻の解消は許容され，ますます解消しやすくなる。最初，離婚と解消の割合は増えるが，その後低下する傾向がみられる。	産業社会と同じ。ただし離婚率は上昇するが，しかしその後，離婚率は低下する。

　親族関係の優位な形態として核家族がふたたび登場すると，出自規則は（ほとんどの狩猟・採集社会がそうであったように）再度，双系的へと変わった。居住規則は新居住的である。婚姻規則は「愛情」を配偶者選択の明示的な基準としている。それでも階級内婚と民族内婚の明瞭なパターンは存在する。婚姻の解消と離婚の規則は，今やそれらを当たりまえであるとする比較的容易な法体系に組み込まれている。上述したように，家族内分業に関する規則は男性よ

りも女性に大きな負担を負わせている。ところがこれらの規則は不安定であり，したがって夫婦間での話し合いを必要とする。権威はいっそう協同的な役割関係に移行している。しかしこの趨勢には明確な階級上の偏向がみられる（中流階級の夫婦は労働者階級の夫婦よりも平等な関係をもちがちである）。

　現今における親族関係の単位は市場での消費と，再生産機能に志向している。家族は感情的支援，また基礎的価値，信念，技術的でない技能，またもちろん，新しい世代の誕生と生物的介護のための主要な場所である。制度領域内の役割が家庭内でたやすく学習できる知識と技能以上のことをその担い手に要求すると，とくに両親が共働きである家族の場合，多くの社会化機能が学校によって担われることになる。

　しかし現在の家族は，狩猟・採集社会におけるそれよりも孤立している。他の親族員たちは核家族の周辺で生活しているとしても，しかしそれぞれのメンバーは住居構成の建造物によって分離された世帯として独立している。そのため家族は親族や地域社会のサポート体系の支援をえることなく，多大な感情負担ならびに管理上の負担を担わなければならない。ある程度の孤立はヒト上科にとって自然であるが，しかしその孤立が高水準の感情に向けて配線しなおされた進化した類人猿にとって緊張をどのように管理するかという問題が重大になる。

9.2.6　優位する制度領域としての教育の出現

　人類史のほとんどを通じて基礎的な社会化以外の教育は劣性な制度領域であった。しかし産業化と共に，公共教育がそれまで以上に多数の人びとに，また最終的に，全人口を対象とするまでに拡張された。産業化の時期に教育は再生産の圧力への反応ほど大きくはなかったが，それでも教育は社会力としての規制に由来する圧力によって拡大した。国家は公立学校と私立学校の規制をとおして全市民と全移住民に対する市民文化に向けた社会化の実習を求める。人口集群のメンバーが共通の市民文化を共有すると，調整と管理がいっそうたやすくなる。もちろん，識字能力は仕事をするうえですべての労働者に役立つが，

しかし産業生産——人間の分業と連動する機械——は，基礎的識字能力以上の高等教育を受けた労働力プールを必要としない。しかし分化しつづける制度領域における新種の技能的な役割の増殖と共に，教育がこうした構造を再生産することになる。それゆえ科学，医療，宗教，研究活動，経済における管理的地位，政治（そして教育それ自体）における行政幹部が，一定の識字能力のある人びと，そしてある場合には，高度な技能の担い手の不断の流入を必要とするのである。次に，制度領域の分化にともない，選択圧力が初等教育水準を超えて，中等，さらに高等教育水準へと教育課程を引き上げていく。

早期に産業化した社会は教育制度を拡充し，高等教育が学生を選抜することを可能にした。教育と経済開発のこうした関連は，世界中を駆けめぐるイデオロギーへと成長した。そのため世界銀行のような国際組織団体が教育機会を増進する社会に対して基金借款を実施している。十分な証拠によって裏づけられているわけではないが，その前提は，教育を受けた労働力が開発そのものを推進するという期待である。このイデオロギーによれば，人的資本が物的資本と同程度に重要である。そのため開発途上にある世界の多くが大衆のための政府支援による教育モデルに従っている。成績の優秀な学生たちは高等教育を受けることができる。

現在，ポスト産業化の局面にある早期に産業化した社会は，従来よりも多数の人びとに高等教育の機会を提供している。アメリカ合衆国は例外であるが，かつてほとんどの社会では，市民のきわめて低い割合のものだけが大学学士号を取得した。しかし最近数十年において高度技術経済における人間資本の需要が上昇すると，若い人口の3分の1が大学で学士号を取得している。さらにほとんどの先進のポスト産業社会では10パーセント超が大学院修士号を取得している。

現代に出現した制度は，すべての未成年人口に教育機会を提供し，評定と標準化した全国試験の成績によって学生たちをふるい分け，その軌道に乗せている。ほとんどの社会において，こうした試験が生徒たちの経歴の早期に訪れ，典型的には初等学校の修了時，あるいは中等教育の最初に，または中等教育期

間中に，生徒たちがふるい分けられている。それゆえ，ここでもアメリカ合衆国は例外であるが（「遅咲きの人たち」にも教育機会を提供している），ほとんどのポスト産業社会における教育制度は，大学進学の若者を早期に選別し，大学進学から切り離された職業専門学校，あるいは教育制度内部の別の軌道へと分別している。

　すべての若者を社会に引き入れる体系は，不可避的に高度官僚制化をもたらす。ほとんどのポスト産業社会で連邦政府が，高低双方の教育制度に資金を供給している。ここでもアメリカ合衆国は例外である。というのも，学校資金の大多数が地方と州政府の財政によるか，私立学校と州立高等教育の授業料によって賄われているからである。一部のポスト産業社会では，高等教育水準も私立学校に向かう萌芽的な趨勢がみられるが，しかしこの移行はアメリカ合衆

表9.6　産業社会とポスト産業社会の教育

	産業社会	ポスト産業社会
指導	学習は初等，中等，そして大学水準の学校からなる，官僚制化し，また階統的な体系で実施される（一部は私立であるが，ほとんどは国家が経費を負担している）。初等と中等教育は広く普及している。大学水準の教育は少数者に限られる。私的な家庭教師は特定の技能について存在するが，しかし指導の基盤としては衰退する。	産業社会と同じ。ただし大学水準の教育は中等学校卒業生のより大きな部分におよぶが，しかしこれはきわめて大きな変異をしめす（中等学校卒業生の25から65パーセントの拡がりをもつ）。
科目	読み書き，算術の基礎技能の習得。歴史と市民文化。一部の中等学校は職業技能を提供する。また一部は文学，数学，科学，芸術，歴史，また社会科学といった，大学を志向したカリキュラム。	産業社会と同じ。ただし科学とコンピュータに基礎を置いた技能の強調がみられる。
人生上の通過儀礼	学位と試験の広汎で，間断のない体系。定期試験と教育軌道への移動によって区切られている。	産業社会と同じ。ただし学位，試験，学歴体系に対する差別効果を緩和しようとする努力がみられる。また学校階統を完成するために必要な文化的ならびに財政的資源の不利なものを支援しようとする尽力がみられる。

国の教育制度におけるすべての水準での私立学校の圧倒的な数とは比べものにならない。官僚制体系としての教育は，比較的に標準化したカリキュラムに基づく試験の成績で評定を行うようになっている。学業記録（評定と標準化した試験）がその制度での「成功」の程度を表すことになる。この制度は強い資格偏重主義をうみだす。これにより個人が受けることになる教育程度の水準と種別が彼ら各人の能力の指標とみなされることになる。ひとたびこうした資格偏重主義のイデオロギーが確立されると，個人がより多くの資格を取得することによって競争の激しい労働市場で抜きんでようとするので，資格証明のインフレーションは必定である。もちろん，他の者たちがこの戦略を採用すると，資格は特別な意味を失う。そうなると労働市場で抜きんでようとする人たちはさらに高い教育を受けることを余儀なくされる。長い時間のなかで，資格が労働市場において差別化の効力のいくらかを喪失してしまうことは皮肉なことだ。表9.6は，産業社会とポスト産業社会における制度領域としての教育の特徴を要約している。

9.2.7　人間社会における宗教の重要性の継続

　かつて社会科学者たちは，制度領域としての宗教は社会において世俗化が進行すると衰退するだろうと予測した。科学がそれまで宗教の世界であった「神秘」を次々に説明し，国家主導の教育が世俗的な市民文化を訓導することによって宗教性を排除し，人びとが就労している官僚制は確実に世俗的で特定の目標を目指すことになり，また資本主義経済は宗教に規定された道徳的配慮よりも，むしろ世俗的な効用計算によって作動する市場での物的成功および（あるいは）利潤に人びとを集中的に向かわせるとみなされた。こうした予測は時期尚早であっただけでなく，誤っていたことは今になっては明白である。なぜなら宗教の重要性は世界中で高く維持されているからである。ポスト産業社会においても，宗教は人びとの人生において有意義な部分である。また国家が宗教を追放しようとしたところでさえ（旧ソビエト連邦のように），宗教はいぜん持続し，現在では繁栄している。表9.7が要約しているように，農本主義の時

第9章　産業社会とポスト産業社会の台頭

表9.7　産業社会とポスト産業社会の宗教

	産業社会	ポスト産業社会
信念体系	超越的と自然的の明確な区別。唯一神を表明する世界宗教の制覇，神殿の衰退，と非常に少ない神話体系。明示的な道徳律と価値体系が継続する。超越的な存在への準拠した新しい世俗的なイデオロギーが宗教信念をさらに世俗化している。「市民宗教」，たとえば民族主義，資本主義，ヒューマニズムをつくりだし，これが特定の世俗的活動と社会形態の唱道として宗教と同じ作用をはたす。	産業社会と同じ。しかし神殿と神話体系のさらなる縮減。自然領域と超越領域の分離についての若干の疑念。一部の教派における非経験的，また神聖なものについての個人的な解釈の強調。また一部の教派におけるあまり表明されない，厳格な道徳律。世俗的イデオロギーと「市民宗教」が宗教信念と競合する。
儀礼	若干の周年的な儀礼。その一部は宗教的な意義を失う（たとえばクリスマスの贈答品）。私的な儀礼が促進される。マスメディアは宗教的な心情を祝福し表現する媒体になる。	産業社会と同じ。ただし宗教儀礼はしばしば世俗的な儀礼によって補完され／代行される（たとえば「瞑想」，「日々の訓練」，「毎週のセラピー」）。マスメディアは儀礼実行の手段としてますます重要になる。
教派構造	寺院／教会（大規模から小規模まで）のさまざまな規模の官僚制的な構造。礼拝の決められた時間と場所。しかし規則に基づいて遵守され，また強要されることは少ない。政治的影響は小さい。ただし世論形成の能力は別である。新たな，また分裂した教派によるいくつかの体系において対抗的な教派の統合。民主制下では，教派は特定の立法計画のための政治的利害集団／政党陳情活動集団になる。	産業社会と同じ。ただし新たな国民的な教派構造が市場力とマスメディア，とくにテレビ（民営のテレビを認めている社会におけるテレビ）によってつくられる。教派は政治陳情活動と政党活動にますます関与するようになる。

代に地球中に伝播した世界宗教に明白な基礎的要素が，産業社会とポスト産業社会においてもいぜん健在である。ある程度信念の単純化と儀礼の「近代化」がみられたとしても，神々と超自然的な力の崇拝対象によって支えられる基礎的信念と価値は継続し，さらに教派構造が官僚制的な形態によって存続している。こうした大規模な世界宗教と並んで，小さな教派構造をもつ別の宗教，ならびに伝統的な宗教よりもいっそう世俗的であると同時に，「精神主義」と儀礼とを明白にしめす準宗教（たとえば，サイエントロジー，ユニテリアニズム）

が存在する。宗教信者にとっていっそう競争的な市場が資本主義社会において出現している。これにより教派構造は互いに信者の獲得をめぐってしばしば競合する。一般的な趨勢として，いっそう感情的，また福音主義的な宗教教派の構造がメンバーを獲得しているようであり，他方，旧式で形式的な教派が信者を減らしている。

　もう1つの趨勢は，さまざまな世界宗教の信者たちが社会間の地政学的および地理経済的な緊張あるいは社会内部の民族間の緊張を宗教対立とみなすと，宗教が世界水準での紛争の焦点になる。そのため対立が現状では道徳的であり，しかも神々によって裁可され，したがって協議と妥協が困難である。そのため対立は激化しがちである。要するに，学者たちによってなされた予測に反して，宗教は人間事象における強力な力でありつづける。

　狩猟・採集民における宗教の出現へと最初に導いた選択圧力は消え去ることなく，不安を和らげ，また人びとの行為を規制するための世俗的な代替物はしばしば失敗に終わる。確かに，不平等を生成する市場主導の体制が新たな種類の不安をうみ，国家，法律，市民文化と共に，宗教をも巻き込んで人びとを導く新しい統合問題が浮上する。不安などの否定的な感情をうみだす大きな脳をもつ個体主義的なヒト属は，超自然的なものへの儀礼に訴える力をそれらの問題の解法と，また一部の人たちにとって政治権力の檻の代用品とみなしがちである。宗教の熱狂者は新しい檻，しかし一部の人たちにとって，国家の世俗権力の基礎を組織する合理的-依法的な官僚制の鉄の檻よりもはるかに快適な新しい檻と思い込み入信しているのかもしれない。

9.2.8　不平等の低下と階層化の新たな形態

　狩猟・採集社会は平等の自由を謳歌したが，しかし不平等と階層化が社会進化における園芸農耕と農業の段階において増大した。ところが産業主義とポスト産業主義の到来によって，多数の変化が発生した。(1)不平等水準がいくぶん低下し，(2)階層制の階級はその数量，とくに貧困者と非常な富裕者のあいだに位置する中間階級を増幅し，(3)階級間は不連続でも，閉鎖的でもなくなり，

表9.8 産業社会とポスト産業社会の階層

	産業社会	ポスト産業社会
資源分配		
物的	農業社会と比べて、政府による租税分配の結果としての不平等の減少。生産性の増強（分配はゼロ・サム・ゲームでなくなる）。特権者と非特権者部門間の政治的・経済的な社会的対立の出来事。しかしまだかなりの物的不平等がみられる。	産業社会と同じ。
威信	教育資格、所得、権力、監督からの自律化に基づく高い不平等。しかし人口集群の大きな部分が若干の威信と標識を獲得できる。	産業社会と同じ。
権力	高い不平等。しかしそれは次のような事柄によっていちじるしく緩和された。公民権、法的保護、国家の行政官僚制の拡張。また選挙による政治、政党政治、利害集団を組織する能力の拡張（主として西欧的な民主制において、しかしまた旧ソビエト連邦陣営でもみいだされる）。政治的・経済的エリートは不釣り合いに大きな権力の割合を保持している。その多くはインフォーマルであり、公共から隠されている。	産業社会と同じ。
階級形成	階級としての貴族は消滅する。しかし一部の体系では象徴として、また一部の場合には、かなりの富の保有者として継続している。エリート、高等教育を受けた俸給取りの専門職、小事業主、ホワイトカラー労働者、ブルーカラー労働者と貧困者のあいだの行動、文化、所得、権力源の非常に明確な様態の相異。しかしかなりの所得が異なる階級間で重複している。（農業社会と比べて）高い移動率（個人と構造的移動の双方）が頑強な階級の障壁の維持に対抗している。農村部と都市間の文化の相異は農村人口の都市への流入のせいで低下している。そのため民族、都市と郊外の相異が農村－都市の区別よりも重要になる。	産業社会と同じ。ただし文化資本（教育資格の形態における）は階級区分のうえでより重要になっている。
移動	農場から都市の産業的位置への移動の急速な増加。ホワイトカラーと事業機会の増加が非エリート階級に相対的に高い移動率をもたらしている。しかし産業基盤の拡大がエリート階級への移動の機会を供している。	移動のいっそうの増加。教育資格がふり分けの機構になっている。ほとんどの移動は「構造的」であり、製造業における労働集約性からホワイトカラーによるサービス業への移動を反映している。この移動は「中間階級」内の移動に限定されがちである。しかしエリートからの脱落とエリートへの上昇もみられる。

そして，(4) 階級境界を交差する移動率が増加した (Lenski, 1966；Nolan and Lenski, 2004；Turner, 1985)。確かに，不平等は相変わらず継続するが，しかし農業時代と比べればいちじるしく低下した。階級の背景は農業時代よりも移動にとって低い障壁でしかない。表9.8 は，産業化とポスト産業化によって発生した階層体系の変化を要約している。

制度領域がそれぞれ資源を分配し，また制度体系が分化すると，分配される資源の数量と種類も増大する。たとえば，経済は多数の貨幣資源——賃金，俸給，自社株購入権，投資の配当金，企業活動からの収益金——をうみだす。同様に，政府は職員に所得を与えるだけでなく，権力，影響力，また高水準の地位の場合は威信をも与える。資源分配の多数の源泉をもつことによって，不平等のパターンは産業社会とポスト産業社会においてより複雑になる。さらに，一部の制度領域が高い水準の教育と技能——経済と政治における教育，医学，科学，高度技術のニッチ——を必要とする程度に応じて，資格証明，また時には，技能上の位置と関係する免許資格がより高い俸給に向かう個人需要をうみだし，また教育にともなう高水準の威信（と高い所得）を受け取ることを可能にする。ポスト産業社会の制度領域における非常に広汎な地位が高い水準の教育と（あるいは）証明書を必要とするので，より多くの人びとが貨幣，威信，時には権力や権威を競い合う。高い所得を獲得できない制度領域，たとえば教育や宗教におけるニッチにいる人びとでさえ，教育資格によって個人が威信を要求できる。

産業化と共に発生する労働市場の拡張は，技能的地位の有資格者に大きな需要がうまれると，彼らは高収入を獲得する機会をもちうる。早期のポスト産業化の時期において，高学歴者たちと高度技能労働者たちは所得を増加できた。ところが，一部の労働市場では労働力プールが膨らみ，技能労働者数が増えたためいっそう激しい競争状態にさらされている。そのため所得増加の圧力が低下する。グローバル化もまた市場における労働力のプールを増やすように作用し，所得の増加圧力を引き下げる。それでも多数の高い技能，高学歴を要する仕事は需要力をもち，個人が高い所得を手にすることを可能にする。こうした

仕事でえられる所得が株式市場への投資を可能にし，そして（または）自社株購入権，あるいは退職年金口座への雇用者拠出金のような金融商品からの付加的な所得源を供給すると，高学歴者の所得と富の全般的な水準がさらに増加する。そのため，ポスト産業経済において多くの人たちが所得，富，威信——とくに農業社会の人口集群と比較して——を上昇できる。

　たとえ技能水準の低い労働者でも，労働組合の結成によって，とくに産業化の初期段階において所得増加を実現した。産業生産が停滞するか，あるいは安価な労働力プールを求めて海外発注がなされると，高賃金を要求する労働組合の勢力が低下する。労働組合が低賃金のホワイトカラー職，あるいはいくつかの実例では，高学歴の専門職を志向するとしても，その勢力は労働者の過剰供給や海外発注の恒常的な脅威によって制約される。それゆえ，所得を上昇させ，そうすることで不平等を減じようとする労働組合の勢力は，産業化の向上と共に上昇したが，しかし現在では，発展したポスト産業化の到来によって陰りをみせていると思われる。それでも工業の外部においては多数の専門技能職者——配管工，電気技師，機械工，大工，修理技師など——の需要が高く，したがって彼らは高賃金を要求できる。だからそうした職種は半熟練の工業労働者，もしくは低賃金の労働者やホワイトカラーのサービス労働者とは一線を画している。

　産業経済とポスト産業経済は，過去に例をみないほど拡張をつづける市場ニッチを満たすため，技術体系，資本，労働，私有財産を結び合わせることのできる人びとの起業機会の劇的な拡張をうみだす。新規事業が参入し，市場の需要をうまく利用し，あるいは市場に需要をうみだす。零細な新規企業の大半は失敗するが，少数が生き残り，収益を上げる。一部の企業はその創設者と投資家に収益をもたらす大企業へと成長していく。と同時に，その賃金労働者や俸給者も自社株をしばしば保有している。会社が規模を拡大すると，経営者，経理や融資などのサービスの管理職，技能職——これらすべてが所得と富を築く——の専門職的な機会がうまれる。

　それゆえ，力学的な市場が富の蓄積機会を創出するが，しかし同時にそれは，

技能者と未熟練労働者のあいだに，高学歴者と低学歴の労働者のあいだに，大企業と零細企業のあいだに，トップの経営者と中間管理職者のあいだに，そして労働者と他の多数の類別単位と企業家のあいだに，不平等の新たな断層を生じる。さらに，市場が1つ，あるいは少数の団体単位によって支配されることになると，労働者の賃金，俸給や福利は一般に低下し，その一方で投資家の利潤とトップ水準の経営者の所得は通常上昇し，これによりさらにもう1つの不平等の基盤が形成される。

　政府の行動は，一方で所得と富の機会を増やし，その一方で新種の不平等をうみだす資本主義の市場の傾向に大きな効果をおよぼす。政府は富と所得に課税し，その後に徴税した歳入を再分配する能力をもっている。ほとんどのポスト産業社会は課税と再分配政策を堅持し，さまざまな程度で，不平等を減らしている（スカンジナビア諸国で大きく，しかしアメリカ合衆国ではさほど大きくない）。それでも，富裕者は政治的なロビー活動に投資できる資金をもっているので，政策はしばしば富裕者に有利に働くが，しかし同時に，人口集群のエリートでないメンバーたちが政府にかなりの影響力を行使することもできる。事実上すべてのポスト産業社会が高度に民主的であり，それゆえ富裕でない人びとも投票権を有している。彼らが産業社会とポスト産業社会の大多数を構成するので，彼らは所得と富を医療，租税還付，豊かでない人たちの働く場を確保するための経済への投資など実物給付によって所得と富を積極的に再分配する議員を選出できる。そのため不平等は農業社会と比べて低下する。

　今日，不平等と階層化に対するポスト産業化の効果を判断することはきわめてむずかしい。なぜならグローバル化と，可能なかぎり産業化しようとするすべての社会の世界規模の営為がみられるからである。成熟し，しかも労働者に高い賃金を支給しているポスト産業社会における製造の海外発注，日常的なホワイトカラー業務，専門的業務（たとえば，放射線医学，経理，エンジニアリング，そして建築）でもみられる海外発注は，不平等化の効果をもちうる。もし趨勢があるとすれば，それは遅れて産業化した社会の不平等を凌駕して現実に増加するポスト産業社会における不平等の趨勢である。機械や産業ロボット

がかつて海外発注されてきたブルーカラー，半技能労働者，ホワイトカラーのサービス業務の大きな割合を実行し，また小規模企業が地方市場に進出する大企業のために放逐され，そして大企業あるいは高度に専門化した職種における高い地位の管理者の小さなプールが高い所得を確保できる。人口集群の上位10パーセントの所得と富は上昇するが，しかしほとんどのポスト産業社会における他の多数者のそれはインフレの速度に比して停滞するか，あるいは低下している。しかし政府の政策はこの趨勢に劇的な影響をおよぼす。アメリカ合衆国のような一部の社会は，最小課税と最小の再分配政策を推進しているが，他の社会は不平等を減じるため税金と再分配を活用している。それでもグローバル化にともない，資本はつねに労働力が安く，その他の費用（工場，安全，保健，環境制御）も廉価である地域に移動する。それゆえポスト産業社会の労働市場では賃金や健康保険，退職金などの他の費用を押し下げる圧力が強く働く。こうした力学がいったいどのように展開するかを知ることははなはだ困難であるが，しかしたぶん不平等が成熟したポスト産業社会で増大するだろうと予測して，まずまちがいなかろう。

9.3　むすび

　先に述べたように，すべての社会が産業化し，自由市場に転換し，民主的な政府が発達するにつれ，「歴史の終焉」を宣言するということがほんの短いあいだ流行った。市場のグローバル化はこうした趨勢を将来において加速するだろうが，しかしその代わりに，グローバル化が経済を，したがって産業社会とポスト産業社会の他のすべての制度と階層を混乱に陥れるかもしれない。さらに地政的な事象——遅れて産業化に参入した社会の核武装，あらゆる型の社会におけるテロリズムを経て，旧来の征服型の復活にいたる——が社会進化の方向を簡単に変えてしまうかもしれない。メタ市場への過剰な投機，あるいはポスト産業社会における需要下降による暴落（実質所得の低下）から統合されたグローバルな資本主義経済が解体する可能性があるものの，それとは別の社会進化の行程がつづくかもしれない。そして，園芸農耕期以来，社会進化の行程

を変えてきた環境の悪化と地球温暖化の考えられうる影響に注目すると，どんなことが将来に起きるかをわれわれが予測することはきわめて困難である。世界社会，北アメリカあるいはヨーロッパ大陸のような地域社会など新しい社会構成体が出現するかもしれない。代わって，グローバルな経済が崩壊し，そして（あるいは）環境悪化が社会を分断し，新しい社会形成体に向かう脱進化をもたらす可能性もある。こうした可能性に加え，世界人口を減少させる広域に蔓延する流行病は，遺伝子プールにおける遺伝子の分布と変異の双方を変える可能性があり，だとすれば，われわれは社会進化と生物進化に「歴史の終焉」のないことがわかるはずである。

　人口集群，生産，分配，規制，再生産に由来する選択圧力は常在し，絶えず社会において個人を押し上げる。そのためグローバル世界におけるポスト産業主義の力学は，スペンサー流とダーウィン流の選択圧力のための誘発度が絶えず入れ替わることを確実にし，したがって社会は自然選択によって進化しつづける。選択がニッチにおける資源をめぐるダーウィン流の競合であるか，それとも新しい社会構成体あるいは旧来の構成体の変更をめぐるスペンサー流の挑戦であるかどうかにかかわらず，ポスト産業社会は，歴史の終焉でなく，人間社会のつねに加速し変質していくほんの瞬間でしかないのである。

注
1) 産業化に関する議論については，J. Turner (1972：30-42), Heilbroner (1985), Hilton (1976), Davis and Scase (1985), Chirot (1986), Beaud (1983), Kumar (1992), Smelser (1959), B. Turner (1990), Sanderson (1995a, 1995b) を参照せよ。ポスト産業化の概念は漠然としているが，しかしそれは，一方で初期産業社会と現状の産業社会の概略的な区分としてだけ意図されているが，しかし他方で労働者の50パーセント以上の人びとがサービス産業に雇用され，国内総生産物がきわめて高く，1人当たりの所得が高く，そして1人当たりのエネルギー消費が非常に高い社会を指している。
2) ウェーバー (1968 [1922]) の官僚制の理念型による描写には以下の事柄が含まれている。(1)分業，(2)分業における位置内および位置間の明示的な規範，(3)権限に関する位置の階統的な秩序，(4)感情中立的，無私的な役割遂行，(5)技術資格に基づく位置への任命と昇進，(6)位置は担任者によって保有される。そして，(7)雇用は個人が組織の階統を上昇する経歴を構成する。

第10章
異様な大地に押しだされた新参者
―― 社会文化という檻内で生活する進化した類人猿 ――

　社会現実を外側から見るだけで，その土台を看過してしまうと，人間は社会の現実をとうてい理解できない。社会現実が自らを構築した方途を歴史的に理解する必要がある。たとえ成功のチャンスがわずかでも，将来がどのようであるか，明日の社会がいかようであるかについて語るためには，人間は遠い過去の社会形態を研究しなければならない。現在を理解しようとすれば，人間は現在から跳び出さねばならない（エミル・デュルケム，1896-97, L'Année Sociologique.［社会学年誌］序文）。

　人間は現在でもなお，遠い祖先が樹上の生息域で進化した動物であることをしめす多くの生物形質を留めている。人間はそもそも類人猿であり，人間の解剖的・神経解剖的構造は3次元空間の樹上ニッチで移動しやすいように設計されている。しかも個体は一時的で流動的な集合内でごく少数の強い紐帯しかもたないで生活してきたが，しかし広く開けたサヴァンナに出ていかねばならなくなった。狩猟・採集民に転身した人間は，彼らの遠く離れた類人猿の祖先たちよりも，明らかによく組織されていたが，しかし核家族からなるバンドでさえも，樹上生息域で食料を探すため一時的に集合したヒト上科の流動性をいぜんある程度保持していた。今日，地球上で生活している65億人［2016年には73億人超］を超える人間の大部分が都市地域で生活している（Massey, 2005）。類人猿という基点からすると，この過密な都市環境は，小規模な狩猟・採集バンドから大きく隔たっただけでなく，人間にとっての祖先である類人猿とヒト属を組織していた弱い紐帯と流動的な構造からも遠く隔たってしまった。要するに，人間を取り巻く環境は非常に大きく変わってしまったのである。

10.1 複合化と制約の進化

10.1.1 ダーウィン流の選択からスペンサー流の選択への推移

　全体社会の進化は，社会構造をより複合的な構成体に構築することを中心にして，また等しく複雑な文化によって方位づけられながら展開した。もちろん，われわれの種がこうした社会文化的な構成体のなかでおおむね安穏に生活できたということは，人間のもつ適応力を賞賛することになるかもしれないが，しかしこうした複合体系のうち，いくつかの体系は，別の体系よりも類人猿とヒト属の祖先から引き継いだ行動属性とずっとよく適合している。狩猟・採集民のバンドは，個体主義的なヒト上科を強く組織する必要を適えるための容易ならざる妥協の産物であった。生存と繁殖に成功を収めるために，人間はバンド内で持続しうる家族構造をつくって生活せざるをえなかった。この後につづいた社会構成体は，核家族やバンドとは比べものにならないほど，人間にとって過酷な締めつけであった。園芸農耕社会における親族体系と権力の綿密な構成，そして次に農業社会における国家，大規模な都市地域，階層制の出現は，個人と集合体の行為を格段に制約した点で熾烈であった。各段階――狩猟・採集から園芸農耕社会を経て農業社会にいたる段階――において，新しい社会文化的な檻が，類人猿の祖先から受け継いできた人間性の部分を次々と蚕食していった。こうした新しい檻は強力な選択圧力への反応の明白な結果である。人口集群の成長，生産，分配，規制，再生産によってつくりだされるすべての圧力上昇が，社会構造と文化の精巧化をもたらし，次にこれらが人びとの行動に制約を課した。こうした選択圧力は，エミル・デュルケム（Durkheim, 1963 ［1893］: 262）が強調したように，ダーウィン流の選択圧力であった。というのも個人と団体行為者はさまざまな社会文化的なニッチで資源をめぐって競合したからである。ところがさらに，その圧力は本質的にスペンサー流の選択であった。なぜなら人口集群が成長し，定住すると，それらは物資やサービスをどのように収集し，生産し，分配するか，より大きく成長した人口集群をどのように調整し制御するか，また多様な社会文化的構成体を維持できる社会構造，文化，

第 10 章　異様な大地に押しだされた新参者　343

個人をどのように再生産するかという問題に遭遇したからである。こうした力が個人や団体行為者に解決法をみいださせ，あるいはその結末のせいで彼らに辛酸をなめさせた。高密度状態で生活している人びとの資源ニッチでの競争は，こうした圧力に対処することを必然的にもたらしたが，こうした圧力を重大な問題にさせたのは，ほとんどの場合，必要な社会構造が欠けている（あるいはダーウィンの用語を用いると，構造の粗密）状態が原因である。人間が生物物理学的環境だけでなく，構築された社会文化的環境にうまく適応しようとすれば，新しい社会構造と象徴体系を自らつくりだすか，それとも別の人口集群からそれらを借用する他に解決する方法はない。だから人間が適応しなければならなかった環境は，ますます社会的環境，つまり人間自身がつくりだした環境へと推移した。このように構築された社会文化的環境の選択圧力に適応できなかった人口集群は，不統合のせいで終焉を迎えるか，絶滅するか，それともダーウィン流の闘争の新たな形態によって別の人口集群に征服されるか，いずれにせよ破滅への道を辿ったのである。

　人口集群が選択圧力に反応するとき，社会進化はダーウィン流よりもラマルク的な選択になる。なぜなら新しい社会文化的構成体が創出され，そして新しい世代に承継されたからである。もちろん，生物進化が停止することはないが，しかしヒト遺伝子の変化速度は，人類が社会文化という檻のなかで生活しはじめて以降，きわめて穏やかであった。というのも社会文化的な檻はある程度，彼らの表現型とその基礎にある遺伝子型に対する選択を防止する役目を果たすからである。それゆえほぼ 15 万年前に人類が出現して以降，人類は生物学的にみると基本的な変化を実際に遂げていない。生物的変化の速度は，概して社会文化的進化の速度と逆相関の関係にある。つまり社会文化的進化の速度が生物物理学的環境における人口集群の適合度を増したということである。選択は本質的に，個人や社会に留まらない。選択は集団選択でもある。なぜなら集合的に組織できる能力は，社会構造と文化的象徴体系の発展を駆動する選択圧力の焦点であったし，現在でもなお確かな事実である。

　こうした人口集群に対する選択圧力の性質の推移のもつ 1 つの意味は，人間

性，すなわち特定の方法で行為する人間の生物的形質を大きく変えていないということである。むしろ人間性は，社会構造と文化によって課せられる新しい複合化と統制に遭遇し，緊張を孕みつつも適応してきたのである。たとえ社会文化的な拘禁状態という異様な大地に押し出されたばかりの新参者も，類人猿，次いでヒト属としての人間の形質が完全に淘汰されることはなかった。人口集群に対する選択圧力はホモ・サピエンスを社会文化的な檻に適応するように仕向けたけれども，それでも人類は自らの狩猟・採集民の祖先と同じ欲求と性向を保持しつづけた。

10.1.2 選択圧力としての人間性

　人間性を描出するための１つの方法は，特定の仕方で行動しようとする個人の選好，つまり必要要件として自ずと表れ，弱いけれども持続する圧力である。社会文化的な構成体に向かう生物的に基礎づけられた圧力は，身体を維持する資源を確保するための経済の進化，あるいは生殖，そして幼い子どもたちを社会化するための家族の出現においてもっとも顕著である。その他にもまだ，目に見えない圧力が働いた。この圧力は，人間にとって霊長目の祖先に由来し，われわれ自身の手によって創造された異様な新しい大地を動き回ろうとする場合に，できるかぎり特定の仕方で行動するよう個人を誘導した。

　人間性についての初期の憶測は，社会はどうあるべきかについての先入観——現今でもさまざまな批判理論において継続している問題——とみなされる人間の諸欲求，ならびに観察可能な人間行動と行動を規制する制度体系を基本的な人間欲求の指標とみなす傾向の組み合わせに悩まされつづけた。機能理論と批判理論は等しくこの罠にはまってしまった。機能主義は持続可能な方法で理論化することを拒絶してしまった。批判理論は，それなりに優れているものの，現状（一般に，資本主義）の社会のどこが誤っているか，また社会の再構築によって人間をもっと幸せにするため何が必要であるかを提起する際に，人間性についての彼らの考えを漠然としたまま放置している。いうまでもなく，もし（ところがこれは大きな疑問符つきの「もし」である）機能的アプローチ

と批判的アプローチが人間性について，また何が人間をもっと快適に，また幸せにするかについて推論を行う際に，霊長目とわれわれヒト属の祖先について利用可能なデータに依拠するならば，知的にまったく問題はなかったはずである。しかしこうしたデータをもたずに，理論家たちがわれわれの種としての本性の基礎的な性質を理解しようとしたのであれば，人間性の分析はつねに，まいっそう憶測に頼らざるをえない。

　それとは対照的に，進化した類人猿である人間の欲求と選好が，しばしば社会構造や文化と矛盾した状態にあることは，われわれにとって明白である。さらに人間性は，批判理論家や機能理論家が同じように「良い社会」と考えている状態についてのユートピア的な仮定を実現しようとすることと矛盾するかもしれない。人間性に接近するためにはイデオロギー的前提や既存社会の記述から出発するよりも，われわれはむしろ以下のように問うべきである。すなわち，自然選択は生物進化の長い行程において，いったいどのような行動性向をヒト上科に組み込んだのかと問うことである。この疑問に答えることによって，もう1つの暫定的な答えがえられる。つまり，どのような社会組織のパターンがこうした行動性向に適合するか，それとも不適合であるか，である。

　こうした疑問に順次答えていくことによって，人間性が特定の類型の社会構造を確立しようと，密かにだが，しかし強く求めたことについて優れた手がかりを入手できるはずである。人間はそう簡単に狩猟・採集の生活様式に復帰することもできず，まして密林で生活するターザンやジェーンのような存在にはなりえない。だからこそわれわれは，人間性が社会文化的な複合化と統制からなるこの異様な新大地において，活動を組織するため構造と文化にどのような圧力をかけたかについて吟味しなければならない。

10.2　人間（類人猿）性

　上述したことを踏まえて，われわれはここで重要な留保条件を付記すべきだろう。自らの研究に人間の欲求や行動性向について検証されていない仮定を組み込んでいるにもかかわらず，多くの社会学者は人間性を主題として取りあげ

ることを拒絶する。社会構築物——社会構造と文化の世界——は，人間性についてもはや疑問を抱く余地のないほど，生物力を削ぎ落としていると多くの社会科学者は自分勝手に思い込んでいる。実際に多くのことが生物学に準拠せず，社会文化的力によって説明できる。しかし生物学を無視してしまうと，社会学的説明につけ加えることのできる重要な洞察の多くが抜け落ちてしまう（Crippen, 1994：Lopeato and Crippen, 1999）。

　人間の生物的本性に起因する精細で，しかも持続する圧力が，人間にとっての類人猿の祖先と適合する方向へとわれわれを突き動かしている。こうした圧力とは，どのようなものだろうか。われわれは人間の神経解剖的構造に位置しているとみなしうる5つの力をみいだした。すなわち，(1)個体（個人）主義，(2)自意識と自己を確認しようとする欲求，(3)地理空間上で，またその延長線上で考えると，社会文化的空間上での移動，(4)共同態感覚と象徴的な加工によるマクロ構造の意識，(5)階統をつくりだす意欲である。こうした人間性の要素について簡潔に要約してみよう。

10.2.1　個体（個人）主義

　現存している類人猿と人間の祖先は，ほとんど弱い紐帯，おそらく現存のオランウータンにみられる最小の紐帯による最小の結合くらいしかもっていなかったであろう。大型類人猿と人間の祖先たちに存在した母親と乳幼児の強い紐帯があっただけかもしれない。しかしチンパンジーという特別な事例に明らかなように，選択はこの非常に弱い紐帯しかもたない彼らの共通な祖先に対していくつかの紐帯——きわめて珍しいといえるが，母親と成体した息子の親族関係と共に，これも珍しいことだが，チンパンジーの成体した雄同士の親しい友情の紐帯——を強化するために働きかけた。これと同じ選択過程が人間のヒト属の祖先にも働いたかもしれない。しかしすでに議論したように，この選択は強い紐帯をつくることに向かう生物プログラムによってというよりもむしろ，いっそう強固な紐帯と集団連帯をつくりだせる感情性の強化によって実行されたのである。たとえ社会連帯に役立つ堅く配線されたいくらかの生物プログラ

ムをもっていたとしても，大型類人猿（そして大型類人猿とヒト科の共通祖先）は，明らかに個体性に向かう行動性向を堅持していた。人間にとっても集団連帯は，個人が儀礼や別の対人的機構によって感情を帯びなければ不安定である。人間は今でも集団に呑み込まれることに躊躇し，そして個人主義と集合主義のイデオロギーの対立が，文化イデオロギーに収容されていると同程度に，人間の神経科学的構造に収容されているかもしれない。そして，選択機会が与えられると，人間は自由な選択と選択肢を与える社会文化的構成体に引き寄せられていったようである。

10.2.2 自己と個人主義

　おそらく，個人主義のある部分は，大型類人猿の脳の成長にともなう成果である。第3章で述べたように，類人猿と，他の，たとえばイルカや象のような少数の非常に知的な動物は，鏡に映っている自己を認知できる（他のほとんどの動物は自己の鏡像を別の動物とみなす）。非常に知的な動物であるが，しかし類人猿よりも知的に劣る猿は，鏡像を自己だと認知できない。だから類人猿と猿の脳の大きさの，ごく僅かであるが，明らかな相違は，鏡に映る「自己」を同定する能力とおおむね関係している，とわれわれは確信している（Gallup, 1979 ; Gallup et al., 1995）。

　脳がチンパンジーの3倍も大きい人間の場合，この自意識は劇的に研ぎ澄まされた。それぞれの，またすべての相互作用において人間は，自己を対象物とみなし，しかももっと安定した自己の概念化，あるいは対象物としての自己に関する感情的に誘発された認知を集合し蓄積することによって，自己の気持ちを引きだしている（Turner, 2002：101-119）。恥と罪による社会統制をきわめて有効にさせるのは，あたかも「鏡に映っている」かのように他者のジェスチャーを読み取り，また恒常的に行う自己評価の結果である（Cooley, 1964［1902］）。なぜなら否定的な裁可（あるいは道徳規範による個人自身の反省あるいは予想される他者の反応）は，ある動物が自己概念を他者の目の中に，またもっと大きな他者共同体の中に認める場合にかぎり有効である。

人間はあらゆる状況にもち込む，いっそう持続的な自己概念を発達させるだけに留まらない。さらに人間は，(a)自己が演じる特定の役割に結ばれた役割アイデンティティ (Burke, 1991)，(b)特定の社会的類別（たとえば，ジェンダー，民族，年齢，社会階級）に結ばれた社会的役割 (Tajfel, 1978) を錬成する。それゆえ，自己についての人間の能力は自意識を超えてかなり移動し，ほとんどつねに自己の多元的な水準と次元での自己評価をともなう。この後者の能力は，脳，言語，文化の進化をまってはじめて可能になった。一方でこの自意識が，類人猿との共通祖先から受け継いだ個体（個人）主義を強化する。人間は自己を確認すること，時には自己陶酔と思えるほど自己確認に強く志向する。その一方で自己は，対面的な相互作用を中心に据えて展開する身近な集団においても確認されなければならない。だから自己は個人を凌駕する力を集団に与える。確かに集団は，集団規範あるいは道徳律に反した者たちを，実際に，また黙示的に裁可することによって，集団成員に対して社会統制を行使する。人びとは恥，罪，拒絶に由来する否定的感情を経験しないように努める。その一方で彼らは，他者の目に有能と映るよう行動し，また集団や大きな社会の道徳規範に従うことにより，肯定的な感情を経験することができるよう行動する。

　したがって自己を確認しようとする強力な欲求の個人主義的な変形が，個人主義だけではもてなかった力を集団に与えることになった。因みに，自己と自己に付随する感情の入念な仕上げは，皮肉なことに，先天的に集団志向をもたない哺乳類をすすんで身近な集団の期待に自らを従わせるよう変容させる決定的な過程であったかもしれない。自意識の能力を身近な集団における他者による確認と検証を必要とする自意識へと拡張することによって，自然選択は個体主義的な霊長目を集団内の他者の期待に同調する個体主義的な哺乳類につくり変える行程をみつけたのだろう。人間はどの水準あるいは次元でも，自己を確認し損なうことに由来する否定的感情を回避しようとする。集団による統制は，恥，罪，「面子を失う」事態を避けようとする欲求の基本である。自己統一と自己保持がつねに集団の方向に沿っているかぎり，集団所属に向かう強い生物プログラムは必要でなかった。

10.2.3 移動性

　移動に方位する明瞭な性向は，類人猿の個体主義と適合している。チンパンジーは，ジェーン・グドール（Goodall, 1986）がより大きな地域圏内もしくは共同態内における食料を探すための一時的なパーティ，つまり「分裂−融合」と呼んでいる状況で移動を繰り返す。成体の雄同士の結合あるいは母親と息子の結合を除けば，移動性――思春期を迎えた雌たちの別の共同態への移動――が，きわめて弱い社会的結合しかもてなくさせている。分裂−融合という生活様式の旧い性向はヒト属，そして次に，人間が生存するためのもっと安定した集合を形成するよう仕向けられたときも排除されなかった。狩猟・採集民が食料を確保するため季節ごとに領域内を移動する必要は，彼らの祖先の性向とうまく適合していた。現代人は，おそらく彼らが進化した類人猿であるせいで移動を楽しむだろう。実際に人間は適度に移動していないと「マンネリ状態に落ち込み」退屈する。彼らは自動車などの移動手段のための大規模市場をうみだし，ますます遠方へ，しかも迅速に移動することができる。彼らはしばしば独りだけで移動したがる。どの大都市地域でも朝夕のラッシュ時に，独りだけ乗っている自動車を頻繁に目撃する。不思議なことだが，どうして通勤者たちは相乗りを避けるのだろうか。人間の中核において個人主義的（類人猿）であるからだけでなく，相乗りをして職場に出かける途中で相互作用を維持するために多くの対人的な労力が必要になるからである。人びとは身近な集団を維持するためにエネルギーを使わねばならない。なぜなら集団連帯を指令するプログラムは，たとえあるとしてもきわめて微弱である。個人が集団連帯を生成するために必要とする感情を動員できるのは，儀礼などの対人技法によってである。こうした儀礼と技法の使用には努力が必要である。ほとんどの人びとは職場に行く途中で余計な労力を使いたがらない。ところが大量輸送という別の形態は相乗りのように，強制され，また焦点を定めた出会いを必要としない。なぜなら個人は互いに無視できるからである（そして確かに電車やバスに乗っている際の沈黙の規範は，直接に目を合わせないことだ。だから結果的に，彼らは相互作用をする必要もない）。相乗りやラッシュアワー時の渋滞に代わりうる1つ

の手段として，人びとは同種の他人たちと一緒に移動するための，もっと持続できる手段を大量輸送手段にみいだしているのかもしれない。

10.2.4　共同態感覚

　チンパンジーは，(a) 共同態の地理境界（この範域はしばしば数十平方キロメートルにおよぶ），そして，(b) この地域にいる別の個体を明らかに意識しながら有限の共同態内を動き回っている。これまで強調してきたように，チンパンジーの雄は，別の共同態の雄が侵入しようとすると地域共同態を守るために応戦する——ときに激しい暴力をともなう（Goodall, 1986）。したがってチンパンジー（そしてヒト属とチンパンジーの最後の共通祖先）は，彼らが身近な集団——これは短期で，流動的で，絶えず変化している集団——に方位するよりも，いっそう大きな地域共同態に方位する。身近なチンパンジーの集合は集まってもすぐに離散していくが，しかし地域共同態は安定した準拠点である。すでに述べたように（くわしくは第4章をみよ），人間は集団の水準で社会連帯をうみだす肯定的感情を維持するために，対人的ならびに感情的にかなり尽力しなければならない。それとは対照的に，チンパンジー，おそらく他の大型類人猿も同じく（とはいえそのデータは後者については確証をえていない），地域の個体群のメンバーと，メンバーでないものを識別していると思われる。したがって人間も生物的な配線の一部として，同じ地域共同態という感覚をもっているのかもしれない。

　この地域共同態感覚が文化によって強化され，また拡張される。その際，象徴が地域共同態水準の連帯を高めるために使えるかもしれない。地域共同態を思い描く神経的傾向が象徴によって強化され，また拡張されると，その規模と範域はより大きな社会文化的構成体へと拡大できる。確かに共同態を誇りに思う気持ちと，そのもっとマクロ水準の構成体，たとえば国家への拡張は，人間にとって苦もなく訪れた。それとは対照的に，人びとは集団の象徴と連帯を維持するためつねに儀礼に頼らねばならない。というのもこの連帯を生成する感情は，いつも不安定であり，小さな対人的な過誤も否定的な状態に変わってし

まう恐れもあり，また集団感情と象徴に勢いをつける儀礼による恒常的な再活性化がないと，きわめて弱くなる可能性をもっているからである。しかし共有されている地域状況と共同態的連帯は，進化した類人猿にとって維持することがはるかにたやすい。したがって人間が共同態感を求め，また仲間の共同態メンバーとの連帯の心情をたやすく喚起できるとしても驚くにあたらない。確かに，たとえば社会奉仕クラブや教会などの地域組織体は，彼らが奉仕している共同体の象徴を呼び起こすことによって，組織体内部の集団統一に訴えることによってメンバーを募り，またメンバーたちを内部に留めている。こうしたことは文化を用いる進化した類人猿がほとんど自動的に発動しうる連帯の象徴である。

10.2.5 階　統

　すべての類人猿と人間の最後の共通祖先は，おそらく支配階層をつくっていなかっただろう。分岐分析法を用いたわれわれの再構成によれば，ほとんど孤立した生活をしているヒト上科はきわめて弱い紐帯しかもっていなかった（第2章をみよ）。ゴリラは大型類人猿のなかで，もっとも明白な階層をもっている。背中の体毛が銀色をしている1頭の雄のゴリラ（シルバーバックとよばれる）が雌たちを独占し，また集団の移動を指揮している。チンパンジーもまた優位行動を表す。ところがこれはゴリラほど明白でなく，ほとんど目立たない。一見したところ，狩猟・採集民が権力の不平等を表さないことは驚異に思えるかもしれない。第6章で強調したように，そこでは誰も権力を，あるいは威信さえも掌握していないことを懸命にしめそうとしたと思われる。したがってその状態がとりわけ優れており，また重要であったと思われる（Boehm, n. d.）。狩猟・採集民が絶えず階統化に抵抗しなければならなかった事実は，たとえ階統を形成する弱い傾向があったとしても，これがバンドの連帯にとって逆機能であることをはっきりしめしている。バンドの連帯は，どの集合化とも同じように，人間が生成し維持するうえでつねに難問であった。メンバーが支配的であることを認めてしまうと，多くの緊張と対立を持続させる結果になることを，人び

とはずっと早い時点で学習していたのである。そのため彼らは平等な文化と，優位を求める者たちに対抗するため1組の制裁慣行を発達させていた。しかしひとたび人口集群が成長しはじめると，社会力としての規制からの選択圧力が加わり，支配は社会統制の必要のため，ふたたび目立ちはじめる。ビッグマンがいないと，定住した狩猟・採集民は頻繁に対立に巻き込まれ，また園芸農耕民の親族体系に結ばれた権威が存在しないと，親族関係の結合によって大きな人口集群を組織化することから生じる緊張は，ほどなくその社会を壊滅させたであろう。したがって階統制を採用することは社会力に起因する選択圧力にとって必須であったが，しかしそうすることは進化した類人猿——もし人間のヒト属の祖先がチンパンジーのような存在であったとしたら——にとって，それほど困難な適応でなかったかもしれない。階統制への移動は比較的たやすかったが，人口集群の階統と類人猿の階統のあいだには重要な相違がある。人口集群の階統は人びとを権力という社会的な檻に拘禁する。類人猿は支配階統に自分の場所をもちたがらないので，食料を探すために一時的に集まる別のパーティに加わるか，それとも単独で生活するかのどちらかである。定住した人間はそうできなかったので，階統が規制に由来する選択圧力を加増しつづけた。実に皮肉なことに，この選択圧力は緊張を抑制するために権力と階統の編成をさらに強化する。階統は，階層制におけるのと同じく，政治的，宗教的体系におけるマクロ水準で制度化され，さらに階統が組織体や地域社会のメゾ水準で発生すると，階統は日常生活のすべての領域に普及し浸透する。そのため人間に堅く配線されているかもしれない階統に向かういくらかの性向にもかかわらず，狩猟・採集社会後に人間社会に出現した階統制は，過剰な外部統制に苛立つ個体主義的な進化した類人猿にとって緊張の増幅器になってしまった。

　こうした5つの行動性向が人間にとって基本であるとわれわれは確信している。多数の社会学者が，集合主義的イデオロギーの偏向を所与として，快適な状態と感じているよりも，人間ははるかに個人主義的である。この個人主義が，水準の異なる自己概念，役割アイデンティティ，社会的アイデンティティを確認しようとする欲求によって強化される。しかし水準を異にする自己を確認し

ようとすることは身近な集団に権力を付与することになる。なぜならさまざまな水準の自己確認が集団内の対面的な相互作用によっているからである。人間は流動的で，しかも弱い紐帯の集団を快適と感じるようプログラムされている。しかも彼らは少なくとも地域共同態内で移動することを好む。進化した類人猿にとってもっとも自然な社会的単位は地域共同態である。すべてのメンバーと相互作用することは都市地域社会では不可能であるとしても，個人はメンバーを認知することに，また彼らの地域社会の標識になっている象徴と一体化することにまったく問題はない。彼らはおおむね身近な人たちに——たとえ彼らの地域社会を訪ねてきた見知らぬ人であっても——喜んで支援を与える。こうした地域社会感覚がないと，マクロ社会は存在しえなかっただろう。地域共同態よりも，いっそう集団に定位した猿は，マクロ水準の社会を進化させることが至難であったにちがいない。その反対に，最後の共通祖先——彼らはおそらくより大きな地域個体群内で食料をえていたであろう——の末裔である人間にとって，こうしたマクロ社会はそれほど面妖ではなかっただろう。権力と権威の階統はマクロ社会の基本である。なぜなら調整と統制のための選択圧力は激しいが，しかしそうした選択圧力に適応するため，権威体系をほとんど問題なく活用できたと思われる。しかし階統——それが制度領域，階層制，組織体，そして組織体や地域社会内の身近な集団にまで拡大すると——は，最終的に個人主義と摩擦を引き起こし，そのためすべての既知の社会において不平等に起因する緊張関係をつねに高めた。

10.3 マクロ社会と人間性のあいだで増幅する対立

　本章の標題が強調しているように，人間は制約を課すことになるマクロ構造とメゾ構造によって構築される異様な新大地に身を置くことになった。類人猿の地域共同態はそれほど大きくなかったし，また狩猟・採集民の社会もまた小規模であった。狩猟・採集民の人口集群は大きくなることもあったが，それでも数百人を越えることは稀であった。狩猟・採集社会の台頭は，社会組織の1つの様式を明らかにしめした。この社会は，より強固な社会的結合をつくりあ

げようとする激しい選択圧力を考慮するとき，人間性ともっともよく適合しただろう。必要な資源に変化が生じるか，あるいは対立が生じると，編成替えのできるバンド，資源を求めて地域内を集合的に移動できるバンド，たまたま共通の文化をもち，そしてより大きな地域共同態感をもつ個人間に社会的結合を育成できるバンドは，人類史のほとんどを通じて地球上のいたるところで持続しえたことによって証明されているように，大きな成功を収めた人間の適応形態だったのである。

これまで強調したように，バンドは安定した家族の集合化によって，はじめて有効に作用できた。その後，人間と類人猿の祖先が敢行した大きな妥協は，親族関係の中核にある夫婦単位を形成するため，成体の男女間の結合の強さを増すための方策を入手することであった。と同時に，階統の性格は平等を強調するバンドのイデオロギーに従わなければならなかった。なぜなら小規模なバンドにおける不平等と階統——たぶん集団制約の形成によってすでに強調されていただろう——が，バンドの連帯を壊しかねない緊張の付加的な原因であったことは明らかだからである。

しかし人口集群が成長すると，狩猟・採集民のバンドが相対的な平等状態に再帰することはありえない。人口成長，生産，分配，調整，再生産のすべてが増大することに起因する選択圧力は，新しい型の社会構造と象徴体系を創造することを人間に押しつけるか，それとも不統合という結末をもたらした。狩猟・採集社会から初期産業化にいたる人類社会の歴史は，多くの点で個人に制約を課し，こうした束縛をイデオロギーによって正当化する構造的加工の歴史である。社会という檻がただ１つあったわけではない。多数の社会的な檻が存在したのである。さらに多数の社会という檻がしばしば互いに順次に組み込まれていた。そのため個人に対する制約が逓増した。園芸農耕社会はすでに類人猿にとってきわめて不自然な単位——家族——を採用し，また単純な双系親族体系を高度に制約的な単系出自集団に仕上げていった。単系出自集団では，それぞれの家族が権威関係を明示しつつ，いっそう包括的な親族単位（たとえばリニージ，クラン，半族）に深く収容されていた。発展した園芸農耕社会は，親族

関係に基礎を置く仕組みを縮小しながら，行政管理に権力と権威を再制度化する過程を開始した。と同時に，それは独立した制度領域としての宗教権力の上昇によって，しばしば正当化される新たな階層制度を押しつけた。さらに，家族がより核的単位への冒険旅行を再開したとしても，そこでは新種の制約的な組織体と地域社会構造が創発する制度領域——宗教，法律，経済，政治——内で増殖し，それが個人の選択肢を制限した。こうした領域のそれぞれが有価な資源（たとえば権力，権威，富や威信）を不平等に分配するようになると，それらが階層の位階を強固にし，したがって個人に制約の重層を押しつけることになった。園芸農耕社会はこうした趨勢のすべてを承継し，宗教，政治，経済，また地域社会の構造が，個人の選択肢を制限すると同時に，ほとんどの個人に封建制の種々の変異型を強く押しつけることになった。人びとは新しい機会を求めて都市地域や城壁都市周辺のスラム街にしばしば移動したが，しかしこうした移住者たちは園芸農耕労働に代わる実質的な代案の不足のために強く制約された。園芸農耕社会と共にはじまった集合的な脅威の行為は，生活し働く場所をみつけることのできない人たちにとっての危険な選択肢の1つであった。

　親族関係，権力，宗教，階層，地域共同体という檻は，これらすべてが最終的に構成された団体的単位と共に，人間性とますます拮抗することになった。これらは，個人主義と移動性を制限し，広く普及し，しかも逃れることのできない権威制度を押しつけ，そして地域共同体を，個人主義と移動を促進するよりもむしろ制限するもう1つの檻に変えてしまった。園芸農耕社会と農業社会のすべての要素が，緊張と潜在的な対立の原因であった。だからそれらがいっそう権力の集権化のための規制に由来する選択圧力をうみだした。一部の社会では激しい闘争が勃発し，あるいはひどく不統合になってしまい，園芸農耕社会と農業社会の人口集群間の終結することのない武力衝突によって明らかなように，別の社会によって征服される憂き目をみることもあった。帝国が建設されても，他のより発展した帝国との最終決戦に敗れて，その首都は無残に崩壊しつくされる。さらには大きく拡大した領土全般に拡散している多様な民族を規制するための物流負荷の過重による選択圧力下で，帝国はいとも簡単に消滅

していく。こうした力の虜になった人びとが，時に進化した類人猿としての行動性向を実践するためのニッチと空間を運よくみつけることがあったとしても，しかし戦争がもたらす政治情勢の変化と経済的解体と停滞の不安定さがおおむね人びとを檻に閉じ込めつづけた。

　それでも発展した園芸農耕社会と農業社会の台頭にともなって，人間が生活することを強いられた多数の社会という檻からの脱出口になりうる趨勢をみつけることは可能であった。もっとも重要な趨勢は，在地領主の手の届かない外部での経済活動の漸次的な拡大と，生産と分配の選択圧力への反応としてうまれた市場の興隆を軸にして展開した。人間の関わるところにはつねに市場があった。一部の狩猟・採集民は交易に従事した。定住した狩猟・採集民のビッグマンは談合と物資の交換から自らの威信と権力を築きあげた。また園芸農耕社会は村落間，ある場合には社会や地域圏を超える交易に携わった。しかし発展した園芸農耕社会と農業社会の到来と共に，都市地域に居住する人びとが農村地域や他の社会から食料などの資源を確保することが必要になると，交易が劇的に拡張した。これが新種の市場需要を喚起した。個人は自分の食料を生産できなくなったが，しかしその代わりに，彼らは市場で必需品を購入し，交換できるようになった。市場の台頭が急激な変容をもたらした。市場性をもつ新しい物資やサービスを生産する新しい経済専門業者，貨幣と信用を用いる新たな形態の交換，そして市場取引の範囲と活動（遠距離貿易）を拡張した新しい市場サービス（保険業や金融業）が成立した。そうしたなかで，取引の数量，速度と多様性が劇的に増加したのである。

　マックス・ウェーバー（Weber, 1966［1922］）とゲオルグ・ジンメル（Simmel, 1978［1907］）の両名がずっと以前に考察したように，自由市場がひとたび成立すると，それが個人の方位を変え，多数の新種の構造の精密化を可能にした。個人水準でいえば，交換の一般媒体（貨幣）を用いる市場は，個人が求める物資やサービスを所有している取引相手，また自分が所有している物資やサービスを取引に提供しうる取引相手をみつけだす必要はなく，気に入ったものを手に入れることができるようになった。このような需要側の個人化が人びとに新

たな自由を与えた。進化した類人猿はこれを，荘園領主，家産制家族，あるいは貨幣を用いない限定的な市場という檻というべき伝統的な関係よりも，望ましいと当然みなした。人間が市場町，定期的に開かれる市場に引き寄せられることはむしろ当然であった。そこで彼らは各自の好みに合う資源を確保できた。ますます多くの個人がこの選択肢を活用しはじめたので，こうした市場に物資やサービスを供給する新しい種類の組織単位が増殖した。

よりマクロな構造水準の市場は，もっと多くの富を蓄積しようとする営為として経済活動に投資できる，もっと流動的な所得，富，資本の形態をつくりだす。貨幣や信用を用いる市場が広範囲に展開すると，資本主義は足場を固め，経済だけでなく，他のすべての社会構造の変容をもたらした。流動資本も課税対象になりえた。とはいえ多数の政体がこうした資本を課税基盤として完全に把握していたわけではなかった。それでも時を経て，貨幣で徴税し，官吏や兵士を徴用するために貨幣を使用し，インフラ構造から戦闘行為のための資金を調達し，また役職者やエリートの特権に貨幣を支給する能力が，政府の性格を一変させた。政府は官僚制化し，より合理的になりえたし，また貨幣発行を統制する既得権をもち，政府とエリートの特権を財政的に支持するために必要な富をうみだす市場における既得権を継続的にもちえた。

時流に乗って台頭しつつあった資本主義体制が人びとの認知志向や信念を変えていった。市場によって生成される機会を個人として追求することが彼らの権利であると信じられるようになった。資本主義は，その恐怖ともいうべき初期の暴虐——とくに資本主義が本当に悪辣な条件下で都市に立地する工場の機械と結びついたとき——の状況は，フリードリッヒ・エンゲルス（Engels, 1958 [1845]）によって生々しく活写されている。しかしそれがやがて成熟していくと，進化した類人猿にとって，在地領主のエリート，己の権力と威信のため民衆を統制する不正な聖職者，家産制家族の家長，封建制下の他の団体単位による統制に服従するよりも，その状況は好ましいものであった。

初期の産業資本主義社会によって排出された汚物，疾病，虐待，貧困，死亡にもかかわらず，これは新しい機会を提供した。農民たちの都市地域への移住

の多くは，在地領主が資本主義的生産様式に転換し，また小農民に対する彼らの旧制の封建的義務を放棄したことの結果であったが，かなり多くの移住者は個人主義に向かう自律的な能力にすがった。さらに市場が拡大し，新種の製造業やサービス業が増殖すると，個人はどこに行くか，どのように働くかについて多くの選択肢をもてるようになった。これがたとえある檻から別の檻への転属であったとしても，彼らはさらなる選択肢と移動する自由をもちえたのである。

　市場が成長し，社会において個人が消費者，賃金労働者，あるいは資本家（大小さまざまな）として市場制度の一部になるにつれ，新しい民主的形態を要求する政治圧力が上昇した。なぜなら個人がひとたび経済内部の新しい舞台で自由な選択を行うようになると，彼らは政治指導者の選択を求めはじめたからである。そうなる過程で，彼らは権力の檻に反抗しはじめた。人びとは統治とすべての政治制度に組み込まれている権力の階統を排除するのでなく，むしろ彼らは彼らを統治する権力者に対して多少でも影響力をもとうとした。権力の集権化は規制からの選択圧力下でどうしても必要であるが，しかし人間は誰が指導者であるかを決定し，こうした指導者の権力を制限するいくらかの能力をもちたいと願う。現代人であるヒト科が階統に適応しなければならないとすれば，彼らは社会生活の舞台をどのようにつくりあげるかを決定しようと求める。つまり，どこでおとなしく権威に従わねばならないか，彼らに対して誰が権威をもちうるかについてである。もちろん，取得した後にその場を離れていくような狩猟・採集のバンドへの回帰，まして個体が自由意志で食料を探す集団を離れるような類人猿の共同態への回帰などできることではない。しかしどこで生活するか，どこで働くかについて自由に選択できる力学的な市場に相伴する政治的民主制は，上述したように，狩猟・採集社会以降の，どの社会的形成体よりもはるかに人間性に一致している。

10.4　社会学的分析にとってのいくつかの含意

　幾世代ものあいだ，多くのさまざまな社会批評家が前産業社会を快適に生活

できる場所とみなすロマンチックな見方を支持してきた。産業社会に想定された病理現象——疎外，周辺性，利己主義，アノミー——がどのようなものであれ，初期の社会学者たちは，産業社会で生活している人たちと前産業社会で生活している人たちの比較の妥当性にまったく疑問を差し挟まなかった。実際に，彼らは，類人猿よりも猿にあてはまる集合的な人間性の見方をもっていた。産業主義の早期の論者たちは，人びとは当然にも社会的であり，集団や共同体において強い連帯を渇望し，明示的で，しかも一貫した文化規範による規制を必要としていると単純に仮定した。現今におけるポストモダニストの論者たちも，第9章で要約したように，「ポストモダン状況」を仮定することによって，初期の社会学の理論家たちと同じ過誤を繰り返した。このポストモダン状況は，グローバルな資本主義が新しい種類の問題と病理を引き起こしていると主張する。文化的象徴を含む，すべての商品化，過剰なまでに自己中心的な人びと，メディアのイメージによる管理と，安定した自己をもてない個人にメディア・イメージを売りつけること，現実の集団ともはや結びついていない文化による支配の強化，社会生活を加速し，また自己係留の伝統的な準拠点を突き崩してしまう形での時空間の圧縮，さらにポストモダン状況の別の病理が新たな病理現象の原因であるとみなしている（こうした状況の要約については，Allan and Turner, 2000 をみよ）。初期の社会学者たちの多くは，そこでの生活がモダニティよりもよかったと漠然と仮定した。なぜなら文化が現実の集団に付属し，人びとの自己が安定した集団所属によって定義され，また文化的象徴と意味が商品化した市場力に従属することもなかったからだと暗に仮定したからである。

第9章で指摘したように，こうした初期および直近のモダニティ批判は，人間性に関する欠陥の多い見方に依拠している。モダニティに対するほとんどの社会学批判が意味していることとは違って，人間は猿の祖先の末裔ではない。猿は，社会学者たちが産業主義とポスト産業主義以前に存在したと仮定する世界を好むかもしれない。なぜなら猿の社会構造は，身近な集団内で強く結ばれた母系の親族関係と雄の支配階統制を軸にして組み立てられているからである。それとは対照的に，類人猿は狩猟・採集社会後に出現した前産業社会を極端な

束縛とみなすだろう。われわれが歴史記録を真摯に調べると，人間は別の選択肢が提供されるや，園芸農耕社会と農業社会の前産業的構成体からできるかぎり速やかに離れていった。確かに，社会を農業基盤から工業基盤へと押しだした変容は，人口集群に対するマクロ水準の選択圧力への反応であったし，また個人行為者と集合的行為者は新しい社会構成体をつくりだすよう強いられた。それでも産業化とポスト産業化が制御していく迅速さは，ある程度，人びとがそうした社会構成体の方を園芸農耕社会や農業社会の束縛よりも積極的に選ぶという事実によって説明がつく。こうした後者の社会構成体は，進化した類人猿にとって牧歌的な場所ではなかった。そうだとすると，モダニティがほとんどの人びとにとってすべて病理的であったかどうかを再評価してみる必要がある。

　人間性についてのわれわれの仮定が正しいとすれば，進化した類人猿にとって，どのような社会が好ましいかについて思考実験をすることができるはずである。しかしわれわれはこの思考実験を異様なマクロ構造の新しい大地で生きることを強いられたヒト属に合わせる必要があろう。なぜなら現在地球上で生活している人たちの人数があまりに大きいので，彼らを園芸農耕的な構成体には戻せないし，まして狩猟・採集社会に戻すことなど論外である。したがって大人数の個人を都市地域で組織化する際に，どのような種類のマクロ社会が個人主義の欲求，空間上の移動，ある種の共同態感覚ともっとも矛盾しないものにさせうるだろうか。またどのような種類の社会も階統を形成するが，しかし彼らが望めば（チンパンジーはあまりに拘束的であるとわかると，食料を探す集団を離れたと同じように），権威から逃れようとする性向を個人たちに可能にさせうる階統をどのように形成できるかについて，われわれは付言できるかもしれない。

　こうした行動性向に適応する社会の1つの特色は，誰が権力をもつか，その権力をどのように行使するか，個人が多少なりとも発言力をもてるような政治的民主制の形態である。もう1つの特色は自由で開放的な市場形態である。そこで個人は自らの選好を表現し，これらの選好に見合う物資やサービスを購入

できる。さらに人間の欲求と一致する社会のもう1つの特色は，すべての状況で自己を表現し，証明できる社会であり，自己を表現し，また他者に自己を呈示できるような買い物が市場でできるような社会形態である。さらに別の属性は，移動を可能にすることである。階層の境界を越える移動と共に，人びとが空間上の地理的移動と多様な制度領域内部のさまざまな団体単位（たとえば経済，宗教，教育，親族関係，スポーツ，医療，その他の制度領域）を越える移動のできる社会である。さらに次の特色は，親族関係の再度の核単位化であり，これに呼応する夫婦に対する親族の力の縮小である。この社会のもう1つの特色は，階層の完全な効果を低減するための所得と資産に対する課税とその再分配と，その一方で階級境界を越える社会移動を促進しうる資源を供給するために必要な権力の行使である。

　マクロ社会のこうした特色は，狩猟・採集社会以降のどの社会構成体よりも，ポスト産業社会と合致している。われわれはあまりにしばしば，こうした特色にともなう病理現象——高い離婚率，退屈な仕事からの疎外，政治の腐敗，市場の悪用，コンシューマリズム——を言い立てすぎているのではなかろうか。しかし実際には，その基礎的な特色自体が，園芸農耕社会や農業社会の同一の構造よりも，人間（類人猿）にとってはるかに適合している。初期の社会学の理論家と最近のポストモダニストたちによって強調される病理現象のいくつかは，たぶん進化した類人猿にとってまったく病理でないのかもしれない。疎外は自己を不快な仕事から距離を置くための1つの手段であり，周辺性は社会的世界を動き回る自由を提供し，ある単一の集団，または集団の集合の制約を免れる自由を提供する。アノミーは人びとの意欲からすると，制約の欠如していることの合図である。自己中心の己は，自己のどの側面を他者に呈示するかを決定しうる選択肢を個人に与える。すべての商品化は，個人がどれに参加し所属するかの幅を拡大する。またコミュニケーションと輸送手段による時空間の圧縮は想像上，また物理的の両面で人びとを移動可能にさせる。その一方で過去の世代では想像もできなかったような新しい世界へと人びとを誘っている。批判者たちによる「病理」は，人間性についてのきわめて疑問の多い仮定と，

前産業社会の賛美に基礎づけられているとわれわれは感じている。こうした「病理現象」とそれらをうみだした条件を精査すると，それらがわれわれにとってあまり病理的でないと判定できる。とはいえそれらは，進化した類人猿が個人主義と移動性を束縛してきた檻に人びとを閉じ込めたロマンチックに色づけされた前産業社会よりも好んでいるという条件付きである。前産業社会の地域共同体が移動性や不快な状況からの逃避を促進するのでなく，強制的な順応を強いる抑圧的な容器となっており，またそこでは人びとを完全な階層制に緊縛した社会的アイデンティティが強要される（これにより自己の別の感覚を証明する能力が制約される）。階統は，人びとの自己表現と移動の自由を制限し，階層制を維持する抑圧的で，しばしば強制的な体制へと変化する。ローズ・コーザー（Coser）のような別の社会学者はモダニティを擁護した。『モダニティの防衛』(1991)と題した作品において彼女は，モダニティが（伝統的社会とは対照的に）想像性と個人の省察を促進したことによって個人の達成をいかに促進しているかを力説している。もちろん産業社会に内在する問題を認識したうえで，コーザーは「これらの不健康が個人的な自由と個人の自律性という代償を支払って，集合的祝福を唱道することで軽減されることはなかろう」と論じている（1991：169）。われわれはいっそう現実主義的な人間性の考えを提供することによって彼女の分析を補足しただけのことである。

　おそらく社会学者にとって，社会的世界はいぜん抑圧的であり，またあまりに多くの病理あるいは病理の可能性を表している。しかしもし進化した類人猿を3つの扉——1つは園芸農耕社会に，次は農業社会に，そして3つ目はポスト産業社会に通じる扉——の前に立たせ，次に進化したヒト上科に選択肢を説明した後で，これからの人生を過ごすためにどの扉を選び，入って行くかと彼らに尋ねたとしたら，ほとんどの進化した類人猿は3つ目の扉，すなわちポスト産業社会の扉を選ぶだろう，とわれわれは考えている。この形態の社会について報告されている多くの問題にもかかわらず，この社会が他の2つの選択肢よりも人間性にいぜん合致している。おそらくわれわれは人間性の仔細な点でまちがっているかもしれないが，しかしわれわれがここで提示したことは，こ

うした系統に沿っているほとんどの推論，とくに最近，ポストモダニストによってなされた推論よりも，人間であるということがいかなる意味をもつかについて，いっそう現実的な見解を追求するための出発点になりうるはずである。われわれが人間福利の増進を図れるような社会を理解したいと思うならば，人間性についてなんらかの見解をもつことが緊要である（Maryanski, 1995；Hopcroft and Bradely, 2007）。マルクスは，共産主義が大きな至福をもたらすとした点で確かに誤っていた。なぜなら彼はユートピアを想定する際にそれ自体の権力分析を怠ったからである。国家は「衰退」せず，しかも事実上，制約と拘束のいっそう複雑な階統の部分になっている。猿ならこうした国家管理の社会主義に不平をこぼさないかもしれない。しかし類人猿は，彼らがわれわれに話せる初歩的な言語能力を使って，不平をこぼすにちがいない。もっと基本的に，マルクスは「原始社会」について誤った見解をもっていた。彼はそれをなんなく自然なものとみなしていた。ところが事実はそうではない。狩猟・採集は，ヒト属と人間が広く開けたサヴァンナの状況に適応しなければならなくなった際に，彼らに強要されたきわめて現実的な妥協の産物なのであった。デュルケム（Durkheim）は次のように指摘している（1978 [1897；138]）。

> 社会主義とはいかなるものか，いかに組織されているか，それが何に依拠しているかについての知識を手に入れるためには，社会主義者に尋ねるよりも，まだその敵対者に尋ねた方が満足をえられるかもしれない。われわれが必要としているのは，共同意識の混合，しかも熱情的な直感が入る余地のない研究，情報，そして方法論的な比較研究である。

要するに，われわれが人間性についての見解を確保できるならば——大型類人猿がしめしている種類の社会関係を記述するデータ，そして現存している類人猿と人間にとっての最後の共通祖先の分岐分析を可能にするデータに基づいた見解をもつことができれば——，われわれは新しい光明のもとで現代の社会的構成体を再評価できる。さらに，われわれはこうした構成体が人間性と適合するかどうかに関して，それらを批判的に検討することもできる。「もしわれわれが何か有益なことを達成したければ，われわれは未来よりも過去を振り返

らねばならない。そこには少なくとも，客観的な研究の余地があり，また結果的に，合意を得られるいくらかのチャンスがあるかもしれない」というデュルケム（Durkheim, 1978［1897］136））の助言に耳を傾けるべきである。

参考文献

Abravanel, E. 1968. *The Development of Inter Sensory Patterning with Regard to Selected Spatial Dimensions.* University of Chicago Monographys of the Society for Research in Child Development 33, no.2：1-52.
——. 1971. "Active Detection of Solid Shape Information by Touch and Vision." *Perception and Psychophysics* 9：327-28.
Agger, B. 1998. *Critical Social Theories: An Introduction.* Boulder: Westview Press.
Ahern, James. 2005. "Foramen Magnum Position Variation in Pan Trogloydytes, Plio-Pleistocene Hominids, and Recent Homo Sapiene: Implications for Recognizing the Earlier Hominids." *American Journal of Physical Anthropology* 127：267-276.
Alexander, J. C., B. Giesen, and J. L. Mast, eds. 2006. *Social Performance: Symbolic Action, Cultural Pragmatics, and Ritual.* Cambridge: Cambridge University Press.
Alexander, Richard D. 1987. *The Biology of Moral System.* New York: Aldine de Gruyter.
Allan, K. and J. H. Turner. 2000. "A Formalization of Postmodern Theory." *Sociological Perspectives* 43：363-385.
Allen, N. J. 1998. "Effervescence and the Origins of Human Society." In *On Durkheim's Elementary Forms of Religious Life,* edited by N. J. Allen, W. S. F. Pickering and W. Watts Miller. London: Routledge.
Alroy, John. 2000. "New Methods for Quantifying Macroevolutionary." *Paleobiology* 26：707-733.
Andelman, S. 1986. "Ecological and Social Determinants of Cercopithecine Mating Patterns." In *Ecological Aspects of Social Evolution,* edited by D. Rubenstein and R. Wrangham. Princeton: Princeton University Press.
Anderson, Perry. 1981. *Passage from Antiquity to Feudalism.* London: New Left Books.
Andrews, P. 1981. "Species Diversity and Diet in Monkeys and Apes During the Miocene." In *Aspects of Human Evolution,* edited by C. B. Stringer. London: Taylor and Francis.
——. 1989. "Palaeoecology and Laetoli." *Journal of Human Evolution* 18：173-181.
——. 1992. "Evolution and Environment in the Hominoidea." *Nature* 360：641-646.

——. 1995. "Ecological Apes and Ancestors." *Nature* 376 : 555-56.
——. 1996. "Palaeoecology and Hominoid Palaeoenvironments." *Biological Review* 71 : 257-300.
——. 2007. "The Biogeography of Hominid Evolution." *Journal of Biogeography* 34 : 381-382.
Andrews, P. and L. Martin. 1987. "Cladistic Relationships of Extant and Fossil Hominoides." *Journal of Human Evolution* 16 : 101-18.
Anton, S. 2003. "Natural History of Homo Erectus." *Yearbook of Physical Anthropology* 46 : 126-179.
Applebaum, Richard. 1978. "Marx's Theory of the Falling Rate of Profit: Towards a Dialectical Analysis of Structural Social Change." *American Sociological Review* 43 : 64-73.
Archer, M. 1995. *Realist Social Theory: The Morphogenetic Approach*. Cambridge, UK: Cambridge University Press. (佐藤春吉訳, 2007, 『実在論的社会理論　形態生成的アプローチ』青木書店)
Bailey, R. and R. Aunger. 1989. "Humans as Primates: The Social Relationships of Efe Pygmy Men in Comparative Perspective." *International Journal of Primatology* 11 : 127-146.
Barash, D. P. 1982. *Sociobiology and Behavior*. New York: Elsevier.
Barkow, Jerome H., Leda Cosmides, and John Tooby. 1992. *The Adapted Mind: Evolutionary Psychology and the Generation of Culture*. New York: Oxford University Press.
Bar-Yosef, Ofer and Mordochai Keslev. 1989. "Early Farming Communities in the Jordan Valley." In *Foraging and Farming: The Evolution of Plant Exploitation*, edited by D. Harris and G. Hullman. London: Unwin Hyman.
Bates, Daniel and Fred Plog. 1991. *Human Adaptive Strategies*. New York: McGraw-Hill.
Beard, K. Christopher. 2002. "Basal Anthropoids." In *The Primate Fossil Record*, edited by Walter Harrwig. Cambridge: Cambridge University Press.
Beaud, Michel. 1983. *A History of Capitalism, 1500-1980*. New York: Monthly Review Press. (筆宝康之・勝俣誠訳, 1996, 『資本主義の世界史：1500-1995』藤原書店)
Beauvilain, A. and Y. Beuvilain. 2004. "Further Details Concerning Fossils Attributed to Sahelanthropus Tchadenses (Tourmai)." *South African Journal of Science* 100, no. 3-4 : 142-144.

Begun, D. 2004. "The Earliest Hominins: Is Less More?" *Science* 303：1478-1480.
Behrensmeyer, A. K, J. D. Damuth, W. A. Di Michele, R. Potts, H. D. Sues, and S. L. Wing. 1992. *Terrestrial Ecosystems Through Time*. Chicago: University of Chicago Press.
Bellah, Robert. 1964. "Religious Evolution." *American Sociological Review* 9：358-374.（河合秀和訳，1973,『宗教変革と宗教倫理』（第2章），未来社）
Bellwood, P. S. 2004. *The First Farmers: Origins of Agricultural Societies*. Malden, MA: Blackwell.（長田俊樹・佐藤洋一郎監訳，2008,『農耕起源の人類史』京都大学学術出版会）
Bender, Barbara. 1975. *Farming in Prehistory*. London: Baker.
Benefit, Brenda R. 1999. "Victoriapithecus: The Key to Old World Monkey and Catarrhine Origins." *Evolutionary Anthropology* 7：155-174.
Benefit, Brenda and Monte McCrossin. 1997. "Earliest Known Old World Monkey Skull." *Nature* 368-371.
Benson, James and William Greaves. 2005. *Functional Dimensions of Ape-Human Discourse*. London: Equinox.
Berggren, William, Spencer Lucas, and Marie-Pierre Aubry. 1998. "Late Paleocene-Early Eocene Climatic and Biotic Evolution: An Overview." In *Late Paleocene-Early Eocene Climatic and Biotic Events in the Marine and Terrestrial Records*, edited by M. Aubry, S. Lucas, and W. Berggren. New York: Columbia University Press.
Bicchieri, M. G., ed. 1972. *Hunters and Gatherers Today*. New York: Holt, Rinehart and Winston.
Binford, Lewis. 1968. "Post-Pleistocene Adaptations." In *New Perspectives in Archaeology*, edited by S. R. Binford and L. R. Binford. Chicago: Aldine.
——. 2001. *Constructing Frames of Reference: An Analytical Method for Archeological Theory Building Using Hunter-Gatherer and Environmental Data Sets*. Berkeley: University of California University Press.
Bird, Douglas W., Rebecca Bliege Bird, and Christopher H. Parker. 2003. "Women Who Hunt with Fire: Aboriginal Resource Use and Fire Regimes in Australia's Western Desert." *Aridlands Newsletter* 54：90-96.
Blau, P. M. 1994. *Structural Context of Opportunities*. Chicago: University of Chicago Press.
Bloch, Jonathan I. and Doug Boyer. 2002. "Grasping Primate Origins." *Science* 298：1606-1610.

Bloch, Jonathan, Mary Silcox, Doug Boyer, and Eric Sargis. 2007. "New Paleocene Skeletons and the Relationship of Plesiadapiforms to Crown-Clade Primates." *The National Academy of Science of the USA* 104：1159-1164.

Bloch, Marc. 1962. *Feudal Society*. Translated by L. A. Manyon. Chicago: University of Chicago Press.（堀米庸三監訳，1995，『封建社会』岩波書店）

Blume, Jerome. 1961. *Lord and Peasant in Russia from the Ninth to the Nineteenth Century*. Princeton: Princeton University Press.

Blumberg, Rae Lesser. 1984. "A General Theory of Gender Stratification." *Sociological Theory* 2：23-101.

Blumler, Mark and Roger Byrne. 1991. "The Ecological Genetics of Domestication and the Origins of Agriculture." *Current Anthropology* 32：12-54.

Bobe, René and A. Behrensmeyer. 2004. "The Expansion of Grassland Ecosystems in Africa in Relation to Mammalian Evolution and the Origin of Genus *Homo*." *Palaeogeography, Palaeoclimatology Palaeoecology* 207：399-420.

Boehm, Christopher. n.d. 1. *In Search of Eden*. (book-length manuscript under submission).

——. n.d. 2. "The Biosocial Evolution of Social Control and Conscience." (unpublished manuscript).

——. n.d. 3. "Variance Reduction and the Evolution of Social Control." Working Paper.

——. 1993. "Egalitarian Society and Reverse Dominance Hierarchy." *Current Anthropology* 34：227-254.

——. 1999. *Hierarchy in the Forest: The Evolution of Egalitarian Behavior*. Cambridge: Harvard University Press.

——. 2000. "Forager Hierarchies, Innate Dispositions, and the Behavioral Reconstructions of Prehistory." In *Hierarchies in Action: Cui Bono?*, edited by M. W. Diehl. Center for Archaeological Investigations, Occasional Paper No. 27. Carbondale, IL: SIU Press.

——. 2004a. "Explaining the Prosocial Side of Moral Communities." In *Evolution and Ethics: Human Morality in Biological Religious Perspective*, edited by P. Clayton and J. Schloss. New York: Eerdmans.

——. 2004b. "Large Game Hunting and the Evolution of Human Sociality." In *Origins and Nature of Sociality among Nonhuman and Human Primates*, edited by R. W. Sussman and A. R. Chapman. New York: Aldine.

Boesch, C. 1994. "Cooperative Hunting in Wild Chimpanzees." *Animal Behavior* 47：

1135-1148.
Boesch, Christophe and Hedwige Boesch-Achermann. 2000. *The Chimpanzees of the Taï Forest: Behavioural Ecology and Evolution.* Oxford: Oxford University Press.
Boesch, C. and H. Boesch. 1989. "Hunting Behavior of Wild Chimpanzees in the Tai National Park." *American Journal of Physical Anthropology* 78：547-573.
———. 1990. "Tool Use and Tool Making in Wild Chimpanzees." *Folia Primates* 54：86-99.
Bohannan, Paul and John Middleton. 1968. *Kinship and Social Organization.* New York: The Natural History Press.
Boserup, Ester. 1965. *The Conditions of Agricultural Growth: The Economics of Agrarian Change Under Population Pressure.* Chicago: Aldine.（安澤秀一・安澤みね訳，1975，『農業成長の諸条件：人口圧による農業変化の経済学』ミネルヴァ書房）
Boyd, Robert and Peter J. Richerson. 1985. *Culture and the Evolutionary Process.* Chicago: University of Chicago Press.
———. 1989. "The Evolution of Indirect Reciprocity." *Social Networks* 11：213-236.
Bradley, Brenda. 2008. "Reconstructing Phylogenies and Phenotypes: A Molecular View of Human Evolution." *Journal of Anatomy* 212：337-353.
Braudel, Fernand. 1977. *Afterthoughts on Material Civilization and Capitalism.* Baltimore: Johns Hopkins University Press.
———. 1982. *The Wheels of Commerce, Civilization and Capitalism 15th-18th Century.* New York: Harper and Row.（山本淳一訳，1988，『物質文明・経済・資本主義：交換のはたらき・2』みすず書房）
Bronson, S. F. and F. B. M. de Waal. 2003. "Fair Refusal by Capuchin Monkeys." *Nature* 128-140.
Bronson, Sarah F., Hillary C. Schiff, and Frans B. M. de Waal. 2005. Tolerance for Inequity May Increase with Social Closeness in Chimpanzees. Proceedings of the Royal Society of London 272：253-258.
Brown, Roger. 1965. *Social Psychology.* New York: Free Press.
Brunet, M., F. Guy, D. Pilbeam, D. Lieberman, A Likius, H. Mackaye, M. Ponce de León, C. Zollikofer, and P. Vignaud. 2005. "New Material of the Earliest Hominid from the Upper Miocene of Chad." *Nature* 434：752-754.
Brunet, M., F. Guy, D. Pilbeam, H. T. Mackaye, A. Likius, D. Ahounta, A. Beauvilain, D. Blondel, H. Bocherens, J. R. Boisserie, L. De Bonis, Y. Coppens, J. Dejax, C. Denys, P. Duringer, V. Eisenmann, G. Fanone, P. Fronty, D. Geraads, T. Lehmann, F.

Lihoreau, A. Louchart, A. Mahamat, G. Merceron, G. Mouchelin, O. Otero, P. P. Campomanes, M. Ponce De Leon, J-C. Rage, M. Sapanet, M. Schuster, J. Sudre, P. Tassy, X. Valentin, P. Vignaud, L. Viriot, A. Zazzo, and C. Zollikofer. 2002. "A New Hominid from the Upper Miocene of Chad, Central Africa." *Nature* 18 : 145-151.

Burke, Peter J. 1991. "Identity Processes and Social Stress." *American Sociological Review* 56 : 836-849.

———. 2006. *Contemporary Social Psychological Theories*. Stanford: Stanford University Press.

Byrne, R. 1987. "Climatic Change and the Origins of Agriculture." In *Studies in the Neolithic and Urban Revolution*, edited by L. Manzanilla. British Archaeological Reports International Series 349.

The Cambridge Economic History of Europe. 1963. London: Cambridge University Press.

Campbell, B. 1985a. *Human Evolution*, 3d ed. Chicago: Aldine de Gruyter.

———. 1985b. *Humankind Emerging*. Boston: Little, Brown.

Campbell, B. and J. Loy. 2000. *Humankind Emerging*. Boston: Allyn and Bacon.

Cant, J. G. H. 1992. "Positional Behavior and Body Size of Arboreal Primates: A Theoretical Framework for Field Studies and an Illustration of its Application." *American Journal of Physical Anthropology* 88 : 273-283.

Carneiro, Robert L. 1970. "A Theory on the Origin of the State." *Science* 169 : 733-738.

———. 1967. "On the Relationship Between Size of Population and Complexity of Social Organization." *Southwestern Journal of Anthropology* 23 : 234-243.

Cartmill, M. 1970. "A Theory on the Origin of the State." *Science* 169 : 733-738.

———. 1974. "Rethinking Primate Origins." *Science* 184 : 436-443.

Cashdan, Elizabeth. 1968. "Visual and Haptic Form Discrimination Under Conditions of Successive Stimulation." *Journal of Experimentla Psychology* 76 : 215-218.

———. 1980. "Egalitarianism among Hunters and Gatherers." *American Anthropologist* 82 : 116-120.

———. 1983. "Territoriality among Human Foragers: Ecological Models and an Application to Four Bushman Groups." *Current Anthropology* 24 : 47-66.

Cela-Conde, C. and F. Ayala. 2003. "Genera of the Human Lineage." *PWAS* 100 : 7684-7689.

Chafetz, Janet. 1990. *Gender Equity: An Integrated Theory of Stability and Change*.

Newbury Park, CA: Sage.
Chagnon, Napoleon A. 1983. *Yanomamö: The Fierce People*. 3d. ed. New York: Holt, Rinehart and Winston.
Chang, Kwang-chih. 1963. *The Archeology of Ancient China*. New Haven: Yale University Press.
Chase-Dunn, Christopher. 2001. "World Systems Theory." In *Handbook of Sociological Theory*. New York: Kluwer Academic/Plenum Publishers.
Chase-Dunn, C. and P. Crimes. 1995. "World Systems Analysis." *Annual Review of Sociology* 21：387-417.
Chase-Dunn, Christopher and Thomas D. Hall. 1997. *Rise and Demise: Comparing World Systems*. Boulder: Westview.
Chen, F. C. and W. H. Li. 2001. "Genomic Divergence Between Humans and Other Hominoids and the Effective Population Size of the Common Ancestor of Humans and Chimpanzees." *American Journal of Human Genetics* 68：444-456.
Chen, F. C., E J. Vallender, H. Wang, C. S. Tzeng, and W. H. Li. 2001. "Economic Divergence Between Humans and Chimpanzees Estimated From Large-Scale Alignments of Genomic Sequences." *Journal of Heredity* 92：481-489.
Cheney, D., R. Seyfarth, and B. Smuts. 1986. "Social Relationships and Social Cognition in Non-Human Primates." *Science* 234：1361-1366.
Childe, V. Gordon. 1930. *The Bronze Age*. London: Cambridge University Press.
———. 1951. *Man Makes His Way*. New York: Mentor Books.
———. 1952. *New Light on the Most Ancient East*. London: Routledge Kegan Paul.
———. 1953. *Man Makes Himself*. New York: Mentor Books.（禰津正志訳，1942，『アジヤ文明の起源』誠文堂新光社）
———. 1960. "The New Stone Age." In *Man, Culture and Society*, edited by H. Shapiro. New York: Oxford Galaxy.
———. 1964. *What Happened in History*. Baltimore: Penguin.
Chirot, Daniel. 1986, *Social Change in the Modern Era*. San Diego: Harcourt.
Chomsky, Noam. 1973. *Reflections on Language*. New York: Pantheon.（井上和子他訳，1979,『人間科学的省察』大修館書店）
———. 1980. "Rules and Representations." *The Behavioral and Brain Sciences* 3：1-15.
Ciochon, Russell and Gregg Gunnell. 2002. "Chronology of Primate Discoveries in Myanmar: Influence on the Anthropoid Origins Debate." *Yearbook of Physical Anthropology* 45：2-35.

Claessen, H. and P. Skalnick, eds. 1978. *The Early State*. The Hague: Mouton.
Clark, Grahame and Stuart Piggott. 1965. *Prehistoric Societies*. New York: Knopf.
Clark, J. G. D. 1952. *Prehistoric Europe: The Economic Basis*. London: Methuen.
Clough, S. B. and C. W. Cole. 1941. *Economic History of Europe*. Boston: Heath.
Cohen, Mark. 1977. *The Food Crisis in Prehistory: Overpopulation and the Origins of Agriculture*. New Haven: Yale University Press.
Cohen, Ronald and Elman Service, eds. 1977. *Origins of the State*. Philadelphia: Institute for the Study of Human Issues.
Coleman, D. 2005. *Emotional Intelligence*. New York: Bantam Books.（土屋京子訳，1996，『EQ～心の知能指数』講談社）
Coleman, James S., ed. 1965. *Education and Political Development*. Princeton: Princeton University Press.
———. 1990. *Foundations of Social Theory*. Cambridge, MA: Belknap.（久慈利武監訳，2004，2006，『社会理論の基礎　上下』青木書店）
Collins, Randall. 1975. *Conflict Sociology: Toward an Explanatory Science*. New York: Academic Press.
———. 1979. *The Credential Society*. New York: Academic Press.（新堀通也監訳，1984，『資格社会：教育と階層の歴史社会学』有信堂高文社）
———. 1986. *Weberian Sociological Theory*. New York: Cambridge University Press.（寺田篤弘・中西茂行訳，1988，『マックス・ウェーバーを解く』新泉社）
———. 1990. "Market Dynamics as the Engine of Historical Change." *Sociological Theory* 8：111-135.
———. 1993. "Emotional Energy as the Common Denominator of Rational Action." *Rationality and Society* 5. 203-230.
———. 2004. *Interaction Ritual Chains*. Princeton, NJ: Princeton University Press.
———. 2006. *Four Sociological Traditions*. Oxford: Oxford University Press.（友枝敏夫訳者代表，1997，『ランドル・コリンズが語る社会学の歴史』有斐閣）
———. 2008. *Conflict Sociology: Toward an Explanatory Science*. Boulder: Paradigm Publishers.
Conroy, G. 1990. *Primate Evolution*. New York: Norton.
Cooley, Charles Horton. 1964 [1902]. *Human Nature and the Social Order*. New York: Schocken.（納武津訳，1921，『社会と我　人間性と社会秩序』日本評論出版社）
Coon, Carleton S. 1971. *The Hunting Peoples*. Boston: Little Brown.
Coppens, Y., M. Pickford, B. Senut, D. Gommery, and J. Treil. 2002. "Bipedalism in

Orrorin Tugenensis Revealed in Its Femora." *Comptes Rendus Palevol* 1：191-203.

Corruccini, R. S. and R. L. Ciochon. 1983. "Overview of Ape and Human Ancestry: Phylectic Relationships of Miocene and Later Hominoidea." In Ciochon and Corrouccini. 1983.

Corruccini, R. S., R. L. Ciochon, and H. McHenry. 1975. "Osteometric Shape Relationships in the Wrist Joint of Some Anthropoids." *Folia Primatologica* 24：250-274.

Coser, Rose Laub. 1991. *In Defense of Modernity: Role Complexity and Individual Autonomy*. Stanford: Stanford University Press.

Cosmides, L. 1989. "The Logic of Social Exchange: Has Natural Selection Shaped How Humans Reason?" *Cognition* 31：187-276.

Cosmides, L. and J. Tooby. 1992. "Cognitive Adaptations for Social Exchange." In *The Adapted Mind: Evolutionary Psychology and the Generation of Culture*, edited by J. H. Barkow, L. Cosmides, and J. Tooby. New York: Oxford University Press.

Cottrell, William Frederick. 1955. *Energy and Society: The Relation between Energy, Social Change and Economic Development*. New York: McGraw-Hill.

Crippen, Timothy. 1994. "Toward a Neo-Darwinian Sociology: Its Nomological Principles and Some Illustrative Applications." *Sociological Perspectives* 37：309-335.

Crook, Stephan, Jan Pakulski, and Malcolm Waters. 1992. *Postmodernization: Change in Advanced Society*. London: Sage.

Crosby, A. W. 1986. *Ecological Imperialism: The Biological Expansion of Europe, 900-1908*. New York: Cambridge University Press.（佐々木昭夫訳，1998,『ヨーロッパ帝国主義の謎：エコロジーから見た10-20世紀』岩波書店）

Curwen, Cecil and Gudmund Hart. 1961. *Plough and Pasture: The Early History of Farming*. New York: Collier.

Daegling, David J. 2004. *Bigfoot Exposed: An Anthropologist Examines America's Enduring Legend*. Walnut Creek, CA: Altamira Press.

Dagosto, Marian. 2002. "The Origin and Diversification of Anthropoid Primates: Introduction." In *The Primate Fossil Record*, edited by Walter Hartwig. Cambridge: Cambridge University Press.

Dalton, R. 2002. "Face to Face with Our Past." *Nature* 420：735-736.

Damasio, Antonio R. 1994. *Decartes' Error: Emotion, Reason, and the Human Brain*. New York: Grosset/Putnam.（田中三彦訳，2000,『生存する脳——身体と情動と感情の神秘』講談社）

―――. 1997. "Towards a Neuropathology of Emotion and Mood." *Nature* 386：769-770.

Damasio, Antonio and Norman Geschwind. 1984. "The Neural Basis of Language." *Annual Review of Neuroscience* 7：127-147.

Darwin, Charles. 1859. *On the Origin of Species*. London: John Murray.（堀伸夫・堀大才訳，2009，『種の起源』朝倉書店）

―――. 1872 [1965]. *The Expression of the Emotion in Man and Animals*. Chicago: University of Chicago Press.（浜中浜太郎訳，1991，『人及び動物の表情について』岩波書店）

Davis, Howard and Richard Scase. 1985. *Western Capitalism and State Socialism: An Introduction*. Oxford: Basil Blackwell.

Davis, Kingsley. 1948. *Human Society*. New York: Macmillan.

Davis, L. B. and B. O. K. Reeves. 1990. *Hunters of the Recent Past*. London: Unwin Hyman.

Dawkins, Richard. 1976. *The Selfish Gene*. Oxford: Oxford University Press.（日高敏隆訳，2006，『利己的な遺伝子』紀伊國屋書店）

Dean, Christopher and Meave Leakey. 2004. "Enamel and Dentine Development and the Life History of Profile of *Victoriapithecus macinnesi* from Maboko Island, Kenya." *Annals of Anatomy* 28：405-412.

Delson, E. 2000. "Colobinae." In *Encyclopedia of Human Evolution and Prehistory*, 2nd ed., edited by E. Delson, I. Tattersall, J. Van Couvering, and J. A. Brooks. New York: Garland Publishing.

De Menocal, P. 2004. "African Climate Change and Faunal Evolution during the Pliocene Pleistocene." *Earth and Planetary Science Letters* 30：3-24.

De Solla Price, Derek J. 1986. *Little Science, Big Science…. and Beyond*. New York: Columbia University Press.

De Waal, Frans B. M. 1982. *Chimpanzee Politics: Power and Sex among Apes*. New York: Harper and Row.（西田利貞訳，1994，『政治をするサル：チンパンジーの権力と性』平凡社）

―――. 1989. "Food Sharing and Reciprocal Obligations among Chimpanzees." *Journal of Human Evolution* 18：433-459.

―――. 1991. "The Chimpanzee's Sense of Social Regularity and Its Relations to the Human Sense of Justice." *American Behavioral Scientists* 34：335-349.

―――. 1996. *Good Natured: The Origins of Right and Wrong in Humans and Other Animals*. Cambridge, MA: Harvard University Press.

———. 1997a. "The Chimpanzee's Service Economy: Food for Grooming." *Evolution and Human Behavior* 18: 375-386.
———. 1997b. *Bonobo: The Forgotten Ape*. Berkley: University of California Press.
De Waal, Frans B. M. and Sarah F. Brosnan. 2006. "Simple and Complex Reciprocity in Primates." In *Cooperation in Primates and Humans: Mechanisms and Evolution*, edited by P. Kappeler and C. P. van Schaik. Berlin: Springer-Verlag.
De Waal, Frans B. M. and Frans Lanting. 1997. *Bonobo: The Forgotten Ape*. Berkeley: University of California Press.（加納隆至監修, 藤井留美訳, 2000, 『ヒトに最も近い類人猿ボノボ』TBSブリタニカ）
Diamond, Jerad M. 1997. *Guns, Germs and Steel: The Fates of Human Societies*. New York: W. W. Norton.（倉骨彰訳, 2000, 『銃・病原菌・鉄：1万3000年にわたる人類史の謎, 上下』草思社）
———. 2005. *Collapse. How Societies Choose to Fail or Succeed*. New York: Viking.（楡井浩一訳, 2005, 『文明崩壊：滅亡と存続の命運を分けるもの』草思社）
Dirks, Wendy and Jacqui Bowman. 2007. "Life History Theory and Dental Development in Four Species of Catrrhine Primates." *Journal of Human Evolution* 53: 309-320.
Dominy, Nathaniel, Jens-Christian Svenning, and Wen-Hsiung Li. 2003. *Journal of Human Evolution* 44: 25-45.
Duchin, Linda. 1990. "The Evolution of Articulate Speech: Comparative Anatomy of the Oral Cavity in Pan and Homo." *Journal of Human Evolution* 19: 687-697.
Dunaif-Hattis, Janet. 1984. *Doubling the Brain: On the Evolution of Brain Lateralization and Its Implications for Language*. New York: Peter Long.
Dunbar, Robin. 1996. *Grooming Gossip and the Evolution of Language*. London: Faber and Faber.（松浦俊輔・服部清美訳, 1998, 『ことばの起源：猿の毛づくろい, 人のゴシップ』青土社）
Durham, William H. 1991. *Coevolution: Genes, Culture, and Human Diversity*. Stanford: Stanford University Press.
Durkheim, Émile. 1963 [1893]. *The Division of Labor in Society*. New York: Free Press.（田原音和訳, 1971, 『社会分業論』(「現代社会学大系2)」青木書店）
Durkheim, Émile. 1966 [1895]. *The Rules of the Sociological Method*. New York: The Free Press.（宮島喬訳, 1978, 『社会学的方法の規準』岩波文庫）
———. 1978 [1897]. "Review of Gaston Richard, Le socialisme et la science sociale." In *Emile Durkheim on Institutional Analysis*, edited by Mark Traugott. Chicago: University of Chicago Press.

―――. 1984 [1912]. *The Elementary Forms of the Religious Life*. New York: Free Press. (古野清人訳, 1942 (改訂版 1975), 『宗教生活の原初形態』岩波書店)
Earle, Timothy, ed. 1984. *On the Evolution of Complex Societies*. Malibu, CA: Undena.
Earle, Timothy and J. Ericson, eds. 1977. *Exchange Systems in Prehistory*. New York: Academic Press.
Eberhard, Wolfram. 1960. *A History of China*. 2nd ed. Berkeley: University of California Press.
Eccles, J. C. 1989. *Evolution of the Brain: Creation of Self*. London: Routledge. (伊藤正男訳, 1990, 『脳の進化』東京大学出版会)
Eibl-Eibesfeldt, Irenöus. 1991. "On Subsistence and Social Relations in the Kalahaic." *Current Anthropology* 31：55-57.
Ekman, P. 1973a. *Darwin and Facial Expression*. New York: Academic Press.
―――. 1973b. "Cross-Cultural Studies of Facial Expression." In *Darwin and Facial Expression*, ed. P. Ekman. New York: Academic Press.
―――. 1982. *Emotions in the Human Face*. Cambridge, England: Cambridge University Press.
―――. 1984. "Expression and Nature of Emotion." In *Approaches to Emotions*, ed. K. Scherer and P. Ekman, Hillsdale, NJ: Erbaum.
―――. 1992a. "Are There Basic Emotions?" *Psychological Review* 99：550-553.
―――. 1992b. "Facial Expressions of Emotions: New Findings." New Questions. *Psychological Science* 3：34-38.
―――. 1992c. "An Argument for Basic Emotions." *Cognition and Emotions* 6：169-200.
Ekman, P., and W. V. Friesen. 1975. *Unmasking Face*. Englewood Cliffs, NJ: Prentice-Hall. (工藤力訳, 1987, 『表情分析入門』誠信書房)
Ekman, P., W. V. Friesen, and P. Ellsworth. 1972. *Emotions in the Human Face*. New York: Pergamon Press.
Eliade, Mircea. 1987. *The Encyclopedia of Religion*. 15 volumes. New York: Macmillan.
Elkin, A, P, 1954. *Australian Aborigines*. 3rd ed. Sydney: Angus and Robertson.
Ember, Carol R. 1975. "Residential Variation among Hunter-Gatherers." *Behavior Science Research* 10：199-227.
―――. 1978. "Myths About Hunter-Gatherers." *Ethnology* 17：439-448.
Ember, Carol, Melvin Ember, and Burton Pasternak. 1974. "On the Development of

Unilineal Descent." *Journal of Anthropological Research* 30：69-94.
Ember, Melvin and Carol Ember. 1971. "The Conditions Favoring Matrilocal Versus Patrilocal Residence." *American Anthropologist* 73：571-594.
Emlen, J. and G. Schaller. 1960. "Distribution and Status of the Mountain Gorilla." *Zoologica* 45：41-52.
Enard, W. M. 1978. "Myths about Hunter-Gatherers." *Ethnology* 17：439-448.
Enard, W. M., et al. 2002a. "Molecular Evolution of TOXP2, a Gene Involved in Speech and Language." *Nature* 418：869-872.
——. 2002b. "Intra-and Interspecific Variation in Primate Gene Expression Patterns." *Science* 296：340-342.
Engels, Friedlich. 1958 [1845]. *The Condition of the Working Class in England*. Trans. W. O. Henderson and W. H. Chaloner. Stanford, CA: Stanford University Press.（一條和生・杉山忠平訳，1990，『イギリスにおける労働者階級の状態——19世紀のロンドンとマンチェスター——』岩波書店）
Eronen, Jussi and Lorenzo Rook. 2004. "The Mio-Pliocene European Primate Fossil Record: Dynamics and Habitat Tracking." *Journal of Human Evolution* 47：323-341.
Evans, P. D., J. R. Anderson, E. J. Vallendar, S. L. Gilbert, C. M. Malcolm, S. Dorus, and B. T. Lahn. 2004. "Adaptive Evolution of ASPM, a Major Determinant of Cerebral Cortical Size in Humans." *Human Molecular Genetics* 13：489-494.
Fagan, B. M. 2005. *World Pre-History: A Brief Introduction*. New Jersey: Pearson/Prentice-Hall.
Falk, Dean. 2000. *Primate Diversity*. New York: W. W. Norton and Company.
——. 2002. Presentation to the American Association of Physical Anthroplogists, Buffalo, NY, April 11.
Finalyson, C. 2004. *Neanderthals and Modern Humans: An Ecological and Evolutionary Perspective*. Cambridge: Cambridge University Press.
Fishcer, C. A. 1982. *To Dwell Among Friends*. Chicago: University of Chicago Press.
Fisher, R. A. 1930. *The General Theory of Natural Selection*. Oxford: Oxford University Press.
Fiske, A. P. 1991. *Structures of Social Life: The Four Elementary Forms of Human Relations: Communal Sharing, Authority Ranking, Equality Matching, Market Pricing*. New York: Free Press.
Flannery, Kent V. 1973. "The Origins of Agriculture." *Annual Review of Anthropology* 2：271-310.

―――. 1986. "The Research Problem." In *Guid Naquitz: Archaic Foraging and Early Agriculture in Oaxaca, Mexico*, edited by K. V. Flannery. Orland, FL: Academic Press.

Fleagle, J. 1988. *Primate Adaptation and Evolution*. New York: Academic Press.

―――. 1999. *Primate Adaptation and Evolution*. San Diego: Academic.

Foley, R. 2002. "Adaptive Radiations and Dispersals in Hominid Evolutionary Ecology," *Evolutionary Anthropology* 2：32-37.

Foley, R. and P. Lee. 1989. "Finite Social Space, Evolutionary Pathways, and Reconstructing Hominid Behavior." *Science* 243：901-906.

Forbes, J. and J. King. 1982. "Vision: The Dominant Sense Modality." In *Primate Behavior*, edited by J. Forbes and J. King. New York: Academic.

Fossey, Diane. 1983. *Gorillas in the Mist*. Boston: Houghton-Mifflin. (羽田節子・山下恵子訳，1986，『霧の中のゴリラ　マウンテンゴリラとの13年』早川書房)

Fox, Robin. 1967. *Kinship and Marriage*. Baltimore: Penguin. (川中健二訳，1977，『親族と婚姻―社会人類学入門』思索社)

Freeman, L. 2004. *The Development of Social Network Analysis*. Vancouver: Empirical.

Freides, David. 1974. "Human Information Processing and Sense Modality." *Psychological Bulletin* 81：284-310.

Freud, Sigmund. 1918. *Totem and Taboo: Resemblances between the Psychic Lives of Savages and Neurotics*. New York: Random House. (須藤訓任・門脇健訳，2009，『トーテムとタブー』「フロイト全集12巻」岩波書店)

Fried, Morton H. 1967. *The Evolution of Political Society*. New York: Random House.

Fuentes, A. 2000. "Hylobatid communities: Changing Views on Pair Bonding and Social Organization in Hominoids." *Yearbook of Physical Anthropology* 43：33-60.

Fukuyama, Francis. 2006. *The End of History and the Last Man*. New York: Simon and Schuster. (渡部昇一訳，1992，『歴史の終わり　上下』三笠書房)

Gabow, Stephen. 1977. "Population Structure and the Rate of Hominid Evolution." *Journal of Human Evolution* 6：643-665.

Gagneux, Pascal. 2002. "The Genus Pan: Population Genetics of an Endangered Outgroup." *Trends in Genetics* 18, No. 7：327-330.

Galdikas, B. and G. Teleki. 1981. "Variations in Subsistence Activities of Male and Female Pongids: New Perspectives on the Origns of Hominid Division of Labor." *Current Anthropology* 22：241-256.

Galik, K., et al. 2004. "External and Internal Morphology of the BHR 102'00 *Orrorin Tugenensis* Femur." *Science* 305: 1450-1453.

Galili, U. and P. Andrews. 1995. "Suppression of A-Galactosyl Epitopes Synthesis and Production of the Natural Anti-Gal Antibody: A Major Evolution Event in Ancestral Old World Primates." *Journal of Human Evolution* 29: 433-442.

Gallup, G. G., Jr. 1970. "Chimpanzees: Self-Recognition." *Science* 167: 88-87.

———. 1979. *Self-Recognition in Chimpanzees and Man: A Developmental and Comparative Perspective.* New York: Plenum Press. (山下篤子訳，2006, 『うぬぼれる脳：「鏡のなかの顔」と自己意識』日本放送協会)

———. 1982. "Self-Awareness and the Emergence of Mind in Primates." *American Journal of Primatology* 2: 237-248.

Gallup, G., D. Povinelli, S. Suarez, J. Anderson, J. Lethmate, E. Menzel. 1995. "Further Reflections on Self, Recognition in Primates." *Animal Behavior* 50: 1525-1532.

Gardner, Peter. 1991. "Foragers' Pursuit of Individual Autonomy." *Current Anthropology* 32: 543-558.

Garrigan, Daniel and Michael Hammer. 2006. "Reconstructing Human Origins in the Genomic Ear." *Nature* 7: 669-680.

Gebo, Daniel. 2004. "A Shrew-Sized Origin for Primates." *Yearbook of Physical Anthropology* 47: 40-62.

Gebo, D., L. Maclatchy, R. Kityo, A. Deino, J. Kingston, and D. Pilbeam. 1997. "A Hominoid Genus from the Early Miocene of Uganda." *Science* 276: 401-404.

Geschwind, N. 1965a. "Disconnection Syndromes in Animals and Man, Part I." *Brain* 88: 237-294.

———. 1965b. "Disconnection Syndromes in Animals and Man, Part II." *Brain* 88: 585-644.

———. 1965c. "Disconnection Syndromes in Animals and Man." *Brain* 88: 237-285.

———. 1985. "Implications for Evolution, Genetics, and Clinical Syndromes." In *Cerebral Lateralization in Non-Human Species*, edited by Stanley Glick. New York: Academic.

Geschwind, Norman and Antonio Damasio. 1984. "The Neural Basis of Language." *Annual Review of Neuroscience* 7: 127-147.

Ghazko, G. V. and M. Nei. 2003. "Estimation of Divergence Times for Major Lineages of Primate Species." *Molecular Biology and Evolution* (supp.) 20: 424-434.

Gibbons, A. 2002. "In Search of the First Hominids." *Science* 295: 1214-1219.

Gibbs, James, ed. 1965. *People of Africa*. New York: Holt.
――. 2002b. "First Member of Humans Family Uncovered." *Science* 297 : 171-173.
――. 2002c. "One Scientist's Quest for the Origins of Our Species." *Science* 298 : 1708-1711.
Giddens, A. 1984. *The Constitution of Society: Outline of the Theory of Structuration*. Cambridge: Polity Press.（門田健一訳，2015,『社会の構成』勁草書房）
Giddings, F. 1900. *The Elements of Sociology*. London: Macmillan.（内山賢次訳，1929,『社会学原理』春秋社）
Gilad, Yoau, Victor Wiebe, Molly Przworski, Doron Lanccet, and Svante Pääbo. 2004. "Loss of Olfactory Receptor Genes Coincides With the Acquisition of Full Trich Romantic Vision in Primates." *Plos Biology* 2 : 120-125.
Gingerich, P. 1990. "African Dawn for Primates." *Nature* 346 : 411.
Gingerich, P. and M. Uhen. 1994. "Time of Origin of Primates." *Journal of Human Evolution* 27 : 443-445.
Gladstein, F., J. Ogg, and A. Smith. 2004. *A Geologic Time Scale 2004*. Cambridge: Cambridge University Press.
Goffman, Erving. 1967. *Interaction Ritual: Essays on Face-to-Face Behavior*. Garden City, NY: Anchor Books.（浅野敏夫訳，2012,『儀礼としての相互行為――対面行動の社会学』法政大学出版局）
Goldman, I. 1970. *Ancient Polynesian Society*. Chicago: University Of Chicago Press.
Goldschmidt, Walter. 1959. *Man's Way: A Preface to Understanding Human Society*. New York: Holt, Rinehart and Winston.
Goldstone, Jack. 1990. *Revolution and Rebellion in the Early Modern World, 1640-1840*. Berkley: University of California Press.
Goodall, Jane. 1959. "The Tiwi Women of Melville Island." Ph.D. diss., University of Pennsylvania.
――. 1986. *The Chimpanzees of Gombe: Patterns of Behavior*. Cambridge, MA: Belknap Press.（杉山幸丸・松沢哲郎監訳，1990,『野生のチンパンジーの世界』ミネルヴァ書房）
Goodall, A. and C. Groves. 1977. "The Conversation of Eastern Gorillas." In *Primates Conservation*, edited by Prince Rainier III of Monaco and G. Bourne. New York: Academic Press.
Goode, William J. 1951. *Religion Among the Primitives*. New York: Free Press.
Goodman, M., C. A. Porter, J. Czelusniak, S. L. Page, H. Schneider, J. Shashani, G. Gunnell, and C. P. Groves. 1998. "Towards a Phylogenetic Classification of Pri-

mates Based on DNA Evidence Complemented by Fossil Evidence." *Molecular Phylogenetics and Evolution* 9：585-598.
Goodman, M., D. A. Tagle, D. H. A. Fitch, W. Bailey, J. Czelusniak, B. F. Koop, P. Benson, and J. L. Slightom. 1990. "Primate Evolution at the DNA Level and a Classification of Hominids." *Journal of Molecular Evolution* 30：260-266.
Goosen, C. 1980. *On Grooming in Old World Monkeys*. Delft, The Netherlands: W. D. Meinema.
Gordon, R. T. 1914. *The Khasis*. London: Macmillan.
Graburn, Nelson, ed. 1971. *Readings in Kinship and Social Structure*. New York: Harper and Row.
Gradstein, Felix M., James G. Ogg, and Alan G. Smith. 2004. *A Geological Line Scale 2004*. Cambridge: Cambridge University Press.
Grine, F., P. Unger, and M. Teaford. 2006. "Was the Early Pliocene Hominin '*Australopitechus*' *anamensis* a Hard Object Feeder?" *South African Journal of Science* 102：301-310.
Guatelli-Steinberg, D., D. J. Reid, T. A. Bishop, C. S. Larsen. 2005. Anterior Tooth Growth Periods in Neanderthals Were Comparable to Those of Modern Humans. *Proceedings of the National Academy of Science* 102：14186-14202.
Gunnell, Gregg and Ellen Miller. 2001. "Origin of Anthropoidea: Dental Evidence and Recognition of Early Anthropoids in the Fossil Record, with Comments on the Asian Anthropoid Radiation." *American Journal of Physical Anthropology* 114：177-191.
Gursky, Sharon and K. A. I. Nekaris. 2007. *Primate Anti-Predator Strategies*. New York: Springer.
Gurvitch, George. 1953. *Sociology of Law*. London: Routledge and Kegan Paul.（潮見俊孝・寿里茂訳，1956,『法社会学』日本評論社）
Guy, F., D. Lieberman, D. Pilbeam, M. Ponce de León, A. Likius, H. Mackaye, P. Vignaud, C. Zollikofer, and M. Bruner. 2005. "Morphological Affinities of the *Sahelanthropus tchadensis* (late Miocene Hominid from Chad) cranium." *PNAS* 102：18836-18841.
Haas, Jonathan. 1982. *The Evolution of the Prehistoric State*. New York: Columbia University Press.
Habermas, Jurgen. 1970. *Konwledge and Human Interest*. London: Heinemann.（奥山次良他訳，1981,『認識と関心』未来社）
――. 1976 [1973]. *Legitimation Crisis*. Translated by T. McCarthy. London: Heine-

mann. (三島憲一・大竹弘二，木前利秋，鈴木直訳，2016,『真理と正当化：哲学論文集』法政大学出版局)

―. 1979. *Communication and the Evolution of Society*. Boston: Beacon Press.

Hage, J., ed. 1994. *From Theory: Opportunity or Pitfall?* Albany, NY: State University of New York Press.

Haidt, Jonathan. 2003. "The Moral Emotions." In *Handbook of Affective Science*, edited by R. J. Davidson, K. R. Scherer, and H. H. Goldsmith. Oxford: Oxford University Press.

Haile-Selassie, Y. 2001. "Late Miocene Hominids from the Middle Awash, Ethiopia." *Nature* 178-181.

Haile-Selassie, Y., G. Suwa, and T. D. White. 2004. "Late Miocene Teeth from Middle Awash, Ethiopia, and Early Hominid Dental Evolution." *Science* 5663：1503-1505.

Hall, John A. 1985. *Powers and Liberties: The Causes and Consequences of the Rise of the West*. Berkeley: University of California Press.

Hammond, Mason. 1972. *The City in the Ancient World*. Cambridge, MA: Harvard University Press.

―. 2006. "Evolution and Emotions." In *Handbook of the Sociology of Emotions*, edited by J. E. Stets and J. H. Turner. New York: Springer.

Hammond, Michael, 2003. "The Enhancement of Imperative: The Evolutionary Neurophysiology of Durkheimian Solidarity." *Sociological Theory* 21：359-374.

―. 2006. "Evolutionary Theory and Emotions." In *Handbook of the Sociology of Emotions*. edited by J. E. Stets and J. H. Turner. New York: Springer.

Hannan, M. T. and J. H. Freeman. 1977. "The Population Ecology of Organizations." *American Journal of Sociology* 82：929-964.

Harcourt-Smith, W. E. H. and L. C. Aiello. 2004. "Fossils, Feet, and the Evolution of Human Bipedal Locomotion." *Journal of Anatomy* 204：403-416.

Harlan, J. R. 1975. *Crops and Man*. Madison, WI: American Society of Agronomy.

Harris, D. R. 1977, "Alternative Pathways Toward Agriculture." In C. A. Reed, ed., *Origins of Agriculture*. The Hague: Mouton.

Harris, Marvin. 1978. *Carnibals and Kings: The Origin of Cultures*. New York: Vintage.

Harrison, T. 1989. "New Postcranial Remains of *Victoriapithecus* from the Middle Miocene of Kenya." *Journal of Human Evolution* 18：3-54.

Hart, Charles W. M. and Arnold R. Pilling. 1960. *The Tiwi of Northern Australia*. New York: Holt, Rinehart and Winston.

Hart, C. W. M., Arnold Pilling, and Jane Goodall. 1988. *The Tiwi of North Australia*. Chicago: Holt, Rinehart and Winston.

Hartwig, Walter. 2007. "Primate Evolution." In *Primates in Perspective*, edited by C. Campbell, A. Fuentes, K. MacKinnon, M. Panger, and S. Beader. New York: Oxford University Press.

Harvey, David. 1989. *The Conditions of Postmodernity: An Enquiry into the Origins of Cultural Change*. Oxford: Basil Blackwell.（吉原直樹監訳，1999，『ポストモダニティの条件』青木書店）

Haas, M. 1966. "Historical Linguistics and the Genetic Relationships of Languages." *Current Trends in Linguistics* 3：113-153.

Hawkes, Jacquetta. 1965. *Prehistory: UNESCO History of Mankind*, vol.1, pt. 1. New York: Mentor.

Hawley, A. 1950. *Human Ecology*. New York: Ronald Press.

——. 1981. *Urban Society: An Ecological Approach*. New York: Ronald Press.（矢崎武夫訳，1980，『都市社会の人間生態学』時潮社）

——. 1986. *Human Ecology. A Theoretical Essay*. Chicago: University of Chicago Press.

Hayden, B. 1981. "Subsistence and Ecological Adaptations of Modern Hunter/Gatherers." In *Omnivorous Primates*, edited by R. Harding and G. Teleki. New York: Columbia University Press.

Headland, Thomas N. and Lawrence A. Reid. 1989. "Hunter-Gatherers and their Neighbors from Prehistory to the Present." *Current Anthropology* 30：43-66.

Hechter, Michael. 1987. *Principles of Group Solidarity*. Berkeley: University of California Press.（小林淳一・木村邦博など訳，2003，『連帯の条件：合理的選択理論によるアプローチ』ミネルヴァ書房）

Heider, Karl. 1970. *The Dugum Dani: A Papuan Culture in the Highlands of West New Guinea*. New York: Wenner-Gren Foundation.

Heilbroner, Peter and Ralph Holloway. 1989. "Anatomical Brain Asymmetry in Monkeys: Frontal, Temporoparietal and Limbic Cortex in Macaca." *American Journal of Physical Anthropology* 80：203-211.

Heilbroner, Robert L. 1985. *The Making of Economic Society*, 7th ed. Englewood Cliffs, NJ: Prentice-Hall.（菅原歩訳，2014，『経済社会の形成』丸善書店）

Hennig, W. 1966. *Phylogenetic Systematics*. Urbana, IL: University of Illinois Press.

Herskovits, M. J. 1938. *Dahomey*. Locust Valley, NY: Augustin.

Hewes, Gordon. 1973. "Primate Communication and the Gestural Origin of Language." *Current Anthropology* 14 : 5-32.

——. 1975. *Language Origins: A Bibliography*, 2 volumes. The Hague: Mouton.

Hill, Andrew, Meave Leakey, John Kingston, and Steve Ward. 2002. "New Cercopithecoids and Hominoid from 12-5 Ma in the Tugen Hills Succession." *Journal of Human Evolution* 42 : 75-93.

Hill, Jane. 1972. "On the Evolutionary Foundations of Language." *American Anthropologist* 74 : 308-315.

Hilton, Rodney, ed. 1976. *The Transition from Feudalism to Capitalism*. London: New Left Books.

Hinde, R. 1972. *Nonverbal Communication*. Cambridge: Cambridge University Press.

——. 1976. "Interactions, Relationships, and Social Structure." *Man 2* (new series) : 1-17.

——. 1983. *Primate Social Relationships*. Oxford: Blackwell.

Hochschild, Arlie and Ann Machung. 1989. *The Second Shift; Working Parents and the Home Revolution*. New York: Viking.

Hoebel, E. Adamson. 1954. *The Law of Primitive Man; A Study in Comparative Legal Dynamics*. Cambridge, MA: Harvard University Press.（千葉正士・中村孚美訳, 1984,『法人類学の基礎理論』成文堂）

Hohmann, Gottfried and Barbara Fruth. 1963. "Field Observations on Meat Sharing among Bonobos." *Folia Primatologica* 60 : 225-229.

——. 1996. "Food Sharing and Status in Unprovisioned Bonobos." In *Food and Status Quest*, edited by P. Wiessner and W. Schiefenhövel. Providence and Oxford: Berghahn.

Holloway, R. W. 1968. "The Evolution of the Primate Brain: Some Aspects of Quantitative Relations." *Brain Research* 7 : 121-172.

——. 2002. "Brief Communication: How Much Larger Is the Relative Volume of Area 10 of the Prefrontal Cortex in Humans?" *American Journal of Physical Anthropology* 11 : 399-401.

Holmberg, Allan. 1950. *Nomads of the Long Bow: The Siriono of Eastern Bolivia*. Institute for Anthropology, no. 10. Washington, DC: Smithsonian Institution Press.

Hopcroft, Rosemary L. and Dana Burr Bradley. 2007. "The Sex Differences in Depression Across 29 Countries." *Social Forces* 85 : 1492-1507.

Hopkina, Samantha S. B. 2007. "Causes of Lineage Decline in the Aplodonitae." *Paleogeography Paleoclminology, Paleoecology* 246 : 331-353.

Hose, Charles and William McDougall. 1912. *The Pagan Tribes of Borneo*. London:

Macmillan.
Howell, Nancy. 1988. "Understanding Simple Social Structure: Kinship Units and Ties." in Wellman and Berkowitz, 1988.
Huber, Joan. 2007. *On the Origins of Gender and Equality*. Boulder: Paradigm. (古牧徳生訳, 2011, 『ジェンダー不平等起源論：母乳育が女性の地位に与えた影響』晃洋書房)
Huffman, M. 2007. "Primate Self-Medication." In *Primates in Perspective*, edited by C. Campbell, A. Fuentes, K. MacKinnon, M. Panger and S. Bearder. New York: Oxford University Press.
Huffman, M, S. Gatoh, L. Turner, M. Hamai, and K. Yoshida. 1997. "Seasonal Trends in Interstinal Nematode Infection and Medicinal Plant Use among Chimpanzees in the Mahale Mountains, Tanzania." *Primates* 38：111-125.
Hultkrantz, Ake and Ornulf Vorren. 1982. *The Hunters*. Oslo: Universitetsforlaget.
Hyatt, C. W. and W. D. Hopkins. 1994. "Self-Awareness in Bonobos and Chimpanzees: A Comparative Approach." In *Self-Awareness in Animals and Humans: Developmental Perspectives*, edited by S. T. Parker. R. W. Mitchell and M. L. Boccia. New York: Cambridge University Press.
Imanishi, K. 1965. "The Origins of the Human Family: A Primatological Approach." In *Japanese Monkeys: A Collection of Translations*, edited by S. A. Altmann. Atlanta: S. A. Altmann.
Irons, William. 1991. "How Did Morality Evolve?" *Zygon: Journal of Religion and Science* 26：49-89.
Irvine, Leslie. 2004. "A Model of Selfhood: Expanding Interactional Possibilities." *Symbolic Interaction* 27：23-46.
Jablonski, Nina. 2005. "Primate Homeland: Forests and the Evolution of Primates During the Tertiary and Quaternary in Asia." *Anthropological Science* 113：117-122.
Jeffers, R. and I. Lehiste. 1979. *Principles and Methods for Historical Linguistics*. Cambridge: MIT Press.
Jerison, Harry. 1973. *Evolution of the Brain and Intelligence*. New York: Academic Press.
Johnson, Allen W. and Timothy Earle. 1987. *The Evolution of Human Societies: From Foraging Group to Agrarian State*. Stanford: Stanford University Press.
Jolly, A. 1985. *The Evolution of Primate Behavior*. New York: Macmillan. (矢野喜夫・菅原和孝訳, 1982, 『ヒトの行動の起源：霊長類の行動進化学』ミネルヴァ書

房)
Jones, Bill. 1981. "The Developmental Significance of Cross-Modal Matching." In *Intersensory Perception and Sensory Integration*, edited by Richard Walk and Herbert Pick, Jr. New York: Plenum.
Jones, E. 1990. "Modulatory Events in the Development of Evolution of Primate Neocortex." In *Cerebral Cortex*, edited by E. Jones and A. Peters. New York: Plenum.
Jones, Robert. 2005. *The Secret of the Totem*. New York; Columbia University Press.
Kabo, Vladimir. 1985. "The Origins of the Food-Producing Economy." *Current Anthropology* 26 : 601-616.
Kaessmann, H. and S. Pääbo. 2002. "The Genetical History of Humans and the Great Apes." *Journal of Internal Medicine* 251 : 1-18.
Kaessmann, H., V. Wiebe, and S. Pääbo. 1999. "Extensive Nuclear DNA Sequence Diversity among Chimpanzees." *Science* 286 : 1159-1161.
Kano, T. 1992. *The Last Ape: Pygmy Chimpanzee Behavior and Ecology*. Stanford: Stanford University Press.
Kaplan, Hilliard and Kim Hill. 1985. "Food Sharing among Aché Foragers: Tests of Explanatory Hypotheses." *Current Anthropology* 26 : 223-246.
Kay, R. and P. Ungar. 1997. "Dental Evidence for Diet in Some Miocene Catarrhines with Comments on the Effects of Phylogeny on the Interpretation of Adaptation." In *Function, Phylageny, and Fossils: Miocene Hominoid Evolution and Adaptations*, edited by D. Begun, C. Ward, and M. Rose. New York: Plenum.
Keesing, Robert. 1975. *Kin Groups and Social Structure*. New York: Holt, Rinehart and Winston. (小川正恭訳, 1982, 『親族集団と社会構造』 未来社)
Kelly, J. 1997. "Paleobiological and Phylogenetic Significance of Life History in Miocene Hominoids." In *Function, Phylogeny and Fossils: Miocene Hominoid Evolution and Adaptations*. New York: Plenum Press.
——. 2002. "Life History Evolution in Miocene and Extant Apes." In *Human Evolution through Developmental Change*, edited by N. Menugh-Purrus and K. McNamara. Baltimore; John Hopkins University Press.
——. 2004. "Life History and Cognitive Evolution in the Apes." In *The Evolution of Thought: Evolutionary Origins of Great Ape Intelligence*, edited by A. E. Russon and D. R. Begun. Cambridge: Cambridge University Press.
Kelly, J. and T. M. Smith. 2003. "Age at First Molar Emergence in Early Miocene *Afropithecus turkanensis* and Life-History Evolution in the *Hominoidea*." *Journal*

of Human 44：307-329.
Kelly, Raymond C. 2000. *Warless Societies and the Evolution of War*. Ann Arbor: University of Michigan Press.
Kelly, Robert L. 1995. *The Foraging Spectrum: Diversity in Hunter-Gatherer Lifeways*. Washington, DC: Smithsonian Institution Press.
Kerns, J. G., J. D. Cohen, A. W. MacDonald III, R. Y. Cho, V. Andrew Stenger, and C. S. Carter. 2004. "Anterior Cingulate Conflict Mointoring and Adjustment in Control." *Science* 303：1223-1226.
Kirch, P. 1980. "Polynesian Prehistory: Cultural Adaptation in Island Ecosystems." *American Scientist* 68：39-48.
——. 1984. *The Evolution of Polynesian Chiefdoms*. Cambridge: Cambridge University Press.
Kirk, Christopher. 2006. "Effect of Activity Pattern on Eye Size and Orbital Aperture Size in Primates." *Journal of Human Evolution* 51：159-170.
Kohl, Philip. 1989. "The Use and Abuse of World System Theory." In *Archaeological Thought in America*, edited by C. C. Lamberg-Kavlovsky. Cambridge: Cambridge University Press.
Kordos, L. and D. R. Begun. 2002. "Rudabánya: A Late Miocene Subtropical Swamp Deposit with Evidence of the Origin of the African Apes and Humans." *Evolutionary Anthropology* 11：45-57.
Kramer, Samuel Noah. 1959. *It Happened in Sumer*. Garden City, NY: Doubleday.
Kumar, Krishan. 1992. "The Revolutions of 1989: Socialism, Capitalism, and Democracy." *Theory and Society* 21：309-356.
Kumar, S. and B. Hedges. 1998. "A Molecular Timescale for Vertebrate Evolution." *Nature* 392：917-920.
Kuroda, Suehisa. 1980. "Social Behavior of the Pygmy Chimpanzees." *Primates* 21：118-197.
Landerman, Gunnar. 1927. *The Kiwi Papuans of Britisch Guinea*. London: Macmillan.
Lappan, Susan. 2007. "Social Relationships among Males in Multimale Siamang Groups." *International Journal of Primatology* 28：369-387.
Lash, Scott. 1990. *Sociology of Postmodernism*. London: Routledge.（田中義久監訳，1997，『ポストモダニティの社会学』法政大学出版会）
Lash, Scott and John Urry. 1987. *The End of Organized Capitalism*. Cambridge: Polity Press.

Lawler, E. J. and J. Yoon. 1996. "Commitment in Exchange Relations: A Test of a Theory of Relational Cohesion." *American Sociological Review* 61：89-108.

Leach, E. R. 1954. *Political Systems of Highland Burma.* Boston: Beacon.

Leakey, M., C. Feibel, I. McDougall, C. Ward, and A. Walker. 1998. "New Specimens and Confirmation of an Early Age for Australopithecus Anamensis." *Nature* 393：62-66.

Lebatard, Anne-Elizabeth, D. L. Bourles, P. Duringer, M. Jolivet, R. Braucher, J. Carcaillet, M. Schuster, N. Arnaud, P. Monie, F. Lihoreau, A. Likius, H. T. Mackaye, P. Vignaud, and M. Brunet. 2008. Cosmogenic Nuclide Dating of *Sahelanthropus tchadenses* and *Australopithecus bahrelghazali*: Mio-Pliocence Hominids from Chad. *Proceedings of the National Academy of Sciences of the United States of America.* Vol. 105：3226-3231.

LeDoux, Joseph E. 1996. *The Emotional Brain: The Mysterious Underpinings of Emotional Life.* New York: Simon and Schuster. (松本元・川村光毅ほか訳, 2003, 『エモーショナル・ブレイン　情動の脳科学』東京大学出版会)

Lee, Richard B. 1968. "What Hunters Do for a Living, or How to Make Out on Scarce Resources." In Lee and DeVore, 1968.

——. 1969. "Eating Christmas in the Kalahari." *Natural History* 78：14-22, 60-63.

——. 1979. *The !Kung San: Men, Women and Work in a Foraging Society.* Cambridge: Cambridge University Press.

Lee, Richard and Ireven DeVore, eds. 1968. *Man the Hunter.* Chicago: Aldine.

——. 1976. *Kalahari Hunter-Gatherers.* Cambridge: Cambridge University Press.

Lee-Thorp, Julia and Matt Sponheimer. 2006. "Contributions of Biogeochemistry to Understanding Hominin Dietary Ecology." *Yearbook of Physical Anthropology* 49：131-148.

Leigh, S. R. and G. E. Blomquist. 2007. "Life History." In *Primates in Perspective*, edited by C. J. Campbell, A. Fuentes, K. C. MacKinnon, M. Pager, and S. K. Bearder. Oxford: Oxford University Press.

Lenski, Gehard. 1966. *Power and Privilege.* New York: MacGraw-Hill.

——. 2005. *Ecological-Evolutionary Theory.* Boulder: Paradigm Publishers.

Lenski, Gerhard and Jean Lenski. 1987. *Human Societies*, 5th ed. New York: McGraw-Hill.

Lenski, Gerhard, Jean Lenski. And Patrick Nolan. 1991. *Human Societies*, 6th ed. New York: MacGraw-Hill.

Lewin, R. 1988. "A Revolution of Ideas in Agricultural Origins." *Science* 240：984-

986.

Lewin, R. and R. Foley. 2004. *Principles of Human Evolution*. Cambridge, MA: Blackwell.

Lieberman, Philip. 1998. *Eve Spoke? Human Language and Human Evolution*. New York: Norton.

———. 2006. *Toward an Evolutionary Biology of Language*. Cambridge: Harvard University Press.

———. n.d. in press. "On the Evolution of Human Speech: Its Anatomical and Neural Basis." *Current Anthropology* 48：39-66.

Lin, A. C., K. A. Bard, and J. R. Anderson. 1992. "Development of Self-Recognition in Chimpanzees (*Pan troglodytes*)." *Journal of Comparative Psychology* 106：120-127.

Lockwood, C. and P. Tobias. 2002. "Morphology and Affinities of New Hominin Cranial Remains from Member 4 of the Sterk Fontein Formation, Gauteng Province, South Africa." *Journal of Human Evolution* 42：389-450.

Lockwood, C. A., B. G. Richmond, and W. L. Jungers. 1996. "Randomization Procedures and Sexual Dimorphism in Australopithecus Afarensis." *Journal of Human Evolution* 31：537-548.

Long, J. C. and R. A. Kittles. 2003. "Human Genetics Diversity and Nonexistence of Biological Races." *Human Biology* 75：449-471.

Lopreato, Joseph. 1984. *Human Nature and Biosocial Evolution*. London: Allen and Unwin.

———. 1989. "The Maximization Principle: A Cause in Search of Conditions." In *Sociobiology and the Social Sciences*, edited by R. Bell and N. Bell. Lubbock: Texas Tech University Press.

Lopreato, Joseph and Timothy Crippen. 1999. *Crisis in Sociology: The Need for Darwin*. New Brunswick, N.J.: Transaction Publishers.

Lovejoy, C. Owen. 1970. "The Natural History of Human Gait and Posture Part 3. The Knee." *Gait and Posture* 25：325-341.

Lucas, Peter W., Paul J. Constantino, and Bernard A. Wood. 2008. "Inferences Regarding the Diet of Extinct Hominins: Structural and Functional Trends in Dental and Mandibular Morphology within the Hominin Class." *Journal of Anatomy* 212：486-500.

Luckmann, Thomas. 1967. *The Invisible Religion: The Transformation of Symbols in Industrial Society*. New York: Macmillan. (赤池憲昭・ヤン・スィンゲドン訳,

1976,『見えない宗教　現代宗教社会学入門』ヨルダン社）
Luhmann, Niklas. 1982. *The Differentiation of Society.* New York: Columbia University Press.
Maas, P. 1958. *Textual Criticism.* Oxford: Oxford University Press.
Machalek, Richard. 1992. "Why Are Large Societies So Rare?" *Advances in Human Ecology* 1：33-64.
Machalek, Richard and M. W. Martin. 2004. "Sociology and the Second Darwinian Revolution: A Metatheoretical Analysis." *Sociological Theory* 22：455-476.
Maclatchy, Laura. 2004. "The Oldest Ape." *Evolutionary Anthropology* 13：90-103.
Maclatchy, Laura, Daniel Gebo, Robert Kityo, and David Pilbeam. 2000. "Prostcranial Functional Morphology of *Morotopithecus bishopi*, with Implications for the Evolution of Modern Ape Locomotion." *Journal of Human Evolution* 39：159-183.
MacLean, P. 1978. "A Mind of Three Minds: Educating the Triune Brain." In *Seventy-Seventh Yearbook of the National Society for the Study of Education,* edited by Jeanne Chall and Allan Mirsky. Chicago: University of Chicago Press.
——. 1982. "On the Origin and Progressive Evolution of the Triune Brain." In *Primate Brain Evolution,* edited by Este Armstrong and Dean Falk. New York: Plenum.
——. 1990. *The Triune Brain in Evolution.* New York: Plenum.（法橋登監訳，1994,『三つの脳の進化：反射能，情動脳，理性脳と「人間らしさ」の起源』工作舎）
MacNeish, R. 1964. "Ancient Mesoamerican Civilization." *Science* 143：531-537.
Maine, Sir Henry. 1887. *Ancient Law; Its Connection with the Early History of Society and its Relation to Modern Ideas.* London: J. Murray.（安西文夫訳，1990,『古代法』信山社出版）
Mair, Lucy. 1962. *Primate Government.* Baltimore: Penguin.
Malinowski, Bronislaw. 1922. *Argonauts of the Western Pacific.* New York: Dutton.（増田義郎訳，2010,『西太平洋の遠洋航海者：メラネシアのニューギニア諸島における住民たちの事業と冒険の報告』講談社）
Malthus, Thomas R. 1798. *An Essay on the Principles of Population as Its Affects The Future Improvement of Society.* London: Oxford University Press.（永井義雄訳，1973,『人口論』中公文庫）
Mann, Michael. 1986. *The Social Sources of Power,* vol.1: *A History of Power from the Beginning to AD. 1760.* Cambridge: Cambridge University Press.
Marler, Peter and Christopher Evans. 1997. "Communication Signals of Animals: Contributions of Emotion and Reference." In *Nonverbal Communication: Where*

Nature Meets Culture, edited by Ullica Segerstråle and Peter Molnár. Mahwah, NJ: Lawrence Erlbaum Associates.

Marlowe, Frank W. 2003. "The Mating System of Foragers in the Standard Cross-Cultural Sample." *Cross-Cultural Research* 37：282-306.

———. 2004. "What Explains Hadza Food Sharing?" *Research in Economic Anthropology* 23：69-88.

———. 2005. "Hunter-Gatherers and Human Evolution." *Evolutionary Anthropology* 14：54-67.

Marshall, Lorna. 1961. "Sharing, Talking and Giving: The Relief of Social Tensions Among the !Kung Bushman." *Africa* 31：231-249.

Martin, J. and D. Stewart. 1982. "A Demographic Basis for Patrilineal Hordes." *American Anthropologist* 84：79-96.

Martin, Richard. 1990. *Primitive Origins and Evolutions: A Phylogenetic Reconstruction*. Princeton, NJ: Princeton University Press.

Marx, Karl. 1967 [1867]. *Capital: A Critical Analysis of Capitalist Production*. New York: International Publishers.（マルクス＝エンゲルス全集刊行委員会訳，1961-1967,『資本論』大月書店）

Maryanski, Alexandra. 1986. "African Ape Social Structure: A Comparative Analysis." Ph.D.diss., University of California.

———. 1987. "African Ape Social Structure: Is There Strength in Weak Ties?" *Social Networks* 9：191-215.

———. 1992. "The Last Ancestor: An Ecological-Network Model on the Origins of Human Sociality." *Advances in Human Ecology* 2：1-32.

———. 1992. The *Social Cage*. Stanford: Stanford University Press.

———. 1993. "The Elementary Forms of the First Proto-Human Society: An Ecological/Social Network Approach." *Advances in Human Evolution* 2：215-241.

———. 1994. "Hunting and Gathering Economic Systems." In *Magill's Survey of Social Science: Sociology*. Pasadena, CA: Salem Press.

———. 1995. "African Ape Social Networks: A Blueprint for Reconstructing Early Hominid Social Structure." In *Archaeology of Human Ancestry*, edited by J. Steele and S. Shennan. London: Routledge.

———. 1996. "Was Speech an Evolutionary Afterthought?" In *Communicating Meaning: The Evolution and Development of Language*, edited by B. Velichikovsky and D. Rumbaugh. Mahwah, NJ: Lawrence Erlbaum Association.

———. 1997. "Primate Communication and the Ecology of a Language Niche." In *Non-*

verbal Communication: Where Nature Meets Culture, edited by Ullica Segerstråle and Peter Molnár. Mahwah, NJ: Lawrence Erlbaum Association.

―――. *Émile Durkheim and the Totemic Principle: New Data for an Old Theory*. Forthcoming.

―――. "What Is the Good Society for Hominoids?" *Critical Review* 9：483-499.

Maryanski, A., P. Molnar, U. Segerstårle, and B. Velichikovsky. 1997. "The Social and Biological Foundations of Human Communication." In *Human by Nature*, edited by P. Weingart, S. Michell, P. Richerson, and S. Maasen. Mahwah, NJ: Lawrence Erlbaum Associates.

Maryanski, A. and J. H. Turner. 1992. *The Social Cage: Human Nature and The Evolution of Society*. Stanford, CA: Stanford University Press. (正岡寛司訳，2009, 『社会という檻』明石書店)

Massaad, F., T. Lejeune, and C. Detrembleur. 2007. "The Up and Down Bobbing of Human Walking: A Compromise Between Muscle Work and Efficiency." *Journal of Physiology* 789-799.

Massey, Douglas. 2002. "A Brief History of Human Society: The Origin and Role of Emotion in Social Life." *American Sociological Review* 67：1-29.

―――. 2005. *Strangers in a Strange Land: Humans in an Urbanizing World*. New York: W. W. Norton.

Masterton, B. 1992. "Role of the Central Auditory System in Hearing: The New Direction." *Trends in Neuroscience* 15：280-285.

Mathews, Warren. 1991. *World Religions*. St Paul., MN: West Publishers.

Matsumoto, K., W. Susuki, and K. Tanaka. 2003. "Neural Correlates of Goal-Based Motor Selection in the Prefrontal Cortex." *Science* 301：229-232.

Mauss, Marcel. 1967 [1924]. *The Gift: Forms and Functions of Exchange in Archaic Societies*. New York: Norton. (有地亨訳，1962,『贈与論』勁草書房)

McCorriston, Joy and Frank Hole. 1991. "The Ecology of Seasonal Stress and the Origins of Agriculture in the Near East." *American Anthropologist* 93：46-69.

McGrew, W. C. 1992. *Chimpanzee Material Culture: Implications for Human Evolution*. New York: Cambridge University Press.

McHenry, H. and K. Coffing. 2000. "Australopithecus to Homo: Transformations in Body and Mind." *Annual Review of Anthropology* 29：125-146.

McNeill, William. 1963. *The Rise of the West*. Chicago: University of Chicago Press.

Mead, George Herbert. 1934. *Mind, Self, and Society*. Chicago: University of Chicago Press. (河村望訳，1995,『精神・自我・社会（デューイ＝ミード著作集6)』人間

の科学社)

Meldrum, Jeff. 2006. *Sasquatch: Legend Meets Science.* New York: Forge.
Mellaart, James. 1965. *Earliest Civilizations of the Near East.* London: Thames and Hudson.
Menzel, E. W. 1971. "Communication About the Environment in a Group of Young Chimpanzees." *Folia Primatologica* 15 : 220-232.
Merceron, Gildas, Ellen Schulz, Lászlo Kordos and Thomas Kaiser. 2007. "Pale-oenvironment of *Dryopithecus Brancoi* at Rudabánya, Hungary: Evidence from Dental Meso- and Micro-wear Analysis of Large Vegetarian Mammals." *Journal of Human Evolution* 53 : 339-341.
Mesulam, M. M. 1983. "The Functional Anatomy and Hemispheric Specialization for Directed Attention." *Trends in Neurosciences* 6 : 384-387.
Miller, Ellen, Gregg Gunnell, and Robert Martin. 2005. "Deep Time and the Search for Anthropoid Origins." *Yearbook of Physical Anthropology* 48 : 60-95.
Miller, Naomi. 1992. "The Origins of Plant Cultivation in the Near East." In *The Origins of Agriculture*, edited by C. W. Cowan and P. J. Watson. Washington, DC: Smithsonian Institution Press.
Mitani, J. C., D. A. Merriwether, and C. B. Zhang. 2000. "Male Affiliation, Cooperation and Kinship in Wild Chimpanzees." *Annual Behavior* 59 (Part 4) : 885-893.
Mitani, John and David Watts. 2001. "Why Do Chimpanzees Hunt and Share Meat?" *Animal Behavior* 61 : 915-924.
Mithen, Steven J. 1990. *Thoughtful Foragers: A Study of Prehistoric Decision Making.* Cambridge: Cambridge University Press.
Moore, A. D. 1985. "The Development of Neolithic Societies in the Near East." *Advances in World Archaeology* 4 : 1-69.
Moore, Barrington, Jr. 1966. *Social Origins of Dictatorship and Democracy.* Boston: Beacon Press.
Moore, Jim. 1984. "Female Transfer in Primates." *International Journal of Primatology* 5 : 537-589.
Moore, Sally Falk. 1978. *Law as Process: An Anthropological Approach.* London: Routledge and Kegan Paul.
Moseley, K. P. and Immanuel Wallerstein. 1978. "Precapitalist Social Structures." *Annual Review of Sociology* 4 : 259-290.
Moyá-Solá, Salvadör and Meike Köhler. 1996. "A Drypithecus Skeleton and the Origins of Great-Ape Locomotions." *Nature* 379 : 156-159.

Murdock, George Peter. 1959. *Africa: Its Peoples and Their Cultural History.* New York: McGraw-Hill.
———. 1967. *Ethnographical Atlas.* Pittsburgh: University of Pittsburgh Press.
Murra, J. 1980. *The Economic Organization of the Inka State.* Greenwich, CT.: JAI Press.
Nakastsukasa, M., M. Pickford, N. Egi, B. Senur. 2007. "Femur Length, Body, Mass, and Stature Estimate of *Orrorin tugensis*, a 6 Ma Hominid from Kenya." *Primates* 48 : 171-178.
Nakatsukasa, M., H. Tsujikawa, D. Shimizu, T. Takano, Y. Kunimatsu, Y. Nakano, and H. Ishida. 2003. "Definitive Evidence for Tail Loss in *Nacholapithecus*, an East African Miocene Hominoid." *Journal of Human Evolution* 45 : 179-186.
Napier, J. 1975. "The Antiquity of Human Walking." In *Biological Anthropology: Readings from Scientific American.* San Francisco: W. H. Freeman & Company.
Napier, J. R. and P. H. Napier. 1985. *The Natural History of the Primates.* Cambridge, MA: MIT Press. (伊沢紘生訳, 1987, 『世界の霊長類』カンバネイラ書房)
Napier, J. R. and A. C. Walker. 1987. "Vertical Clinging and Leaping: A Newly Recognized Category of Locomotor Behavior of Primates." In Ciochon and Fleagle, 1987.
Nargolwalla, M. C., D. R. Begun, M. C. Dean, D. J. Reid, L. Kordos. 2005. "Dental Development and Life History of *Anapithecus hernyaki*." *Journal of Human Evolution* 49 : 99-121.
Nathanson, Donald L., ed. 1987. *The Many Faces of Shame.* New York: Guilford Press.
Nei, M. and G.V. Glazko. 2002. "Estimation of Divergence Times for a Few Mammalian and Several Primate Species." *Journal of Heredity* 93 : 157-164.
Newman, J. 1988. "Primate Hearing Mechanisms." In *Neurosciences* 4 : 469-499, edited by H. Stekles and J. Erwin. New York: Less.
Nolan, P. and G. Lenski. 2004. *Human Societies: An Introduction to Macro Sociology.* Boulder, Paradigm Publishers.
Oates, Joan. 1978. "Comment on 'The Balance of Trade in Southeast Asia in the Middle Third Millenniam'." *Current Anthropology* 19 : 480-481.
O'Dea, Thomas F. and Janet O'Dea Aviad. 1983. *The Sociology of Religion*, 2nd ed. Englewood Cliffs, NJ: Precentice-Hall.
Olsen, M. 1991. *Societal Dynamics.* Englewood Cliffs, New Jersey: Prentice-Hall.
Oxnard, Charles. 2004. "Brain Evolution: Mammals, Primates, Chimpanzees and Hu-

mans." *International Journal of Primatology* 25 : 1127-1158.

Panger, M. 2007. "Tool Use and Cognition in Primates." In *Primates in Perspectives*, edited by C. Campbell, A. Fuentes, K. MacKinnon, M. Panger, and S. Bearder. New York: Oxford University Press.

Parsons, Talcott. 1966. *Societies: Evolutionary and Comparative Perspectives*. Englewood Cliffs, NJ: Prentice-Hall.（矢沢修次郎訳，1971『社会類型―進化と比較』至誠堂）

――. 1971. *The System of Modern Societies*. Englewood Cliffs, NJ: Prenctice-Hall.（倉田和四生訳，1978『社会システム概論』晃洋書房）

Parsons, Talcott and Neil J. Smelser. 1956. *Economy and Society*. New York: Free Press.（富永健一訳，1992『経済と社会　第1，第2』岩波書店）

Pasternak, Burton. 1976. *Introduction to Kinship and Social Organization*. Englewood Cliffs, NJ: Prentice-Hall.

Pennisi, E. 2002a. "Gene Activity Clocks Brain's Fast Evolution." *Science* 296 : 233-235.

――. 2002b. "Jumbled DNA Separates Chimps and Humans." *Science* 298 : 719-720.

――. 2003. "Genome Comparisons Hold Clues to Human Evolution." *Science* 302 : 1876-1877.

Pickford, Martin and Yutaka Kunimatsu. 2005. "Catarrhines from the Middle Miocene (ca 14.5mya) of Kipsaraman, Tugen Hills, Kenya." *Anthropological Science* 113 : 189-224.

Pilbeam, D. 1997. "Research on Miocene Hominoids and Hominid Origins: The Last Three Decades." In *Function, Phylogeny, and Fossils Miocene Hominoid Evolution and Adaptations*, edited by D. Begun, C. Ward, and M. Rose. New York: Plenum.

Pilbeam, David. and Nathan Young. 2004. "Hominoid Evolution: Synthesizing Disparate Data." *C. R. Palevol* 3 : 305-321.

Platnick, N. and H. D. Cameron. 1977. "Cladistic Methods in Textual Linguistic, and Phylogenetic Analysis." *Systematic Zoology* 26 : 380-385.

Plutchik, R. 1980. *Emotion: A Psychoevolutionary Synthesis*. New York: Harper and Row.

Posner, Michael, Mary Jo Nissen, and Raymond Klein. 1976. "Visual Dominance: An Information-Processing Account of Its Origins and Significance." *Psychological Review* 83 : 157-171.

Postan, Michael. 1972. *The Medieval Economy and Society*. Berkley: University of

California Press.(保坂栄一・佐藤伊久男訳，1983，『中世の経済と社会』未来社)
Potts, R. 1996. "Evolution and Climate Variability." *Science* 273 : 922-923.
Price, T. D. and G. M. Feinman. 2004. *Images of the Past*. Boston: McGraw-Hill.
Raaum, Ryan, L. Kirstin, N. Sterner, Colleen M. Noviello, Caro-Beth Stewart, and Todd R. Disotell. 2005. "Catarrhine Primate Divergence Dates Estimated from Complete Mitochondrial Genomes: Concordance with Fossil and Nuclear DNA Evidence." *Journal of Human Evolution* 48 : 237-257.
Radcliffe-Brown, A. R. 1914. *The Andaman Islanders*. New York: Free Press.
——. 1930. "The Social Organization of Australian Tribes." *Oceania* 2 : 34-63, 206-246, 322-341, 425-456.
Rak, Y., A. Ginzburg, and E. Geffen. 2007. "Gorilla-like Anatomy on *Australopithecus afarensis* Mandibles Suggests *Au. afarensis* Link to Robust Australopiths." *Phas* 104 : 6568-6572.
Reed, K. 1997. "Early Hominid Evolution and Ecological Change through the African Plio-Pleistocene." *Journal of Human Evolution* 32 : 289-322.
Relethford, John. 2001. *Genetics and the Search for Modern Human Origins*. New York: Wiley-Liss.(沼尻由起子訳，2005，『遺伝子で語る人類史：DNAが語る私たちの祖先』講談社)
Retallack, Gregory, Jonathan Wynn, Brenda Benefit, and Monte McCrossin. 2002. "Paleosols and Paleoenvironments of the Middle Miocene, Maboko Formation, Kenya." *Journal of Human Evolution* 42 : 659-703.
Reynolds, Vernon. 1965. *Budongo: An African Forest and Its Chimpanzees*. Garden City, New York: The National History Press.
——. 1966. "Open Groups in Hominid Evolution." *Man* 1 : 441-452.
——. 1967. *The Apes: The Gorilla, Chimpanzee, Orangutan, Gibbon — Their History and Their World*. New York: E. P. Dutton & Company.
Rice, Patricia and Norah Moloney. 2005. *Biological Anthropology and PreHistory: Exploring Our Human Ancestry*. Boston: Pearson.
Riches, David. 1982. *Northern Nomadic Hunter-Gatherers*. London: Academic Press.
Richmond, Brian and William Jungers. 2008. "*Orrorin Tugenensis* Femoral Morphology and the Evolution of Hominin Bipedalism." *Science* 319 : 162-164.
Rick, J. 1978. *Prehistoric Hunters of the High Andes*. New York: Academic Press.
Ridley, Mark: 1996. *Evolution*. Cambridge, MA: Blackwell Science.(太田次郎監訳，2007,『進化と遺伝—遺伝子を司る分子たち』朝倉書店)
Ritzer, G., ed. 2000. *The Blackwell Companion to Major Social Theorists*. Malden,

MA: Paradigm Press.
Ritzer, G., B. Smart, eds. 2005. *Encyclopedia of Social Theory*, 552pp. London: Sage.
Rodieck, R. W. 1988. "The Primate Retina." In *Neuroscience*. vol. 4, edited by H. Steklis and J. Erwin. New York: Alan Liss.
Rodman, P. and J. Cant. 1984. *Adaptations for Foraging in Nonhuman Primates*. New York: Columbia University Press.
Rose, K. D. and J. G. Fleagle. 1987. "The Second Radiation-Prosimians." In Ciochon and Fleagle, 1987.
Ross, Callum. 2000. "Into the Light: the Origin of Anthropoidea." *Annual Review of Anthropology* 29：147-194.
Ross, Callum and Christopher Kirk. 2007. "Evolution of Eye Size and Shape in Primates." *Journal of Human Evolution* 294-313.
Roth, H. Ling. 1890. *The Aborigines of Tasmania*. London: Kegan, Paul, Trench and Trubner.
Rudel, R. G. and H. L. Teuber. 1964. "Cross-Modal Transfer of Shape Discrimination by Children." *Neuropsychologia* 2：1-8.
Rudnick, M., V. Martin, and G. Sterritt. 1972. "On the Relative Difficulty of Auditory and Visual, Temporal and Spatial, Integrative and Nonintegrative Sequential Pattern Comparisons." *Psychonomic Science* 27：207-209.
Rumbaugh, Duane and E. Sue Savage-Rumbaugh. 1990. "Chimpanzees: Competencies for Language and Numbers." In *Comparative Perception*, vol. 2, edited by William Stebbins and Mark Berkley. New York: Wiley and Sons.
Rumbaugh, D. and D. Washburn. 2003. *Intelligence of Apes and Other Rational Beings*. New Haven: Yale University Press.
Runciman, Walter Garrison. 1997. *A Treatise on Social Theory, Volume 3*. Cambridge, UK: Cambridge University Press.（川上源太郎訳，1991，『社会理論の方法』木鐸社）
Sahlins, Marshall. 1958. *Social Stratification in Polynesia*. Seattle: University of Washington Press.
——. 1963. "Poor Man, Rich Man, Big Man, Chief: Political Types in Melanesia and Polynesia." *Comparative Studies in Society and History* 5：285-303.
——. 1968a. "Notes on the Original Affluent Society." In Lee and DeVore, 1968.
——. 1968b. *Tribesmen*. Englewood Cliffs, NJ: Prentice-Hall.（青木保訳，1972，『部落民』鹿島研究所出版会）
——. 1972. *Stone Age Economics*. Chicago: Aldine.（山内ひさし訳，2012，『石器時代

の経済学』法政大学出版局）

Sanders, William T. 1972. "Population, Agricultural History, and Societal Evolution in Mesoamerica." In *Population Growth: Anthropological Implications*, edited by B. Spooner. Cambridge, MA: MIT Press.

Sanderson, Stephen K. 1995a. *Macrosociology: An Introduction to Human Societies*. 3rd ed. New York: Harper/Collins.

——. 1995b. *Social Transformation: A General History of Historical Development*. Cambridge, MA: Blackwell.

——. 1999a. *Social Transformations: A General Theory of Historical Development*. Oxford: Rowman and Littlefield Publishers.

——. 1999b. *Macrosociology: An Introduction to Human Societies*. New York: Longman.

——. 2001. *The Evolution of Human Sociality*. New York: Rowman & Littlefield.

——. "Evolutionary Theorizing." In *Handbook of Sociological Theory*. Edited by J. H. Turner. New York: Kluwer Academic/Plenum Publishers.

——. 2005. *Evolutionism and Its Critics: Deconstructing and Reconstructing: An Evolutionary Interpretation of Human man Society*. Boulder: Paradigm Press.

Sanderson, Stephen K. and Arthur S. Alderson. 2005. *World Societies: The Evolution of Human Social Life*. Boston: Pearson.

Savage-Rumbaugh, Sue and Roger Lewin. 1994. *Kanzi: The Ape at the Brink of the Human Mind*. New York: John Wiley and Sons.

Savage-Rumbaugh, S., J. Murphy, J. Seveik, K. Brakke, S.L. Williams, and D. Rumbaugh. 1993. "Language Comprehension in the Ape and Child." *Monographs of the Society for Research in Child Development*, 58. Chicago: University of Chicago Press.

Savage-Rumbaugh, S., R. Seveik, and W. Hopkins. 1988. "Symbolic Cross-Modal Transfer in Two Species." *Child Development* 59 : 617-625.

Schapera, I. 1956. *Government and Politics in Tribal Societies*. London: Watts.

Schneider, David and Kathleen Gough, eds. 1961. *Matrilineal Kinship*. Berkley: University of California Press.

Schrive, Carmel, ed. 1984. *Past and Present in Hunter Gatherer Studies*. Orlando, FL: Academic Press.

Seidman, Steven and David G. Wagner. 1992. *Postmodernism and Social Theory*. Oxford: Blackwell.

Seiffert, Erik and Elwyn Simons. 2001. "Astragalar Morphology of Late Eocene An-

thropoids from the Fayum Depression (Egypt) and the Origin of Catarrhine Primates." *Journal of Human Evolution* 41：577-606.
Semaw, Sileshi. 2000. "The World's Oldest Stone Artifacts from Gona, Ethiopia: Their Implications for Understanding Stone Technology and Patterns of Human Evolution Between 2.6-1.5 Million Years Ago." *Journal of Archaeological Science* 27：1197-1224.
Semaw, S., S. Simpson, J. Quade, P. Renne, R. Butler, W. Mcintosh, N. Levin, M. Dominguez-Rodrigo, and M. Rogers. 2005. "Early Pliocene Hominids from Gona, Ethiopia." *Nature*, 433：301-5.
Semendeferi, K., Este Armstrong, Axel Schleicher, Karl Zilles, Gary W. Van Hoesen. 2002. "Prefrontal cortex in humans and apes: A comparative study of area 10." *American Journal of Physical Anthropology* 114：224-241.
Semendeferi, K., and H. Damasio. 2000. "The Brain and its Main Anatomical Subdivisions in Living Hominoids Using Magnetic Resonance Imaging." *Journal of Human Evolution* 38：317-32.
Service, Elman. 1962. *Primitive Social Organization*. New York: Random House.（松園万亀雄訳，1979，『未開の社会組織―進化的考察』弘文堂）
——. 1966. *The Hunters*. Englewood Cliffs, NJ: Prentice-Hall.（蒲生正男訳，1972，『狩猟民』鹿島研究所出版会）
——. 1975. *Origins of the State and Civilizations: The Process of Cultural Evolution*. New York: Norton.
Silver, Morris. 1985. *Economic Structures of the Ancient Near East*. London: Croom Helm.
Simmel, Georg. 1889. "Psychologie des Geldes." *Jahrbücher für Gesetzgebung Verwaltung und Volkswirtschaft* 23：1251-1264.
——. 1978 [1907]. *The Philosophy of Money*. Translated by T. Bottomore and D. Frisby. Boston: Routledge and Kegan Paul.（居安正訳，1999，『貨幣哲学』白水社）
Simonds, P. 1974. *The Social Primates*. New York: Harper and Row.
Simons, Elwyn, Erik Seiffert, Timony Ryan, and Yousry Attia. 2007. "A Remarkable Female Cranium of the Early Oligocene Anthropoid Aegyptopithecus Zeuxis (Catarrhini, Propliopithecidae)." *PNAS* 104：8731-8736.
Singer, T., S. B. Seymour, J. O'Doherty, H. Kavbr, R. J. Dolan, and C. D. Firth. 2004. "Empathy for Pain Involves Affective But Not Sensory Components of Pain." *Science* 303：1157-1162.
Sjoberg, Gideon. 1960. *The Preindustrial City*. New York: Free Press.（倉沢進訳，

1968,『前産業型都市―都市の過去と現在』鹿島研究出版会)
Skocpol, Theda. 1979. *States and Social Revaluations*. New York: Cambridge University Press.
Smelser, Neil J. 1959. *Social Change in the Industrial Revolution: An Application of Theory to the British Cotton Industry*. Chicago: University of Chicago Press.
Smith, T., P. Tafforeau, D. Reid, R. Grün, S. Eggins, M. Boutakiout, and J. Hublin. 2007. "Earliest Evidence of Modern Human Life History in North African Early Homo Sapiens." *PNAS*: 6128-6133.
Spencer, B. and F. J. Gillen. 1938 [1899]. *The Nature Tribes of Central Australia*. London: Macmillian.
Spencer, Herbert. 1888 [1851]. *Social Static: Or, the Conditions Essential to Human Happiness Specified, and the First of Them Developed*. New York: Appleton-Century-Crofts.
――. 1898 [1874-1896]. *The Principles of Sociology*, 3 volumes. New York: D. Appleton.
Stanford, C. 1999a. *The Hunting Apes*. Princeton: Princeton University Press.(瀬戸口美恵子他訳, 2001,『狩りをするサル：肉食行動からヒト化を考える』青土社)
――. 1999b. "Great Apes and Early Hominids: Reconstructing Ancestral Behavior." In *The Nonhuman Primates*, edited by P. Dolhinow and A. Fuentes. London: Mayfield Publishing Company.
Stanford, Craig, John Allen, and Susan Antòn. 2006. *Biological Anthropology*. Englewood Cliffs, NJ: Prentice-Hall.
Stanford, C., B. J. Wallis, H. Matama, and J. Goodall. 1994. "Patterns of Predation by Chimpanzees on Red Colubus Monkeys in Gombe National Park, Tanzania 1982-1991." *American Journal of Physical Anthropology* 94: 213-228.
Stauffer, R. L., A. Walker, O. A. Ryder, M. Lyons-Weiler, and S. Blair Hedges. 2001. "Human and Ape Molecular Clocks and Constraints on Paleontological Hypotheses." *The American Genetics Association* 92: 469-474.
Stebbins, G. Ledyard. 1966. *The Basis of Progressive Evolution*. Chapel Hill: University of North Carolina Press.
――. 1969. *The Basis of Progressive Evolution*. Chapel Hill: University of North Carolina Press.
――. 1978. "The Dynamics of Evolutionary Change." In *Human Evolution*. New York: Hold, Rinehart and Winston.
Steiper, Michael, Nathan Young, and Tika Sukarna. 2004. "Genomic Data Support

the Hominoid Slowdown and An Early Oligocene Estimate for the Hominoid-Cercopithecoid Divergence." *PNAS* 101：17021-17026.
Steklis, H. 1985. "Primate Communication, Comparative Neurology, and the Origin of Language, Re-Examined." *Journal of Human Evolution* 14：157-173.
Stephan, H. 1983. "Evolutionary Trends in Limbic Structures." *Neuroscience and Biobehavioral Review* 7：367-374.
Stephan, H. and O. J. Andy. 1969. "Quantitative Comparative Neuroanatomy of Primates: An Attempt at Phylogenetic Interpretation." *Annals of the New York Academy of Science* 167：370-387.
―――. 1977. "Quantitative Comparison of the Amygdala in Insectivores and Primates." *Acta Anatomica* 98：130-153.
Stephan, H., G. Baron, and H. Frahm. 1988. "Comparative Size of Brains and Brain Components." In *Neurosciences*. vol. 4. edited by H. Steklis and J. Erwin. New York: Alan Liss.
Stevens, J., H. Vervaecke, H. De Vries, and L. Elsacker. 2006. "Social Structures in Pan Paniscus: Testing the Female Bonding Hypothesis." *Primates* 47：210-217.
Steward, Julian. 1930. "The Economic and Social Basis of Primitive Bands." In *Essays in Honor of Alfred Lovis Kroeber*, edited by R. Lowie. Berkeley, CA: University of California Press.
Stiles, Daniel. 2001. "Hunter-Gatherer Studies: The Importance of Context." *African Study Monographs Suppl.* 26：41-65.
Strait, David and Frederick Grine. 2004. "Inferring Hominid and Early Hominid Phylogeny using Craniodental Characters: The Role of Fossil Taxa." *Journal of Human Evolution* 47：399-452.
Strait, D., F. Grine, and M. Moniz. 1997. "A Reappraisal of Early Hominid Phylogeny." *Journal of Human Evolution* 32：17-82.
Stringer, C. 2002. "Modern Human Origins: Progress and Prospects." *Phil. Trans. R. Soc.* 357：563-579.
Stumpf, Rebecca. 2007. "Chimpanzees and Bonobos: Diversity Within and Between Species." In *Primates in Perspective*, edited by C. Campbell, A. Fuentes, K. MacKinnon, M. Panger, and S. Bearder. New York: Oxford Press.
Suomi, Stephan. 1997. "Nonverbal Communication in Non-human Primates: Implications for the Emergence of Culture." In *Nonverbal Communication: Where Nature Meets Culture*, edited by Ullica Segerstråle and Peter Molnár. Mahwah, NJ: Lawrence Erlbaum Associtos.

Swanson, Guy E. 1960. *The Birth of the Gods: The Origin of Primitive Belief.* Ann Arbor: University of Michigan Press.

Szalay, P. S. and E. Delson. 1979. *Evolutionary History of the Primates.* New York: Academic.

Tajfel, Henri. 1978. *Differentiation Between Groups.* New York: Academic Press.

Takahata. Y., M. Huffman, and M. Bardi. 2002. "Long-term Trends in Matrilineal Inbreeding among Japanese Macaques of Arashiyama B Troop." *International Journal of Primatology* 23：399-410.

Tanaka, Jiro. 1980. *The San Hunter-Gatherers of the Kalahari: A Study in Ecological Anthropology.* Tokyo: University of Tokyo Press.

Tangney, Jane Price. 1991. "Moral Affect: The Good, the Bad, the Ugly." *Journal of Personality and Social Psychology* 59：102-111.

Tangney, J. P. and R. C. Dearing. 2002. *Shame and Guilt.* New York: Guilford Press.

Tattersall, I. 1998. *Becoming Human: Evolution and Human Uniqueness.* New York: Harcourt Brace.（秋岡史訳，1999，『サルと人の進化論―なぜサルは人にならないか』原書房）

Tattersall, I., E. Delson, and J. van Couvering. 1988. *Encyclopedia of Human Evolution and Prehistory.* New York: Garland.

Temerin, A. and J. Cant. 1983. "The Evolutionary Divergence of Old World Monkeys and Apes." *American Naturalist* 122：335-351.

Tilly, Charles, ed. 1975. *The Formation of Nation States in Western Europe.* Princeton: Princeton University Press.

Tonkinson, Robert. 1978. *The Marduojara Aborigines.* New York: Holt, Rinehart and Winston.

Tooby, J. and L. Cosmides. 1989. "The Psychological Foundations of Culture." In *The Adaptive Mind: Evolutionary Psychology and Generation of Culture*, edited by J. H. Barkow, L. Cosmides, and J. Tooby. New York: Oxford University Press.

Touraine, Alan. 1988. *Return of the Actor: Social Theory in Postindustrial Society.* Minneapolis: University of Minnesota Press.

Turchin, P. 2003. *Complex Population Dynamics: A Theoretical/Empirical Synthesis.* Princeton: Princeton University Press.

――. 2006. *War and Peace and War: The Life Cycle of Imperial Nations.* New York: Pi Press.

Turnbull, Colin. 1961. *The Forest People.* New York. Simon and Schuster.（藤川玄人訳，1976，『森の民』筑摩書房）

Turner, Bryan S., ed. 1990. *Theories of Modernity and Postmodernity*. London Sage.

Turner, Jonathan H. 1972. *Patterns of Social Orgnization: A Survey of Social Institutions*. New York: McGraw-Hill.

———. 1974. "A Cybernetic Model of Legal Development." *Western Sociological Review* 5：3-16.

———. 1980. "Legal System Evolution: An Analytical Model." In *The Sociology of Law*. New York: Free Press.

———. 1984. *Societal Stratification: A Theoretical Analysis*. New York: Columbia University Press.

———. 1985. *Herbert Spencer: A Renewed Appreciation*. Newbury Part, CA: Sage.

———. 1991. "Weber and Simmel on Money Exchange and Differentiation." *Simmel Newsletter* 1：88-90.

———. 1995. *Macrodynamics: Toward a Theory on the Organization of Human Populations*. Rose Monographs. New Brunswick, NJ: Rutgers University Press.

———. 1996a. "The Evolution of Emotions in Humans: A Darwinian-Durkheimian Analysis." *Journal for the Theory of Social Behavior* 26：1-34.

———. 1996b. "Cognition, Emotion, and Interaction in the Big-Brained Primate." In *Social Processes and Interpersonal Relations*, edited by K. M. Kwan. Greenwich, CT: JAI Press.

———. 1996c. "Toward a General Sociological Theory of Emotions." *Journal for the Theory of Social Behavior* 29：132-162.

———. 1997a. "The Nature and Dynamics of the Social among Humans." In *The Mark of the Social*, edited by J. D. Greenwood. New York: Rowman and Littlefield.

———. 1997b. "The Evolution of Emotions: The Nonverbal Basis of Human Social Organization." In *Nonverbal Communication: Where Nature Meets Culture*, edited by U. Segerstrale and P. Molnar. Hillsdale, NJ: Lawrence Erlbaum Associates.

———. 1997c. *The Institutional Order: Economy, Kinship, Religion, Polity, Law and Education in Evolutionary and Comparative Perspective*. New York: Longman.

———. 1998. "The Evolution of Moral Systems." *Critical Review* 11：211-232.

———. 1999. "The Neurology of Emotions: Implications for Sociological Theories of Interpersonal Behavior." In *The Sociology of Emotions*, edited by D. Franks. Greenwich, CT: JAI Press.

———. 2000. *On the Origins of Human Emotion: A Sociological Inquiry into the Evolution of Human Affect*. Stanford: Stanford University Press.（正岡寛司訳，2007，『感情の起源—自律と連帯の緊張関係（ジョナサン・ターナー　感情の社会学Ⅰ）』

明石書店)
―. ed. 2001. *Handbook of Sociological Theory*. New York: Springer.
―. 2002a. *Face to Face: Toward a Theory of Interpersonal Behavior*. Stanford, CA: Stanford University Press. (正岡寛司訳, 2010, 『出会いの社会学―対人相互作用の理論展開(ジョナサン・ターナー　感情の社会学Ⅲ)』明石書店)
―. 2002b. *The Structure of Sociological Theory*, 7th ed. Belmont, CA: Wadsworth.
―. 2003. *Human Institutions: A Theory of Societal Evolutions*. Boulder: Rowman and Littlefiedld.
―. 2007. *Human Emotions: A Sociological Theory*. Oxford: Routledge
Turner, J. H., L. Beeghley, and C. H. Powers. 2002. *The Emergence of Sociological Theory*. Belmont, CA: Wadsworth.
Turner, Jonathan and Alexandra Maryanski. 1979. *Functionalism*. Menlo Park, CA: Benjamin-Cummings.
―. 2005. *Incest: Origins of the Taboo*. Boulder: Paradigm Publishers. (正岡寛司・藤見純子訳, 2012, 『インセスト―近親交配の回避とタブー(ジョナサン・ターナー　感情の社会学Ⅳ)』明石書店)
Turner, J. H., and J. E. Stets. 2005. *The Sociology of Emotions*. New York: Cambridge University Press. (正岡寛司訳, 2013, 『感情の社会学理論―社会学再考(ジョナサン・ターナー　感情の社会学Ⅴ)』明石書店)
―. 2006. "Moral Emotions." *Handbook of The Sociology of Emotions*, edited by J. E. Stets and J. H. Turner. New York: Springer.
Ungar, P. 1996. "Dental Microwear of European Miocene Catarrhines: Evidence for Diets and Tooth Use." *Journal of Human Evolution* 31：335-366.
Ungar, P. and R. Kay. 1995. "The Dietary Adaptations of European Miocene Catarrhines." *Proceedings of the National Academy of Sciences of the United States* 92：5479-5481.
Vandermees, J. 1972. "Niche Theory." In *Annual Review of Ecology, Evolution, and Systematics*, edited by R. Johnson, P. Frank and C. Michenes. Palo Alto: Annual Reviews.
Verlinden, O. 1963. "Markets and Fairs." In *The Cambridge Economic History of Europe*, vol. 3, edited by M. M. Postan and E. E. Rich. Cambridge: Cambridge University Press.
Vignaud, P., P. Duringer, H. T. Mackaye, A. Liklus, C. Bondel, J-R. Boisserie, L. de Bonis, V. Eisenmann, M-E. Etienne, D. Geraads, F. Guy, T. Lehmann, F. Lihoreau, N. Lopez-Martinez, C. Mourer-Chauviré, O. Otero, J-C. Rage, M. Schuster, L. Viri-

ot, A. Zazzo, and M. Brunet. 2002. "Geology and Palaeontology of the Upper Miocene Toros-Menalla Hòminid Locality, Chad" *Nature* 418：152-155.

Von Hagen, Victor. 1961. *The Ancient Sun Kingdoms of the Americas*. Cleveland: World.

Vrba, E. 1995. "The Fossil Record of African Antelopes (Mammalia i Bovidae) in Relation to Human Evolution and Paleoclimate." In *Paleoclimate and Evolution, with Emphasis on Human Origins*, edited by E. Vrba, G. H. Denton, T. C. Partridge, and L. H. Burckle. New Haven: Yale University Press.

Walker, Alan and Pat Shipman. 2005. *The Ape in the Tree: An Intellectual and Natural History of Procounsul*. Cambridge, MA: The Belknap Press of Harvard University Press.

Wallace, Anthony, F. C. 1966. *Religion: An Anthropological View*. New York: Random House.

Wallerstein, Immanuel M. 1974. *The Modern World System: Capitalist Agriculture and the Origins of the European World Economy in the Sixteenth Century*. New York: Academic Press.（川北稔訳, 1985,『史的システムとしての資本主義』岩波書店）

Ward, C. V. 1993. "Torso Morphology and Locomotion in Catrrhines: Implications for the Positional Behavior of *Proconsul nyanzae*." *American Journal of Physical Anthropology* 92：291-328.

Ward, C. V., M. G. Leakey, and A. Walker. 2001. "Morphology of *Australopithecus Anamensis* from Kanapoi and Allia Bay, Kenya." *Journal of Human Evolution* 41：255-369.

Washburn, Sherwood L., ed. 1961. *Social Life of Early Man*. Chicago: Aldine.

Wasserman, S. and K. Faust. 1994. *Social Network Analysis: Methods and Applications*. Cambridge: Cambridge University Press.

Watkins, W. S., A. R. Rogers, C. T. Ostler, S. Wooding, M. J. Bamshad, A. M. E. Braesington, M. C. Carroll, S. V. Nguyen, J. A. Walker, B. V. R. Prasad, P. G. Reddy, P. K. Das, M. A. Batzer, and C. B. Jorde. 2003. "Genetic Variation among World Populations." *Genome Research* 13：1607-1618.

Weaver, Timothy and Charles Roseman. 2008. "New Developments in the Genetic Evidence for Modern Human Origins." *Evolutionary Anthropology* 17：69-80.

Weber, Max. 1968 [1922]. *Economy and Society*. Translated by G. Roth. Berkley: University of California Press.（清水幾太郎訳, 1972,『社会学の根本概念』岩波書店）その他部分訳多数あり。

Wellman, B. and S. D. Berkowitz. 1988. *Social Structures: A Network Approach.* Cambridge: Cambridge University Press.

Westermarck, Edward A. 1891. *The History of Human Marriage.* London: Macmillan. (江守五夫訳, 1970, 『人類婚姻史』社会思想社)

――. 1908. *The Origin and Development of the Moral Ideas, Volume I and II.* London: Macmillan.

――. 1922. *The History of Human Marriage.* New York: Allerton Book Co.

――. 1926. *A Short History of Marriage.* New York: Macmillan.

White, F. J. 1989. "Ecological Correlates of Pygmy Chimpanzee Social Structure." In *Comparative Socioecology,* edited by V. Standen and R. A. Foley. Oxford: Blackwell.

White, Tim. 2006. "Early Hominid Femora: The Inside Story." *C. R. Palevol* 5：99-108.

White, T., G. Woldegabriel, B. Asfaw, S. Ambrose, Y. Beyene, R. Bernor, J. Boisserie, B. Currie, H. Gilbert, Y. Haile-Selassie, W. Hart, L. Hlusko, F. C. Howell, R. Kono, T. Lehmann, A. Loushart, C. O. Lovejoy, P. Renne, H. Saegusa, E. Vrba, H. Wesselman, and G. Suwa. 2006. "Asa Ieeie, Aramis and the Origin of Australopitechus." *Nature* 440：883-889.

Wiessner, Polly. 2002. "Hunting, Healing, and Hxaro Exchange: A Long Term Perspective on !Kung (Ju/'Hoansi) Large Game Hunting." *Evolution and Human Behavior* 23：407-436.

――. 2005. "Norm Enforcement among the Ju/' hoansi Bushmen: A Case of Strong Reciprocity?" *Human Nature* 16：115-145.

Wildman, E. E., M. Uddin, G. Z. Liu, L. I. Grossman, and M. Goodman. 2003. "Implications of Natural Selection in Shaping 99.4％ Nonsynonymous DNA Identity Between Humans and Chimpanzees: Enlarging Genus Homo." *Proceedings of the National Academy of Sciences of the United States of America* 100, no. 12：781-788.

William, B. J. 1974. "A Model of Band Society." *American Antiquity* 39: Memoir 29.

Williams, George C. 1966. *Adaptation and Natural Selection: A Critique of Some Current Evolutionary Thought.* Princeton: Princeton University Press.

Wilson, Edward O. 1975. *Sociobiology: The New Synthesis.* Cambridge, MA: Cambridge University Press. (坂上昭一, 松沢哲郎訳, 1983-1985, 『社会生物学 1－5巻』思索社)

――. 1978. *On Human Nature.* Cambridge: Harvard University Press. (岸由二訳,

1980，『人間の本性について』思索社）

Winterhalder, Bruce and Eric Alden Smith, eds. 1981. *Hunter-Gatherer Foraging Strategies: Ethnographic and Archeological Analyses*. Chicago: University of Chicago Press.

Whithespoon, D. J. and S. Wooding, A. R. Rogers, E. E. Marchani, W. S. Watkins, M. A. Batzer, and L. B. Jorde. 2007. "Genetic Similarities Within and Between Human Populations." *Genetics* 176：351-359.

Wolf, Arthur P. and William H. Durham, eds. 2004. *Inbreeding, Incest, and the Incest Taboo: The State of Knowledge at the Turn of the Century*. Stanford: Stanford University Press.

Wolf, Eric. 1982. *Europe and the People Without History*. Berkley: University of California Press.（佐藤信行・黒田悦子訳，1972，『農民』鹿島研究所出版会）

Wolpoff, M. 1999. *Paleoanthropology*. Boston: McGrew-Hill.

Wolpoff, M., B. Senet, M. Pickford, and J. Hawks. 2002. "Sahelanthropus or 'Sahelpithecus'." *Nature* 419：581-582.

Wood, Bernard. 2006. "A Precious Little Burdle." *Nature* 443：278-281.

Wood, B. and B. Richmond. 2000. "Human Evolution: Taxonomy and Paleobiology." *Journal of Anatomy* 196：19-60.

Wood, B. and D. Strait. 2004. "Patterns of Resource Use in Early Homo and Paranthropus." *Journal of Human Evolution* 46：119-162.

Woodburn, James. 1968. "An Introduction to Hadza Ecology." In Lee and DeVore, 1986.

――. 1982. "Egalitarian Societies." *Man* 17：431-451.

Woolley, Leonard. 1965. *The Beginnings of Civilization: UNESCO History of Mankind*, vol. 1, Pt. 2. New York: Mentor.

Wrangham, Richard W. 1980. "An Ecological Model of Female-Bonded Primate Groups." *Behaviour* 74：262-299.

――. 1987. "African Apes: The Significance of African Apes for Reconstructing Social Evolution." In *The Evolution of Human Behavior: Primate Models*. edited by W. G. Kinzey. Albany, NY: State University of New York Press.

Wrangham, R., W. McGrew, F. de Waal, and P. G. Heltne. 1994. *Chimpanzee Cultures*. Cambridge: Harvard University Press.

Wright, E. O. 1997. *Class Counts*. Cambridge: Cambridge University Press.

Yates, Kyle M., ed. 1988. *The Religious World: Communities of Faith*. New York: Macmillan.

Young, Nathan and Laura Maclatchy. 2004. "The Phylogenetic Position of *Morotopithecus*." *Journal of Human Evolution* 46 : 163-184.

Zimmerman, Carle. 1938. *The Changing Community*. New York: Harper and Brothers.

Zipf, George. 1965. *Human Behavior and the Principle of Least Effort*. New York: Hofner.

Zollikofer, C., M. Ponce de León, D. Lieberman, F. Guy, D. Pilbeam, A. Likius, H. Mackaye, P. Vignaud, and M. Brunet. 2005. "Virtual Cranial Reconstruction of *Sahelanthropus Tchadensis*." *Nature* 434 : 755-757.

訳者あとがき

　本書は，Jonathan H. Turner and Alexandra Maryanski, 2008, *On the Origin of Societies by Natural Selection*. Boulder: Paradigm Publishers. の全訳である（なお，本書は 2016 年に，New York: Routledge から再版された）。
　『自然選択による人間社会の起源』と題したこの書物は，社会学〔あるいは社会科学〕の伝統的な守備範囲をはるかに超え，人間社会の起源と発展（もしくは崩壊）について問い，しかもこの問いをできるかぎり，自然科学的な方法とその成果に基づいて解き明かしていこうとする基本方針の下で執筆された規模壮大な野心作である。こうした問いは，社会学の草創期の偉大な先駆者，とくにハーバート・スペンサーやエミル・デュルケムにとっては，しごく当然な社会学的な問いであった。しかし社会学の進化論的な思考が放棄された 20 世紀初頭以降，その「問い」はすっかり忘れ去られた（あるいは社会学が近づくべきでない不可侵の領域についての）問いとなってしまった。近代における多くの社会学者は，極端な言い方をすれば，人間は自然世界にあって特別な存在であり，言語・文化・技術などを巧妙に操る無比の存在であるとみなすことにすっかり慣れ親しみ，人間が猿や類人猿たちと同様に，進化した感情の動物であるという認識を失ってしまった感があると思われるのである。
　現今の社会学者（また等しく社会科学者）は本書を読み進むことに辛さを感じ，また難儀をされるにちがいない。むしろ本書は社会学者よりも，ふつうの人びとにとって，読みやすく，またその内容についての理解をえやすいかもしれない。というのもふつうの人びとは，どうしても固執しなければならない先入観をもつことが少ないからである。現代社会学が大きな飛躍を遂げるためには，本書のように人間社会の起源とその基本的な性格について科学的な方法を用いて分析し，説明することを目指した文献が必須であるとわたしは長年にわたって痛感してきた。わたし自身もいくつかの思考実験を試みたが，その試みは成功しなかった（たとえば，『家族——その社会史的変遷と将来』(1981) をみよ）。その

意味でも，本書はわたしにとって待望久しい貴重，かつ最重要な書物であると確信している。

　まさしく本書は生物学，古生物学，霊長類学，脳神経科学，遺伝子学など自然科学の多くの領域に深く踏み込み，その科学的な研究成果を取り込みつつ，人間社会の起源と，その後における社会文化構成体の発展について理論的に考究し，また緻密に分析・説明し，再構成した異例ともいうべき2人の社会学者の手になる生物的と社会的な共進化の過程に真正面から取り組んだ研究書である。著者であるターナーとマリアンスキーは，なぜ社会科学の一専門科学である社会学の伝統的な守備範囲をはるかに凌駕し，そして規模壮大で，しかもある種，学的な領域侵犯を侵すような学際研究の冒険旅行に旅立ったのであろうか。この冒険旅行に旅立つ決心を彼らにさせたのは，昨今における社会学的研究に対する彼ら自身の強い疑問に起因している（この疑問は訳者自身が半世紀以上にわたって抱きつづけてきた疑問でもあることを付記しておきたい）。

　彼らは本書の第3章で次のように指摘している，「社会学者たちは，家族が人間社会組織のもっとも基本的な単位であるとしばしば仮定してきた。この見解がどのような利点をもつとしても，核家族が最初にどのように形成されたかを問う社会学者はほとんどいない。核家族は，ほとんどの社会学者にとって，まったく説明の不要な人間組織化の基本的な部分とみなされてきた」（本書85-86ページ）。さらに彼らは核家族の起源を考察するにあたって，次のようにも指摘している。「多くの社会学者や社会哲学者は，集団一般，そしてとくに家族が人間社会組織体のもっとも『自然で』，しかも基本的単位であると論じてきた。この見解は……われわれの結論と矛盾する」（本書165ページ）。ターナーとマリアンスキーにとっては，「核家族」だけでなく，「集団一般」が遠く離れた人間の祖先にとって不自然であったと主張するのである。なぜなら「人間は進化した類人猿」であるとみなしているからである。近代の社会哲学者（とくに啓蒙主義者）やその影響を受けた社会学者の多くは，たとえ人間が遠い過去において猿や類人猿を祖先としてもっていたことが事実であると認めるとしても，しかしひとたび人間が文化と理性を発達させると，人間は猿や類人猿か

ら隔絶し，また生物進化とは切り離された特有な文化発達の歴史を保持する特別な存在へと変貌・変質を遂げたと宣告するところまで，人間の動物性を拒否するか，あるいは看過しても構わないとする近代特有の人間観に行き着いた。こうした社会学や社会哲学の近代的なイデオロギーが，人間性の起源やその継続性，そして家族と社会の起源を問う努力を怠る羽目になったとターナーとマリアンスキーは鋭く指摘するのである。彼らは本書の中で「人間は進化した類人猿である」と繰り返し言明している。つまり人間は今なお類人猿（とくにふつうのチンパンジー）と非常に親近な関係にあると彼らは考える。この事実は，人間がきわめて特異な文化人へと発達した後においても，なんら変わっていないのだと彼らは主張するのである。だからこそ彼らは類人猿，とくにチンパンジーの社会生活と行動について研究することを目指したのである。

　人間社会の起源とその特性，およびその後の発展過程を解明しようとする本書の企図は当然のことながらカバーすべき時間の広がりや考慮すべき研究対象も，既存の社会学が取り上げてきた時間幅や研究対象と比べようのないほど壮大である。そうした研究成果を一冊の書物にまとめ上げることは容易なことではなかったはずである。それでもターナーとマリアンスキーは本書でその責務を，たとえ完全ではないとしても成し遂げている。本書は10章から構成されている。第1章から第6章までにおいて，人間社会の起源に関する基本的な考えを提示し，また立証を行い，そして第7章から第9章において，人間社会の類型的な発展とそれぞれの社会の構造的な特徴を明らかにしている。そして最終の第10章は，人間性と人間社会との関連についての結論部分であり，また人間社会の将来的な趨勢についての感想（とくにマルクスの共産主義革命との対比において）を披歴している。この感想の部分は，ここではアイディアの暗示でしかない。この部分についてのターナーによる考察は，2015年に公刊された『中間階級の蜂起―高度産業社会における感情の階層化と変動』（邦訳，2016）において，本書の成果を徹底的に活用する形で展開されることになる。

　本書の子細な部分にわたって解説することは決してたやすいことではない。直前に述べたように本書はきわめて広範囲にわたる研究成果を一冊の書物に簡

潔にまとめ上げているので，本書自体が精いっぱい切りつめられた要約の書物に仕上げられている。したがって，わたしはここで彼らの研究の最終の成果の重要な部分を指摘するにとどめる。

彼らは本書第10章の出だしの部分で端的に結論を述べている。すなわち，「人間は現在もなお，遠い祖先が樹上の生息域で進化した動物であることをしめす多くの生物形質を留めている。人間はそもそも類人猿であり，人間の解剖学的・神経解剖学的構造は3次元空間の樹上のニッチで移動しやすいように設計されている。しかも個体は一時的で流動的な集合内でごく少数の強い紐帯しかもたないで生活してきたが，しかし広く開けたサヴァンナに出ていかねばならなくなった。狩猟・採集民に転身した人間は，彼らの遠く離れた類人猿の祖先たちよりも，明らかによく組織されていたが，しかし核家族からなるバンドでさえも，樹上生息域で食料を探すために一時的に集合したヒト上科の流動性をいぜんある程度保持していた。[……]。類人猿という基点からすると，この過密な都市環境は，小規模な狩猟・採集バンドから大きく隔たっただけでなく，人間の祖先である類人猿とヒト属を組織していた弱い紐帯と流動的な構造からも遠く隔たってしまった。要するに，人間を取り巻く環境は非常に大きく変わってしまったのである」(341ページ)。人間を取り巻く環境の大変革については，後で少し触れるつもりである。

その一方で彼らは人間性の基本的な性格について次のように述べている。「人間の生物的本性に起因する精細で，しかも持続する圧力が，人間にとっての類人猿の祖先と適合する方向へとわれわれを突き動かしている。こうした圧力とは，どのようなものだろうか。われわれは人間の神経解剖学的構造に位置しているとみなしうる5つの力をみいだした」(346ページ)。生物進化に要する時間は社会変動の時間と比べて非常に長い幅（大きな突然変異は種を危険にさらす）をもつのであり，彼らの見解によれば，人間がチンパンジーとの最後の共通な祖先から分岐した600-800万年前からこれまで，人間は生物学的にほとんど大きな変化を遂げていないという。チンパンジーは人間と分岐して以降も，森林の樹上で生活しつづけたので，旧来の生活様式と共に，生物的本性を当時とほ

とんど変わらない状態で維持しつづけた。一方人間は彼らを取り巻く環境が非常に大きく変わったにもかかわらず，その生物的本性を現在なお保持していると彼らは指摘する。彼らはこれこそが人間性の根幹であるとみなすのである。すなわち，(1)個人主義，(2)自意識と自己を確認しようとする欲求，(3)地理空間上で，またその延長線上で考えると，社会文化的空間上での移動，(4)共同態感覚と象徴化によるマクロ構造の意識，そして，(5)階統をつくりだす意欲の5つである。これこそがホモ・サピエンス・サピエンスとしての人間の基本的な欲求と期待状態であると彼らはみなす。それゆえ社会は人間にとってまったく不自然な存在であり，人間社会はそれがどのように改良されるとしても，ウェーバーがかつて指摘したように「檻」なのだ。人間は全体社会と全体社会間体系を組織することによってグローバルな社会の段階に到達し，しかも75億超の人口が地球上でひしめき合っている。人間社会が基本的に人間にとって「檻」であるならば，その檻から移動し，あるいは脱出しようとする人びとの抵抗圧力がつねに働き，したがってまた対立や紛争，あるいは戦争は避けがたい社会現象として出現する。抑圧的な支配や紛争をいかに回避するかが人間の感情と知性に問われる永遠の課題であるといえるだろう。われわれはそれほどまでに不自然な状況で生きているのかもしれない。

　ターナーとマリアンスキーは本書において，これからの社会学が目指すべき研究の出発点とその行程に道を切り開いたといえるであろう。この大事業を実施に移すために社会学者たちは，これまでの哲学者がしてきたような独りだけの思索の結晶としてでなく，自然科学と社会科学の計画的・組織的な共同研究を必要としている。こうした共同研究を実施するためには，本書の成果を踏まえた人間と人間社会に関する，普遍的な社会学的原理論の開発が不可欠である。そのための理論的な苗床がとくに本書の第2章から第5章において用意された。そして第6章から第9章において，人間社会の歴史的推移が類型論的に提示されている。ターナーとマリアンスキーは，ごく少数の紐帯しかもたないチンパンジーなどの類人猿だけでなく，強固な社会組織をすでに保持していた猿でさえ築きえなかった「全体社会」または「全体社会間体系」を，ホモ・サピエン

ス・サピエンスがどうして，またなぜ構築しえたか（またせざるをえなかったか）かという問題意識をつねに抱きつづけ，その答えを探し求めてきた。

　本書の2人の著者のうち，ジョナサン・H・ターナーは本書を執筆した後に，社会学的原理論を構築するための大事業に乗り出し，『社会学の原理論』（マクロ編 2010, ミクロ編 2010, メゾ編 2012）の三部作を刊行し，社会学理論の体系化という大事業に乗り出している。これらの三部作が執筆しえたのは，まちがいなく本書の成果を踏まえたからである。本書の成果があったからこそ，時間と場所に制約されることのない普遍的な社会学原理論をつくるための道筋が開かれたのである。

　自然科学の種々な領域に言及している本書においては実にさまざまな術語が使用され，しかも文脈に応じて同一の術語が異なる意味内容をもたせつつ使い分けられている。したがって翻訳にさいしてもそうした術語の取り扱いに慎重にならざるをえなかった。本書でとくに使い分けに腐心した2つの重要な術語について付言しておく。

　最初に取り上げるのは，Community の訳語である。この単語は元々，社会学において取扱いの面倒な術語であるが，これまで地域社会や（地域）共同体の意味で使用されてきた。しかし本書では，もう1つの訳語がどうしても必要であった。すなわち「共同態」という訳語である。本書によれば，厳密な意味で「（地域）共同体」が成立したのは，園芸農耕社会であり，もっと厳密には農業社会においてであった。いいかえれば人間の祖先は，チンパンジーと同様に，持続的な集団，組織体や団体単位を構成せず，ネットワーク結合によって生活してきたという本書の主張を活かすためには，どうしても「共同体」では論理的に矛盾するので，あえて「共同態」という訳語を採用した。

　また，もう1つの単語は population である。ふつう社会学では「人口」と訳される。しかし本書のように自然科学や生態学の研究成果を活用している場合，「人口」の訳語だけでは文脈の意味を適切に伝えきれない。そのため個体群，人口集群，人口の3つの訳語を文脈に応じて使い分けた。「人口集群」という訳語は耳慣れない日本語であるが，しかし本書におけるマクロの選択圧力を考

慮する際には，基本的な専門用語として使わざるをえなかった。この他にも使い分けた単語（たとえば，polity, legal system）があるが，community と population の単語は本書の主張内容と直接に関係するので，あえて特記することにした。

　本書の翻訳にあたって，小島宏，嶋﨑尚子，山由真茂留氏から助言や資料の提供を受けた。そのご厚意に深謝する。また，学文社の田中千津子社長と編集部の方々には，完成稿がなかなかできあがらず，校正過程で多大なご迷惑をおかけしたことを陳謝すると共に，過分なまでの気配りとご尽力をいただいたことに衷心から感謝する次第である。

2017 年 6 月 25 日

正岡　寛司

訳者紹介

正岡寛司（まさおか かんじ）

1935年広島市生まれ。早稲田大学名誉教授。元日本家族社会学会会長。主な著書・翻訳書として，『「家」と親族組織』（共編著，早稲田大学出版部，1975），『家族──その社会史的変遷』（学文社，1981），『家族過程論　現代家族のダイナミックス』（放送大学，1996）など。〈ジョナサン・ターナー　感情社会学シリーズ〉，第Ⅰ巻『感情の起源』（2007，明石書店），第Ⅱ巻『社会という檻』（2009，明石書店），第Ⅲ巻『出会いの社会学』（明石書店，2010），第Ⅳ巻『インセスト　近親交配の回避とタブー』（共訳，明石書店，2012），第Ⅴ巻『感情の社会学理論』（明石書店，2013），J.シェファー『インセスト―生物社会的展望』（共訳，学文社，2013），ジョナサン・ターナー『中間階級の蜂起―高度産業社会における感情の階層化と変動』（共訳，学文社，2016）など。

自然選択による人間社会の起源

2017年9月1日　第一版第一刷発行

著　者　ジョナサン・H・ターナー
　　　　アレキサンドラ・マリアンスキー

訳　者　正　岡　寛　司

発行者　田　中　千津子

発行所　株式会社　学　文　社

〒153-0064　東京都目黒区下目黒3－6－1
電話（03）3715-1501(代)　振替 00130-9-98842
http://www.gakubunsha.com

落丁・乱丁本は，本社にてお取り替えします。　◎検印省略
定価は売上カード，カバーに表示してあります。
©2017 MASAOKA Kanji　Printed in Japan
　　　　　　　　　　　　　　　　印刷／新灯印刷㈱
ISBN 978-4-7620-2734-5

インセスト 生物社会的展望

J. シェファー

正岡寛司・藤見純子【訳】

本体3500円＋税
ISBN978-4-7620-2385-9
C3036　A5判　276頁

近親相姦〈インセスト〉、インセストタブーについて生物学理論と現実的な民族誌的データ双方を綿密に用い、あらゆる水準での厳密な分析によりその解明に接近する。現代でも比類ない革新的かつ古典的名著、待望の邦訳。

中間階級の蜂起 高度産業社会における感情の階層化と変動

ジョナサン・H・ターナー

正岡寛司・正岡純子【訳】

本体3000円＋税
ISBN978-4-7620-2630-0
C3036　A5判　252頁

中間階級による革命は可能か。高度産業社会における階級闘争の本質に迫る。社会の組織化とその変動のメカニズムの解明、とくに社会運動と社会変革の過程に焦点を当てたターナーの近著を邦訳。